纪念古相如县建县1500周年暨
国际相如文化研讨会
论文集

四川省司马相如研究会 编

巴蜀书社

《司马相如研究论丛》编委会

主　　任：崔竹君
副 主 任：唐方春　何林忠　刘晓林　敬　健　石昆仑
　　　　　刘　颖
成　　员：刘　斌　魏赤中　杜小飞　杜长书　陈三林
　　　　　唐晓零　林　丽　郑幼林　康　伟　宋学东
　　　　　王昌志
顾　　问：谭继和　李大明　张　彦　蒲　国　邓郁章
　　　　　谢　谦　蔡东洲　熊伟业　房　锐　金生扬
主　　编：魏赤中
副 主 编：蔡良炯　曹中明　费尚全
责任编辑：沈仲子　唐简林　雷廷锡　谢春茂　杨　洋

推动相如文化传承和创新
——在国际相如文化研讨会上致辞
（代序）

谭继和

今年，正当相如县建县 1500 周年，老县城又被批准为省级历史文化名城，这是四川文化界的盛事，也是包括南充、蓬安在内的海内外学者多年来对相如故里问题的研究和探索结出的硕果。

相如故里朝圣地，游子金秋雨润滋。今天，这里举办国际研讨会，群贤云集，让我们再次怀着朝圣的心情，感受相如故里的文化力和亲和力，这是蓬安县人民的再一次创举。

我受大会委托，谨冒昧地代表中国屈原学会、中国赋学会、四川省历史学会、邛崃市文君研究会、四川李白学会、四川杜甫学会、四川苏轼学会、遂宁市张问陶研究会、四川郭沫若研究会、四川中华文化学会、成都市历史学会、成都市李贽学会，对此次国际研讨会的成功召开，表示热烈的祝贺！对海内外学者和各界人士表示诚挚的敬意！对大会主办各方，特别是蓬安县委、蓬安县政府、四川师大文学院以及司马相如研究会表示深切的谢意！

相如故里和相如文化研究是一篇大文章，学者得出相如生于蓬安长于成都的结论，解开了千年相如县之谜，为这篇大文章开了一个好头，并对现实产生了重要的影响。尤其是对蓬安的政治建设、经济建设和社会主义文化建设，已经发挥了重要的作用。

今天，学者们看到蓬安县生机勃勃发展的现实，是以相如文化为底蕴，以相如精神为传统，在统筹城乡发展上做出的成绩，城乡面貌的巨变就是有力的证明。

第一，对学术研究的影响。它是巴蜀文化研究的一大显学，成为可持续研究的新课题。它同时正在带动文君文化研究的兴起，也同时推动了天下第一才子在蜀的才子文化、蜀里自古多才多艺文化的研究，推动文宗在蜀、仙源在蜀、菩萨（音）在蜀、易学在蜀等有着蜀学深刻内涵的研究，推动蜀学先于东土蜀学特色的研究，推动相如文化传承和创新。

那种否定相如、否定相如文化、标榜创新实则贩卖旧礼教的观点，肯定不是历史唯物主义的观点，而是违背时代精神的观点。

第二，对社会建设的影响。相如是汉代政治时代精神的代表人物。大气豪放、和谐浪漫、游天地之间的这种时代精神，正是我们今天构建和谐社会、和谐城乡的养料。

现在看到的蓬安，与三年前见到的面貌大变。就在这个广场上的相如饭店与文君酒店，以及到处都能感受到相如文化的环境氛围，使人特别的感动。

第三，对旅游产业的影响。现在，第一故乡蓬安、第二故乡成都已经写进了省政府旅游文化事业发展报告中。最近，在省社科院落成的蜀学墙上，也已正式写进了司马相如生于蓬安长于成都这一研究成果，成都天府广场的路线图上也已标明。

第四，对文化产业的影响。《相如长歌》是很好的开头，它为以相如文化为创意的文化创意产业的发展开了好头。

我们相信，随着相如文化研究的深入，必将在建设和发展和谐蓬安、落实科学发展观上取得更多的成果。同时，在学术研究上也必将有更加广阔的前景。

预祝国际研讨会圆满成功！预祝相如县更名的工作取得新进展，这也是我们共同的愿望和应尽的责任。

（根据录音整理）

2007年10月29日

（谭继和：四川省社科院研究员、四川省历史学会会长、巴蜀文化学首席专家）

在纪念相如县建县 1500 周年暨国际相如文化研讨会上致辞

李明泉

各位领导、各位专家,女士们、先生们,大家好!

今天,我们在蓬安隆重举行纪念相如县建县 1500 周年暨国际相如文化研讨会,作为主办方之一,我代表四川省社会科学院,代表院长侯士平先生,向光临这次会议的各位专家、各位领导、各位学者表示热烈的欢迎!向为国际相如文化研讨会付出辛勤劳动的各位专家和工作人员表示衷心的感谢,向国际相如文化研讨会表示热烈的祝贺!

国际相如文化研讨会在蓬安召开,作为相如古县建县 1500 周年的活动之一,充分展示了蓬安县悠久的历史文化形象,充分反映了蓬安人民对司马相如的历史传承和文化尊重,充分表达了全体同仁对"辞宗""赋圣"的高度认同和无限的敬仰。

这次国际相如文化研讨会是纪念司马相如、弘扬相如文化的一次盛会。它必将对研究巴蜀文化、光大文化传统、建设文化强省产生深远而广泛的影响。蓬安作为司马相如故里，是蓬安人民的骄傲和光荣。在这里，我就如何弘扬相如文化谈谈我的认识。

司马相如在中国文学史，尤其是在辞赋学史上，享有崇高的地位，他对后世产生广泛的影响，至今还鲜活地存在于当代辞赋创作之中。《光明日报》开辟了百家著，其中有不少作品深受司马相如的影响，这就是最好的证明。

司马相如的《子虚赋》《上林赋》《长门赋》《美人赋》《大人赋》，在文学史上是难以替代的经典范文。《子虚赋》写云梦之大、之盛，其中云梦三处是对东南的描写，让人如痴如醉。难怪读了《子虚赋》就想隐居安陆县，向往云梦之美景。四川老乡扬雄《羽猎赋》《长杨赋》也是模仿相如的《上林赋》《难蜀父老》。司马相如笔触的华美和力量是后人难以超越的，他的作品已经成为辞赋的一种标杆，一种美学原则。

我们在弘扬优秀传统文化的过程中，应该充分挖掘司马相如难得的文化资源。我想在蓬安建设以司马相如为代表的中国辞赋文化年，从最早之前的贾谊、枚乘，后代的扬雄、王褒、刘向、蔡邕、赵壹等，将他们的辞赋作品汇集一处，充分展现文学艺术、风土人情、建筑风格、蜀土工艺、民间艺术、竞技娱乐、工商贸易等汉代文化中的传承，再创造性地再现和审美性体验，形成具有汉代景象的文化旅游景点，具体怎么做，怎么策划，要请专业人士来运作。

司马相如诞生在嘉陵江流域，在蓬安，成为中国的辞宗赋圣绝不是偶然的。一方水土养一方人，是人杰地灵还是地灵人杰，这几年我一直在思考一个问题，为什么嘉陵江这条江，在中国它不是由西向东，而是由北向南的内陆大河；一千多公里，为什么涌现那么多的历史伟人。从广元到南充、广安，这一路下来都出现了很多的伟人。这些伟人构成了中国嘉陵江文化独有的中国文化性质。我觉得我们要研究以司马相如为代表的嘉陵江文化,研究嘉陵江文化它孕育伟人生长的基因和原因,来了解一条江一条河对历史对伟人名人所产生的浪漫的灵气、才华,这种文化态势和气势,我们要结合文人的作品、经历加以探索。如果能够成立一个嘉陵江流域文化研究的课题,我们社会科学院愿意做出自己的努力。

去年省委召开第七次代表大会的四个跨越,其中最重要的文化强省跨越和旅游经济强省跨越这个目标,对于我们挖掘和整合地理文化资源,将文化资源转变为文化资本有重要的意义。

刚刚召开的党的十七大对推进社会主义文化大发展、大繁荣,社会主义经济文化建设新高潮作了战略部署。我们在研究和传承相如文化过程中,要自觉地把相如文化纳入社会主义文化强省的战略目标,通过弘扬相如文化,提高人民群众的素质和审美情操,通过弘扬相如文化,发展壮大旅游产业;通过弘扬相如文化,实现内容和形式的创新、文化生活的创新、文化理论的创新、文化发展的创新,把这次国际学术研讨会的专家学者的最新学术思想、智慧和成果转化为人民群众可以接受和传承的文化内容、文化思想和文化产品。

最后,我祝愿大家一道充分分享各位专家学者智慧,祝愿国际相如文化研讨会取得圆满成功!

(根据录音整理)

2007年10月29日

(李明泉:四川省社科院副院长、研究员)

在纪念相如县建县 1500 周年暨
国际相如文化研讨会上致辞

赵正铭

我们可以设想出：1500年前，在嘉陵江畔的龙角山与慕蔺山下的司马相如故宅前，首任相如县令兼梓潼郡太守萧木宣布梁武帝置相如县诏书，人们敲锣打鼓放鞭炮，欢欣鼓舞庆贺相如县诞生的激动人心的场面。1500年后的今天，司马相如故里又张灯结彩，迎来"纪念相如县建县1500周年暨国际相如文化研讨会"的胜利召开。来自韩国、法国、俄罗斯、泰国的海外专家学者（日本学者谷口洋本来要出席，但因急事未成行，专门提交论文和贺词并要求大会代为宣读），来自我们中国首都及10余省市58个大学、学会、研究会和党政部门的200余名会议代表，来自相如故里的蓬安各级领导干部、各方代表及我们司马相如研究会的全体会员欢聚一堂，纪念相如县建县1500周年，共同深入研究讨论司马相如文化。为此，我感到万分激动，请允许我代表司马相如研究会的全体同仁，向来自五湖四海的各位领导、各位专家、学者、作家、各媒体的同志们表示最热烈的欢迎和崇高的敬意！

蓬安因为2186年前司马相如的诞生而成为相如故里；在公元507年，梁武帝萧衍为此在这里专设了相如县，又因此蓬安在今年被批准为省级历史文化名城。一个"僻左"小县，有了如此三大张文化名片，这不可谓历史资源不丰厚。三张名片说明蓬安人民很热爱自己的"乡贤"——被誉为"赋圣""辞宗"的司马相如，并以相如故里为骄傲和自豪，像大型歌舞剧《相如长歌》那样，相如故里人写相如，相如故里人演相如，歌颂相如，热情之高是空前的。尽管有个别学者对司马相如持否定态度，但相如故里人绝不因此而动摇。我们司马相如研究会成立以来，在市县党政的支持下，做了大量的工作，为"三张名片"的形成做出了贡献。我们研究会首先受到了以四川省作协名誉主席马识途同志为首的文学界的支持和关心，受到了以省历史学会会长谭继和研究员，四川师大文学院李大明、李诚教授，西华师大龙显昭、周子瑜教授等一批学界主力军的支持和关心，还受到海内外学者广泛的支持和关心。如果，离开了你们的关心和支持，司马相如研究工作断难展开，蓬安三张名片的形成就很困难。为此，我再次向所有关心支持我们司马相如研究工作的领导、专家、学者、作家和新闻界的朋友们表示最衷心的感谢！

本次相如文化研讨会，正好在相如县建县1500周年举办，既有纪念500年一遇的大庆之年的意义和内容，更有更加深入更加全面研究相如文化的内容。这次研讨会，有国外学者参加或提交论文，从规格上讲，属于国际性的会议，同时是省市县联合主协办的高规格研讨会；从规模上讲，会议正式代表达200余人，列席人员达500余人，大会收到论文、专著、贺信、贺函共46篇，远远超过上次研讨会。这样一次规格高、规模大的相如文化研讨会，在司马相如故里蓬安召开,是蓬安文化历史上开天辟地的一次。我们会尽快将会议收到的论文结集出版。这次会议必将推动蓬安文化、蓬安旅游更好更快的发展,也必将推动蓬安经济社会更好更快的发展。从而,助推蓬安近期建设"丘区经济强县、历史文化名城"的宏伟目标的实现。通过这次会议,相如故里、相如县、历史文化名城三张名片的知名度、含金量和美誉度也必将为此而大大增强。所以,这次会议是一次里程碑式的会议。

为此,我预祝大会圆满成功!祝各位与会代表身体健康,万事胜意!

2007年10月29日

(赵正铭:司马相如研究会理事长、原蓬安县人大常委会主任)

纪念相如县建县 1500 周年暨国际相如文化研讨会贺词

谷口洋

今天,在"司马相如故里"四川蓬安,"国际相如文化研讨会"隆重开幕。值此盛事,谨表衷心祝贺!

司马相如是代表西汉一代的辞赋作家,其在文学史上的地位是不待赘言的。早在 20 世纪 50 年代,日本汉学大师吉川幸次郎教授写出《关于司马相如》一文,指出司马相如创造出了"纯粹地以美感为目标的语言"。他认为"中国文学史的正式开幕应该说在司马相如身上","总之,这就是一个新价值的确立"。

虽然如此,20 世纪 60 年代到 70 年代,学术界对司马相如的评价并不高。在中国内地,汉赋被视为"服务统治阶级的御用文学",相如赋也不例外。在中国港、台地区,相如研究虽未受到政治思想的影响,也有一些成果,但总的来说,不能说是活跃的。著名辞赋研究专家马积高教授曾指出:"中国港、台辞赋研究在指导思想上与大陆不同,然其发展却有相似的轨迹,也是在70年代后期专著和论文才多起来。""当时海峡两岸的学术交流虽少,研究问题的观点亦不同,但对某些文学现象的评价,在实质上却殊途同归。"日本的情况也是大同小异的,除了中岛千秋《赋之成立与展开》一书之中有关章节之外,详论相如的文章却寥寥无几。可是,即使在这样困难的时期,西方仍有专门研究司马相如的著作。法国汉学家吴德明(Yves Hervouet)所著的《汉廷一诗人:司马相如》一书,是一部近500页的洋洋大著。

以上的情况在70年代末以后发生了大变化。赋学研究的热潮,在各个地区勃然而起,关于司马相如的论文也涌现而出。现中国赋学会会长龚克昌教授,在1983年发表的《汉赋的奠基者司马相如》一文中指出:"'文学的自觉时代'的发动,当始于以司马相如为代表的西汉赋家,经过东汉的进一步发展,及至曹魏时期才臻于成熟。"其所说与吉川教授所论暗合,这表示国际汉学界对司马相如的文学恢复了应有的重视和关注,也表示司马相如在文学史上的地位得到了国际汉学界的认同。1990年,在济南召开了首届国际辞赋学学术研讨会,今年在兰州召开了第七届会议。在这些会议上,司马相如一直是最重要的论题之一。

司马相如的历史地位,不仅缘于其文学成就,《西京杂记》等后代的笔记小说也收录了有关司马相如的很多传说,足以窥见人们对他的向往。司马相如的时代是西汉最兴旺的时期,著名人物不胜枚举,但司马相如在他们之中还是别具一格的。汉武帝的雄才大略,苏武的高风亮节,司马迁的不屈不挠,都是令人感动的英雄精神,但也是一般人民所不可企及的。东方朔滑稽多智,具有幽默精神,但他的滑稽是普通人不敢仿效的。只有司马相如,既有独一无二的辞赋天才,又与老百姓一样谈恋爱、洗盘碟。他这种令人亲近的性格,使他的形象更为生动、使人们的向往更为强烈。梁天监六年，也就是公元507年，朝廷置"相如县"，这不是反映出人们对司马相如的向往得到了执政者的认同吗？

今年2007年，正值"相如县"建县1500周年。值此之际，在原"相如县"的四川蓬安召开"相如文化研讨会"是非常有意义的。本人身在东瀛，牵于世事，未能与会同庆此举。但我相信，这次会议对有关司马相如的研究工作及普及工作，都会起到巨大的作用。

祝"纪念相如县建县1500周年暨相如文化研讨会"圆满成功！

2007年10月29日
（谷口洋：日本奈良女子大学教授）

目　录

南朝梁代设立相如县的历史文化意义 …………… 熊伟业（ 1 ）
弹琴而感文君
　　——司马相如"琴挑文君"说解 …………… 许　结（ 36 ）
司马相如人格论（之一）
　　——从"劫财""劫色"说谈起 …………… 踪训国（ 49 ）
司马相如小考 …………………………………… 金周淳（ 56 ）
关于司马相如生年的再思考 …………………… 吴贤哲（ 65 ）
相如故里在蓬安补议 …………………………… 马国栋（ 77 ）
司马相如的辞赋、诗学及其对巴蜀文学的影响 … 郑家治（ 82 ）
相如赋琳琅，责难抑何伤 ……………………… 龙显昭（ 88 ）
从相如故里到相如文化的研究 ………………… 邓郁章（ 98 ）
《琴歌》校补 …………………………………… 李大明（111）
诵赋而惊汉主
　　——司马相如与汉宫廷赋考述 …………… 许　结（125）

文君、相如故事的文化解读 …………………… 万光治（140）
关于司马相如故里问题的思考 …………………… 房　锐（159）
司马相如与儒学 ……………………………………… 李　凯（167）
论司马相如在开发西南夷中的贡献 ………………… 吴明贤（185）
王培荀其人其书 ……………………………………… 蔡东洲（196）
司马相如文疑难词语小考 …………………………… 王启涛（204）
《成都文类》中的司马相如………………………… 赵晓兰（208）
异代知音，人生偶像
　　——浅论唐代文人的相如情结 ………………… 张　海（222）
司马相如生平新订（上部）………………………… 熊伟业（232）
司马相如《谕巴蜀檄》校读 ………………………… 熊伟业（277）
《文选》李善注引司马相如文舛误举例…………… 唐　普（288）
历代诗话中的相如评论 ……………………………… 杨　曦（309）
《白头吟》考辨……………………………………… 汤　洪（318）
论宋诗话中的司马相如 ………………… 王红霞　张骏翚（329）
论《白头吟》及其文学现象的演变 ………………… 李　薇（340）
初唐"四杰"新文体赋与司马长卿散体赋的差异
　　………………………………………… 李　丹　何易展（351）
刘勰称司马相如为"辞宗"探源 …………………… 陈　勇（368）
试论司马相如对扬雄辞赋创作的影响 ……… 唐　妤　邓岳利（378）
宋元以来小说戏文之相如、文君故事叙略 ………… 汤　君（388）
《全汉赋·司马相如赋》字误举例………………… 李　英（415）

繁类以成艳，抑是繁而不艳？
　　从《管锥编》与《文心雕龙》关于司马相如赋评的矛盾说起
　　………………………………………… 陈　勇（424）
试论《大人赋》的主题 ………………………… 周桃红（444）
对司马相如《大人赋》评价的解读 ……………… 周　进（456）
编　后　记 …………………………………………………（471）

南朝梁代设立相如县的历史文化意义

熊伟业

提　要：蓬安县为古代相如县地域，是汉代著名辞赋家司马相如出生地。南朝梁天监六年（公元 507 年）设立相如县，至今 1500 周年。其命名为"相如县"，是因为司马相如有故宅在县域，这个史实有着众多史籍记载证实。这与《史记》记载司马相如"蜀郡成都人"之间的矛盾，是由于对籍属理解的时代差异所致。南朝梁代始设相如县有着特定的历史文化原因，主要在于南北军事对峙、文化争衡导致相如县设置及其命名具有巩固边境、夸耀文章诗赋、激励地方人士等多种意义。

关键词：梁代　相如县　意义

蓬安县为古代相如县地域，相如县始建于南朝梁天监六年（公元 507 年），至今 1500 周年。考诸史籍，南朝梁天监六年始建相如县，相如县名是因为古代著名文人司马相如有"故宅、别业"在此地。简言之：今蓬安县在汉、晋，南朝宋、齐时代为"安汉县"辖地，南朝梁天监六年，从"安汉县"分设一县，命名为"相如县"，直到明代取消"相如县"直接命名为"蓬州"，民国在原地设立"蓬安县"，相如县名存在近九百年。这个问题蕴含着丰富的历史文化信息，具有多方面的学术价值，值得深入探讨。

自南朝梁代迄清代，"相如县"与司马相如的关系，在古代诗文、古人文集中极少出现，在现当代文学史学术界也完全不为人知，也就是说，在传统文学、文章学术领域属于一个被忽略的问题；而在古今历史地理学界却是一个常识，在地理类史籍中屡见不鲜，明、清两代还有专门的研究，现当代更是有多部地理地名专著涉及。如1930年出版的《中国地名大辞典》[1]、1933年再版的《中国古今地名大辞典》[2]、1962年写成的《四川州县建置沿革图说》[3]、1980年出版的《北周地理志》[4]、1983年出版的《四川郡县志》[5]、1993年出版的《中华人民共和国地名词典》（四川省卷）[6]等，皆有明确的陈列引述。

"相如县"与司马相如的关系，《史》《汉》古今注疏都无人注意到，不知原因何在。如任乃强先生注《华阳国志》，未对其中"长卿彬彬，文为世矩。司马相如，字长卿，成都人也"一条加注"相如县"材料[7]，而在《四川州县建置沿革图说》中则明白排列"相如县"历代沿革。所以"相如县"与司马相如的关系，可算一则学术之谜。

近些年来由蓬安学者邓郁章等先生首先提出并探索"司马相如在蓬安"的论题[8]，考证"相如县"与司马相如的关系。现存有关资料几乎网罗爬梳殆尽，本文即是在此基础上搜集资料，并就有关问题进一步探讨。

"司马相如故里在蓬安"与《史记·司马相如列传》"司马相如者，蜀郡成都人也，字长卿"[9]、《汉书·司马相如传》"司马相如字长卿，蜀郡成都人也"之间存在矛盾[10]。《史》《汉》也是最早记载司马相如籍贯的权威资料，自此以后到南朝梁代，史籍没有另外的不同记载。对于这个矛盾如何理解，如何解释，就是"相如县"研究中的核心问题，与此相关的内容大体上可分为五个方面：

一、关于司马相如遗迹述评（祠堂、琴台、旧宅、墓地、读书窟等）。

二、关于"相如县"的史料钩稽与述评。

三、司马相如与相如县的关系。

四、《史记》与《华阳国志》不载相如出生地的原因。

五、梁代设立相如县的历史文化意义。

一、关于司马相如遗迹述评

司马相如遗迹现在只留存于四川境内蓬安、成都、邛崃、梓潼四地，以成都最集中。这些遗迹分别为祠堂、琴台、旧宅、墓地、题词桥、读书窟等，又和史籍、传闻相结合，难免捕风捉影，虚实莫辨。其中琴台在蓬安、成都（旧传琴台处，考古发掘为王建墓）、邛崃三地[11]；旧宅在蓬安、成都两地。

琴台、旧宅当为一体，琴台为旧宅的一部分，各称其名，不过各取其不同含义而已，即宋王俦云："俦尝过县之琴台，乃《图经》所谓长卿故宅者。"[12]

《初学记》："王褒《益州记》曰：'司马相如宅在州西笮桥北百许步。'李膺云：'市桥西二百步得相如旧宅。今梅安寺南有琴台故墟。'"[13]

《太平寰宇记》："相如县，东北八十五里元十乡，亦巴西县地，梁太（天）监六年置相如县，兼立梓潼郡于此。至后周郡废而县存。

即汉司马相如所居之地,因以名县,其宅今为县治。汉司马相如宅、故居,县二十里。《周地图记》云:'水(其)地有相如坪,相传云相如别业在此宅右[14],西滨汉水,丛薄郁然。其台名相如琴台,高六尺,周四十四步。'"

"相如宅在州(成都)西四里。《蜀记》云'相如宅在市桥西',即文君当垆涤器处。又《益部耆旧传》云'宅在少城中笮桥下,有百许步'是也。又有琴台在焉,今为金花等寺。"

"孔子庙,昔司马相如教授于此。"

"导江县……司马相如墓在县东十里。"[15]

"城北(成都)十里有升仙桥,有送客观。司马相如初入长安,题市(其)曰'不乘赤车驷马,不过汝下'也。"[16]

梓潼:长卿山,相如读书窟[17]。

成都以及附近地区、邛崃等为相如所居故地,载于《史记》,遗迹甚多可无疑义;梓潼为蜀道南端,从此出入艰险的山区,相如在此有所停留并留下传闻遗迹,也事出有因。而蓬安距离成都较远,又不在出入巴蜀的交通线上,其相如祠堂、琴台、旧宅、别业等,就是需要考证解释的问题。这个问题已经在《相如故里在蓬安》一书中得到论证,本文予以补证。后文论述"旧宅"与司马相如及相如县的关系,这里讨论相如祠堂问题。

《三国志》提到为司马相如"宜立祠堂,速定其铭"的事情:"后(王)商为严君平、李弘立祠,宓与书曰:'……仆亦善长卿(司马相如)之化,宜立祠堂,速定其铭。'"[18]虽未明说这祠堂究竟立了没有,但征诸"(王商)又为李、严立祠,正诸祀典"[19],没有提及秦宓要求的为司马相如和扬雄所立之祠,当然就是没有立。秦宓为此事郑重其事致书"州别驾"王商进行讨论,并且被陈寿录入《三国志》,在当时当然是引人瞩目的事件,并且秦宓的理由很充分。以此类推,也应当引起相如故里即当时"巴西郡安汉县"的注意，或许这个时候甚至更早，此地就已经出现了相如祠堂。

今蓬安县境在唐初即有相如祠堂的直接证据，就是唐初陈子良《祭司马相如文》[20]，并"谨遣主簿谯悦赍桂醑兰殽之奠，敬祭故文园令司马公之灵"，当是有"祠屋、故宅"等"厥迹犹存"。陈子良距南朝梁天监六年设相如县不久，这祭祀所在的"祠屋"也必是唐前就存在，梁天监六年取相如为县名的主要理由就是因为"相如县有相如坪、相如故宅，因以名县"[21]，"故宅"本身不可能保存六百多年，必然经历多次重建，立祠也当在这个过程中，属于"故宅"重建的一部分。若不立祠，"故宅"的保护重建似无理由。所以"相如县"的相如祠堂理应在南朝梁代设相如县之前就已经存在了。

至迟在隋代已建立相如祠，陈子良所祭当为此祠。隋炀帝三年五月乙卯，诏曰"旌表先哲，式存飨祀，所以优礼贤能，显彰遗爱。朕永鉴前修，尚想名德，何尝不兴叹九原，属怀千载？其自古已来贤人君子，有能树声立德、佐世匡时、博利殊功、有益于人者，并宜营立祠宇，以时致祭。坟垄之处，不得侵践。有司量为条式，称朕意焉"[22]，而相如是符合"自古已来贤人君子"标准的。

到南宋乾道年间，相如祠又重建。曹学佺《蜀中广记》载："今州有相如祠，宋王俦以旧本长卿像图于祠壁，祠成，为《记》略云'伏念长卿杰出于西京文章极盛之际，至今薄海内外，人无贤愚，皆知有长卿。言语之妙，若揭日月。俦尝过县之琴台，乃《图经》所谓长卿故宅者，一时遗迹，仿佛尚在。'又谓'县虽僻左，而江山风物可乐也。从其人游，皆好学，能文章，亦有所自来矣。'"

元代再次重建，"元时祠祀，延祐四年驿丞苗成者重建"[23]。这次重建一直保存到明清时期。清道光年间所编《蓬州志略》卷九收录有明人卢雍、清人洪运开等人的诗作即是证明，如卢雍《谒长卿祠》

诗云:"蜀中人物称豪杰,汉室文章擅大家。此地卜居犹故迹,当时名县岂虚夸。琴台积雨苍苔润,祠屋滨江草树斜。莫问少年亲涤器,高风千载重词华。"[24]

"相如祠"建立以来一直留传,这有赖于当时相对僻静的地理环境,也有赖于"相如祠"在当地重要的历史文化意义。查现存有关典籍,司马相如所有经历的地方都没有专门祭祀他的祠堂,成都也没有,除了今蓬安县之外。

"相如祠"由来有自,是古相如县、今蓬安县与司马相如之间有力的联结纽带之一。

二、关于"相如县"的史料钩稽与述评

今人所论相如县直接史料最早在唐初。唐初陈子良为相如县令,并在贞观元年、六年于此地作《平城县正陈子干谏》《祭司马相如文》两文[25],这是目前能看到的最早的有关相如县的直接文字资料,《祭司马相如文》也是证明相如县与司马相如有关的最早资料。明确揭示两者关系的最早直接资料,时贤已经从《元和郡县图志》《旧唐书》等古籍中觅得。

笔者披简所得早于《元和郡县图志》《旧唐书》的直接材料,见于《隋书》:"相如,梁置梓潼郡,后魏郡废。"[26]《隋书》之后书志所载更为详细,于梓潼郡废、省,或县省的问题诸书略有差异而已。《元和郡县图志》:"相如县,周闵帝省县……相如故宅,在县南二十五里,居滨嘉陵水,有台名相如琴台,水北有相如坪。"[27]《旧唐书》:"相如,汉安汉县地,梁置梓潼郡。周省郡,立相如县,以县城南二十里,有相如故宅二。相如坪,有琴台。"[28]《隋书》《旧唐书》明确说相如县是"梁置",唯因体例所致,未指出具体年代。

北宋乐史《太平寰宇记》所载有四点需特别指出："相如县，亦巴西郡地，梁天监六年置相如县，兼立梓潼郡于此。至后周郡废县存。即汉司马相如所居之地，因以名县，其宅今为县治……《益州记》云：'鸡卸神在相如县，以神祠在鸡卸溪侧，故为名。'"[29] 其一是首次明确相如县是"即汉司马相如所居之地，因以名县"，之前资料尚未直接说明；其二指出梁天监六年置县；其三引《周地图记》（《太平御览》亦引《周地图记》同样内容，文字略异）、《益州记》（《初学记》引《益州记》内容大体相同），可证相如县"即汉司马相如所居之地，因以名县"的事实，是梁、陈、后周时人所共知；其四《太平寰宇记》所引《周地图记》内容已见讨论，但所引《益州记》内容未见论述，而《益州记》的时代更早，更有必要探讨。

《初学记·州郡部》卷八引《益州记》曰："鸡邮神在相如县东，次北下步有鸡邮溪，因此而为之名。"[30]

《初学记》《太平寰宇记》引此条之《益州记》并未署明作者。若为任豫《益州记》，则相如县显然非梁天监六年所设，而是更早。任豫时代不详，且不论东晋，按多以为南朝宋人的结论，则相如县至少在南朝宋代已设，与《隋书》等矛盾。而《隋书》作为正史，又有前代包括晋、宋、齐、梁大量地理书志资料比对，结论可信。

汉魏晋南北朝时期，有不同时代、不同作者的多种《益州记》，尽皆亡佚，后人辑得片断，而其中作者、内容又多被后人窜乱，远非任豫、李膺原文[31]。

考《宋书·州郡志》，巴西太守"领县九"：

阆中令，汉旧县，属巴郡。

西充国令，《晋太康地志》有西南二充国，属巴西。

南充国令，谯周《巴记》，初平六年，分充国为南充国。

安汉令，旧县，属巴郡。

汉昌令，和帝永元中立。

晋兴令，徐志不注置立。

平州令，晋武帝太康元年，以野民归化立。

怀归令，徐志不注置立。

益昌令，徐志不注置立[32]。

九县县名明确，有安汉，无相如。

考《南齐书·州郡下·巴西郡》：

阆中　安汉　西充国　南充国　汉昌　平州　益昌　晋兴　东关[33]。

九县县名明确，有安汉，无相如。

宋、齐皆无相如县甚明，因此，《隋书》云"梁置"无误。此《益州记》应为李膺或更晚的作者所著。《益州记》证明相如县在梁代就已设立，而《周地图记》是证明相如县是因为司马相如而设的最早的史料。《益州记》《周地图记》一直留存至北宋乐史撰《太平寰宇记》时，内容本身的可靠性毋庸置疑。

按《隋书·经籍志》著录有自汉以来各朝诏书，其中"《梁天监元年至七年诏》十二卷，《天监九年、十年诏》二卷，亡"[34]，唐初虽亡佚，但梁以后至隋代，还应存在，设立相如县之诏书即应载于《梁天监元年至七年诏》内，梁以后至隋尚可与《益州记》《周地图记》等印证。

《隋书》《旧唐书》《新唐书》《宋史》等正史还记载着众多官修、私修地理著作。

1. 专门解释郡县名称类

如《九州郡县名》九卷、《州郡县簿》七卷[35]、《州郡县名》五卷等[36]，当是专门解释郡县名称之作，也当有相如县名的解释。

2. 地理志类

如隋代尚存之《古今地谱》二卷、《大魏诸州记》二十一卷、梁顾野王《舆地志》三十卷[37]；如唐代尚存之《杂地记》五卷[38]；如宋代尚存之阚骃《十三州志》十四卷、梁载言《十道志》十六卷、梁代任昉《地记》二百五十二卷[39]。

3. 地方志类

如《巴蜀记》一卷、李氏《益州记》三卷[40]。

4. 地图记类

如《隋区宇图志》一百二十九卷、《隋诸州图经集》一百卷、《隋诸郡土俗物产》、《周地图记》一百九卷[41]、《周地图》九十卷、《长安四年十道图》十三卷、《开元三年十道图》十卷、《剑南地图》二卷[42]、韦瑾《域中郡国山川图经》一卷、《诸路图经》[43]。

《图经》之类地图，属于重要官方文档，其修订、使用、管理皆受重视，足以证实各地区划变动的具体情况，如唐、宋时期"凡图经，非州县增废，五年乃修，岁与版籍偕上"[44]，"（李）度之南使，每至州府，即借图经观其胜迹，皆形篇诗"[45]。

《周地图记》既然有相如县设立的资料，其后的这些类似图籍应更详细，也必然会有关于相如县设立的资料。如曹学佺《蜀中名胜记》所引宋王俦《司马相如祠记》有"俦尝过县之琴台，乃《图经》所谓长卿故宅者"，此"《图经》"即宋代诸《图经》。《周地图记》《隋诸州图经集》等历代地理图籍，定期修订，流传有自。"隋大业中，普诏天下诸郡，条其风俗物产地图，上于尚书。故隋代有《诸郡物产土俗记》一百五十一卷，《区宇图志》一百二十九卷，《诸州图经集》一百卷。其余记注甚众。"[46]

这些资料属于各地上报朝廷的，翔实可靠并能互相印证。可以肯定，陈子良《祭司马相如文》及《隋书·经籍志》《元和郡县图志》《旧唐书》《太平寰宇记》等有关相如县的记载就应出于以上材料，因此相如县因为司马相如得名的结论完全可靠。

明以前诗文涉及这一问题的很少,唐以前者目前尚未看到。唐代除陈子良二文外,据《四川通志》《蓬安县志稿》,还有陈子昂《相如故宅石记》,不过文字已经漫漶难辨了。宋代郑芳廷有《长卿别业》诗,存两句在《舆地纪胜》:"洗笔池头烟淡淡,鸣琴台畔水悠悠。"宋代东川人于方回有《过琴台游光圣寺观》诗碑:"地号琴台本不虚,相如曾卜此闲居。至今洗墨池中水,尚有当时吮墨鱼。"[47]苏轼《王晋卿示诗欲夺海石钱穆父王仲至蒋颖叔皆次》有"相如有家山,缥缈在眉绿"句[48],似乎不当指成都,"有家山、在眉绿"若指相如县环境则贴切。宋代众多地志皆有相如县记载,而宋人于司马相如非常在意,理应明了相如县与司马相如的关系。

司马相如与相如县的关系,文人一般不会了解,也不用了解,其诗文自不可能涉及。而相如县相对"僻左",文人一般又不容易到达,到达者诗文也少有流传,其中在此地又涉及司马相如的诗文也不会多,因此在古诗文中的这方面材料就极少。应该提到的是冯梦龙也知道相如县,虽然不确:"今之蓬州,唐谓之'相如县';迄今有相如祠。相如之取重后代若此!彼风流放诞者得乎哉?"[49]明代"相如县"与司马相如关系的说法流传较广,于此可见。

三、《史记》与《华阳国志》不载相如出生地的问题

《史记》《汉书》《华阳国志》未曾提到相如与"巴郡安汉县"的关系,是因为材料、体例的限制。《史记》《汉书》《华阳国志》等史籍的众多注解著作也未曾注意到这个问题,是因为《史记》《汉书》《华阳国志》等史籍记载有其体例习惯;其次在于这个问题本属偏僻,

与司马相如研究的古代学术领域或关注点没有紧密联系，或者说没有出现合适的学术机会来讨论；再加上《史记》《汉书》《华阳国志》等内容又浩如烟海，所以司马相如出生地被忽略就完全可以理解。

《史记》《汉书》不记司马相如祖先以及故里的原因，按李大明先生所论即是限于材料："据刘知几的《史通》，司马相如有《自叙》之作，而司马迁作《司马相如列传》，即本于相如《自叙》。也就是说，司马相如自记为'蜀郡成都人'，而司马迁照抄而已……相如《自叙》之确定，不但有《隋书·刘炫传》的记载，而且刘知几所读到的《司马相如集》中确有其《自叙》……《隋书·经籍志》著录有'汉文园令司马相如集一卷'（两《唐志》著录为二卷），刘氏所读，盖此本也。"[50]

此论明确了两个问题：一是"司马相如者，蜀郡成都人也"来自相如《自叙》；二是相如《自叙》一直流传到唐代[51]。这两点就决定了司马相如故里在"巴郡安汉县"的事实不为后人所共知。

问题首先在于司马相如何以不记"祖先所出"？

按《隋书·刘炫传》云："通人司马相如、扬子云、马季长、郑康成等，皆自叙风徽，传芳来叶。"[52]又《史通·序传》云："盖作者自叙，其流出于中古乎？案屈原《离骚经》，其首章上陈氏族，下列祖考；先述厥生，次显名字。自叙发迹，安基于此。降及司马相如，始以自叙为传。"[53]这类自叙，从司马相如开始兴起，或者说隋唐时期能看到的自叙以司马相如为最早。既然如此，最早的自叙没有成例参照，其体例、内容和后来居上的自叙比较自然会有些不周全："然其所叙者，但记自少及长，立身行事而已。逮于祖先所出，则蔑尔无闻。"[54]这"祖先所出，则蔑尔无闻"就是一个缺点，然而《史记》所载人物，也多有"祖先所出，则蔑尔无闻"的。《史记》之前的史籍对人物籍贯、祖先并不在意，所以在司马迁之前的司马相如时代，

"自叙"中也许本来就不必交代"祖先所出"。稍后司马迁、扬雄的《自序》对"祖先所出"就比较详细，这是文体和时代发展的结果，也有赖于所掌握资料的完备。

门阀氏族制度化之前，对于籍贯的理解和此后当有区别。特别是在"王侯将相宁有种乎"的西汉，祖籍、祖先未必会带来现实利益，荣耀之感远不如南朝隋唐那么强烈，祖籍、出生地大约还从属于户籍。而东汉以来至隋唐，对籍属的确定除习惯外，还加上了个人认同的因素，更不完全是出生地的反映。《史记》所载人物祖先一般都是有可称道者或奇异者，才会着笔，也才能够着笔。如刘邦、张耳、陈余，淮阴侯韩信，丞相萧何、陈平、张苍等人祖先皆未提及，而这些人发迹之前皆或微或贱，想见其祖先也无可称述，所以司马相如"祖先所出，则蔑尔无闻"，就不足为奇。屈原、司马迁、扬雄的祖先皆非常人，自有光彩，司马相如的祖先或者就是平民，也无曲折惊奇事迹可叙。"故其亲名之曰犬子"，即透露着相如父祖身份修养的某些信息。

其次是相如《自叙》就认为他自己是成都人，这与西汉时代对故里、籍贯等认识有关。汉代"编户齐民"是基本制度，丞相尚不能免，"汉代身为丞相，只要没有封侯，就是平民身份。虽宰相之事，也要服徭役，与编户齐民等"[55]，所以"户籍"意识很强。《史记》《汉书》尚无"籍贯"这一词语，而"籍贯"还不一定是故乡的意思，在何处编户生产生活，就是何处人，"蜀郡成都"指家业所在地，"巴郡安汉"指出生地，而家业所在地更为重要。

《史记》"司马相如者，蜀郡成都人也"的记载影响巨大，而成都也是司马相如主要活动地点之一。但《史记》的这个记载并非一定是指司马相如的出生地、祖居地，或者说"蜀郡成都"的说法并不一定是指司马相如的故里。

《史记》作为历史著作，对籍贯记载的要求当然比较深入，而且时代较晚，司马迁自然比司马相如对这个问题的理解要完备。但《史记》因资料详略不同，体例并不统一。所载人物有的没有籍属，如"阳陵侯傅宽，以魏五大夫骑将从，为舍人，起横阳""信武侯靳歙，以中涓从，起宛朐"；有的只是泛言"楚人"，如"陆贾者，楚人也"；有的就很详尽甚至写到乡、里，如"陈丞相平者，阳武户牖乡人也""沛丰邑中阳里人，姓刘氏""老子者，楚苦县厉乡曲仁里人也"[56]；还有的写到祖先所出，迁徙变动的情况，等等。"司马相如者，蜀郡成都人也"是《史记》的一般格式，并不详细，有更多信息被忽略，比如编户地可能变迁等信息就没有反映。"蜀郡成都"并不一定就是司马相如出生地，而出生地也并不一定就是后来编户地，这在《史记》人物所属地域的记载中存在不止一处。如"冯唐者，其大父赵人，父徙代，汉兴徙安陵"[57]。冯唐究竟是何处人氏？至少确知"安陵"必非其出生地。以司马迁本人来说，出生地和编户地也就是两个概念，而需要说明编户地时，也不一定同时指出出生地。《史记·太史公自序》说："迁生龙门，耕牧河山之阳。"[58]而"卒三岁而迁为太史令"句下《索隐》引《博物志》却说："太史令茂陵显武里大夫司马迁，年二十八，三年六月乙卯除，六百石。"[59]按此处的意思，也完全可以说司马迁是"右扶风茂陵人"，即"右扶风茂陵显武里"是司马迁当时编户所在地，"龙门、河山之阳"是司马迁出生地、故里，而《太史公自序》并未提到"右扶风茂陵显武里"。因此，关于人物籍属记载的具体含义，《史记》并不统一，"蜀郡成都"也不一定是指司马相如的出生地、故里。至于其出生地、故里未记载，是因为相如本人自序就未曾写入，而太史公并不知道。

《华阳国志》："长卿彬彬，文为世矩。司马相如，字长卿，成都人也。"[60]以《华阳国志》衡量，西汉以来至梁天监六年以前，司马相如为"巴郡安汉人"的历史不传于世。《华阳国志》"取材于扬雄《蜀本纪》，应劭《风俗通》，谯周《益州记》，陈寿《益部耆旧》，与扬雄、左思两《蜀都赋》，来敏《本蜀论》，赵宁《乡俗记》及常氏自所见闻，而以《史记》《汉书》《续汉书》《汉纪》《续汉纪》与陈寿、王崇《蜀书》之文参订之。其他所云司马相如、严君平、阳城子玄等之《蜀本纪》，皆既佚之书，则疑其或属虚记，或仅传闻，莫得而征之矣……按其《自序》所举，获见司马相如、严君平、扬雄、阳城衡、郑廑、尹贡、谯周、任熙八家《蜀本纪》，旁所引据复有何英、杨终、赵宁、王崇、陈术、祝龟、习凿齿、王隐、虞预、干宝之书，多有永和时已经散佚者"[61]。

可见以上诸书并没有记载这个问题，即常璩所见资料没有司马相如为"巴郡安汉人"的记载。东汉以来至梁，"安汉"所出当时名士甚众，司马相如出生于"安汉"的事实知者应当不少，不至湮灭。谯周为"巴西西充国"人[62]，陈寿本为巴西安汉人。"陈寿字承祚，巴西安汉人也。少好学，师事同郡谯周。"[63]《华阳国志》说："陈寿……锐精《史》《汉》……撰为《益部耆旧传十篇》……又著《古国志》五十篇。"[64]他们对司马相如的出生地问题应当了解，没有记载可能是这个问题不太重要，不必记载，或者因为体例笔法，不至记载。《史记》"司马相如者，蜀郡成都人也"的记载，与司马相如出生于"巴郡安汉县"之间，在陈寿等相如故里人看来也并非就是矛盾，也不必特意指正。

陈寿《益部耆旧传》、常璩《华阳国志》等囿于体例，除蜀主之类帝王将相外，于一般人士的出身居处之地不至细述。《华阳国志·先贤士女总赞上》"言此四十三人也（注云四十二人）"[65]，无一有迁徙记载。如《蜀志·成都县》条录"豪富"有"先有程郑"，《华阳国志校注》注云："程郑本临邛人，此列入成都籍，大约又在成都落户。"[66]"郭玉,字通直,新都人也"[67],而《后汉书》曰"郭玉者,广汉雒人也"[68],可能是生于新都,后徙广汉,二书各取一端而已。"杨王孙,成固人也",《华阳国志校注》注引《西京杂记》云"京兆人也"[69]。《三国志》"甘宁字兴霸,巴郡临江人也",而裴注引《吴书》曰:"宁本南阳人,其先客于巴郡。宁为吏举计掾,补蜀郡丞,顷之,弃官归家。"[70]《后汉书》"栾巴字叔元,魏郡内黄人也",而注引《神仙传》云:"巴,蜀郡人也。少而学道,不修俗事。"[71]上举人士的籍属或出生地本有变动,但《华阳国志》等只取一点,应属体例所致,也有"博取约用,精练再三……又略于往古而详于当近"的时代风格的原因[72]。

《华阳国志》对王褒、张鲁籍属的记载最能说明问题。

王褒,《汉书》云"王褒字子渊,蜀人也"[73],而《华阳国志·先贤士女总赞上》云"王褒,字子渊,资中人也",但《华阳国志》目录、赞俱又入"蜀郡士女",《僮约》云"资中男子"[74],而《圣主得贤臣颂》又云"今臣辟在西蜀"[75],若以"资中"而言,则不得称"西蜀",此"西蜀"当指其长期为益州刺史服务所居的成都而言。《华阳国志校注》此条注云:"《汉书》误,又本志亦应列入犍为人士,此处及卷十二《目录》皆误。"其实皆不为误,这和司马迁既云"迁生龙门,耕牧河山之阳",又作"太史令茂陵显武里大夫司马迁"的道理一样,是户籍居处变迁的反映,也是不同场合、不同时期对籍属的不同理解。再如《三国志》:"张鲁字公祺,沛国丰人也。祖父陵,客蜀,学道鹄鸣山中,造作道书以惑百姓,从受道者出五斗米,故世号米贼。陵死,子衡行其道。衡死,鲁复行之。"[76]张鲁自祖父起即迁居蜀,而此处尚归其祖籍"沛国丰",则说明西汉以来迄东晋,对籍属的理解还未完全统一,但出生地与籍贯已渐渐分明,籍属的确定更多地是以习惯和个人认同为主。《汉书》《三国志》诸注也都未曾注意到这些问题。

南朝以来,出生地与籍贯的区别,比较规范一致,而此前则未免混乱。如《梁书》"高祖武皇帝,讳衍,字叔达,小字练儿,南兰陵中都里人(南兰陵,今江苏武进县境)……高祖以宋孝武大明八年甲辰岁生于秣陵县同夏里三桥宅(秣陵县今南京一带)"[77],籍贯与出生地分得很清楚。因此,《史记》以来自《华阳国志》不载司马相如出生地"安汉县",根本原因在于对籍属问题的理解和后人不完全一致,比较简略,对祖居地、出生地、籍属迁徙变动等还未足够重视。《史记》《汉书》《华阳国志》诸书的注未曾注意到司马相如"蜀郡成都人",与出生地"巴郡安汉县人"之间的变化,也就完全可以理解。

四、司马相如与相如县的关系述论

就前述诗文、地志的内容考察,相如县固然因为司马相如得名,但相如县与司马相如究竟是何种关系,却有疑问,这些疑问实际上又直接关系着相如县得名的可靠性。

《太平寰宇记》等所引《益州记》一条,只能证明此时已经有相如县了;《太平寰宇记》等所引《周地图记》一条,只能证明相如县因司马相如"别业"而得名。

"据目前所知,明人曹学佺是相如县被废除后,首次明确提出相如县为司马相如故里的学者。他在《蜀中广记》卷五四《蜀郡县古今通释第四·川北道属·蓬州》中指出'梁天监中置。相如县,长卿桑梓也。'……又,清人王培荀在《听雨楼随笔》卷七《相如故迹》中指出'人皆以相如为成都人,实今之蓬州人,后迁成都,又居临邛,三处皆有琴台。'……如在清以后编撰的南充、蓬安志书中,'流寓''侨寓'等字眼充斥其中,这明显是受《史记》说法影响所致。民国年间所编《蓬安县志稿》中,'流寓''故里'等字眼同时出现。可见,有关编撰人员心中是有疑惑、矛盾的。"[78]

清人王培荀已经提出解决这些"疑惑、矛盾"的基本思路,或者说推测相如居地户籍变化的线索,"人皆以相如为成都人,实今之蓬州人,后迁成都,又居临邛"[79],但未予论述,到底是出生地、"故里",还是"流寓"地、别业、旧宅所在地?当然所谓"疑惑、矛盾"也就没有完全解决。

赵正铭、邓郁章先生主编《相如故里在蓬安》一书,李大明先生《司马相如生于蓬安》一文,房锐、邓郁章《关于"司马相如故里"问题的再探讨》一文,已经从各个角度阐述了司马相如与相如县的关系,也对上述"疑惑、矛盾"作了深入剖析,集中了明清以来对这个问题的研讨成果,有理有据。这里对这些"疑惑、矛盾"再加申说,以期再予助益。

"别业、旧宅"问题。"旧宅、故宅"所在,当然可以理解为故乡、故里、出生地等,但"别业"所在,断非故里、出生地。而"别业、旧宅"两种说法在相如县得名解释材料中都存在。《太平寰宇记》所引《周地图记》云:"其地有相如坪,相传相如别业在此。"[80]这引述的"别业"一词,就是"疑惑、矛盾"的根源。既云"别业"所在,即非故里、出生地,自然会产生"流寓地、卜居"的理解。《周地图记》是最早记载相如县得名原因的古籍,颇有威力,所以尽管后来书志皆云"旧宅、故宅",也难消"疑惑、矛盾"。问题症结在于对"别业""旧宅"各执一端,非此即彼,没有意识到其实两者都存在。

稽核自《隋书》以来对这个问题的记载,可以肯定"别业"的存在,难以否决;"旧宅、故宅"之说,来源可靠。所以"别业、旧宅"都存在,分作相邻两处,不是一所房宅。《太平寰宇记》引《周地图记》云:"其地有相如坪,相传相如别业在此宅右,西滨汉水,丛薄郁然，其台名相如琴台。"《舆地纪胜》除引《周地图记》外，又引唐代《十道志》云："相如有别业于此。"[81]所以"相如有别业于此"就是确定的。

《周地图记》关于这个问题的全部原文如何，不得而知，但各书所引不完全相同也是事实。

《元和郡县图志》云："相如故宅在县南二十五里，居滨嘉陵水，有台名相如琴台，水北有相如坪。"[82]后来《太平寰宇记》《舆地纪胜》《听雨楼随笔》等皆分别故宅、别业处所而言[83]。《太平御览》引《周地图记》曰"相如县有相如坪、相如故宅，因以名县"与《太平寰宇记》所引《周地图记》云"其地有相如坪，相传相如别业在此"比对，则"别业"在"相如坪"，在水北；"故宅"在县南，"居滨嘉陵水"。"别业""故宅"为两处。《旧唐书·地理志》明言有相如故宅二："以县城南二十里，有相如故宅二。相如坪，有琴台。"[84]因此，"别业""故宅"非一物，各是一处，即相如故宅有二：一为别业，一为旧宅。

汉初法律不允许平民在本户居宅之外，和本宅不毗连的地方再买房宅。《张家山汉简》有具体规定："'欲益买宅，不比其宅者，不许。为吏及宦皇帝，得买舍室。'（320号简）这是说想扩大住宅而欲买宅者，如果所买之宅与原有居宅不相连的，不许。反之，如果相连，则自然是允许买宅的。另外，作为官府的'吏'和在皇帝身边办事的人，是允许买舍室的，可见买宅地及买住宅，是吏及宦皇帝者的一种特权。"[85]而相如在第一次归蜀以及之前是没钱买"别业"的，应该是在"与卓氏婚，饶于财"之后，《史记》云"文君乃与相如归成都，买田宅，为富人"[86]，已经有了"田宅"，又在离成都相当遥远偏僻的"巴郡安汉县"营造或买"别业"是不可思议的，其一法律不允许，其二非常不便管理、居住。

如果是再入长安为官之后所为,固然合乎"为吏及宦皇帝,得买舍室"的规定,但更增加了相如文君不可能有时间去居住的疑问。再入长安,直至终老茂陵,司马相如都应是在长安地区居住的。这个"别业"当是"与卓氏婚,饶于财"之后,再入长安之前所为。由于"欲益买宅,不比其宅者,不许"的规定,此时作为平民的司马相如不可能去"巴郡安汉县"经营"别业",因为"别业"和成都的"田宅""不比";如果这"别业"毗连司马相如"故宅",即"比其宅者",也就为法律所允许,自然这"故宅"从道理上说就当是祖居、故居。虽然法律不一定严格执行,但对久为官吏的司马相如来说,也当然是一个必须顾及的因素。所以,"别业"所在其实是"故里"的有力佐证,而不是相反。

结合司马相如生平,可以推测"别业""故宅"也可能不是一时所建。"故宅"是祖居、少年时所居之宅;"别业"可能是分得卓氏巨额财产后,又回老家所建。"文君乃与相如归成都,买田宅,为富人"之后到司马相如奉汉武帝诏再至长安之间,"居久之",约有十年左右[87],完全有时间、也只可能在这段时间回"安汉县"修建"别业",自此以后奉诏再入长安,就终老茂陵。中间来回巴蜀两次,均是公务紧急。当然,司马相如也可能在奉诏再入长安之后的任何时间修建别业,比如为"中郎将"荣归巴蜀之时等,但这些时间中司马相如不可能在此"别业"居住,所以这些时间可能性较小。"安汉县"有父祖祠墓,衣锦还乡,"修营别业,傍山带江,尽幽居之美"[88],也是当然之举。

综上所述,司马相如与相如县的关系,当以李大明先生《司马相如生于蓬安》文中的概括为准,不必因"别业"而"疑惑",也不必因《史记》所载"蜀郡成都人"而"矛盾"。《史记·司马相如列传》正是依据相如《自叙》而成,因《自叙》'但记自少及长,立身行事而已,逮于祖先所出,则蔑尔无闻',《史记·司马相如列传》对此当然也只得'蔑尔无闻'了……司马相如的先世曾居古相如县(西汉时属安汉县),相如少时亦居于此。后居成都,而《自叙》所记自此始。"[89]

五、梁代设立相如县的历史文化意义

郡县名称事非寻常,直接以人名作县名,古代有可靠记载的不过"不韦县、清丰县、相如县"等数例而已[90],每一例都有具体原因。相如县的设立必须具有特定的历史文化条件。

比司马相如更有名、影响更大的大有人在,都不见作为县名,如孔子。至于东晋谢安,功劳盖世,以及南北朝各代功勋卓著者还有很多,也未曾以其名名县。也就是说,"相如县"之得名还有具体的特殊原因。以人物名县古代绝少,"相如"县名是特殊环境下的特殊行为。

首先是三国以来,由于各种原因郡县数量不断扩大。"(司马)叡割有扬、荆、梁三州之土,因其故地,分置十数州及诸郡县,郡县户口至有不满百者。"[91]根本的原因在于南北朝争战激烈,社会各方面动员、管理需要更为有力,特别是征发赋役,不容松懈,缩小行政区划势所必然。到南朝梁,这个趋势愈演愈烈。梁天监年间,分析州郡县涉及梁全境,相如县即在这个分析州郡县的运动中产生。

《隋书·地理志上·序》:"梁武帝除暴宁乱,奄有旧吴,天监十年,有州二十三,郡三百五十,县千二十二。其后务恢境宇,频事经略,开拓闽、越,克复淮浦,平俚洞,破牂牁,又以旧州遐阔,多有析置。"[92]"遐阔"者不止州,"析置"者也包括郡县。西汉所设"安汉县"直到梁,地域仍然十分"遐阔"。"汉晋安汉县辖今南充、西充、蓬安、岳池、武胜等县地"[93]，相当于梁以后数郡之大。从地域"辽阔"的"安汉县"新分出一个县，这个新县境内有司马相如旧宅，所以就取名"相如县"，而相如县以后还一再被分析，其"辽阔"可以想见。

当然这种分析不仅南朝。"是岁（天监十年），梁之境内有州二十三，郡三百五十，县千二十二。是后州名浸多，废置离合，不可胜记。魏朝亦然。"[94]

因名人旧宅取县名，相如县尚非孤例。如《旧唐书》："清丰，大历七年，割顿丘、昌乐二县界四乡置。以县界有孝子张清丰门阙，魏州田承嗣请为县名。"[95]

以名人旧宅取乡、村地名的就更多。

相如县所属巴西郡地域，为南北朝争夺拉锯的焦点之一，其地利、人文特点北魏非常清楚，是必争之战略要地。"又巴西、南郑相离一千四百，去州迢递，恒多生动。昔在南之日，以其统绾势难，故增立巴州，镇静夷獠，梁州藉利，因而表罢。彼土民望，严、蒲、何、杨，非唯五三；族落虽在山居，而多有豪右。文学笺启，往往可观；冠带风流，亦为不少。但以去州既远，不能仕进；至于州纲，无由厕迹。巴境民豪，便是无梁州之分，是以郁怏，多生动静。比建议之始，严玄思自号巴州刺史，克城以来，仍使行事。巴西广袤一千，户余四万，若彼立州，镇摄华獠，则大帖民情。从垫江已还，不复劳征，自为国有。世宗不从。又王足于涪城辄还，遂不定蜀。"[96]《资治通鉴》系此于"天监四年"[97]。

"文学笺启，往往可观；冠带风流，亦为不少"是本地的人文特色，司马相如无疑是这个特色中最闪亮的部分，以"相如"名县自然有着激励地方人士的含义。

对南朝梁来说，巴西郡地距北魏较近，在梁代不仅是巴蜀连通

"江东"的必经之地,还是富于"军资"之土。"巴西郡居益州之半,又当东道冲要,刺史经过,军府远涉,多所穷匮。"[98]

"元起在道久,军粮乏绝。或说之曰:'蜀土政慢,民多诈疾,若检巴西一郡籍注,困而罚之,所获必厚。'元起然之。涪令李膺谏曰:'使君前有严敌,后无继援,山民始附,于我观德,若纠以刻薄,民必不堪,众心一离,虽悔无及,何必起疾,可以济师。膺请出图之,不患资粮不足也。'元起曰:'善,一以委卿。'膺退,率富民上军资米,俄得三万斛。"[99]分设相如等县的目的之一,正在于"检巴西一郡籍注,困而罚之,所获必厚"。《资治通鉴》系此事于"天监元年"[100]。

"天监四年二月……魏以(邢)峦为梁、秦二州刺史。巴西太守庞景民据郡不下,郡民严玄思聚众自称巴州刺史,附于魏,攻景民,斩之。"

"天监四年四月……冠军将军孔陵等将兵二万戍深杭,鲁方达戍南安,任僧褒等戍石同,以拒魏。邢峦遣统军王足将兵击之,所至皆捷,遂入剑阁。陵等退保梓潼,足又进击破之。梁州十四郡地,东西七百里,南北千里,皆入于魏。"

"天监四年冬十一月……魏王足围涪城,蜀人震恐,益州城戍降魏者什二三,民自上名籍者五万余户。邢峦表于魏主,请乘胜取蜀。"

"(天监十三年冬,十月)辛亥,以司徒高肇为大将军、平蜀大都督,将步骑十五万寇益州;命益州刺史傅竖眼出巴北,梁州刺史羊祉出涪城,安西将军奚康生出绵竹,抚军将军甄琛出剑阁。"

"天监十四年冬……葭萌民任令宗因众心之患魏也,杀魏晋寿太守,以城来降,民、獠多应之;益州刺史鄱阳王恢遣巴西、梓潼二郡太守张齐将兵三万迎之。"[101]

可见相如等县地域是严酷的南北拉锯战前沿之一,是梁在北魏强大军事压力下设置的。

巴西一带自汉代以来，始终"文学笺启，往往可观；冠带风流，亦为不少"。这个特点在当时既然特别为北方所注意，南朝梁新县以"相如"为名，就能很贴切地体现当地人文发展水平，作为文化发展的区域性标志，在南北激烈争夺中体现一种文化宣传的特殊作用，正如此时南北朝加封孔子后人的做法一样。

正统、正朔、礼乐、冠带、诗赋文辞是文化争夺的重要组成部分。三国以来文章诗赋在社会生活、个人生活中的作用不断强化，到梁代达到一个高峰，在梁和北朝相争中也是一个有用的武器。这是相如县命名的第二个基础。

正统既是政治的宗法的概念，也是文化的概念，互为表里。正统之争体现在政治、外交、文化各个方面，而核心在于礼乐教化、诗赋文辞等深层的文化成就中。南北朝正统之争实质上就是文化之争，在思想上、舆论上证明自己的先进性、合法性，从而争取人心，稳固统治，是与军事配合的斗争手段。南北朝时期直到梁代，南朝在争夺正统地位的斗争中基本上是处于优势的。从东晋以来至梁，南北方之间军事实力大体相当，正统、正朔、礼乐、冠带、诗赋文辞的高下就成为争论的着力点，也只有在这种条件下，正统、正朔、礼乐、冠带、诗赋文辞之争才有现实意义。而在这个方面，南朝的礼乐、文教、诗赋文辞就成为这个争夺中的砝码，也是南朝正统优势的根本来源。至于侯景之乱以后，"疆埸日蹙"[102]，南朝正统失去现实基础，这种努力就只有一点自我安慰的意义了。

梁天监年间，南北拉锯战十分剧烈，势均力敌，南北正统之争、文化之争也十分剧烈。梁代礼乐、文章繁荣达到南北朝顶点，既是文化史、文学史自身发展的结果，也是梁与北朝相争的重要资本，在某些时候甚至令对手忧心忡忡。"（北齐）高祖（高欢）曰：'（杜）弼来，我语尔。天下浊乱，习俗已久。今督将家属多在关西，黑獭常相招诱，人情去留未定。江东复有一吴儿老翁萧衍者，专事衣冠礼乐，中原士大夫望之以为正朔所在。我若急作法网，不相饶借，恐督将尽投黑獭，士子悉奔萧衍，则人物流散，何以为国？尔宜少待，吾不忘之。'"[103]

南、北朝诗赋文辞在双方的日常生活中都成为珍品，互相以礼乐文章夸耀自己、贬辱对方的记载在当时的史籍中比比皆是。新设县能够以"辞宗"之名命名，符合梁朝一贯作为。当然司马相如在南北朝时期的影响能不能达到可以夸耀自己、贬辱对方的程度，还要看当时对他的具体评价。

两汉文章，以华彩而言，司马相如显然属于标志人物。《史记》评价司马相如文章核心在于"靡丽多夸"[104]。扬雄也是如此认识："先是时，蜀有司马相如，作赋甚弘丽温雅，雄心壮之，每作赋，常拟之以为式。又怪屈原文过相如……辞莫丽于相如。"[105]《甘泉赋序》："孝成帝时，客有荐雄文似相如者……反离骚，雄怪屈原文过相如。"[106]东汉班固评价司马相如："文艳用寡，子虚乌有，寓言淫丽，托风终始，多识博物，有可观采，蔚为辞宗，赋颂之首。述《司马相如传》第二十七。"[107]

"辞宗"一词，为班固首创，相如为"赋颂之首"，以"辞宗"誉相如，即是肯定其文辞在两汉的影响属于第一位。

魏晋以来至于梁代，司马相如的作品是评论文章成就的通用标准。因为魏晋至于南朝，华丽是文章审美意味的基本尺度之一，从此上溯，"辞莫丽于相如"，其"辞宗"地位仍然保持着。

比较而言，司马相如的地位在魏晋南北朝时期比两汉还有提高，不但是以文章辞赋著名的人物中被谈论描写最多的对象，而且还被看作是高尚的"贤士"之一，为南北方文士歌咏。

1. 与屈原同列

曹丕《典论·论文》:"或问屈原、相如之赋孰愈?曰'优游案衍,屈原之尚也;穷侈极妙,相如之长也。然原据托譬喻,其意周旋,绰有余度矣。长卿、子云,意未能及已。'"[108]

2. 衡文标准

曹植:"以孔璋之才,不闲于辞赋,而多自谓能与司马长卿同风,譬画虎不成还为狗者也。"[109]

左思《咏史诗》:"言论准宣尼,辞赋拟相如。悠悠百世后,英名擅八区。"[110]

常璩:"长卿彬彬,文为世矩。"[111]

刘勰也称司马相如为"辞宗"[112],《文心雕龙》谈到司马相如约二十处。

3. 高尚贤士

嵇康《圣贤高士传》:"长卿慢世,越礼自放。犊鼻居市,不耻其状。托疾避患,蔑此卿相。乃赋大人,超然莫尚。"[113]

鲍照《蜀四贤咏》:"相如达生旨,能屯复能跃。陵令无人事,毫墨时洒落。"[114]

常景《赞四君诗·司马相如赞》:"长卿有艳才,直致不群性。郁若春烟举,皎如秋月映。游梁虽好仁,仕汉常称病。清贞非我事,穷达委天命。"[115]

《世说新语》及刘孝标注也录有多条关于司马相如的评论、文辞。

4. 梁皇室的关注

梁武帝《手敕答张率》:"(天监初)省赋殊佳,相如工而不敏,枚皋速而不工,卿可谓兼二子于金马矣。"[116]

太子萧统《答晋安王书》:"相如奏赋,孔璋呈檄;曹刘异代,并号知音。"[117]

5. 五言诗的主题

查《先秦汉魏晋南北朝诗》,汉魏六朝人物作为汉魏六朝五言诗主题的绝少,"才高八斗"的曹植、被誉为"百代文宗"的陆机等皆无被歌咏之篇,而司马相如至少有两篇。

吴均《赠任黄门诗二首》:"相如体英彦,左右生容晖。已纡汉帝组,复解梁王衣。经过云母扇,出入千门扉。连洲茂芳杜,长山郁翠微。欲言终未敢,徒然独依依。"[118]

祖孙登《赋得司马相如诗》:"雍容文雅深,王吉共追寻。当垆应酤酒,托意且弹琴。上林能作赋,长门得赐金。唯当有汉主,知怀封禅心。"[119]

司马相如具备古代文人所有基本特征,集许多矛盾于一体,生平事迹富于戏剧性,属于极富华彩人物,是两汉魏晋南北朝时期极好的谈资,《西京杂记》所载就多达十余条[120]。查考此时史籍,司马相如无疑是汉以来被谈论最多的文士。在其故乡巴蜀之内,也是逸闻流传不绝。《三国志》有张裔与孙权关于卓文君"亡奔"司马相如的斗嘴[121],《华阳国志》有"赤车驷马"等传说[122],皆是证明。

司马相如作为两汉魏晋南北朝时期的"辞宗",具备足够夸耀于北方的影响力。

古代对郡县、官爵等名称相当重视。

"刘备章武元年,亦以郡国封建诸王,或遥采嘉名,不由检土地所出。其户二十万,男女口九十万。孙权赤乌五年,亦取中州嘉号封建诸王。"[123]

"即授辅国将军吴郡太守,封瑰义成县侯,邑千户。(齐)太祖故以嘉名锡之。"[124]

"(齐)武帝幸之,置酒为乐,顾临川王映:'王邸亦有嘉名不?'"[125]

"(江)蒨乃因智者启舍同夏县界牛屯里舍为寺,乞赐嘉名。敕答云:'纯臣孝子,往往感应。晋世颜含,遂见冥中送药。近见智者,知卿第二息感梦,云饮慧眼水。慧眼则是五眼之一号,若欲造寺,可以慧眼为名。'"[126]

"(北魏)别封昌国县公,以从嘉名。"[127]

北朝皇帝赏赐臣下的嘉名不计其数。

南北朝双方都曾把州郡县名称作为宣传战以及王统正朔的依据之一,"侨州郡县""遥领"等也蕴含着相当的对抗争论意味。以梁天监年间相如县地域作为战略要地所取县名一事,与以上诸嘉名故事比较,也必当具有同样的含义。

此时以相如名此县,既具有巩固边防、强化郡县管理的历史作用,又具有夸耀礼乐文雅、激励本地人士的文化意义;既有南北文化争衡的现实要求,又是地方文史传统长期发展的标识;既取义于朝廷意志,又寄予着地方希望。所以,梁代取相如县名,是一个具有多重含义的嘉名。梁以来天下县名多经改易,如《旧唐书》载"丙寅,改天下县名不稳及重名一百一十处"[128],而相如县名历近九百年未曾改易,即说明梁代相如县命名的含义完全正确,被后代所长期接受。

参考文献:

[1] 刘钧仁《中国地名大辞典》,国立北平研究院出版,午四一,第697页。

[2] 臧励和《中国古今地名大辞典》,商务印书馆,1933年版,第652页。

[3] 任乃强,任新建《四川州县建置沿革图说》,巴蜀书社,2002年版,第84、87页。

[4] 王仲荦《北周地理志》，中华书局，1980 年版，第 346 页。

[5] 龚煦春《四川郡县志》，成都古籍书店，1983 年版，第 102 页。

[6] 蒲孝荣《中华人民共和国地名词典》（四川省卷），商务印书馆，1993 年版，第 549 页。

[7] 任乃强《华阳国志校补图注》，上海古籍出版社，2007 年版。

[8] 赵正铭，邓郁章主编《相如故里在蓬安》，四川人民出版社，2001 年版。以下除引述本书原文外，不再具注。

[9] 司马迁《史记》，中华书局，1985 年版，第 2999 页。

[10] 班固《汉书》，中华书局，1985 年版，第 2529 页。

[11] 杜佑《通典》，中华书局，1984 年版，第 903 页："朗池，宋南宕渠郡在此置。有汉司马相如琴台。"但"朗池"本属相如县旧地，《旧唐书·地理志》："郎池，武德四年，分相如置。"

[12] 曹学佺《蜀中名胜记》卷二八，重庆出版社，1984 年版，第 412、413 页。

[13]《初学记》卷二四《居处部》，中华书局，1962 年版，第 575 页。又见《蜀中广记》卷二。

[14] 赵正铭，邓郁章主编《相如故里在蓬安》106 页，断"宅右"属下句。

[15] 乐史《太平寰宇记》卷八十六，四库全书本，上海古籍出版社，1987 年版，第 694、596、605 页。

[16] 刘琳校注《华阳国志·蜀志》，巴蜀书社，1984 年版，第 227 页。注[十五]，第 231、232 页。

[17] 顾祖禹《读史方舆纪要》卷六十八，续修四库全书本，上海古籍出版社，2002 年，673 页："长卿山，县治西南二里。旧名神

山。唐玄宗幸蜀,以山有司马相如读书窟,因改名焉。"

[18] 陈寿《三国志》卷三八《秦宓传》,中华书局,1982年版,第973页。

[19] 刘琳校注《华阳国志·先贤士女总赞中》,第753页。

[20] 《全唐文》第二册,卷一三四,中华书局,1996年影印,第1354页。

[21] 李昉等《太平御览》卷一六七《州郡部十三·果州》,中华书局,2006年版,第816页。

[22] 魏徵等《隋书》卷三《炀帝纪上》,中华书局,1973年版,第66页。

[23] 《蜀中名胜记》卷二八,第412、413页。

[24] 《蓬州志略》卷九,转引自《相如故里在蓬安》,第123页。

[25] 《全唐文》第二册,卷一三四,第1352、1354页。

[26] 《隋书》卷二九《地理志上·巴西郡》,第824页。

[27] 李吉甫《元和郡县图志》逸文卷一《果州》,中华书局,2005年版,第1067页。

[28] 刘昫等《旧唐书》卷四一《地理志四·剑南道》,中华书局,1975年版,第1674页。

[29] 《太平寰宇记》(四库全书本),第694页。

[30] 《初学记》卷八《州郡部》,第184页。

[31] 李巧思《〈益州记〉佚文考辨》,《四川师范大学学报(社科版)》2002年第3期。唐建《李膺〈益州记〉佚文考辨》,《中华文化论坛》2005年第3期。

[32] 沈约《宋书》卷三八《州郡志》,中华书局,1974年版,第1170页。

[33] 萧子显《南齐书》卷一五《州郡志下·巴西郡》,中华书

局，1972 年版，第 300 页。

[34]《隋书》卷三五《经籍志四》，第 1088 页。

[35]《隋书》卷三三《经籍志二》，第 984、986 页。

[36]《旧唐书》卷四六《经籍志上》，第 2015 页。

[37]《隋书》卷三三《经籍志二》，第 986、2015 页。

[38]《旧唐书》卷四六《经籍志上》，第 2015 页。

[39] 同上，第 1503、1500、1501 页。

[40]《隋书》卷三三《经籍志二》，第 980 页。

[41] 同上，第 987、1500 页。

[42] 欧阳修等《新唐书》卷五八《艺文志二》，中华书局，1975 年版，第 1500、1503 页。

[43] 脱脱等《宋史》卷二〇四、二六五《李昉传附子宗谔传》，中华书局，1977 年版，第 5156、9143 页。

[44]《新唐书》卷四六《百官志一》，第 1195 页。

[45]《宋史》卷四四〇《李度传》，第 13021 页。

[46]《隋书》卷三三《经籍志二》，第 988 页。

[47] 转引自《相如故里在蓬安》，第 86、120 页。

[48] 舒大刚，曾枣庄主编：《三苏全书》第九册卷三十六《集部四·苏轼诗集》，语文出版社，2001，第 88 页。

[49] 冯梦龙《情史类略》卷四《情侠类·卓文君》，岳麓书社，1983 年，第 111 页。

[50] 李大明《司马相如生于蓬安》，《光明日报》2004 年 12 月 31 日。

[51]"刘知几所读到的《司马相如集》中确有其《自叙》"，此《自叙》是否是司马相如本人所作，尚有疑问，或以为是编纂者撮取本传而成。但此《自叙》与司马相如本人曾有否《自叙》是两个问

题,不影响《史记》在这一点采录自司马相如"自叙"资料的推论。

[52]《隋书》卷七五《刘炫传》,第1722页。又见《北史》卷八二。

[53] 刘知几《史通》内篇卷九《序传》,四库全书本,上海古籍出版社,1987年版。

[54] 同上。

[55] 何兹全《自然经济和依附关系》,载《中国社会历史评论》(第三卷),中华书局,2001年版。

[56]《史记》卷九八《傅靳蒯成列传》、卷九七《陆贾列传》、卷五六《陈丞相世家》、卷八《高祖本纪》、卷六三《老子列传》,第2707、2709、2697、3951、2051、341、2139页。

[57]《史记》卷一○二《冯唐列传》,第2757页。

[58]《史记》卷一三○《太史公自序》,第3293页。

[59] 同上,第3296页。这一条究竟指司马谈还是司马迁,尚有争议。但无论是指太史公马氏父或子,司马迁当时居住地、编户地在此无疑。

[60] 刘琳校注《华阳国志·先贤士女总赞》,第712页。

[61] 任乃强《华阳国志校补图注·前言》,第6页。

[62]《三国志》卷四二《谯周传》,第1027页。

[63] 房玄龄等《晋书》卷八二《陈寿列传》,中华书局,1974年版,第2137页。

[64] 刘琳校注《华阳国志·后贤志》,第849页。《隋书·经籍志》作"《益部耆旧传》十四卷,寿撰"。

[65] 刘琳校注《华阳国志·先贤士女总赞上》,第732页。

[66] 刘琳校注《华阳国志·蜀志》,第238、240页。

[67] 刘琳校注《华阳国志·先贤士女总赞中》,第762页。

[68] 范晔《后汉书》卷八二下《方术列传》，中华书局，1965年版，第2735页。

[69] 刘琳校注《华阳国志·先贤士女总赞下》，第795、796页。

[70]《三国志》卷五五《甘宁传》，第1292页。

[71]《后汉书》卷五七《栾巴列传》，第1841页。

[72] 任乃强《华阳国志校补图注·前言》，第6页。

[73]《汉书》卷六四下《王褒传》，第2821页。

[74] 刘琳校注《华阳国志·先贤士女总赞上》，第713页。

[75]《汉书》卷六四下《王褒传》，第2822页。

[76]《三国志》卷八《张鲁传》，第1292页。

[77]《梁书》卷一《武帝纪上》，中华书局，1973年版，第1页。

[78] 房锐，邓郁章：《关于"司马相如故里"问题的再探讨》，《四川师范大学学报（社科版）》2005年第2期。

[79] 王培荀《听雨楼随笔》，巴蜀书社，1987年版，第471页。

[80]《太平寰宇记》卷八十六，第694页。

[81] 王象之《舆地纪胜》卷一五六，中华书局，1993年版，第4426页。《十道志》载《旧唐书》《新唐书》：梁载言《十道志》十六卷。

[82] 李吉甫《元和郡县图志》，中华书局，1983年版，第1067页。

[83]《相如故里在蓬安》，第114页。《听雨楼随笔》，第471页。

[84]《旧唐书》卷四一《地理志四》，第1674页。

[85] 高敏《从张家山汉简〈二年律令〉看西汉前期的土地制度——读〈张家山汉墓竹简〉札记之三》，《中国经济史研究》2003年第3期。

[86]《史记》卷一七《司马相如列传》,第3001页。

[87] 这段时间的长短目前争议较大,兹取沈伯俊、刘跃进先生的观点。见《赋学研究论文集》第89页、《秦汉文学编年史》第145页。

[88]《宋书》卷六七《谢灵运传》,第1754页。

[89] 李大明《司马相如生于蓬安》,《光明日报》2004年12月31日。

[90] 不韦县,《三国志》卷四三《吕凯传》,裴注引孙盛《蜀世谱》曰:"初,秦徙吕不韦子弟宗族于蜀汉。汉武帝时,开西南夷,置郡县,徙吕氏以充之,因曰'不韦县'。"又见《华阳国志》卷四《南中志》:"孝武时……徙南越相吕嘉子孙宗族实之,因名'不韦',以彰其先人之恶。"清丰县,见《旧唐书》卷三九《地理志二》:"以县界有孝子张清丰门阙,魏州田承嗣请为县名"。又见《新唐书》卷三九《地理志三》。

[91] 魏收《魏书》卷九六《僭晋司马叡传》,第2093页。

[92]《隋书》卷二九《地理志上》,第807页。

[93] 刘琳校注《华阳国志·巴志》,"安汉县"注一,第96页。

[94] 司马光《资治通鉴》卷一四七《梁纪三》,中华书局,1985年版,第4601页。

[95]《旧唐书》卷三九《地理志二》"河北道"条,第1495页。《新唐书》卷三九《地理志三》,第1010页。

[96]《魏书》卷六五《邢峦列传》,第1442页。又见《北史》卷四三。

[97]《资治通鉴》卷一四六《梁纪二》,第4555页。

[98] 姚思廉《梁书》卷一七《张齐传》,中华书局,1973年版,第282页。又见《南史》卷四六。

[99]《梁书》卷一〇《邓元起传》,第199页。又见《南史》卷五五。

[100]《资治通鉴》卷一四五《梁纪》,第4525页。

[101]《资治通鉴》卷一四六《梁纪二》、一四七《梁纪三》、一四八《梁纪四》,第4548、4549、4552、4608、4620页。

[102]李延寿《南史》卷六九《傅绰传附章华传》,中华书局,1975年版,第1687页。又见《陈书》卷三〇。

[103]李百药《北齐书》卷二四《杜弼传》,中华书局,1972年版,第347页。

[104]《史记》卷一三〇《太史公自序》,第3317页。

[105]《汉书》卷八七《扬雄传上》,第3515页。

[106]严可均《全上古三代秦汉三国六朝文·全汉文》卷五十一,中华书局,1985年版,第403、409页。

[107]《汉书》卷一〇〇下《叙传下》,第4255页。

[108]《全上古三代秦汉三国六朝文·全三国文》卷八,第1096页。

[109]《全上古三代秦汉三国六朝文·全三国文》卷十四,第1140页。

[110]逯钦立《先秦汉魏晋南北朝诗》,中华书局,1984年版,第733页。

[111]刘琳校注《华阳国志·先贤士女总赞》,第712页。

[112]詹锳《文心雕龙义证》之《风骨》《才略》篇,上海古籍出版社,1999年版,第1057、1777页。

[113]《全上古三代秦汉三国六朝文·全三国文》卷八,第1344页。

[114]逯钦立《先秦汉魏晋南北朝诗》,第1294页。

[115] 逯钦立《先秦汉魏晋南北朝诗》，第 2219 页。

[116]《梁书》卷三三《张率传》，第 475 页。

[117] 严可均《全上古三代秦汉三国六朝文·全梁文》卷二十，第 3064 页。

[118] 逯钦立《先秦汉魏晋南北朝诗》，第 1731 页。

[119] 同上，第 2544 页。

[120]《西京杂记》四部丛刊初编子部，上海书店，1989 年版，第 79 册。

[121]《三国志》卷四一《张裔传》，第 973、1012 页。

[122] 刘琳校注《华阳国志·蜀志·蜀郡州治》，第 227 页。

[123]《晋书》卷一四《地理志上》，第 414 页。

[124]《南齐书》卷二四《张瑰传》，中华书局，1972 年版，第 454 页。

[125]《南史》卷四三《齐高帝诸子传下》，中华书局，1975 年版，第 1082 页。

[126]《梁书》卷四七《江紑传》，中华书局，1973 年版，第 656 页。

[127]《北史》卷五五《陈元康传》，中华书局，1974 年版，第 1984 页。

[128]《旧唐书》卷九《玄宗本纪下》，中华书局，1975 年版，第 215 页。

（熊伟业：四川文理学院中文系讲师，四川大学文学与新闻院博士生）

弹琴而感文君
——司马相如"琴挑文君"说解

许 结

提 要：有关司马相如在临邛"琴挑文君"的本事，《史记·司马相如列传》据相如自叙，记述甚详，然其间的文化内涵与婚俗背景，尚值得进一步探索与思考。"琴挑"作为一种媒介传统，实与琴心、琴制以及"以乐行媒"的文化内涵相关，而这段因"琴挑"而成就的婚姻，后世或褒或贬，都存在着非历史化的偏差，这又需要将其置放于西汉初年的婚俗文化背景去考察，以阐发其现实的合理性。

关键词：司马相如　卓文君　琴挑　婚俗背景

唐代初年蜀郡相如县令陈子良撰《祭司马相如文》中有云："弹琴而感文君，诵赋而惊汉主。"这两句话高度概括了司马相如一生最重要的两次际遇，即生逢两大"知音"：文君与武帝。"感文君"缘"琴心"，"惊汉主"以"赋心"，婚宦两得，全赖擅"声"与知"音"，千载传响，自为美谈。而两件人生美事，又以"琴心"挑"文君"在前，并且纵观相如一生故事，则尝系于此，故试为说解，见笑大方。

一、相如"琴挑文君"本事述略

据学者考论，《史记·司马相如列传》文字主要依据相如"自叙为传"，如刘知几《史通·杂说上》谓"马卿为自叙传，具在其集中。子长因录斯篇，即为列传。班氏仍旧，曾无改夺"[1]，这也说明《史》《汉》中相如传记所载史实的可靠性。《史记》本传记相如与文君本事在客游梁孝王之后，相如前往临邛，因临邛令王吉的强邀，而过饮当地富豪卓氏家，得遇文君。传文记述甚长，节录一段关键文字如次：

  酒酣，临邛令前奏琴曰："窃闻长卿好之，愿以自娱。"相如辞谢，为鼓一再行。是时，卓王孙有女文君新寡，好音，故相如缪与令相重，而以琴心挑之。相如之临邛，从车骑，雍容闲雅甚都。及饮卓氏，弄琴，文君窃从户窥之，心悦而好之，恐不得当也。既罢，相如乃使人重赐文君侍者通殷勤。文君夜亡奔相如，相如乃与驰归成都[2]。

继此，本传尚多延续故事：一则，相如与文君婚后家徒四壁，无以为生，而卓王孙的态度是"大怒"，并谓"女至不材，我不忍杀，不分一钱也"。二则，因无以为生计，相如与文君又从成都返临邛，尽卖车骑而买酒舍"酤酒"，"文君当垆，相如身自著犊鼻裈，与保庸杂作，涤器于市中"。卓王孙"闻而耻之"，"杜门不出"，后经家人劝解，不得已"分予文君僮百人，钱百万，及其嫁时衣被财物"。而文君得到分财，与相如返归成都，"买田宅，为富人"。三则，其后相如因谕巴蜀父老、安抚西南夷有功，汉武帝"拜相如为中郎将，建节往使"，"至蜀，蜀太守以下郊迎，县令负弩矢先驱"，"于是卓王孙、临邛诸公皆因门下献牛酒以交欢。卓王孙喟然而叹，自以得使女尚司马长卿晚，而厚分与其女财，与男等同"。

由上可见，自相如琴挑而文君亡奔后，卓王孙态度有三次较大的变化，这也增加了整个事件的故事性，其中的文化内涵，亦有值得探究处。同样，从相如"家贫，无以自业"时，临邛县令王吉邀其饮于临邛首富卓氏，到拜中郎将建节往使西南，传记通过卓王孙态度"三变"，隐示了文君从相如由贫而富，由贱而贵，始终相契相合，伴随左右，其对相如一生行事的影响，不言而喻。

除此之外，《史记》本传还记述了两件与文君相关的事。

一是相如"口吃而善著书。常有消渴疾。与卓氏婚，饶有财"，所以尝"称病闲居，不慕官爵"。这说明相如与卓氏联姻，使其再无生计之忧，这也影响了他一生的为人态度和著述成就。

二是相如晚年因"病免，家居茂陵"，武帝派所忠探望并取所著书，而相如已死，所忠"问其妻"，其妻取相如所撰遗札即《封禅书》奏之。按，其妻是否即文君，无考。然据《西京杂记》记载："文君姣好，眉色如望远山，脸际常若芙蓉，肌肤柔滑如脂，十七而寡，为人放诞风流，故悦长卿之才而越礼焉。长卿素有消渴疾，及还成都，悦文君之色，遂以发痼疾。乃作《美人赋》，欲以自刺，而终不能改，卒以此疾致死。文君为诔，传于世。"[3] 此言相如死后"文君为诔"，或可成为《史记》本传"其妻"即为文君的旁证。只是所说相如因"悦文君之色"而发病，且作《美人赋》"自刺"，恐为小说家言。然文君之美色及"远山眉"，则已成为后世文人墨客吟咏玩赏的话题，如宋代诗人周南《卓文君》诗云"芙蓉为脸玉为容，淡拂眉尖远山色"，清代诗人吴省钦《文君井》诗云"回睇远山横，眉痕学妍靓"，皆歌咏其美。他如明人王世贞谓"卓文君眉色如远山，人效之为远山眉”[4]，亦可见其影响之久远。

此外，相如晚年“病免，家居茂陵”，《西京杂记》卷三又载有“相如将聘茂陵人女为妾，卓文君作《白头吟》以自绝，相如乃止”的故事一则。考郭茂倩《乐府诗集》卷四十一录《白头吟》八首，其中“古辞”两首，并无相如与文君内容，《古今乐录》《乐府解题》也无此记述[5]，直到唐代李白拟作《白头吟》始据《西京杂记》而有“一朝将聘茂陵女，文君因赠《白头吟》”的诗句。依据这一传说，相如则背“负心”之名，而文君亦生“怨心”。如宋人赵蕃《卓文君》诗云：“成都共逸为琴心，岂不尝闻赋丽淫。重聘茂陵今已晚，不须多赋《白头吟》。”又，周南《卓文君》诗长篇演绎《白头吟》故事，自谓“推其意为文君怨”。又如李白的《白头吟》又取陈皇后失宠而付千金请相如代作《长门赋》事，谓：“相如作赋得黄金，丈夫好新多异心。一朝将聘茂陵女，文君因赠《白头吟》。”清代乾隆帝御制《白头吟》诗亦据此而感叹曰：“相如赋长门，因之得黄金。如何卓文君，又作《白头吟》?”朱鹤龄《卓文君》诗也说：“眉黛轻描远翠侵，恩情早定七弦琴。如何白首犹移爱，羞杀长门卖赋金。”这类传说的千年演绎，无不围绕着相如与文君奇特的婚姻话语，而根源于“琴挑文君”之本事。

二、琴心、琴制与以“乐”行“媒”

琴作为乐器，素被中国古代士大夫所推崇、所常御，倘若兼有琴棋书画之艺，最为儒雅君子。应劭《风俗通义》载：“琴者，乐之统也。君子所常御，不离于身。非若钟鼓，陈于宗庙，列于虡悬也。以其大小得中而声音和。”而琴器之用在琴音“尽声变之奥妙”（傅毅《琴赋》），琴声之变则又缘琴心之感发。庾信《和赵王看妓诗》云

"临邛若有便，为说解琴心"，即借用相如"琴心挑之"本事；清人祝凤喈《与古斋琴谱》则谓"鼓琴曲而至神化者，要在于养心"，实为其理论诠解。

相如以琴心挑文君，首先在深谙琴道。传说古代有四大名琴，分别是齐桓公的"号钟"、楚庄王的"绕梁"、相如的"绿绮"与蔡邕的"焦尾"。晋傅玄《琴赋序》曾列举后三者，以为"名器"，以致后人又尝以"绿绮"为琴的通称。如晋张载《拟四愁》"佳人遗我绿绮琴"、李白《听蜀僧濬弹琴》"蜀僧抱绿绮"等诗句皆是。也正因为相如对琴道"好之"，且精通琴艺，所以才有了这些传说。当然，有相如的琴心，必有文君的感动，亦如伯牙与钟子期的知音，方能成就这等佳话，正如刘勰《文心雕龙·知音》所说："音实难知，知实难逢，逢其知音，千载其一乎！"[6]值得注意的是，相如琴挑文君作为一种故事的范例，影响了后世多将因"琴"知音用于男女情事，喻琴瑟和谐，比如《玉台新咏》卷九所载托名相如的《琴诗》二首，所谓"凤兮凤兮归故乡，遨游四海求其皇"[7]，以及后人追和的"凤兮凤兮鸣喈喈，雄将飞兮雌将从"（周紫芝《拟司马相如琴歌代文君答》），均同其义。探究其中原因，又当由琴心而观其琴制。

一曰"琴源"。琴为谁造，史籍说法甚多，其中伏羲造琴说与神农造琴说影响最大，尤其前者，居琴源之首。据王应麟《玉海》载《琴书》引蔡邕《论琴》："伏羲削桐为琴。面圆法天，底平象地。龙池八寸，通八风；凤池四寸，象四气。"伏羲作为古代神话中昆仑大神，具万有之神力，然考诸汉代史籍，其与女娲尝被奉为"婚神"。如谓"伏羲制嫁娶，以俪皮为礼"（《绎史》卷三引谯周《古史考》），"女娲祷祠神，祈而为女媒，因置婚姻"（应劭《风俗通义》）。由于对伏羲与女娲"再造夫妇"之神性的普遍承认，班固在他的《两都赋》中赞汉光武刘秀再定婚俗宗法之礼，则喻之以"四海之内，更造夫妇，肇有父子，君臣初建，人伦之始，斯乃伏羲氏之所以基皇德也"[8]。正因伏羲造琴有着主"婚"之礼的内涵，所以相如因"琴"挑"情"，好合男女，也就具有了文化的本源意义。

二曰"琴材"。古人制琴，重阴阳谐和，即琴面拟天，以桐材，为阳；琴底拟地，以梓材，为阴。明人刘珠《丝桐篇》论琴材云："天下之材，柔良莫如桐，坚刚莫如梓。桐主发散以扬声，梓主收敛以聚声。以桐之虚，合梓之实，刚柔相配，天地之道，阴阳之义也。"由琴材到音理，亦以兼融阴阳为佳。清人程雄《琴学八则·取音》云："取音之理，全凭两耳，必须细察其孰为刚，孰为柔，孰为刚中之柔，孰为柔中之刚。何也？声音之道，皆由天造，其中高下抑扬，悉本阴阳之理，生生不息。故浅之足以悦人心，微之即可通造化。"正因"阴阳合意，造化一心"（《古琴铭》），琴也就能"体兼九丝，声备五音"（谢惠连《琴赞》），从而达到"清飙因其而流声兮，游弦发其逸响；心怡怿而踊跃兮，神感宕而惚恍"（成公绥《琴赋》）的境界。由琴声之"阴阳合意"到琴用之"阴阳合意"，来看相如"琴挑"之意蕴，也有着内在的联系。

三曰"琴德"。汉人桓谭《新论·琴道篇》云："削桐为琴，绳丝为弦，以通神明之德，合天人之和。"后世发挥其义，论琴"德"之说尤多，如明人冷谦谓琴有"九德"，即"奇""古""透""静""润""圆""清""匀""芳"。如论"润"，则谓"韵长不绝，清远可爱"；论"清"，则谓"发声犹风中之铎"（见《琴书大全·琴制》）[9]。诸德虽有异说，然突出琴声之高逸悠远，所谓"异德宣情"（戴逵《琴赞》）、"宣和养气"（嵇康《琴赋》），实属一致。当然，因地域的区别，琴声也有差异。如宋人朱长文《琴史》卷四引唐赵耶利说"吴音清婉"，"蜀声躁急"，躁急者"如急浪奔雷"，更显其冲击力量。而由琴德琴声反观相如与文君之因"琴"传"心"，也是耐人寻味的。

四曰"琴意"。因情传意,为琴之妙用,昔人谓"参以酒德,间以琴心"(王俭《褚渊碑文》)、"譬如巧琴师,哀弹发丝桐"(韩维《览梅圣俞诗编》),实取其义。因为琴意最善传情,故桓谭曾记述雍门周以琴见孟尝君,即云"臣一为之援琴而长太息,未有不凄恻而涕泣者也"(《新论·琴道篇》)。可见情发于声,见于琴意,最为感物动人。嵇康《琴赋》云"诚可以感荡心志,而发泄幽情",亦通合于相如"琴挑"游戏间的"琴心"真情。

由此再看相如"琴挑"的历史文化内涵,又与以"乐"行"媒"的传统有关。

考察以"乐"行"媒"之源,当在上古祭神的巫术歌舞,特别是殷商时代承夏礼而重巫歌,祭神重声乐之娱,所谓"殷人尚声,臭味未成,涤荡其声。乐三阕,然后出迎牲。声音之号,所以诏告于天地之间"(《礼记·郊特牲》)。以声乐祭神媚神,也包括行"媒"之神。虽然周礼变殷商祭神之法,即"周人尚臭,灌用鬯臭"(同前)等变重"声乐"而为重"气味"的交感巫术,其中增添了"惟吾德馨"的道德成分,但以"乐"行"媒"之风未绝,如《诗·周南·关雎》"窈窕淑女,琴瑟友之"。比较而言,更典型的就是传承殷商《桑林乐》的"郑卫之音"。据《礼记·月令》载:仲春之月"玄鸟至。至之日,乙太宾祠于高禖。天子亲往,后妃帅九嫔御"。又,《周礼·地官·媒氏》:"仲春之月,令会男女,于是时也,奔者不禁。"据陈梦家《高禖郊社祖庙通考》考证,高禖即郊禖,是"社"的别称,"社"又是原始宗教的神圣祭坛。所以"会男女",即"祭媒神"[10],诚如《墨子·明鬼》所说:"燕之有祖,当齐之有社稷,宋之有桑林,楚之有云梦也,此男女之所属而观也。"而郑、卫多属殷商旧地(宋),其风尤炽盛,其声尤放纵,以致孔子有"恶郑声之乱雅乐"(《论语·阳货》)的批评,朱熹更发挥孔子"郑声淫"之说,直谓郑诗(歌词)

是"淫女戏其所私"(《诗经集传》卷二《郑风·山有扶苏》注)。其实,撇开这些道德的评判,郑、卫之声的"男女奔会"之以"乐"行"媒"遗存,在楚汉辞赋领域仍有明显体现。除了《墨子》中所言"楚之云梦"与"宋之桑林"同为祭祀媒神之地,因而产生了《高唐》《神女》之赋,在屈原的作品中,也有以"乐"行"媒"的印记。如《离骚》有云:"吾令丰隆乘云兮,求宓妃之所在;解佩纕以结言兮,吾令蹇修以为理。"洪兴祖注:"蹇修,伏羲氏之臣……使古贤蹇修而为媒理。"[11]朱熹注:"蹇修,人名。理,为媒以通词理。"[12]蒋骥则谓:"蹇修……理媒使也。"[13]而考之《尔雅·释乐》"徒鼓钟谓之修,徒鼓磬谓之蹇",又可知"蹇修"正是伏羲(楚汉人也视为婚神)身边以"乐"行"媒"的角色,明人何乔新《贫女篇答王元哲》云"命薄蹇修拙,谁歌凤求凰",即源自此。

西汉琴曲歌诗多承楚调,其中如《房中乐》《伯牙操》《长门怨》《琴哥》《白头吟》均为"楚调曲",亦为相如所好,人谓"琴学盛于汉、晋"(杨宗稷《琴学丛话·琴话》卷二),也包括出现了像相如、蔡邕这样的琴学大家。而且以相如为代表的汉初赋家,其创作亦以传承楚声为主流,所以相如"琴挑文君"本事内涵以"乐"行"媒"的文化渊源,是近承楚声而远袭上古巫风的。只是在文化的传承意义上,相如"琴挑"史实已淡褪了上古巫风的祭祀媒神的色彩,却传袭了郑、卫之音的"奔会"性质。也正因此,相如的这一举动成为后世戏剧家笔下的母题。比如直接摹写其事的有明人朱权《卓文君私奔相如》一剧,清人舒位的《瓶笙馆修箫谱》有《卓女当垆》一剧等,而影摹者最著名的就是王实甫的《西厢记》第五折"听琴"一段。试观其中张生的道白:"琴呵,小生与足下,湖海中相随数年,今夜这一场大功,都在你这神品……昔日司马相如得此曲成事,我虽不及相如,愿小姐有文君之意。"当剧中崔莺莺听张生所弹的一曲《凤求凰》

之"张琴代语兮,聊写微肠;何时见许兮,慰我彷徨"后,则云:"是弹得好也呵!其词哀,其意切,凄凄然如鹤唳天。"张生的"琴挑"与莺莺的"知音",可谓相如琴挑文君的翻版,是千年相承的以"乐"行"媒"的文化精神。

三、相如与文君浪漫情缘的婚俗背景

一曲"琴挑"之戏,成就了相如和文君的一生情缘,也留下了历久弥新的千年风流佳话。如果我们再回到"琴挑"本事,看相如有违一般"礼教"的行为,以及卓王孙前后别若霄壤的态度,有必要结合西汉前期的婚俗背景作些考察,以明其情缘中的情理。

首先,西汉早期婚姻比较自由,所谓"媒人"只是"传言"的作用,尤其是"礼教"未严,贞操观淡薄,这应该是司马相如琴挑"新寡"的卓文君且私奔偕亡的婚俗基础。相如与文君的婚姻,尝受到传统法理与礼俗的质疑,其中最突出的是两点,即文君因相如琴挑而"私奔"和其"新寡"的身份。就第一点而言,由于汉代已经强调"妇人因媒而嫁"(刘向《新序·杂事》),所以受到质疑。其实,在西汉没有媒人而成婚者司空见惯,甚至相如的行为也是历代婚俗学家视为西汉婚姻相对自由的例证[14]。甚至在东汉末年,青年男女亦多有私定婚恋的,如繁钦《定情诗》所描写的:"我出东门游,邂逅承清尘。思君即幽房,侍寝执衣巾。时无桑中契,迫此路侧人。我既媚君姿,君亦悦我颜。何以致拳拳?绾臂双金环。何以道殷勤?约指一双银。何以致区区?耳中双明珠。何以致叩叩?香囊系肘后。何以致契阔?绕腕双跳脱。何以结恩情?美玉缀罗缨。"这既是爱情的企盼,也是现实的写照。至于第二点,在相如的时代,迎娶寡妇亦无非议,而女子改嫁,也是普遍的现象。如《汉书·张耳传》记载张耳妻即为改嫁之人，《景帝纪》记载景帝王皇后也是多经改嫁而入宫的，《苏建传》也记载了苏武被匈奴扣押其妻改嫁之事[15]。究其原因，在于当时贞操观淡薄，并无后世那样严格的"礼教"束缚。而据史载，汉代至宣帝时才颁行了第一个褒扬"贞妇顺女"的诏令，而且仅提出赐"贞妇顺女帛"，也没有从礼教的意义进行宣扬与溢美。到元帝、成帝以后，儒学兴盛，伦理观渐严，"存问孤寡贞妇"（《汉书·元后传》）事例日多，也就出现了如刘向《列女传》这样的撰述。

其次，据西汉文献记述，当时士大夫阶层的婚姻是以经济为基础的，所以如果说相如琴挑文君有障碍，则不在"非礼"，而更重要的是门第的悬殊。这只要看卓王孙态度的变化和相如生存状况的变化即可知一斑。据前引《史记·司马相如列传》，在文君听琴而初"奔"时，"卓王孙大怒曰：'……不分一钱'"。继而相如酤酒、文君当垆于临邛市中，"卓王孙闻而耻之"，后经人劝以利害，始分"钱百万"等。而当相如为中郎将建节往使西南时，卓王孙则"厚分与其女财，与男等同"。可以说，通贯其态度变化及其所表现的，始终是金钱财物。同样，司马相如与卓氏联姻后，最大的变化是由"家贫，无以自业"到"为富人"，其主线也是钱财。在当时，富门大姓"相与为婚姻"（《汉书·赵广汉传》）是常例，若像汉初陈平家境贫寒，所以求婚富户，皆"莫肯与之"（《汉书·陈平传》），因为"富贵之男娶得富贵之妻，女亦得富贵之男"[16]是社会公认的婚俗现象。尤其是汉代婚嫁奢靡之风极盛，在汉昭帝时的盐铁会议上，贤良文学已将其视为严重的社会问题提出质疑，即使到东汉年间，豪门贵族仍是"奢纵无度，嫁娶送终，尤为僭侈"（《后汉书·章帝纪》）[17]，甚至有"一女许数家"的敛财行为。这在"俗奢侈"，"归女有百辆之徒车"[18]的蜀地，更是如此。由此可见，相如以家贫之身琴挑文君是引起卓王孙"大怒"的主要原因，而相如与卓氏联姻结果成为"富人"，自然也是为时俗所艳羡的。

其三，相如与文君的婚配，在当时应是一对时尚佳偶，这与西汉婚俗以才貌取人相关。据《史记》本传载，相如是"雍容闲雅甚都"，文君"心悦而好之"；《西京杂记》卷二载"文君姣好"，故相如"悦文君之色"，二人惺惺相惜，一在貌，二在才，才貌双全，方为这段传奇婚配增添了才子佳人式的色调。在汉代，相貌是婚娶的重要标准，如汉乐府《艳歌罗敷行》作为情歌对罗敷美貌的渲染，《孔雀东南飞》中焦仲卿母为子求偶的理想标准也是"可怜体无比，阿母为汝求""东家有贤女，窈窕艳城郭"。反之，丑女难嫁，也是一种普遍现象，诚如《焦氏易林·豫》中所言："东家中女，嫫母最丑，三十无室，媒伯劳苦。"也正因此，在卓王孙"大怒""耻之"的情形下，"昆弟诸公"劝慰他的话也是相如"虽贫，其人材足依也，且又令客"，卓王孙怒意方始稍解。可以说，相如与文君的婚姻经历坎坷而渐入坦途，是与其才貌相关，显现了当时尚美的婚俗文化内涵。

其四，相如琴挑文君在其客游临邛之际，这表明了这段婚姻的流动性与偶然性，也更具传奇性，究其原因，又与自战国迄西汉的游士文化与游士婚姻有着一定的关联。游士阶层兴起于战国时代，源自秦国的客卿制度与六国的养士之风，当时战国六君子养才辩之士为门客，就是典型事例。这种风气到西汉前期仍盛行，汉代文景之世，吴王刘濞、淮南王刘安、梁孝王刘武均以养士闻名，其中梁王宾客作赋陈辞，尤昭著于文学史册。司马相如的前半生正是一个典型的游士，据《史记》本传载，景帝时，"梁孝王来朝，从游说之士齐人邹阳、淮阴枚乘、吴庄忌夫子之徒，相如见而说之"，遂"客游梁"，后因梁孝王卒，始归蜀，游临邛而遇文君。也正因为有着游士集团与游士文化，方有了游士婚姻。比如秦末原为魏公子无忌的门客大梁人张耳"游外黄"时，与外黄富人女结婚；大梁人陈余"游赵苦陉"，当地富户公乘氏"以其女妻之"(《汉书·张耳陈余传》);汉景帝时淮阴人枚乘游梁,得娶"小妻",而生"孽子"枚皋(《汉书·枚乘传》),皆游士在客居地成婚的例证。由于游士的自由活动,决定其客地婚配的流动性,所以基本没有父母之命、媒妁之言的约束,而更多的是"一见钟情"的偶然。相如与文君的婚姻应属此类,只是其以"琴挑"与"知音"强化了婚姻的美丽情缘与神奇色彩。到了汉武帝时,武帝为了削弱宰相权限,将藩国游士纳入中朝,以对抗外朝官势,所以一批包括相如在内的"专务游说"的善文之人,渐渐演变成朝中的文学侍从,于是游士集团瓦解,这也就造成了游士婚姻的消除,婚俗中礼教的强化实与士大夫阶层之家族稳定性的进程休戚相关。

由感文君的"琴心"到惊汉主的"赋心",成就了相如另一段人生的传奇。祝凤喈《与古斋琴谱》谈弹琴与听琴的感受时曾说:"迨乎精通奥妙,从欲适宜,匪独心手相应,竟至弦指相忘,声晖相化,缥缥渺渺,不啻登仙然也。"如果我们通过如此音声之妙,再看《史记》本传记载的汉武帝读相如赋的感受,"上读《子虚赋》而善之,曰:'朕独不得与此人同时哉!'得意曰:'臣邑人司马相如自言为此赋。'上惊,乃召问相如";相如成《上林赋》,"奏之天子,天子大说";相如献《大人赋》,"天子大说,飘飘有凌云之气,似游天地之间意",或有可以相互应照之处。换言之,我们合观相如一生两知音,琴心与赋心,是否可以从相如的音乐妙才去解读他的文辞三惊汉主的"夸艳"之美,而通过这一视域也许又有另一种感受和另一番收获。

参考文献:

[1] 刘知几《史通》,浦起龙释《史通通释》,上海古籍出版社,1978年版。

［2］司马迁《史记》，中华书局，1982年版。

［3］葛洪《西京杂记》，中华书局，1985年版。

［4］王世贞《宛委余编》，《文渊阁四库全书》，台湾商务印书馆，1986年版。

［5］郭茂倩《乐府诗集》，中华书局，1979年版。

［6］刘勰《文心雕龙》，周振甫《文心雕龙注释》，人民文学出版社，1981年版。

［7］徐陵《玉台新咏》，成都古籍书店，1980年版。

［8］萧统《文选》，中华书局，1977年版。

［9］郭平《古琴丛谈》，山东画报出版社，2006年版。

［10］陈梦家《高禖郊社祖庙通考》，《清华学报》1937年版。

［11］洪兴祖《楚辞补注》，中华书局，1983年版。

［12］朱熹《楚辞集注》，上海古籍出版社，2001年版。

［13］蒋骥《山带阁注楚辞》，中华书局，1958年版。

［14］瞿同祖《汉代社会结构》，华盛顿大学出版社，1971年版。

［15］班固《汉书》，中华书局，1962年版。

［16］刘盼遂《论衡集解》，中华书局，1959年版。

［17］范晔《后汉书》，中华书局，1965年版。

［18］常璩《华阳国志》，《文渊阁四库全书》，台湾商务印书馆，1986年版。

（许结：南京大学中文系教授，博士生导师）

司马相如人格论（之一）
——从"劫财""劫色"说谈起

踪训国

提　要："劫"的意思是以武力胁迫的方式达到目的，"窃"则是指在未经他人许可的情况下偷偷地将其财物据为己有，所以，司马相如既没有"劫财""劫色"，也没有"窃赀""窃妻"，而是巧设计谋获得了财富和爱情。相如"纳妾"的根本原因可能是他和卓文君没有子嗣，这在当时是合理、合法的要求，其放弃纳妾之念正反映了他对文君感情的真挚和专一。

关键词：司马相如　财富　爱情　人格

2007年7月30日、31日两天，中央电视台科教频道"百家讲坛"栏目播放了河南大学王立群教授对汉代文学家司马相如与卓文君爱情婚姻故事的精彩解读。在"百家讲坛"推出的众多学者中，王立群是我最为钦佩的一位，因为他根柢深厚，学风严谨，析理透辟，语言准确，而且不乏幽默感。也许是由于我本人多年来研读汉赋，并且曾两次与研究生一起细读《史记·司马相如列传》和相如《子虚赋》《上林赋》，对相如之为人有了些先入为主的看法，聆听王先生讲授时，在钦佩之余又不免产生了一些疑问。下面即谈谈本人的"先入为主"的看法，以向诸位专家同好求教。

其实，对司马相如人格的瑕疵，汉魏六朝时期就已有所评论。东汉扬雄《解嘲》云："司马长卿窃赀于卓氏。"北朝颜之推《颜氏家训·文章篇》云："司马长卿窃赀无操。"南朝大文艺理论家刘勰在《文心雕龙·程器》中也说："相如窃妻而受金。"降至宋代，儒家思想进入了理学阶段，对相如人格的批评蔚然成风。苏轼、叶适、郑樵、晁说之、黄震等，给司马相如罗织了六条罪状，即：好色，贪财，谀主，无才，困苦乡邦，祸害天下。流风所及，直到清代。当然，对司马相如指斥最多的，便是所谓的"贪财""好色"。那么，司马相如到底算不算贪财、好色呢？

笔者认为，王立群先生说司马相如既喜欢钱财，也喜欢美色，两样东西他都要，这是完全正确的。关键在于，司马相如在追求财富和美色时采用了什么手段？是按部就班、威逼利诱，还是拦路抢劫、强攻掠取？其实都不是。倘若按部就班、明媒正娶，则毫无传奇意味可言，但能够得到历代正统文人的认可。可是，司马相如当时刚从梁国回来，穷愁潦倒，不名分文，倘若托人行媒，必为财大气粗、逢迎权贵的卓王孙所不齿，不仅达不到目的，反而会招致羞辱。至于威逼利诱或者强攻掠取，那是山贼土匪所惯用的手段，司马相如作为一代名士，断然不会出此下策。最终，司马相如与临邛县令王吉合谋，采用了智取手段，即：让司马相如乘坐高车大马，风度翩翩地从临邛闹市上经过，以引起市民的议论和赞美；王吉多次亲自拜谒，相如都闭门不见，以此来烘托相如身份地位之不凡。一心想攀附权贵的卓王孙果然上当，见县令的这位客人如此尊贵，如此神秘，便设法宴请相如与王吉，这就为相如、文君的传奇爱情提供了条件。相如通过琴声传情，文君遂亡奔相如。相如、文君生活穷困，在临邛卖酒，卓王孙感到十分羞耻，便分给他们钱财和奴仆。不难看出，相如在追求卓氏女儿和财富时采用了非正常手段，即巧下诱饵，让对方主动上钩的方式，这当然反映了相如的足智多谋、狡狯多端，但由于相如当时的窘迫处境和经济条件，这也是唯一可行的方式。至于王立群先生多次说相如"劫财""劫色"，用词未免太重。《说文解字·力部》："劫，人欲去，以力胁止曰劫。"《玉篇·力部》："劫，强取也。"《荀子·解蔽》杨倞注："劫，迫也。"《辞源·力部》："劫：（1）威胁，强迫。（2）强取，抢夺。"《汉语大词典》略同。不难看出，所谓"劫"则必须诉诸武力，以胁迫的方式达到目的，这与司马相如的行为方式完全不符。所以，司马相如断断没有"劫"过色，也断断没有"劫"过财。古人多称"窃妻""窃赀"，似乎比较贴切，其实也不然。《说文·米部》："窃，盗自中出曰窃。"《论语·颜渊》皇侃疏："窃，犹盗也。"《庄子·山木》郭象注："盗窃者，私取之谓也。"《汉语大词典·穴部》："窃：1.窃贼。2.偷盗。"简言之，所谓"窃"，是指在未经他人许可的情况下，偷偷地将其财物据为己有。古人称司马相如"窃妻"，显然是将卓文君当成了卓王孙的私有财产，这正是轻视女性的历史局限性的表现；倘若今人再说他"窃妻"，那就完全不懂得尊重人权，完全剥夺了卓文君自己选择意中人的自由。"窃赀"之说亦谬，明明是卓王孙碍于情面主动分给了卓文君财物，司马相如何曾半夜三更飞檐走壁地去偷窃？只有"钓妻"之说，算是比较恰当地概括出了相如工于心计的特点。

还有一个问题值得讨论：卓文君相貌到底如何？《史记》《汉书》只说相如"雍容闲雅甚都"，对卓文君却只字未提。王立群先生说，要么美丽，要么丑陋。其实，更有可能的是，卓文君既非国色天香，也非丑陋无比，相貌十分一般。卓氏作为汉代最有经济实力的巨商之一，在蜀地已经营数代，其娶妻纳妾必甚挑剔；受遗传基因影响，卓文君相貌丑陋的可能性极小。倘若其美艳绝伦，《史记》《汉书》亦会缀上一笔。所以，卓文君很可能相貌一般，或者稍有姿色而已。但是，她才智过人，精通音律，则自古以来并无异议。她能听懂相如琴声中传递的倾慕之情，她能不顾大家闺秀的身份面子而深夜亡奔，又能在生活穷苦时当垆卖酒，还能在后来相如打算纳妾时作诗诀别，可见是个才华横溢、敢爱敢恨的奇异女子。她与大文学家司马相如结为伉俪，堪称是珠联璧合，适得其所！卓文君是司马相如真正的知音，相如也正是卓文君心目中的白马王子！倘若卓文君没有夜奔司马相如，而是顺从卓王孙之命，嫁给一个腰缠万贯但又鄙俗平庸的男人，倒算是"门当户对"，但又如何能夫妻唱和、流芳千载？倘若相如得不到文君在感情上、经济上、智谋上的支持①，相如的文学成就、政治成就恐怕也会大受影响。所以，文君成就了相如功业，相如也成就了文君芳名，夫妻联袂，相得益彰。文君可谓是善选郎君也哉！一旦选定，痴心不改。所以，当她看到相如"家居徒四壁立"时，不仅毫无指责之意，还与之同甘共苦，筹划未来。要知道，相如追求文君时汉武帝并未"独尊儒术"，封建礼教对女性的钳制并不怎么严格，卓文君完全拥有返回临邛、弃相如于不顾的自由！

《西京杂记》记载，相如欲纳茂陵女为妾，卓文君作《白头吟》以自绝，相如乃止。据此，不少人指责相如喜新厌旧、忘恩负义，是个薄情郎。对于相如纳妾的想法，不能用现代人的观点来苛责他，而应该回到相如那个时代，设身处地为古人着想，方能如陈寅恪所云与古人有"了解之同情"（《冯友兰中国古代哲学史上册审查报告》）。相如、文君感情甚好，但是两人没有子嗣，则是基本上可以断定的。因为相如死时，汉武帝曾派所忠去取相如书，接待者正是卓文君，并未提及相如之子。没有子嗣，不能传宗接代，这在中国古代真是一件天大的事情，不用我多说。相如欲纳妾，恐怕也是由于这一原因，未必就是喜新厌旧。况且在当时，朝廷官员三妻四妾，十分普遍，相如作为全国一流的文学家，也是汉武帝宠幸的大臣，其欲纳妾乃是一项合理合法的要求。当然，卓文君坚决反对，要求相如感情专一，不得有二，也是可以理解的，这正体现了古代女子对真挚纯洁爱情的向往和追求，因而历代受人赞扬②。把司马相如置于他所处的那个时代，置于他所生活的汉代高层社会，同当时的政治、文化精英们进行比较，我们就绝对没有理由指责他的"纳妾"之念，相反，还会赞赏他对卓文君感情的真挚和专一。现代四川人称司马相如为"情圣"，确实是很有道理的。另外，古代的"纳妾"与今人的理解不同。由于生产力的低下和人们思想的因循守旧，"纳妾"制度为我国古代法律所许可，也为全体民众所认同，在中国古代沿袭了三四千年之久。随着经济的发展，时代的进步，一夫多妻制早已成为历史。综上，将相如"纳妾"说成是"情变"，未免有牵强附会之意。

总之，一代文学家司马相如在追求爱情时表现得狡黠多智，在钓取卓氏财富时表现得用心良苦，在纳妾问题上知"错"（姑且以今绳古，称之为"错"）就改，虽然采用了一些非常手段，但基本上符合人之常情，也没有超越做人的道德底线。正因为如此，他和卓文君的爱情故事才为后代戏剧、小说多次演绎，成为传诵千古的佳话。"文章西汉两司马"，但司马迁与司马相如的性格气质与人生境遇绝不相同。明人张溥《司马文园集题辞》云："（相如）《美人赋》风诗之尤，上掩宋玉，盖长卿风流放诞，深于论色，即其所自叙传。琴心善感，好女夜亡，史迁形状，安能及此？"的确，司马迁性格刚强，秉笔直书，不愧为良史之才，但因冲撞武帝而惨遭宫刑；司马相如则放诞风流，机智圆滑，乃是多情才子的典型，故能在人人自危的武帝朝全身自保。相如人格虽略有微疵，但也没有放弃基本的做人原则。奇怪的是，自汉代以来，对相如人格的指责代代相因，从来就没有停止过，尤其是在宋代。魏天应《论学绳尺》卷八云："司马相如、王褒，皆蜀产也。雍容闲雅者，不足覆窃赀之丑；造作语言，缀成歌颂者，正当以贡谀献佞为羞耳。"李樗曰："司马相如为陈皇后尝作《长门赋》，哀陈皇后之见弃。及其惑于嬖妾，而文君又有《白头吟》之叹，躬自蹈之好色之事，其惑于人者如此。"（李樗、黄櫄《毛诗李黄集解》卷五）吴子良《荆溪林下偶谈》卷三亦云："司马相如拟《讽赋》而作《美人赋》，亦谓臣不好色，则人知其为诬也。有不好色而能盗文君者乎？此可以发千载之一笑。"大文豪苏东坡甚至大骂："司马相如真可谓小人也哉！"（《东坡文集》卷九十二）宋代文人的道德批评是在疑古思想和程朱理学盛行的大背景下展开的，具有鲜明的时代性和偏激倾向，实在不足为训。如果今人再拾掇陈言，刻意贬低相如的道德品质，那就让人大惑不解了。相如在文学史上的成就令人景仰，其追求爱情自由的精神令人钦佩，而其风流倜傥的才子性格以及知"错"就改的可贵品质又让人觉得亲切，觉得可爱。司马相如，一个永恒的美谈！

注释：

①相如《封禅文》是文君交给汉武帝使者的。有学者认为，当年委托狗监杨得意推荐相如《子虚赋》，使其名声大噪，正是文君的计谋；相如平生称疾不朝，终于全身自保，也是文君的计谋。

②在古代男尊女卑的文化背景下，卓文君勇敢地以"闻君有两意，故来相决绝"的态度来挽救自己的爱情和婚姻，迫使司马相如打消了纳妾的念头，实在不同凡响。当然，卓文君既具有相如所爱慕的

才华,也拥有雄厚的经济实力,才是相如放弃纳妾的根本原因。

(踪训国:首都师范大学文学院教授)

司马相如小考

金周淳

一、序言

司马相如生年不详,汉武帝元狩五年卒(前179?—前118)。《史记》本传:"司马相如既卒,五岁,天子始祭后土。"按《汉书·孝武帝纪》,祭后土事在元鼎四年(前113),卒年据此推知,司马相如生于文帝初年,才华显于武帝即位,当时经济繁荣,国力鼎盛,加上帝王提倡学术,奖励文艺,司马相如可施展其才华。

司马相如生存时,汉武一代,不论武功文治,皆有剧烈改变而为辉煌灿烂的时代,刘汉承齐楚文化之递嬗,所以在文学方面,虽大体承《楚辞》之余绪,但亦接受《荀子·赋篇》[1]体之新尝试,复从齐学纵横家再注入新血,以及小学的发达鼎盛,于是文体遂生转变。由于经济繁荣,生活奢侈,也提供了新文体最佳之题材,而君王贵族亦借此新文体来满足其骄纵狂放之情感,乃提供利禄吸引文人,于是如寒虫起蛰,风起云涌。

司马相如躬逢其盛,处于如此时代、如此环境,而凭其旷世才华、横云逸气和其卓越的技巧，再加上其所具有的纵横家的雄心和才干，以及小学方面的素养，于是撰写出宏丽神化的杰作，见宠于英主，也因此开了献赋的风气，司马相如最能把握一切有利的条件，将其特长发挥尽致，得以立下汉赋典型，传扬百世，他也是集赋体之大成者。

二、生平评述

司马相如者，字长卿。少时好读书，学击剑[2]，故其亲名之曰"犬子"。相如既学[3]，慕蔺相如[4]之为人，更名相如。以赀为郎，事孝景帝为武骑常侍，非其好也。会景帝不好辞赋，是时梁孝王来朝，从游说之士齐人邹阳、淮阴枚乘、吴庄忌夫子之徒，相如见而说之，因病免，客游梁。梁孝王令与诸生同舍，相如得与诸生游士居数岁，乃著《子虚》之赋。

会梁孝王卒，相如归，而家贫，无以自业。素与临邛令王吉相善，吉曰："长卿久宦游不遂，而来过我。"于是相如往，舍都亭，临邛令缪为恭敬，日往朝相如。相如初尚见之，后称病，使从者谢吉，吉愈益谨肃。临邛中多富人，而卓王孙家僮八百人。程郑亦数百人，二人乃相谓曰："令有贵客，为具召之"，并召令。令既至，卓氏客以百数，至日中，谒司马长卿，长卿谢病不能往，临邛令不敢尝食，自往迎相如，相如不得已，强往，一坐尽倾。酒酣，临邛令前奏琴，曰："窃闻长卿好之，愿以自娱。"相如辞谢，为鼓一再行。是时卓王孙有女文君，新寡，好音，故相如缪与令相重，而以琴心挑之。相如之临邛，从车骑，雍容闲雅甚都；及饮卓氏，弄琴，文君窃从户窥之，心悦而好之，恐不得当也。既罢，相如乃使人重赐文君侍者通殷勤。文君夜亡奔相如，相如乃与驰归，家居徒四壁立。卓王孙大怒曰:"女至不材,我不忍杀,不分一钱也。"人或谓王孙,王孙终不听。文君久之不乐,曰:"长卿第俱如临邛,从昆弟假贷,犹足为生,何至自苦如此!"相如与俱之临邛,尽卖其车骑,买一酒舍酤酒,而令文君当垆。相如身自著犊鼻裈,与保庸杂作,涤器于市中。卓王孙闻而耻之,为杜门不出……卓王孙不得已,分予文君僮百人,钱百万,及其嫁时衣被财物。文君乃与相如归成都,买田宅,为富人。

居久之,蜀人杨得意为狗监[5],侍上,上读《子虚赋》而善之,曰:"朕独不得与此人同时哉!"得意曰:"臣邑人司马相如自言为此赋。"上惊,乃召问相如。相如曰:"有是,然此乃诸侯之事,未足观也。请为《天子游猎赋》,赋成奏之。"上许,令尚书给笔札……奏之天子,天子大说。其辞曰:……天子以为郎……

相如口吃而善著书,常有消渴疾。与卓氏婚,饶于财。其进仕宦,未尝肯与公卿国家之事,称病闲居,不慕官爵。常从上至长杨猎,是时天子方好自击熊豕,驰逐野兽,相如上疏谏之,其辞曰……上善之,还,过宜春宫,相如奏赋,以哀二世行失也。其辞曰……

相如拜为孝文园令。天子既美《子虚》之事,相如见上好仙道,因曰:"上林之事未足美也,尚有靡者,臣尝为《大人赋》,未就,请具而奏之。"……其辞曰:……相如既奏大人之颂,天子大说,飘飘有凌云之气,似游天地之间意。相如既病免,家居茂陵……司马相如既卒,五岁,天子始祭后土[6]。

三、著述评介

司马相如为汉赋巨匠,《汉书·艺文志》称"司马相如赋二十九篇",多数失传。现存完整赋作仅《子虚赋》《上林赋》《美人赋》《哀秦二世赋》《大人赋》见于《史》《汉》本传,《长门赋》见于《文选》

卷十六，前三篇为问答体散文赋，后三篇则为《楚辞》体赋。

《子虚赋》《上林赋》[7]为司马相如辞赋中之极品，为汉代散文赋之典型，相如以此入仕得宠，亦以此留名百世，其形式与内容影响汉赋之体制与实质极为深远。《子虚赋》与《上林赋》可分为两篇，亦可合而为一篇。《子虚赋》是描述诸侯打猎盛况，系相如客游梁国所著，借子虚之口，夸示楚国云梦之博大富饶。《上林赋》也可称《天子游猎赋》，系借亡是公之口，铺陈上林苑之壮丽、天子射猎之壮举，歌颂大一统帝王之气魄与声威，全篇二千二百余字，与《子虚赋》合之，逾三千五百字，成为空前的辞赋长篇巨著，对后世有极大的鼓励，故本篇不仅是司马相如赋之代表作，亦为汉代辞赋最重要之文献。

《大人赋》是一篇描写技巧几乎达到辞赋最高峰的作品，它没有《上林赋》那么冗长，却从一起头就能抓住读者的兴趣。武帝好仙，读《史记·孝武本纪》即可知，虽以星云为旌旗，以龙螭为车马，以鬼神为差役，非常豪华，但劝谏之意亦非常明显。后段拜访西王母，在山洞里，白发苍苍，只三足鸟伴着她，虽神仙也不过如此，寂寞孤独，此神仙不做也罢。本赋搜罗神仙之名甚富，对汉代通俗神话的研究，本赋可作为重要之参考。

《哀秦二世赋》为吊古之作。宜春宫本秦之离宫，胡亥死葬其地，相如路过有感，故作赋哀之，此赋仅一百二十三字，《史记》八十字，为汉赋少见之短篇。此赋应用骚赋之体，以哀秦二世之行失戒武帝，若持身不谨，就会有此下场。

《长门赋》，昔人颇有疑为非相如作品者。《南齐书·陆厥传》载陆厥与沈约书曰"《长门》《上林》，殆非一家之赋"，但未列证据。顾炎武亦主此说，其《日知录》卷十九"假设之辞"条曰："《长门赋》所云，陈皇后复得幸者，亦本无其事。俳谐之文，不当与之庄论矣。"原注："《长门赋》乃后人托名之作，相如以元狩五年卒，安得言孝武皇帝哉？"因《文选·长门赋》前有序曰："孝武皇帝陈皇后时得幸，颇妒。别在长门宫，愁闷悲思。闻蜀郡成都司马相如天下工为文，奉黄金百斤为相如文君取酒，因于解悲愁之辞。而相如为文以悟主上，陈皇后复得亲幸。"案：顾炎武称"《长门赋》所云"，实为"《长门赋》序所云"，然《文选》所收作品之序，本有二类，一为原序，如班固《两都赋》，左思《三都赋》之序是也，另一为非原序，或采史辞为序，如扬雄《甘泉赋》之序是也，或出《文选》编者之手，《长门赋》之序即是其例，明乎此，则顾氏之说仍难成立。

《美人赋》，相如赴梁，有人告诉梁王，说相如好色，勿让相如常去梁之宫府，因此相如作此赋，文辞清丽可喜，后人模仿者甚众，可见其影响力。

《谕巴蜀檄》是他出使西南时为安抚巴蜀百姓而作。

《难蜀父老》虽未冠以赋名，《文选》且列入卷四十四檄类，但实为问答体散文赋。元光六年，相如奉使通西夷，蜀父老以为通西夷是浪费财力，对国家并无好处。他写此文，一方面责难蜀父老眼光短浅，一方面要蜀父老对西夷有民胞物与之情，文中对蜀地反面意见描写得仔细清楚，可以看出有相当强烈的反讽意义。

《封禅文》为相如最后遗作，劝武帝至泰山封禅[8]，其文颂汉功德，阿谀之言，使后人鄙相如，其实当时以为封禅确是必要的，非为阿谀也。

《西京杂记》卷二载："长卿有消渴疾。及还成都，悦文君之色，遂以发痼疾，乃作《美人赋》，欲以自刺，而终不能改，卒以此疾至死。"《西京杂记》不录《美人赋》。其后，《美人赋》出现于《初学记》卷十九、《艺文类聚》卷十八、《古文苑》卷三，然《美人赋》篇首曰："司马相如，美丽闲都，游于梁王，梁王悦之，邹阳潜之于王曰：'相如美则美矣，然服色容冶，妖丽不忠，将欲媚辞取悦，游王后宫，王不察之乎？'……"纯属第三人称口吻，相如既不至自诩"美丽闲都"，亦不至直书其东苑文友邹阳姓名，故《美人赋》应非相如作品，或出于后人假托，或此赋原失撰人姓名，以其为相如答梁王问之辞，诸书遂题撰人为相如。《美人赋》之布局遣辞，与旧题宋玉所作之《登徒子好色赋》《讽赋》雷同，此三赋辗转因袭之迹至为明显。

扬雄《法言·吾子篇》曰："如孔氏之门用赋也，则贾谊升堂，相如入室矣。"所论至当。

四、作品的特征

在司马相如的赋篇中，运用得最出色的，便是丰富的联绵字，利用双声、叠韵的关系，使它念起来自然流利。同时，同类的形容词，在一篇文章中常常改换成许多形式。譬如形容进退游移的动作，便有推移，徘徊，翱翔，容与，彷徨，安翔，徐回，摇荡，消摇，襄羊，逡巡等；形容纠缠错乱的情况，便有参差，交错，纠纷，葳蕤，缪绕，披靡，缤纷，轧芴，㲈䬃，扶疏，杂袭，陆离，缤粉，纷溶，葴蓼，倚倾等。

虽然尽可以通转，但是总是一个类型。此外，像形容山水的、形容光彩的、形容芳香的、形容动态的、形容声音的、形容姣美的，分类集抄下来，都可以证明它的丰饶。

叠字，司马相如虽然不多用，却也常见。例如用"磷磷烂烂"形容采色；"郁郁菲菲"形容香气发越；"煌煌扈扈"形容众花盛开；"眇眇忽忽"形容仙境隐约；"纷纷裶裶"形容衣饰飘扬；"潏潏湢湢"形容水流等。再有一种形式，便是"缅乎淫淫，般乎裔裔，嚣乎滈滈"这样的句子。

四个字的联绵字,譬如用"倏眒倩浰"形容快速,"嫈姍勃窣"形容姿态也很多,尤其在《大人赋》里更多。

最奇怪的一种四字联绵字,便是上两字和下两字声音相谐的一种,例如:泮弗宓汩,逼侧泌㵽,崴魄崛㠂等。至于形声的"滂濞沆溉""砰磅訇磕"就更普遍了[9]。

这样,相如的赋规模宏大,铺张扬厉,词句丰赡,富于文采,但有堆砌雕饰之病。

五、结语

司马相如之所以能成为汉赋的第一大家,固然与他的机遇有关;但他本身的才学,亦有过人之处,这是不可否认的事实。扬雄曰:"长卿之赋,非自人间来,神化之所至耶!"所谓"神化",就是天才与努力的最高表现。

相如的赋,大都是采用对话的方式,或铺叙宫室之富、山水之美,或铺叙田猎之盛,在极尽堆砌夸张为能事之后,总是以"荒乐足以亡国,仁义可以兴邦"的意义作结。

相如所创之汉赋,影响后世甚巨,正如近人成世光所说:"不仅开启了魏晋而后的散文赋,也引出了六朝的骈体文。"汉赋是导源于《楚辞》,另立门户,魏晋的赋是生于汉赋,而未去汉赋的面目。即使后来的赋也没有离开汉赋的范围,所以汉赋定型笼罩了一切,即使再怎样的不重视汉赋,这特点和出处是不能不承认的。相如有如此深远的影响力,谢无量(1884—1964)列他为中国三大文豪之一,实当之无愧。

参考文獻：

[1] 杨家骆主编《史记》，台北鼎文书局，1980 年版。

[2] 杨家骆主编《汉书》，台北鼎文书局，1980 年版。

[3] 刘兰英，赵桂藩，施宝义，唐德《中国古代文学词典》，广西教育出版社，1985 年版。

[4] 马良春，李福田《中国文学大辞典》，天津人民出版社，1991 年版。

[5] 吉川幸次郎著，刘向仁译《中国文学史》，台北明文书局，1983 年版。

[6] 叶庆炳《中国文学史》，台北学生书局，1981 年版。

[7] 李道显《中国文学发展探源》，台北文史哲出版社，1981 年版。

[8] 简宗梧《汉赋名家——司马相如》，《中国文学讲话（四）两汉文学》，台北巨流图书公司，1984 年版。

[9] 万曼《司马相如赋论》，《中国文学史论文集（一）》，台北文史哲出版社，1978 年版。

[10] 许世瑛《司马相如与长门赋》，《中国文学史论文选集（一）》，台北文史哲出版社，1978 年版。

[11] 金学主《司马相如与他的赋》，《东亚文化》第 18 辑，汉城大学校东亚文化研究所，1981 年版。

注释

[1] 梁代刘勰《文心雕龙·诠赋篇》："赋者，铺也，铺采摛文，体物写志也。"

汉代刘熙《释名》："赋者，敷也，敷布其义谓之赋。"

《汉书·扬雄传》："雄以为赋者将以风之。"

班固《两都赋序》："或曰，赋者，古诗之流也……或以抒下情而通讽谕，或以宣上德而尽忠孝。"

[2] 颜师古曰："击剑者，以剑遥击而中之，非斩刺也。"

《史记》索隐引用《吕氏春秋·剑伎篇》："持短入长，倏忽纵横之术。"

[3] 据《史记·游侠列传》，我们可以知道司马相如年轻时按汉初的风气很崇尚游侠。

[4]《史记》本传记载蔺相如为战国赵人，秦昭襄王欲以十五城池易赵之和氏璧，相如怀璧前往，因秦王无偿城之意，乃完璧归赵，后官拜上卿。

[5] 汉代官名，专司饲养天子猎犬的职责。

[6]《史记》卷一百一十七《司马相如列传》。

[7]《西京杂记》卷二："司马相如为《上林》《子虚》赋，意思萧散，不复与外事相关，控引天地，错综古今，忽然如睡，焕然而兴，几百日而后成。"

[8]《汉书》卷五十八《倪宽列传》："先是，司马相如病死，有遗书，颂功德，足以封泰山，上奇其书，以问宽……"

《礼记·礼器》："因天事天，因地事地，因名山升中于天。"郑注引《孝经》说："封乎泰山者……禅乎梁甫者……"又孔疏云："封乎泰山者，谓封土为坛，在泰山之上……燔柴燎牲以告天；禅乎梁甫者……谓除地为墠，在于梁甫，以告地也。梁甫是泰山之旁小山也。"

[9] 万曼《司马相如赋论》，《中国文学史论文选集（一）》，台北文史哲出版社，1978年，第240页。

（金周淳　韩国大邱catholic大学校中文科教授）

关于司马相如生年的再思考

吴贤哲

《史记》《汉书》中没有关于司马相如生卒年的明确记载,但可据《史记》相如本传推定司马相如卒于武帝元狩五年(前118),这一点学界已基本达成共识。对于司马相如生年的推定,主要有生于公元前179年、公元前172年、公元前169年等说法,前后跨度10年,学界迄今尚未取得一致的意见。

《史记·司马相如列传》对司马相如少年至青年的生平是这样概述的:

> 司马相如者,蜀郡成都人也,字长卿。少时好读书,学击剑,故其亲名之曰犬子。相如既学,慕蔺相如之为人,更名相如。以赀为郎,事孝景帝,为武骑常侍,非其好也。会景帝不好辞赋,是时梁孝王来朝,从游说之士齐人邹阳、淮阴枚乘、吴庄忌夫子之徒,相如见而说之,因病免,客游梁。梁孝王令与诸生同舍,相如得与诸生游士居数岁,乃著《子虚》之赋。

那么，考证司马相如生年的切入点在何处呢？上述诸说为我们的考证提供了一个可行的思路。如相如本传所说，相如"以赀为郎，事孝景帝"后不久，即与随梁孝王入朝的邹阳、枚乘、庄忌相见相悦，相如随即以病为由辞去朝官而游梁。如果我们能考察出相如"以赀为郎"的年代，便可上推相如生年的年限；要考察相如"以赀为郎"的年代，则邹阳、枚乘、庄忌等是何时随梁孝王入朝的问题便成为解决这一问题的重要参照。因此，我们首先应该考察梁孝王在景帝年间有过几次入朝，邹阳等人何时由吴入梁，又于何时随梁孝王入朝的问题。

据《史记·梁孝王世家》，梁孝王曾在景帝年间五次入朝，第一次是在梁孝王二十四年即景帝二年（前155）；第二次是在梁孝王二十五年即景帝三年；第三次是在梁孝王二十九年即景帝七年上半年；第四次是在梁孝王二十九年即景帝七年下半年；第五次是在梁孝王三十五年即景帝中元六年。

《汉书·邹阳传》载：

> 邹阳，齐人也。汉兴，诸侯王皆自治民聘贤。吴王濞招致四方游士，阳与吴严忌（即庄忌）、枚乘等俱仕吴，皆以文辩著名。久之，吴王以太子事怨望，称疾不朝，阴有邪谋，阳奏书谏……吴王不内其言。是时，景帝少弟梁孝王贵盛，亦待士。于是邹阳、枚乘、严忌知吴不可说，皆去之梁，从孝王游。

《汉书·枚乘传》载：

> 枚乘字叔，淮阴人也，为吴王濞郎中。吴王之初怨望谋为逆

也,乘奏书谏曰……吴王不纳,乘等去而之梁,从孝王游。

景帝即位,御史大夫晁错为汉定制度,损削诸侯,吴王遂与六国谋反,举兵西乡,以诛错为名。汉闻之,斩错以谢诸侯。枚乘复说吴王曰:……吴王不用乘策,卒见禽灭。

汉既平七国,乘由是知名。景帝召拜乘为弘农都尉,乘久为大国上宾,与英俊并游,得其所好,不乐郡吏,以病去官,复游梁,梁客皆善属辞赋,乘尤高。孝王薨,乘归淮阴。

《汉书》邹阳本传只是说邹阳在吴王谋反前曾上书谏吴王,吴王不听,"于是邹阳、枚乘、严忌知吴不可说,皆去之梁",但何时离吴、何时到梁的准确系年,《邹阳传》未曾明言。至于《汉书·邹阳传》中"邹阳、枚乘、严忌知吴不可说,皆去之梁"只是一种追溯性的概述,并不意味着阳、乘、忌三人同时入梁,因为《汉书》枚乘本传所载枚乘游梁的情况与邹阳等人有所不同。

《汉书》枚乘本传说在景帝即位之前,枚乘对吴王欲谋反的言行有所了解并及时上书谏吴王,吴王不听,于是"乘等去而之梁,从孝王游";七国之乱起,晁错被诛,他"复说吴王"(是传书"复说"还是再到吴国去"复说",《汉书》枚乘本传也未说明);平息七国之乱后,被景帝拜为弘农都尉,但他"不乐郡吏,以病去官,复游梁"。据此,枚乘有过两次游梁的经历,第一次是在吴王欲谋反之前,第二次是在七国乱平息之后。第一次游梁中的"乘等"是否包含有邹阳、枚乘、严忌以及枚乘两次游梁的具体时间,本传也未明言。不过,我们这里所要关注的是枚乘第二次游梁的系年,因为它关系到枚乘等何时随梁孝王入朝与司马相如相见的问题。

或有据《汉书·邹阳传》邹阳谏吴王书中"今天子新据先帝之遗业"一句,认为邹阳上书谏吴王是在文帝死后景帝新立之年(前

157）或景帝元年（前156），这样才与"今天子新据先帝之遗业"所述相符，因此认为邹阳、枚乘、严忌是在这个时段离吴游梁的。但问题是这个"新"字，既可指景帝新立之始，也可指景帝新立不久的二三年，因此这个推测也缺乏说服力。

平定七国之乱的战争是在景帝三年正月前后开始的，景帝元年至三年，也可以说是景帝新立不久，邹阳上书谏吴王和枚乘第一次上书谏吴王只能在景帝三年正月之前（枚乘第一次书谏吴王还要早一点，即在吴王谋反之心开始萌芽之时）。一般说来，吴王谋反的野心有一个产生、膨胀到实施的过程，吴王反心之膨胀是在文帝死景帝刚立之时，谋反之高潮是在景帝二年至三年正月前，作为吴王的宾客（也可以说是座上客），邹阳、枚乘和严忌不至于在他们看来吴王的作为即将招来灭顶之灾之时不加劝阻就匆匆离吴王而去，而在事态日趋严重，口谏无效的情况下，不得已而用书谏，在书谏也无效的情况下，方才离开吴国。因此邹阳离吴大概是在景帝二年至三年正月前。枚乘离吴则要比邹阳早，大概是在文、景之际。至于他们离吴后是否立即游梁，则需再作考察。

据《汉书·枚乘传》，枚乘有两次游梁经历，第一次是在吴王欲谋反之前，大概在文、景之际，他书谏吴王无效后即"去而之梁"；枚乘在七国之乱平息之后第二次游梁的时间大概是在景帝三年以后。枚乘第一次游梁时景帝未立，故不涉及他随梁王入景帝朝的问题，我们下面所讨论的枚乘游梁，是特指他的第二次游梁，即景帝三年以后他辞去弘农都尉后的游梁之事。

邹阳游梁是在何时呢？从《史记·梁孝王世家》的一段记载中我们得知这样一些信息：

（梁孝王）二十二年，孝文帝崩。二十四年（景帝二年），入朝。二十五年（景帝三年），复入朝……其春，吴楚齐赵七国反……明年（梁孝王二十六年，景帝四年），汉立太子。其后梁最亲，有功，又为大国，居天下膏腴地。地北界泰山，西至高阳，四十余城，皆多大县。孝王，窦太后少子也，爱之，赏赐不可胜道。于是孝王筑东苑，方三百余里，广睢阳城七十里，大治宫室，为复道，自宫连属于平台三十余里。得赐天子旌旗，出从千乘万骑。东西驰猎，拟于天子。出言跸，入言警。招延四方豪杰，自山以东游说之士莫不毕至，齐人羊胜、公孙诡、邹阳之属。

关于梁孝王在七国之乱平息之后愈加显贵的事，在《史记·韩长孺列传》中也能得到印证：

梁孝王，景帝母弟，窦太后爱之，令得自请置相，二千石。出入游戏，僭于天子。天子闻之，心弗善也。太后知帝不善，乃怒梁使者，弗见，案责王所为。韩安国为梁使，见大长公主而泣曰："何梁王为人子之孝，为人臣之忠，而太后曾弗省也？夫前日吴、楚、齐、赵七国反时，自关以东皆合从西乡，惟梁最亲为艰难。梁王念太后、帝在中，而诸侯扰乱，一言泣数行下，跪送臣等六人，将兵击却吴、楚，吴、楚以故兵不敢西，而卒破亡，梁王之力也。今太后以小节苛礼责望梁王。梁王父兄皆帝王，所见者大，故出称跸，入言警，车旗皆帝所赐也，即欲以侘鄙县，驱驰国中，以夸诸侯，令天下尽知太后、帝爱之也。"

这里可以看出梁孝王是在平定七国之乱后，因平叛有功和受窦太后宠爱而"得赐天子旌旗，出从千乘万骑。东西驰猎，拟于天子。出言跬，入言謦"的，也正是在此时他广建园林，招延门客，从而致使"自山以东游说之士，莫不毕至"，齐人羊胜、公孙诡、邹阳等人也是在这种形势下来做梁孝王的门客的。因此，我们可以据此认为邹阳等人不是在七国之乱爆发前离吴以后立即游梁，而是在七国之乱平定后梁孝王显贵一时之际游梁的，根据上引《史记·梁孝王世家》中的"明年""其后"在文中的位置所表达的意思，他们大概在景帝四年到梁的。

这样说来，枚乘、邹阳、庄忌等人大概在景帝三年至四年这样一个比较靠近的时间内先后到梁，如果此说可以成立，则就为我们下一步探讨他们何时随梁孝王入朝的问题做好了准备。

在大致确定了邹阳、枚乘、庄忌入梁的年代的前提下，我们可以进一步探讨他们何时随梁孝王入朝并与相如相见的问题。前面说过，梁孝王曾在景帝年间五次入朝，我们可用排除法，考察他们究竟是随梁孝王哪次入朝的。

前面说过，景帝年间梁孝王第一次入朝是在景帝二年（前155），此间枚乘、邹阳、庄忌不在梁，因此不可能随梁孝王入朝。梁孝王第二次入朝是在景帝三年（前154），枚乘的第二次游梁大概是在景帝三年以后，但《史记·梁孝王世家》对梁孝王第二次入朝情况的叙述中，没有谈及随行人员的情况，只讲述了景帝对梁孝王说"千秋万岁后传于王"和梁孝王如何抗拒七国的叛乱这两件事，因此枚乘当时可能不在梁，或他当时即便已在梁，也未随梁孝王第二次入朝。邹阳、庄忌也不可能随梁孝王第二次入朝，因为当时正值景帝、梁王忙于平定七国之乱，且邹阳、严忌也是在这个时间段，即平乱大战开战之前离开吴国的，即便他们离吴后立即游梁，梁孝王也不至于与他们一见面就构成了亲密的关系而带他们一同入朝。况且《史记·梁孝王世家》明确说平乱胜利后"明年（梁孝王二十六年，景帝四年），汉立太子。其后梁最亲,有功……赏赐不可胜道……得赐天子旌旗,出从千乘万骑。东西驰猎,拟于天子。出言跸,入言警。招延四方豪杰,自山以东游说之士莫不毕至,齐人羊胜、公孙诡、邹阳之属"。这也就说明了邹阳、严忌他们在景帝三年不可能随梁孝王入朝。

梁孝王在景帝年间第五次入朝是在景帝中元六年(前144),邹阳、枚乘、庄忌也都不可能在梁孝王这次入朝时随梁孝王前往,因为如果邹阳、枚乘、庄忌是在这次随梁孝王入朝并始与相如相见,相如也因此于该年"因病免,客游梁"的话,那么,这就与《史记·司马相如列传》中"(相如)客游梁,梁孝王令与诸生同舍,相如得与诸生游士居数岁,乃著《子虚》之赋。会梁王卒,相如归"的记载不合了。因为梁孝王三十五年即景帝中元六年冬,梁孝王在入朝归国后几个月便病逝了。如果相如在景帝中元六年冬游梁至梁孝王病逝,那么,相如在梁至多居住了"数月",而不是"居数岁"了。

既然梁孝王在景帝年间第一次、第二次和第五次入朝时,邹阳、枚乘、庄忌都不曾随梁孝王前往,那么,他们随梁孝王入朝并始与相如相见的事就只能在梁孝王第三次和第四次入朝中出现了。梁孝王这两次入朝是在梁孝王二十九年即景帝七年(前150)的上半年和下半年各一次。先看上半年这一次,《史记·梁孝王世家》载:

> 二十九年十月(即景帝七年,汉以十月为岁首),梁孝王入朝。景帝使使持节乘舆驷马,迎梁王于关下。既朝,上疏因留。以太后亲故。王入则侍景帝同辇,出则同车游猎,射禽兽上林中。梁之侍中、郎、谒者著籍引出入天子殿门,与汉宦官无异。

此次入朝,隆重煊赫,梁孝王受到了极高礼遇,无论出入皆与景帝"同辇",其随行诸官出入天子殿门,也受到"与汉宦官无异"的待遇。羊胜、公孙诡作为梁孝王的亲信之臣和谋士，不可能不是梁孝王此次入朝的随行者，但是，相如本传中只说他同时见到了邹阳、枚乘、庄忌，没有说他见到羊胜、公孙诡二人。而《史记·梁孝王世家》在记载梁孝王这次入朝时又未提到阳、乘、忌（胜、公诡二人作为梁孝王的近臣谋士，即使《梁孝王世家》不记载他们随行之事，他们也是必去无疑）。因此，《史记·梁孝王世家》对梁孝王第三次入朝的记载，不能说明邹阳、枚乘、庄忌都于是时曾随梁孝王前往。

再看梁孝王第四次入朝（梁孝王二十九年，即景帝七年的下半年）的情况。这一次入朝前，发生了一起由梁孝王引起并危及他自身安危的政治事件，迫使梁孝王再次入朝。《史记·梁孝王世家》接着记载：

> 十一月（梁孝王二十九年，景帝七年），上废栗太子，窦太后心欲以孝王为后嗣。大臣及袁盎等有所关说于景帝，窦太后议格，亦遂不复言以梁王为嗣事由此。以事秘，世莫知。乃辞归国。
>
> 其夏四月（景帝七年夏四月），上立胶东王为太子。梁王怨袁盎及议臣，乃与羊胜、公孙诡之属阴使人刺杀袁盎及他议臣十余人。逐其贼，未得也。于是天子意梁王。逐贼，果梁使之。乃遣使冠盖相望于道，覆按梁，捕公孙诡、羊胜。公孙诡、羊胜匿王后宫。使者责二千石急，梁相轩丘豹及内史韩安国进谏王，王乃命胜、诡皆自杀，出之。上由此怨望于梁王。梁王恐，乃使韩安国因长公主谢罪太后，然后得释。
>
> 上怒稍解，因上书请朝。既至关，茅兰说王，使乘布车，从两骑入，匿于长公主园。汉使使迎王，王已入关，车骑尽居外，不知王处。太后泣曰："帝杀吾子！"景帝忧恐。于是梁王伏斧质

于阙下,谢罪,然后太后、景帝大喜,相泣,复如故。悉召王从官入关。然景帝益疏王,不同车辇矣。

梁孝王为后嗣事行刺袁盎等人,事情败露后,梁孝王虽杀公孙诡、羊胜以求自保,但此事并未了结,景帝并不想就此放过公孙诡、羊胜背后的梁孝王。惶恐不安的梁孝王想到了因羊胜、公孙诡进谗而差点被他杀掉的邹阳,便请求邹阳帮他解此厄困。《汉书·邹阳传》载:

> 阳为人有智略,忼慨不苟合,介于羊胜、公孙诡之间。胜等疾阳,恶之孝王。孝王怒,下阳吏,将杀之。阳客游以谗见禽,恐死而负累,乃从狱中上书曰:……书奏孝王,孝王立出之,卒为上客。
> 初,胜、诡欲使王求为汉嗣,王又尝上书,愿赐容车之地径至长乐宫,自使梁国士众筑作甬道朝太后。爰盎等皆建以为不可。天子不许。梁王怒,令人刺杀盎。上疑梁杀之,使者冠盖相望责梁王。梁王始与胜、诡有谋,阳争以为不可,故见谗。枚先生、严夫子皆不敢谏。
> 及梁事败,胜、诡死,孝王恐诛,乃思阳言,深辞谢之,赍以千金,令求方略解罪于上者。

接着,《汉书·邹阳传》又用了700多字比较详细地记载了邹阳为梁孝王"解难"的过程。从记载中看,梁孝王最终得以入朝谢罪,的确主要是邹阳的功劳。梁孝王此次入朝,达到了"伏斧质于阙下,谢罪,然后太后、景帝大喜,相泣,复如故。悉召王从官入关"的目的。而在"入关"的梁孝王之全体"从官"中,肯定少不了为他这次入朝立了大功的邹阳。枚乘、庄忌作为梁孝王的上宾和相助者，也必然同行。因此，梁孝王二十九年即景帝七年的下半年，梁孝王再次入朝，邹阳、枚乘、庄忌随梁孝王前往，司马相如与他们"见而说之"，于是相如"因病免，客游梁"。也就是说，相如游梁是在梁王第四次入朝，即梁孝王二十九年也即景帝七年的下半年之时。

在我们大致确定邹阳、枚乘、庄忌等是在景帝七年（前150）的下半年随梁孝王入朝，相如也于该年游梁的前提下，便可以以此为起点来探讨司马相如生年的问题。《史记·司马相如列传》说相如"以赀为郎，事孝景帝，为武骑常侍，非其好也。会景帝不好辞赋，是时梁孝王来朝，从游说之士齐人邹阳、淮阴枚乘、吴庄忌夫子之徒，相如见而说之，因病免，客游梁"。这段文字中的"会"和"是时"传递出这样一个信息：相如"以赀为郎"后，恰恰遇到"不好辞赋"的景帝，而恰恰又在这个时候梁孝王来朝，相如与引为同道的邹阳、枚乘、庄忌"见而说之"，于是相如便辞官而游梁。这就是说，相如"以赀为郎"的时间就在景帝七年的下半年梁孝王入朝之前不久。

了解相如"以赀为郎"的大致时间是为了解决相如始仕之年的问题，知道了相如的初仕之年，就可上推相如的大致生年。

据《汉书·景帝纪》及颜师古注，汉制男子为傅（著于名籍）之年在景帝时有所变化，即景帝二年（前155）冬十二月以前为年二十三而傅，之后为年二十而傅。一般说来，始仕至少应在为傅之年，为傅与始仕可以同在一年，也不一定同在一年。如果相如为傅之年和"以赀为郎"之年都在景帝七年，以次上推二十年，其生年当在文帝十一年（前169）。但相如为傅之年和"以赀为郎"之年是否都同在景帝七年，《史记》相如本传却无明确的说法。据其本传"以赀为郎"，"会景帝不好辞赋"，"是时梁孝王来朝"的叙述，我们可以认为相如为傅之年和"以赀为郎"之年即使不在景帝七年，也只能在距此前不远的一至二年（即景帝六年或五年），因此，文帝十年（前170）与文帝九年（前171），也都有成为相如生年的可能。尽管上述这些可能的结论是推测出来的，但因考证立足于文献，应该说是具有一定说服力的。至少我们已经把相如生年的"不可考""无考"以及较为宽泛的多种考证的范围缩小在了极为可能的三年之内。

目前，在文帝十一年、十年、九年都极有可能是相如的生年却又都还暂缺铁证的情况下，我们是否可以通过对这三种极为可能的相如的生年进行比较分析，尽可能得出更接近真实的较为合理的结论。

我们认为如果认定相如为傅之年和"以赀为郎"之年都在景帝七年（前150），那么则是说当他满怀豪情和希望，刚刚在景帝身边做武骑常侍没几天就辞职了，如果真是这样的话，就有点不近情理了。因为尽管相如不喜欢这个不合其志向的武职，更不满意景帝不好辞赋而萌生去意，然而这一切都应该有一个实践认识和下决心的过程，而不是在极短的时间内就能完成的。因此，我们暂不取相如为傅之年和"以赀为郎"之年都在景帝七年这一可能的结论，也暂不以景帝七年作为上推相如生年的起点。

前面说过，相如始仕的时间是在景帝七年的下半年梁孝王入朝之前不久。既然我们不取相如始仕之年在景帝七年的当年，那么，这个"之前不久"究竟在何时？如果我们认定相如为傅之年和"以赀为郎"之年在景帝六年（前151），以此上推二十年，则相如生于文帝十年；如果我们认定相如为傅之年和"以赀为郎"之年在景帝五年（前152），以此上推二十年，则相如生于文帝九年。两相比较，说司马相如经过两年"武骑常侍"的生活实践才使他深感屈志并痛下辞官的决心显得时间稍长，这与《史记》相如本传说相如"以赀为郎"后"会"景帝不好辞赋的叙述稍隔开了一点。因此我们认为说相如做"武骑常侍"的经历以一年左右为宜。这样，相如为傅之年和"以赀为郎"之年约在景帝六年，以此上推二十年，则相司马相如约生于文帝十年。

至于过去较早的关于司马相如生于文帝元年（前179）的说法，虽被一些学者采纳而较为流行（但此说仍受到一些学者的质疑，如一些文学史和有关赋学著作在介绍司马相如生年时仍采用阙疑的办法），但因在邹阳、枚乘、庄忌何时随梁孝王入朝并与相如相见以及相如为傅之年和始仕之年的问题上，与本文所论有较大的分歧，故不被我们采纳。

综上论述，我们认为，司马相如约生于文帝十年（前170）比较合乎情理。

（吴贤哲：西南民族大学外国语学院教授）

相如故里在蓬安补议

马国栋

近几年，关于司马相如故里在今蓬安县的研究，已有不少论述。对此，笔者再补充几点看法以及相关资料。

一、明代曹学佺《蜀中广记》明确肯定"相如县，长卿桑梓也"，而且当时的蓬州还将司马相如列为"乡贤"奉祀。

明正德《蓬州志·学校》所载蓬州学正徐泰《景贤堂记》云：

> 正德乙亥秋，蓬州太守陇西阎公允中大修庙学，乃即戟门之右，为堂三间，以祀郡之名宦乡贤，仍故址也。堂既成，适我大宗主梅国刘先生檄查名宦乡贤事实，且戒不得徇私滥祀以伤公论。泰承命参考，名宦原得七人，今增四人；乡贤原得八人，今增二人。既具申报，可公。乃新木主，设于堂之中，南面。左名宦，右乡贤，各以世代为序……今列于祀者……乡贤若司马相如，以其为西京文章大家，若贾嵩，若黄焘，若何造，若郑修，若张先，若母思义，若李铎，若张郁，若母恩，或以其学行，或

以其高洁，或以其居官有声。诸贤于所谓道德、名节、事功，或得其一，或有其全，其无忝于贤者之称与否，我未敢知。然各以其所长而能起后人之景慕于不已，则列主斯堂，血食百世宜矣。或曰：相如亦失节人也。曰：然《子虚》《大人》等赋，后学宗之，前辈尝称其文章足以覆过，矧故县以相如而名，土人慕之，已非一世，则岂得与偷生卖国者同科？且旧与真卿、王旦俱各有专祠，固乡邦之所不废也。

从如上记述可知：景贤堂为知州主持所建，入祀景贤堂者，甄选甚严，须经申报审查允准方可。乡贤十人，以司马相如为首。从"原得八人，今增二人"，"土人慕之已非一世"等语，可推知当地早已将司马相如视为"乡贤"，其地则为司马相如之"乡邦"。

此外，正德《蓬州志·乡镇》还记有"琴台乡，在州南五十里"。与宋《元丰九域志》载相如县所设八镇之一的琴台镇，一脉相承。

如果说曹学佺《蜀中广记》反映的是学者个人观点的话，那么将司马相如以"乡贤"入祀景贤堂，以"琴台"为乡镇名，则是官方行为，代表了当时官方对蓬州为长卿桑梓的认可。

二、宋代当地政要不但肯定相如县为司马相如故里，而且有人对《史记》《汉书》所载司马相如为"蜀郡成都人"提出质疑。

正德《蓬州志·祠庙》所录宋相如县尉王俦绍兴二十三年(1153)十一月之《司马长卿祠堂记》开篇即称：

县以长卿得名古矣！闻之长卿尝居此地不疑，理当祠事……州以司户参军潼川邓侯良摄县事。邓侯慨然语俦等曰：'昔秦宓善长卿之化，谓宜立祠堂。吾侪蜀人，诗书而儒自长卿始，诚如宓云，况此地又异他所，今祠虽在，不治且废。吾幸为令，此令职也,其可已乎!'俦等亟赞,鸠工市材,甓瓦为屋,仍故基,颇更其制,得旧本长卿像,图之壁……邓侯独以自任不辞,其为政知所先务,可嘉也。

这段文字,一是肯定"长卿尝居此地不疑","此地又异他所",理当立祠,实即指相如县为长卿故里;二是肯定邓良修治祠堂的善举,认为是县令职责所在,赞赏其知为政之先务。文中提到的秦宓"谓宜立祠堂",出自《三国志·蜀志》卷三十八《许糜孙简伊秦传》所引秦宓致王商书:"仆亦善长卿之化,宜立祠堂,速定其铭。"虽然秦宓认为宜立祠堂,但成都及他处均未建司马长卿祠,而仅于相如县一地有祠,此地确"异他所",说明此地较他处与司马相如有更为密切的关系。

正德《蓬州志·宫室》所录关于琴台的诗,有一首《乾道庚寅府判眉山朱留题》:

> 晓日开晴雾,行舟过石门。
> 梵王前古寺,司马旧家村。
> 往事书难信,遗名县独存。
> 望迷搜句眼,滩月下黄昏。

"梵王前古寺,司马旧家村",当指《舆地纪胜·人物》所记:"县有光圣寺,旧传为司马长卿故宅"。"往事书难信,遗名县独存",则是质疑《史记》《汉书》关于司马相如"蜀郡成都人也"的记载,明言两书所记难以征信。乾道庚寅为公元1170年,此诗说明,早在800多年前,就已有人对《史》《汉》关于司马相如籍贯的记载表示异议了。这是迄今所见资料中,最早直接对《史》《汉》关于司马相如籍贯记载的质疑。

三、唐代已有人明确指出相如县是司马相如青少年时代生活的地方。

唐贞观元年（627），相如县令陈子良《祭司马长卿文》（见《全唐文》及清《蓬州志》）有句云："惟君凤敏，雅调雍容，含章挺生，慕蔺斯在，题桥去蜀，杖策入关。"其"慕蔺斯在"，亦即"慕蔺在斯"，"慕蔺"在此，在古安汉，即当时的相如县。陈子良通过"慕蔺斯在"一语，一是说明改名为相如是在其家乡，是在离家游历之前的事；二是说明司马相如的青少年时代是在古安汉度过的，正因为如此，在今蓬安县留下了反映司马相如青少年时期活动的诸多地名，如慕蔺山、洗笔池、舞剑台、卓剑水、相如坪、相如琴台等。而古成都地域范围内，仅有司马相如成名后在成都生活过的一处遗迹，即"相如宅，府城西南五里。《蜀记》云：在市桥西。即文君当垆涤器处，旧有琴台。"（明天启《成都府志·古迹》）

正德《蓬州志·祠庙》还录有一首明成化乙未（1475）秋八月题于匾上，称为"草窗诗"的绝句：

摛葩绘藻少年时，千年蓬山尚有祠。
惆怅词人招不起，月明霜冷叫蟊斯。

"摛葩绘藻少年时"，也是说古安汉是司马相如早年学习、生活的地方。这首诗表明，有此观点者，并非陈子良一人。

四、《史记·司马相如列传》所记"文君夜亡奔相如"，"驰归成都"之家，当为司马相如临时居所。

《史记·司马相如列传》云："会梁孝王卒，相如归，而家贫，无以自业。素与临邛令王吉相善，吉曰：'长卿久宦游不遂，而来过我.'于是相如往,舍都亭。"梁孝王卒后,相如所归之家,当为成都之家,而非安汉之家。成都、临邛相距不远,声息相通,王吉始得及时了解司马相如近况而相邀。《司马相如列传》又记:"文君夜亡奔相如,相如乃与驰归成都。家居徒四壁立。"前仅言"家贫",此则具体描述其家贫之状况程度,"徒四壁立",家什皆无。既无家财,更无家人,此种状况之家,显非世居老宅气象。因此,无论司马相如在成都是购房而居,还是赁屋而居,其成都之家都不过是他欲在政治、经济、文化中心的成都谋出路、求发展而暂栖身之临时居所。

与此相对照的是,在安汉却"有相如故宅二"(《旧唐书·地理志》),其早年还凭家财"以赀为郎"。如果司马相如为"蜀郡成都人",何苦远赴荒僻的安汉置业。这些,只能说明安汉是司马相如生长之地。

总之,古之巴郡安汉县,后之相如县、蓬州,今之蓬安县,为司马相如故里,为其生长之地,无可置疑。成都,仅是司马相如为求发展而托籍、寄籍之地,成名后在此生活过一段时间。

(马国栋:四川省地方志编纂委员会编审)

司马相如的辞赋、诗学及其对巴蜀文学的影响

郑家治

司马相如是巴蜀第一个文学大家，也是继屈原之后的中国具有世界声誉的文学大家，他的辞赋是汉赋之冠，其中蕴含着一些诗学理论，今存于《西京杂记》中的论赋名言是中国古代第一段文人诗论。司马相如的辞赋为后世巴蜀文人的创作树立了典范，其诗论标举的"作赋之迹""赋家之心"蕴意十分丰富，尤其是在思想内蕴、本质论、美学论及创作论等方面卓有建树，为后世巴蜀文人的诗学及诗文创作奠定了基础，其影响是巨大而又深远的。

巴蜀自三代古蜀王国就产生了辉煌的古代文化。考古学证实，广汉三星堆文化古城遗址和成都金沙遗址是夏商之际至商末时期古蜀王国的都城和贵族聚居区，出土了大量的青铜器、金玉饰品和翡翠饰品及其他文物。这些都证明古蜀文化是以蜀地为主，受中原文化一些影响，也受南亚、西亚影响的独特的青铜文化，还说明古蜀王国的经济、文化发展水平相当或超过了同期中原王朝，是华夏文化的重要的

组成部分，同时也证明巴蜀当时已经是中国西南地区最重要的政治、经济和文化中心。古代巴蜀遗址中大量精美的文物与文化遗存，证明古蜀人有极高的审美追求与审美创造力，而略感遗憾的是没有同中原一样留下甲骨文、金文一样的文字与《诗经》《左传》一样的文学作品，因此便无真正的文学，也无一般所谓诗学。

巴蜀在秦汉时期正式融入华夏文明，至汉武帝时期随着汉王朝的繁盛与汉代文学的繁盛，巴蜀文学也进入了繁盛期，其标志就是司马相如辞赋的诞生，其后王褒、扬雄等汉代辞赋大家陆续登台，使巴蜀文学在汉代标志性文体——辞赋上处于同期全国绝对领先地位，而诗学也同时诞生了。

巴蜀文化融入华夏文明之后，主要是文学与学术，经过秦汉的发展形成期，到唐宋时进入繁荣鼎盛期。巴蜀文化积累十分深厚，养成了崇学、好文的蜀风，尤以文学驰名华夏，享誉世界。司马相如便是巴蜀文学享誉世界的第一人，也是继屈原之后的第一个大文学家。

在司马相如的影响下，王褒、扬雄相继成为汉代辞赋大家。其后唐宋时期巴蜀的文学更为发达，唐代有诗歌革新的旗手陈子昂，诗仙李白，外地籍诗人王勃、杜甫、高适、岑参、元稹、刘禹锡、李商隐等入蜀都有名篇佳作传世，使巴蜀成为唐代诗歌的三大中心之一。五代时前后蜀的"花间词"盛极一时，奠定了宋词以婉约为主的风格。宋代"三苏"的诗词散文冠绝当时，苏轼更成为宋代文学的集大成者，外地籍诗人黄庭坚、陆游、范成大入蜀后也有佳作问世。南宋以后，巴蜀因为经济文化的发展速度相对较慢，文学也失去了引领潮头的地位，但虞集仍然是元代的一代文宗。明清时期巴蜀文学及诗学仍然领先于中西部，出现了安磐、张佳胤、杨慎、费经虞、彭端淑、李调元、张问陶等名家大家。

司马相如生活在汉代走向鼎盛之时，是一位具有纵横家精神的才子型作家，他虽然没有留下直接的文论，但从其赋中可以看出他的一些诗学观点，而《西京杂记》所载传为其所说的论赋的名言则是其创作的全面总结，也是中国第一篇赋论，还是中国第一篇文人论诗赋的诗学文章。下面结合创作，对其诗学略作论述。

首先是辞赋要有为而作。司马相如身上有策士遗风，关注社会现实，随时向君主进谏，具有较强的社会责任感，即便在极端铺张的文学作品中也要有所讽喻、有所针砭。如《子虚赋》《上林赋》尊天子、抑诸侯的要求，对盛世景象的赞美，对奢华生活的讽喻；《长门赋》对失恋女子的同情；《哀秦二世赋》指出"持身不谨兮，亡国失势；信谗不寤兮，宗庙灭绝"表现了对秦王朝灭亡的感慨；《大人赋》则对武帝崇尚神仙之事进行针砭。

二是在艺术上表现了对整体美和广大、阔大、博大美的追求。《子虚赋》《上林赋》在巨大的背景上罗列描绘了众多的事物，其中确实有排比物象及矜才炫奇的成分，但更表现了汉人对外在世界的征服和满足，是汉人及作者本质力量的外化，作品表现了对壮美的要求与以大为美的意识，在写作上则注重纵横交错与动静结合。

三是充满了浓郁的浪漫气息与高度的想象力。据盛览说，相如在论作赋时说："合纂组以成文，列锦绣而为质，一经一纬，一宫一商，此作赋之迹也。赋家之心，包括宇宙，总览人物，斯乃得之于内，不可得而传也。"这段话的含义十分丰富且具有高度的概括性与指导性。这段话认为：在创作方法上，即所谓"作赋之迹"上，当追求纵横交错，音调和谐，文质彬彬；在美学上，所谓"包括宇宙，总览人物"，就是要以广大、博大为美，还要追求赋体结构、音调、语言等的形式之美；在创作主体上，要有表现一切、征服一切、占有一切的气势与精神，要有博大的情怀与浪漫的精神；在表现客体上，要"包括宇宙，总览人物"，表现想表现的一切，尤其是包罗万象的宇宙自然与形形色色的人物。

　　司马相如作为汉赋的代表作家，对汉赋的影响是极其巨大的，最早受司马相如影响的是蜀中赋家王褒。王褒（前88？—前55？）的赋今存有《圣主得贤臣颂》《九怀》《洞箫赋》，《甘泉宫颂》今已不全。《圣主得贤臣颂》首言得贤的重要，次以历史上的事例作证，再次则说明圣主贤臣互为依托而后有盛世，意在通过歌颂汉朝与汉朝皇帝而得到更大的富贵。

　　司马相如的文学创作成就对唐代以后的巴蜀作家产生了巨大而又深远的影响，因此巴蜀文学成就斐然，创造了多个第一：李白可称唐代诗人之首，也是最为后世人熟知的诗人；苏轼是中国第一个诗词文兼长的大文学家，是宋代文学第一人。因此可以说司马相如、李白、苏轼屹立于汉唐宋三代文学的最高峰，成为该时代代表性文体的第一人，也是该时代文学第一人。其后巴蜀文学有所衰落，但明代的杨慎是第一个创、选、评兼长的大家，著述之富为明代第一人；清代的学者型文学家李调元既编辑了大型类书《函海》，又创作了大量诗、词、曲，有与前人媲美的勇气；张问陶雄踞乾嘉之世，诗歌创作上继承巴蜀前贤司马相如、李白、苏轼，也继承杜甫与白居易等外地诗人，还继承与反拨了性灵派的诗风，其成就不让前贤。其余名家也多受司马相如的影响。

　　后世文人不仅在创作实践中以司马相如为典范，而且常常在诗歌中公开表现这种观点。如李调元在其《读祝芷塘德麟诗稿》中说："抗怀思古人，屈指尝窃评。缅维炎汉初，文章我蜀盛。司马与王扬，洪钟破幽磬……乡风敢云继，庶几有独醒。大雅君扶轮，前贤我作镜。"又如张问陶《读司马相如传》云："击剑弹琴兴有余，萧萧风雨茂陵居。君王只取凌云赋，不爱长杨《谏猎书》。"诗歌描写司马相如不得意而隐居的情境与情怀，表现了张氏与司马相如相同的用世之情，即以辞赋讽谏而"关心在时务",二人可谓心有灵犀的异代知己。

总之,司马相如作为古代巴蜀的第一个伟大作家,其创作对后世巴蜀文学及诗歌的影响也是极其巨大的:后世巴蜀作家都提倡有感而发,有为而作,很少有专事文字雕琢的作品;后世巴蜀作家,尤其是大作家,无论是唐宋时期的李白、苏轼,还是明清时期的杨慎、李调元、张问陶,他们都有以博大为美的追求与趋势,同时也具有高度的想象力与浪漫情怀,其作品也都具有较浓的浪漫气息,而李白、苏轼则是古代浪漫主义的大诗人、大文豪。

总之,司马相如作为巴蜀第一个文学大家,他的辞赋创作为后世巴蜀文人树立了高标,成为后世仰慕学习与超越的对象,而其辞赋中蕴含着诗学思想,《西京杂记》中所载其论赋的名言也成为巴蜀第一篇诗学专论,其所标举的"作赋之迹""赋家之心"蕴意十分丰富,尤其是在思想内蕴、本质论、美学论及创作论等方面卓有建树,为后世巴蜀文人的诗学及诗文创作奠定了基础,其影响是巨大而又深远的,而且还将继续产生影响,这些都值得进一步研究。

参考文献:

[1] 袁行霈主编《中国文学史》第一卷,高等教育出版社,1999年版,第191页。

[2] 葛洪《西京杂记》,江苏广陵古籍刻印社,1983年版。

[3] 鲁迅《汉文学史纲要》,人民文学出版社,1976年版,第57页。

[4] 张问陶《船山诗草》,中华书局,1986年版,第592页。

[5] 《雅伦自序》,周维德集校《全明诗话》,齐鲁书社,2005年版,第4438页。

[6] 瞿蜕园，朱金城校注《李白集校注》，上海古籍出版社，1980年版，第1077页。

[7] 同上，第726页。

[8]《苏轼文集》，中华书局，1986年版，第1981页。

[9] 同上，第326页。

[10] 王仲镛《升庵诗话笺注》，上海古籍出版社，1987年版，第137页。

（郑家治：西华大学人文学院教授）

相如赋琳琅,责难抑何伤

龙显昭

司马相如行事及其著述,俱见司马迁《史记》、班固《汉书》二史之本传。相如擅长辞赋,作为文学家的辞宗地位,汉代当时即有定评。班固《汉书》卷一〇〇下《叙传》说:"托风终始,多识博物,有可观采,蔚为辞宗,赋颂之首。"汉武帝读其《子虚赋》,叹赏不已,召之入朝。相如至,又献其《上林》诸赋。当武帝读其《大人赋》时,更"飘飘有凌云之气"(《史记》卷一一七《司马相如列传》),好似神游天地之间。扬雄云:"长卿赋不似人间来,其神化所至邪?"此谓相如赋才天纵,文思萧散,控引天地,综贯古今,世所难匹,故发为惊叹之语。相如著作见于《汉书·艺文志》者,有赋文二十九篇,今存《子虚》《上林》《大人》《哀二世》及《长门》《美人》六赋,然后二赋是否相如作品,仍待考证。另有《谏猎》《谕巴蜀檄》《难蜀父老》和《封禅文》俱存,见《史记》《汉书》本传。他如《梨赋》《琴歌》《遗平陵侯书》《与五公子相难》和《草木书》等多篇,尚有零文断简为古籍征引,或仅存其目于史传之中。另有字学

《凡将篇》，亡佚，马国翰有辑录。由此可见，在秦火之后的西汉文坛中，相如学识渊博、底蕴深厚、文才旷逸，被誉为文学大家，可谓名实相副，确非虚美之词。后来刘勰评曰："相如赋仙，气号凌云，蔚为辞宗。""相如好书，师范屈宋，洞入夸艳，致名辞宗。"（分见《文心雕龙》之《风骨》《才略》）

一、责难声中秽相如

然而时移世异，朴散淳销；运途多舛，质文交变。随着历史的推移，树大不免招风。相如辞宗地位固难颠覆，然其行事、道德岂无瑕疵？且时尚癖好之不同，于是啧言代有所闻，责难之声不绝于耳。所谓岁月迁转，草木枯荣，南风不竞，噪音轰鸣。

首当其冲的，自然是司马相如的风流韵事，此尤为世俗追逐而津津乐道者。相如才高志逸，卓女新寡情郁，而琴心相悦，可谓遇合天成。此罕见之奇闻，虽士子亦冷嘲而嗤之，其不为世俗诟病，可谓戛戛乎难哉！西汉末扬雄《解嘲》有"司马长卿窃赀于卓氏"语，东汉崔骃袭其说，更以"窃赀卓氏"为"士之赘行"而责相如（《后汉书》卷五十二《崔骃传》注引华峤《后汉书》）。其后，颜之推亦指斥"司马长卿窃赀无操"（《颜氏家训》卷四《文章》）。此"窃赀"说之由来。

继而复有"窃妻"之说，流布于文坛。刘勰《文心雕龙·程器》云："略观文士之疵，相如窃妻而受金，扬雄嗜酒而少算。"宋人洪迈亦附和云"相如窃王孙女归成都"（《容斋随笔》卷十五"秦汉重县令客"条）。李觏还以之入诗，其云："相如窃妻逃，犊鼻从沽酒。一朝赋上林，在汉为称首。"李觏是一位标榜德行的思想家，故在该诗中言"有才不善用，多为淫邪诱"（《盱江集》卷三十五《寄章友直》），可见他虽承认相如有才，然为"淫邪"所诱，以至"窃妻"无行。后黄彻亦沿波推澜，谓"司马相如窃妻涤器，开巴蜀以困苦乡邦，其过已多"（《巩溪诗话》卷三，亦见《诗人玉屑》卷十二"诸公品藻相如"条），这是典型的"棍棒"式诛讨，且由"窃妻"而连带追究开通巴蜀亦错，斥责"其过已多"。

除"窃赀""窃妻"说外，对相如之责难亦随时人好尚而名目繁剧。南宋黄震说："相如文人无行，不与吏事，以赋得幸，与倡优等。""《封禅书》祸汉天下于身后，且祸后世，罪不胜诛。""相如素行不谨，立朝专是逢君之恶，或者犹以其文墨取之。不知其《大人》等赋、《封禅》等书，正其逢君之具也。"（以上分见《黄氏日钞》卷四十六、四十七）黄震是朱门理学的信奉者，他不仅责相如之"素行"，更对其所有赋篇、文著而通盘棒打之。其棒打之方法，是追究相如著述的动机，黄震臆断相如是为"得幸"，将赋文作为"逢君之具"，也就是为了猎官。这是相如"窃官"之说的由头。黄氏谓相如"与倡优等"，"罪不胜诛"，此种评头品足之言，与破口骂街者何异，确乎是粗野不堪。

历史上对相如的品评责难，初起于道德行事，继究其撰文动机，随之而来的是从政治、文风到作品的全盘否定。帝王中之杰出者如唐太宗，他对房玄龄的一段话揭示了帝王所关注的主题："贞观初，太宗谓监修国史房玄龄曰：'比见前、后《汉史》载录扬雄《甘泉》《羽猎》，司马相如《子虚》《上林》，班固《两都》等赋，此既文体浮华，无益劝诫，何假书之史策？其有上书论事，词理切直，可裨于政理者，朕从与不从皆须备载。'"（《贞观政要》卷七。亦见于《大唐新语》卷九）至于臣工文士之评，兹略举一二。如王维评曰："相如衣锦，且飞大汉檄书；买臣怀绶，不德长安厩吏。故使巴蜀太守，负弩前驱；会稽守丞，引章下拜。此盖恨不礼于他日，思释憾于故乡，是轻桑梓之人，适骋斗筲之志。"（《王右丞集》卷二十二《魏郡太守河北采访处置使上党苗公德政碑》）王维所议，是就司马相如、朱买臣任官后衣锦故里，烦扰乡人，乃并责斥为"斗筲"小人而轻蔑之。又李舟为独孤及《毗陵集》撰序云："昔班孟坚美汉得人之盛曰：文章则司马迁、相如；又曰：刘向、王褒以文章显。是则四君子者，有汉之文雄欤！然而迁无乡曲之誉，亏大雅明哲保身之义；相如薄于贞操，有涤器受金之累；向无威仪，遗文以谬，而身几不免；褒多为歌颂，当时议者以为淫靡不急，其他无闻焉！大较词人，多陷轻躁，否则懁狭迂僻，于事放弛，其能蹈履中道，可为物主者寡矣。"李舟以司马迁、相如、刘向、王褒四人，固为"汉之文雄"，然其重点在后文之贬斥，如"相如薄于贞操，有涤器受金之累"。此亦"陈词"赘语，了无新意。

对司马相如责之深而苛者，莫过于其乡人——大文学家苏轼。今引数则于后，以见其概。一曰："司马长卿始以污行不齿于蜀人，既而以赋得幸天子，未能有所建明立丝毫之善以自赎也。而创开西南夷逢君之恶，以患苦其父母之邦，乃复矜其车服节旄之美，使邦君负弩先驱，岂得诗人致恭桑梓、万石君父子下里门之义乎？"二曰："相如遂窃妻以逃，大可笑。其《谕蜀父老》，云以讽天子，以今观之，不独不能讽，殆几于劝矣。谄谀之意，死而不已，犹作《封禅书》。如相如，真可谓小人也哉！"三曰："陈皇后废处长门宫，闻司马相如工为文，奉百金为相如、文君取酒。相如为作《长门赋》以悟主上，皇后复得幸。予观汉武雄猜忍暴，而相如乃敢以微词亵慢及宫闱间。"（以上引文依次见《苏轼文集》卷六十五"司马相如创开西南夷路""司马相如之谄死而不已相如长门赋"等条）以上三则就事行而言，东坡所责一为"窃妻"，二为通西南夷，三为作封禅文，四为长门受金。约此四端，可鄙可憎之相如，实"污行不齿"的"小人"；况其受金作赋，亵慢肮脏，乃"谄谀"不可"自赎"之人。东坡对相如之愤慨，乃至其病疾，一皆谴责不贷。苏轼极其愤懑而赋之诗云："相如偶一官，嗤鄙蜀父老。不记犊鼻时，涤器混佣保。著书曾几许，渴肺灰土燥。琴书有遗魄，笑我归不早。作书遗故人，皎皎我怀抱。余生幸无愧，可与君平道。"（《施注苏诗》卷四十二《和杂诗》）该诗从相如仕宦、犊鼻、涤器、著书，乃至患病，皆一一数落之，可谓恨之彻骨，不然则难抒其愤。苏轼所列四罪，其一、二、三条乃缀拾前人语而整合之；第四条长门受金，亦见陈祖孙登诗"上林能作赋，长门得赐金"（《艺文类聚》卷五十五）。纵观历世对相如之责难，可以说至苏轼而登峰造极，且以其文宗之地位浸染于后世，故攀附景从者亦莫出其外。

二、责难焦点共商析

关于"窃妻""窃赀""窃官"之说，即此"三窃"能否成立？首言"窃妻"问题。此说缘由对《史记》《汉书》中《司马相如传》之解读。《传》明言"卓王孙有女文君新寡，好音"，则文君已非他人之妻，汉代并无寡妇不可再婚之律，亦无对寡妇再婚之道德批判，文君与相如结连理之好，汉时本为正常婚姻，而好事文人却视为"污行"而唾骂。《传》又云相如"以琴心挑之"，而好音之文君"窃从户窥，心悦而好之"，后"文君夜亡奔相如，相如乃与驰归成都"。这就是历史上"琴心夜度"的风流韵事。对相如加以"窃妻"之罪，是出于义愤或是对汉史的无知？我认为属于后者的可能性极大。据《史记·张耳传》云，有外黄富人女，其夫亡，乃再嫁为张耳妻。又《汉书·陈平传》云"富人张负有女孙，五嫁夫辄死"，后嫁陈平为妻。按张耳、陈平娶寡妇，俱在为平民之时。至于贵族女再醮，在汉朝亦不乏例。据《汉书·东方朔传》，武帝姊馆陶公主寡居，她的私夫为庖人董偃，当二人面谒于武帝时，帝见之而"大欢乐"。据《后汉书·宋弘传》云，汉光武帝姊湖阳长公主新寡，欲再择佳偶，乃向光武表白，认定宋弘"威容德器，群臣莫及"，颇为惬意。然宋弘不就，故姻缘未成。由此可见，两汉上层女性亦不以再醮为污行。又据《江陵张家山汉简〈奏谳书〉释文》，那时法律规定"夫死而自嫁，取（娶）者无罪"（《文物》1993年第8期）。律言娶再婚之女无罪，寡妇再嫁欢悦不讳，何须后人充作"判官"来治逝者之罪？仲长统《昌言》曰："妇人有朝哭良人，暮适他士，涉历百庭，颜色不愧。"（《意林》卷五引）杜甫有诗曰："卓氏近新寡，豪家朱门扃。相如才调逸，银汉会双星。"（《杜诗详注》卷十九《奉酬薛十二丈判官见赠》）杜甫对文君、相如的两相印合，视为织女、牛郎二星之会，体现了诗人乐观其成的雅怀。在这里我们想提请大家注意，对汉代的男女婚俗及其认知，万不可用后世的婚律婚俗去弹劾绳治。从我国婚姻史的发展来看，自赵宋理学家用"饿死事小，失节事大"（《二程遗书》卷二十二，伊川先生语八下）的贞节观来束缚女性后，封建婚姻关系乃发生巨大变化，男权高压态势一直受到旧法律和旧道德维护，这就不可避免地会影响民众乃至上层文士，因而他们对不顺眼的婚事横加指责，甚至痛斥不休。嵇康曾论及相如的风操说："长卿慢世，越礼自放。"（《世说新语·品藻》刘孝标注引《高士传赞》）像司马相如这样慢世越礼之人，不遭礼法之士的谴责，岂非咄咄怪事？至于好事文人不翻检《史》《汉》而对汉史的无知、随声附和、人云亦云，此与耳食者何异？

关于"窃赀"问题，必欲求其疵，也可从《史》《汉》的相如传中捕捉到一些风影：一是相如通西南夷时"受金"；二是相如与文君婚后，文君父曾"分予文君僮百人，钱百万"；三是相如受陈皇后金，乃作《长门赋》。关于通西南夷受金事，相如因而失官，岁余"复召为郎"。受金失官，盖属违纪处罚，故不久即复官。至于卓王孙"予文君僮百人，钱百万"，此为父赐女而惠及于婿，若判名为"窃赀"，显属误断。其三谓相如受金作《长门赋》事，此问题复杂，并不如此简单。首先《长门赋》是否为相如作品，迄今未获定论。《长门赋》前序谓武帝陈皇后"奉黄金百斤，为相如、文君取酒"，相如乃作赋"以悟主上，陈皇后复得亲幸"。顾炎武疑其赋为"拟作"云："按陈皇后无复幸之事，此文盖后人拟作。"(《日知录》卷十九，"作文润笔"条)据前引祖孙登诗云"上林能作赋，长门得赐金"，对照赋序，文亦有参差。序文是先奉金而作赋，诗文是赋后得赐金，如果属赋后得"赐金"，其定性是显然不同的，应当另作别论。

苏东坡责相如"开西南夷逢君之恶"，盖由东坡愤慨汉武而罪及相如，此以株连法而迁怒于人，极不可取。苏轼说过"汉武无道，无足观者"(《苏轼文集》卷六十五)，此等极端偏激语，可谓无稽之谈。众所周知，汉武在位五十四年，半个世纪的治绩使汉朝跃居世界民族之林，其丰功伟绩自有评说，拙文限于篇幅，故不赘语。至于武帝通西南夷之意义及其影响，约而言之，有三点可称。一是将西南少数民族纳入汉朝民族大家庭，经长期的经济、文化交流而使各族更加紧密团结，逐渐走向融合。二是开辟交通道路，由司马相如、唐蒙修筑了"西夷道"，自今成都而达邛筰（今西昌等广大地区）；其"南夷道"则自今宜宾以达滇、黔等地。这些道路密切了西南地区各兄弟民族之间的联系和友谊。三是设置郡县，所置有牂牁郡（今贵州大部区域）、越巂郡（今西昌等地）、益州郡（今云南大部区域），至东汉又于滇西置永昌郡，从而使大西南即今川、滇、黔等广大地区纳入了祖国的版图。唐人独孤及对此亦有评曰："自唐蒙、司马相如开牂牁，凿零山，于是西南夷君长始受汉印，及国家绥以大道，振以长策，滇越、邛、僰世皆为外臣。"(《毗陵集》卷十四《送韦评事赴河南召募毕还京序》)至于汉朝在通西南夷的过程中，因筑路而征发劳役，造成人力、财力的损耗,这当然是值得总结和注意的。我们应承认此局部的失误,可是一旦看到它对开发大西南的重要战略意义时,二者相较,想必也是功大于过的。

关于"窃官"一事,这本不是问题。《汉书·艺文志》诗赋略已明白指出:"不歌而诵谓之赋,登高能赋可以为大夫。"按汉朝功令,能赋即可入仕为官,凭赋才而为大夫,盖制度使然,并非如流言所云可以"窃"或骗。司马相如所作《子虚》《上林》诸赋,业经汉武过目,以武帝之明察,伪劣之品一定是骗不过的。因此,说相如"以赋得幸"是"窃官",则纯系主观臆测之词,不值得去费时深究。

三、客观公正议相如

对司马相如如何评价,历史上长期存在着争议,这完全是可以自由讨论的问题。就个人的见闻所知,汉晋以来之评议,其基本特点是褒贬不一或毁誉参半。最有代表性的是刘勰《文心雕龙》,书中既多处肯定相如为"辞宗",谓"相如之《难蜀老》,文晓而喻博,有移檄之骨焉"(《文心雕龙》卷四《檄移》);同时亦有"窃妻""受金"之讥。颜之推赓续责以"窃赀无操",而其前之晋人葛洪则认为"窃妻不可以废相如,受金不可以斥陈平"(《抱朴子外篇》卷三十八《博喻》)。大致地说,对相如的评价是褒其文而贬其行,尚称平实而无偏激之弊。

唐代帝王如太宗仅就"文体浮华,无益劝诫"言之,王维、李舟亦止言及"贞操",基本上是晋以来评议之延续。如李白《大猎赋序》曰:"赋者,古诗之流。辞欲壮丽,义归博远,不然何以光赞盛美,感天动神?而相如、子云竞夸辞赋,历代以为文雄,莫敢诋评。"韩愈《进学解》亦称其求学路径,是由《易》《诗》而《庄》《骚》,"太史所录,子云、相如,同工异曲"。愈《答刘正夫书》云:"汉朝人莫不能为文，独司马相如、太史公、刘向、扬雄为之最。然则用功深者，其收名也远，若皆与世沉浮，不自树立，虽不为当时所怪，亦必无后世之传也。"(《韩昌黎全集》卷二)

逮赵宋而评风不变，责难贬斥者居多，甚至污秽而谩骂之。前文已提及之代表性人物如李觏、黄震和苏轼等言论，故不再述说。这里需要引述的是在那种偏激风气之下，亦有持不同论见者，应当予以揭示，以见学术之全貌。朱熹引林艾轩云："司马相如赋之圣者。扬子云、班孟坚只填得他腔子，如何得似他自在流出；左太冲、张平子竭尽气力又更不及。"(《朱子语类》卷一三九)林艾轩即林光朝，字谦之，《宋史》儒林有其专传。从引语可以看出，朱子是首肯相如的赋圣地位的，所举扬、班、张、左诸家，就赋史而言，皆不可及。

宋张耒《司马相如论》曰："司马相如虽以文章事武帝，而慨然有君子之风。盖其心不专以其技易宠禄，又有不忍欺其所知者。东方朔论上林苑害民田，号为正谏，咈人主之欲。而相如《上林》，其终所陈，与方朔何异？……其后为帝开夜郎，通西南夷，既至蜀，得其父老之说，颇自悔其失。作书为《谕蜀》，而实以风。夫既已开其利于前矣，徐觉其害，又不忍默默，此其心似不忍自欺者。"(《柯山集》卷三十八)张耒为苏门四学士之一，其评价相如与东坡大相径庭，似有悖师门之嫌，然就学术言学术，并无不可，所谓"当仁不让于师"，此固孔门之遗训。

明文学家王世贞《书苏长公司马长卿三跋后》："苏长公跋相如《大人》《长门》二赋、《喻蜀文》，皆极口大骂不已。余谓相如风流罪诚有之，然晚年能以微官自立于骄主左右，而不罹祸，此其识诚有过人者，恐长公于兹时不能免太史公腐也。"(《弇州山人四部稿》卷一二九)此"苏长公"即苏轼。苏轼之《大人》《长门》《喻蜀文》三跋，前文已引述。王世贞就苏氏三跋而申其见，批评轼"极口大骂"

之不可取，颇为平正，足见明代有影响的文学家对东坡见解仍持异议。略早于王世贞的杨慎，其论相如赋云："司马长卿去战国之世未远，故其谈端说锋与策士辩者相似，然不可谓之非正也。孔子论'五谏'曰：吾从其讽。观《说苑》及《晏子春秋》所载，以讽而从者，不可胜数。苏洵作《谏论》，欲以仪、秦之术而行逢、干之心，是或一道也。故战国讽谏之妙，惟司马相如得之。"（《升菴集》卷五十三）杨慎从"讽谏"的功效来说明赋的意义，并且肯定相如之赋得"讽谏之妙"。他还对讽谏的文化历史背景，做出了实事求是的陈述，可谓言之有理，持之有据。

最后，我们就苏轼评价的有关话题，附一二琐言以申愚见。苏门学士中声望卓著者如黄庭坚，他在《答洪驹父书》中说："东坡文章妙天下，其短处在好骂，慎勿袭其轨也。"（《山谷集》卷十九）朱熹亦言"东坡晚年文虽健，不衰，然亦疏鲁"；"坡文雄健有余，只下字亦有不贴实处"（《朱子语类》卷一三九）。我们对东坡这位大文豪是非常尊敬的，但尊敬不等于盲从，切不可效其好骂之风，应如山谷所诫，"慎勿袭其轨也"。前节引东坡诗："不记犊鼻时，涤器混佣保。著书曾几许，渴肺灰土燥。"体会其诗意，他对相如穷困潦倒境况，颇有些轻蔑味儿。如果回头看东坡的家境，那就迥然不一样了。他有诗云其家是"风采照乡闾"，并描绘曰："门前万竿竹，堂上四库书。高树红消梨，小池白芙蕖。常呼赤脚婢，雨中撷园蔬。"（《东坡诗集注》卷十二）诗中的这幅画，全是富贵人家的生活气派。由这种家境走出来的东坡，对那著犊鼻而混同佣保的人，抒发几许蔑视之意，确实有些大不应该。然而在我们今天看来，觉得对已逝的先贤如东坡，还是多一点宽容和谅解，岂不更好些？

（龙显昭：西华师范大学历史文化学院教授）

从相如故里到相如文化的研究

邓郁章

有关相如故里的问题,再次提出已近 20 年。2003 年中国第一家专门研究司马相如的学会——司马相如研究会在蓬安成立。2004 年全国第一次专门为研究司马相如而举办的"司马相如与巴蜀文化研讨会"在蓬安召开。2007 年为纪念相如县建县 1500 周年,由四川省社会科学界联合会、四川省社会科学院、四川师范大学文学院、蓬安县委、蓬安县人民政府、司马相如研究会联合举办的"国际相如文化研讨会"在蓬安召开。其间,讨论的问题由"相如故里"逐步深入到全面研究"相如文化",参与讨论的专家、学者,由蓬安、南充、四川逐步扩展到全国以及世界的汉学界。四川省历史学会会长谭继和先生称"这是一篇大文章",并"已经开始出现成为显学的趋势"。

一

"相如故里在蓬安",在古代本不是一个问题。因为梁以前因县地僻左而鲜为人知,但梁武帝天监六年(507)置相如县,已向全国宣示,知名度则有所提高。北周以后代有史、志、舆书记载,从唐代相如县令陈子良的《祭司马长卿文》到明代四川右参政后迁按察使、福建侯官人曹学佺的《蜀中广记》,一直毫不含糊,且"土人慕之",代代供入"乡贤祠"。问题的产生是在明洪武年间相如县省入蓬州,失去"相如县"名之后,加之年荒月久,沧桑变化,文物毁损,"相如故里在蓬安"这一史实,首先在县外逐渐被人淡忘。因此,在四川前后十余年、任过五任县官的山东人王培荀才在他的《听雨楼随笔》中大声呼喊:"人皆以相如为成都人,实今之蓬州人,后迁成都,又居临邛。"但蓬州偏于川北一隅,名人足迹罕至,信息传播大受限制,越往后的人们,包括蓬安、南充在内的人们,除了年老的人还知道星星点点,比如琴台之类,对相如故里都逐渐淡忘,直至无人知晓。

20世纪80年代以后,学者们通过史料钩稽,发现古相如县境内有全国独一无二的司马相如祠堂,有故宅两处,有琴台、舞剑台等多处遗迹,有慕蔺山、洗笔池、卓剑水、司马桥、相如里、文君里等众多古老的地名,特别是有相如县名。证据确凿,斑斑可考,证明前人的记载是正确的。学者们认为安汉县不可能是司马相如短暂的"流寓",也不可能是有"别业"的"侨寓",在交通十分困难的古代,司马相如不可能到一个离家近千里的地方经营"别业",司马家是由秦入蜀,沿江而下,定居安汉的;司马相如"出生于蓬安,生长于成都","蓬安是第一故乡,成都是第二故乡"。以上说法,获得了广泛的共识。

但是《史记》《汉书》及《华阳国志》中"蜀郡成都人"的记载，则是一个必须作出解答的问题。近20年来，学者们查阅大量资料，从多方面作出了令人信服的解释。

（一）认为"蜀郡成都人"是"窜入之语"。持这种观点的，有侯柯芳、李孝中先生。附录在李孝中的《司马相如集校注》中的《司马相如爵里质疑》文说："蜀郡成都人为后人窜入之语。"徐才安先生在《司马相如三论》中也表达了相同的观点。

（二）李大明先生认为："《史记》《汉书》的记载与相如《自叙》有关。相如《自叙》写的就是'蜀郡成都人'，而未写自己的籍贯（祖居地、出生地）是'巴郡安汉人'（如果不是移民的话）。"李大明先生最早注意到刘知几在《史通·序传》和《史通·杂说》中的两段文字：

司马相如始以自叙为传，然其所叙者，但记自少及长立身行事而已，逮于祖先所出，则蔑尔无闻。至马迁又微三闾之故事，放文园之近作，模楷二家，勒成一卷。

马卿为自叙传，具在其集中。子长因录斯篇，即为列传。班氏仍旧，曾无改夺。寻固于马、扬传末，皆云迁、雄之自叙如此。至于相如篇下，独无此言。盖止凭太史之书，未见文园之集，故使言无画一，其例不纯。

大明先生对上录两段话，曾在《〈相如辞赋与楚辞〉附记》《关于"司马相如故里"探讨》两篇文章中作了精辟的评述。他为此问题完满解决，找到了一个很准确的突破口。

（三）龙显昭先生认为："司马迁说司马相如是成都人，这是可信的；邓郁章说是蓬安人，也是有根据的。我的看法，这两者是不矛盾的，不要说他是成都人，就否定蓬安；也不要坚持蓬安而否定成都。"司马相如落籍在成都，《史记》就说他是"成都人"，因为司马相如与扬雄都是由北方入川。龙先生通过比照，作了如上论述。

房锐和笔者在《关于司马相如故里问题的再探讨》一文中认为："司马相如故里当在今四川省南充市蓬安县，成都为相如最后落籍之地。"该文在《四川师范大学学报》发表以后，被《新华文摘》选目、《人民大学报刊复印资料》复印刊出。

（四）王启涛先生从语言学的角度研究司马相如赋中的四川方言。他发现司马相如赋中使用方言，如"箜箜""溢""砰磷堤垒"等词汇，就是川东北的方言词，而且至今活跃在蓬安当地民众语言中；相反难以找到对成都影响较大的秦晋方言词。他认为如果从历史语言学的角度进行考察，可以发现这些方言词最早可能来自楚方言，这或许从侧面印证司马相如祖、父辈可能最早来自楚地，或与其地在地域上非常接近的地方如古代巴国。其文章在《四川师范大学学报》发表以后，被《新华文摘》选目，学者们称这既是语言学研究的一个重大课题成果，更是司马相如研究的成果，有"活化石"的作用。王启涛先生为"司马相如故里在蓬安"找到了有力的佐证。

（五）熊伟业先生在《司马相如生平新订（上部）》《南朝梁代设立相如县的历史文化意义》两篇论文中深入探究了司马相如《自叙》不记"祖先所出"的原因，"《史记》之前的史籍，对人物籍贯、祖先并不在意"，在"王侯将相宁有种乎"的西汉时代，《自叙》中不一定要交待"祖先所出"。因此，司马相如《自叙》自然就没有记他的祖居地、出生地"安汉巴郡"，而只记了他的编户地"蜀郡成都"。

熊先生对《史记》《华阳国志》不载司马相如出生地的原因亦作了多方面的分析。他指出《史记》成书是在司马相如时代之后，对人物的籍属问题，司马迁自然比司马相如的理解要完备，但"因资料详略，体例并不统一"，就《史记》所载人物而论，有的没有籍属，如阳陵侯傅宽、武信侯靳歙；有的泛言某地人，如陆贾；有的详尽到乡里，如刘邦、陈平、老子；也有详述其籍属变化的，如"冯唐者，其大父赵人，父徙代，汉兴徙安陵""司马相如者，蜀郡成都人也"，这是一般的格式，其他信息则没有反映。就以司马迁本人来说，《史记·太史公自序》说："迁生龙门，耕牧河山之阳。"而"卒三岁而迁为太史令"句下《索隐》引《博物志》却说："太史令茂陵显武里大夫司马迁，年二十八，三年六月乙卯除，六百石。"按此处的意思，也完全可以说司马迁是"右扶风茂陵人"，即"右扶风茂陵"是司马迁的编户所在地，而《太史公自序》并未提到"右扶风茂陵显武里"，因此，人物籍属的具体涵义，《史记》并不统一。司马相如的出生地，由于他的自叙未记，而太史公不知道也无法记。谯周、陈寿没有记载，是在他们看来"蜀郡成都人也"的记载，与司马相如出生于"巴郡安汉"之间，并非矛盾，也不必特意指正。

熊先生在对《史记》《华阳国志》中人物记载的全面分析后认为："《史记》以来至《华阳国志》不载司马相如出生地安汉县，根本原因在于对籍属问题的理解和后人不完全一致，比较简略，对祖居地、出生地、籍贯迁徙变动等还未足够重视。《史》《汉》《华》诸书的'注'未曾注意到司马相如'蜀郡成都人'与出生地'巴郡安汉人'之间的变化。"

熊先生对"别业"问题也作了详细的考析，得出了合理的结论和解释。

相如县建县已经1500周年，梁武帝萧衍当年为什么要建相如县，在《南朝梁代设立相如县的历史文化意义》中，熊伟业先生在大量史料分析的基础上，亦作了精辟的论述。他指出当时以相如为县名建县，"既具有巩固边防、强化郡县管理的历史作用，又具有夸耀礼乐文雅、激励本地人士的文化意义；既有南北文化争衡的现实要求，又是地方文史传统长期发展的标识；既取义于朝廷意志，又寄予着地方希望。所以梁代取相如县名，是一个具有多重含义的嘉名。梁以来天下县名多经改易，如《旧唐书》'丙寅，改天下县名不稳及重名一百一十处'，而相如县名历近900年未曾改易，即说明梁代相如县命名的含义完全正确，被后代所长期接受。"这"多重涵含的嘉名"重要的一点就是对"相如故里在蓬安"的肯定。

二

"相如故里在蓬安"本身就是一个文化观点，本身就属于"相如文化"的内涵。随着相如故里研究的深入，参加研究的学者增多，领域不断扩大，学者们就会多角度地对司马相如这位汉代辞宗、中国赋圣、文化伟人的生平、作品、思想及其影响等进行更为广泛的研究，这也是一个更深更广的对相如文化的研究。从司马相如研究会成立以来召开的学术研讨会和收到的论文看，亦是硕果累累。

（一）关于司马相如的"生年"和"受学"，这两个问题一直有不同的意见。吴贤哲、房锐分别对司马相如的"生年"和"受学"作了考证。司马相如"生年"有179年、172年、169年三说，吴贤哲在《关于司马相如生年的再思考》中，分析了司马相如的"初仕之年"和"为傅之年（著于名籍）"后，认为"司马相如约生于汉文帝十年（前170）比较合乎情理"。司马相如之学，究竟从何而来，历来大致有三说："文翁派遣受经""从胡安受学""从父受学"。房锐认为："司马相如青年时受过经学教育，但这一教育却与蜀郡太守无关。""从胡安受学"是后世文人的一种推测，"不一定可靠"，"但并非空穴来风"。"从父受学说"，"由于文献阙如，已不得而知"，"但相如早年在蜀地接受教育是毫无疑问的"。

（二）琴挑文君的爱情故事，流传千古，影响深远。这个故事来自司马相如的《自叙》。司马迁经过选择作为信史,记入了《史记》。他看准了这个故事的传奇性,看准了这个故事对于说明司马相如这个"非常之人"的典型意义,看准了这个故事的时代意义,因此他用496字(加"成都"二字为498字)叙述了这个故事。对司马相如,司马迁爱其才,这是事实,因为"司马迁爱一切奇,而尤爱人中之奇。人中之奇,就是才。司马迁最爱才"。但不存在司马迁对司马相如是"偏爱有加""笔下留情"而用了"曲笔"。相如未婚,文君新寡,王吉以二人才貌相配,愿为冰人是好人行为。至于过程中的种种皆是因卓王孙的势利,二人难以相知而设之局。由于这个故事的传奇性,历来多有将其创作为小说、戏文的。但司马迁是实录其事,既无夸饰,也无避讳。正如班固所说,《史记》的记叙是"辨而不华,质而不俚,其文直,其事核,不虚美,不隐恶",要说典籍,它是第一手资料的典籍,是"典籍"中的"典籍"。不管用历史的观点,还是用现代的眼光去观察、分析,司马相如与文君都无可非议,当时是佳话,今天仍是佳话。不仅郭沫若先生肯定,连清末的王闿运在他的《湘绮楼日记》中都说:"偶读司马长卿、卓文君事,念司马良史而载奔女,何从垂教,此乃史公欲为古今女子开奇局,使皆能自拔耳!"作为"千古佳话",它早已融入了"中华文化"血脉当中。因为不同的价值取向,就自然有不同的解读。

万光治先生在《文君、相如故事的文化解读》一文指出:"历代学者对该故事仍有不同的解读。这些解读折射出不同的价值取向,已经远远超出故事及其主人公本身的行为意义,而成为一种历史文化现象。"其文资料面广,分析透辟,语意含蓄而蕴深。许结先生《弹琴而感文君——司马相如琴挑文君说解》对"琴挑文君"的文化内涵与婚俗背景作了深透的阐述。他指出"琴挑"作为一种媒介传统,实与琴心、琴制以及"以乐行媒"的文化内涵有关,对这段因"琴挑"而成就的婚姻，后世或褒或贬，都存在着非历史化的偏差，这就需要将其放在西汉初年的婚俗文化背景下去考察，以阐发其现实的合理性。祁和晖先生在《司马相如与其妻蜀女卓文君的历史评价问题》中指出司马迁对司马相如与卓文君的婚姻特加记叙，意义颇深：第一，它影响颇大，是推动相如一生成就的关键；第二，结合形式不合礼法常轨，是当事人当机立断，属于独立特行；第三，它是"私奔"不是"淫奔"，它印证了司马相如的名言"世必有非常之人，然后有非常之事；有非常之事，然后有非常之功。非常者，因常人之所异也"。龙显昭先生《相如赋琳琅，责难亦何伤》一文，指出司马相如作为"辞宗"的地位在汉代即有定评，被誉为大家，名实相融，对历代一些人的责难产生的缘由作了分析。与此相关的，有汤洪先生对《白头吟》诗作了考辨，李薇对《白头吟》及其文学现象的演变作了分析。

（三）关于"通西南夷"。"通西南夷"是司马相如一生中最引人注目的事件之一，吴明贤先生在《论司马相如在开发"西南夷"中的贡献》中认为，司马相如两次出使巴蜀，作《谕巴蜀檄》《难蜀父老》，准确地宣示汉王朝的旨意，对开发"西南夷"作了政策上和理论上的阐述，安定了民心，才取得了开发西南夷的成功，这显示了他卓越的政治才干。而且"开发西南夷"不仅沟通了汉王朝与西南夷众多少数民族的关系，促进了民族大融合，更重要的是解除了西南边患，巩固了汉王朝大一统的局面。同时"西南夷的开通，也打开了南丝绸之路，进一步发展了汉王朝与东南亚及西域各国的经济文化交流"，"使东西方经济、文化在大汉王朝时期出现了前所未有的高峰，真可谓是'兼容并包''参天贰地'的'非常之功'了。"赵炳清先生在《司马相如通"西南夷"》中也认为："综观司马相如的一生，是富于传奇与浪漫的一生。如果仅仅将他视为风流才子，那就是皮相之见了。"司马相如既是一名文学家，又是一名济世报国、为国建功的伟丈夫，在汉武帝通西南夷的历史进程中发挥了巨大的作用，为我国古代的边疆和民族地区的开发建设以及中西交通的发展作出了重要的贡献。

（四）关于司马相如与汉武帝君臣之遇的研究，有黄金明《司马相如赋际遇汉武帝的分析》、许结《诵赋而惊汉主——司马相如与汉宫廷赋考述》，都指出司马相如与汉武帝的际会，是时代精神的际会，是偶然的，又是必然的。

（五）谷口洋（日本）、李大明等针对具体作品从不同的角度进行了研究。

谷口洋先生通过枚乘《七发》与《天子游猎赋》的比较，认为"汉赋的渊源十分复杂，《楚辞》、荀赋、诸子散文、纵横家（说辞）等都有关系"，"融合不同的文体而创造新文体并不是简单的事"，"直到司马相如吸收并消化先秦文学的各种因素，按照自己的写作意图自由地运用，创造出了新的统一体。《天子游猎赋》表明汉赋新世界的成立，宣布汉赋新世界胜利"，"确立了汉赋的表现世界，标志汉赋新的发展方向"，从而肯定了司马相如在中国文学史上不可动摇的历史地位。

李大明先生的《相如辞赋与楚辞》，从相如赋的内容、旨意、结构、章法、文辞等方面论述了司马相如对屈、宋赋的继承、流变、创新，同时对相如诸赋的真伪作了辨析。

万光治、张骏翚、王红霞、周进、周桃红、毕庶春、张维刚分别对《大人赋》《长门赋》《美人赋》进行了研究。万先生提出《大人赋》是一篇抒写"悲士不遇"的游仙兼思玄的作品。张骏翚、王红霞二位从美学的角度分析，认为《大人赋》是以"游仙"求长生等超现实的追求，来表现汉帝国的宏大气魄和精神。毕庶春则认为《长门赋》可能是南朝齐代人托名而写，为宫怨文学的发端之作。

另外王启涛有《司马相如文疑难词语小考》,熊伟业有《司马相如〈谕巴蜀檄〉校读》,唐普有《〈文选〉李善注引司马相如文舛误举例》,李英有《〈汉赋司马相如赋〉字误举例》,李大明有《〈琴歌〉校补》,其中不乏新鲜见解。

(六)刘朝谦先生对相如赋中人物的"命名的方式"作出了价值判断。他指出司马相如在他的赋中以老庄"无名"之名作为其赋中人物的命名原则。"赋中人物既不是个性化性格,也不是内型化的性格,而是一个政治话语的发声体",它是赋史上的创新,它第一次揭示了赋体文学的虚构本质。作为一种文学人物理论观点,"这一文学人物理论在世界文学史范围内也是独一无二的"。在司马相如赋的研究中,这是目前仅见的。

汤洪先生、李德身先生对相如赋中的"人本思想"与相如赋所创造的"巨丽"境界和审美效应的价值作了论述。李德身先生指出司马相如终究成为"一代之文学"的杰出代表,其赋也终究成为"一代之文学"的最高成就,原因就在于能够顺应时代思潮,大展一代雄风,显示出"后世莫能继焉"的时代精神和大汉气象,创造出后人无法逾越的"巨丽"境界和审美效应。

龙显昭先生通过司马相如的作品进行分析,认为相如赋是"上承《诗经》汲取《楚辞》夸张铺衍手法而归于讽谏"。《凡将篇》《封禅文》"是相如学术思想的重要组成部分"。"他是一位了不起的辞赋家","是一个造诣很高的通儒,饱读了很多诗书"。

李凯先生的《司马相如与儒学》从司马相如时期四川地区文化、教育及儒学接受情况、汉武帝时期的儒学情况及其与赋创作的关系、司马相如作品中表现的儒学思想等方面,说明了司马相如与儒学的密切关系。他还指出文艺的价值,不仅仅是审美的问题。文艺的功能是多方面的,这其中也包括对现实的干预。颂美也好,讽喻也好,其目的都是为了让文艺在现实中起到作用。这不是司马相如个人的行为，而是整个中国古代作家受到儒家思想影响的必然结果。司马迁在《史记·司马相如列传》中的评价为后世所接受，我个人也赞同这一认识。当然，司马相如作品不仅仅突出表现了儒家思想的浓重痕迹，也鲜明表现了道家思想的影响，而这一点正好是巴蜀文化的特点。

（七）李凯、李天道、何玉兰、罗贵波、金周淳、郑家治、唐妤、邓岳利等对司马相如与巴蜀文化的关系对中国文学发展的影响进行了研究。

李凯先生从"司马相如产生的文化温床""司马相如奠定了巴蜀文学范式""巴蜀文学范式影响"三个方面，对"司马相如与巴蜀文学范式"作了系统论述。引用"范式"代替"传统"，亦有新意。

李天道先生从现代美学理论出发，对相如赋的美学思想进行阐释，指出司马相如所说的"赋家之迹"是"指赋的审美表达"，"赋家之心"是"指赋的审美创作构思"，并探讨了后世对它的继承、发展。

金周淳（韩国）的《司马相如小考》中称："相如所创之汉赋，影响后世甚巨，正如近人成世光所说'不仅开启了魏晋而后的散文赋，也引出了六朝的骈体文'，汉赋是导源于《楚辞》，另立门户，魏晋的赋是生于汉赋，而未去汉赋的面目，即使后来的赋也没有离开汉赋的范围，所以汉赋定型笼罩了一切，即使再怎样的不重视汉赋，这点的出处，是不能不承认的。相如有如此深远的影响力，谢无量（1884－1964）列他为中国三大文豪之一，实当之无愧。"

郑家治《司马相如的辞赋、诗学及其对巴蜀文学的影响》认为司马相如的赋蕴含着诗学理论，为后世巴蜀文人的诗学及诗文创作奠定了基础，影响巨大深远。

唐妤、邓岳利《试论司马相如对扬雄创作的影响》具体阐述司马相如对扬雄的影响。

（八）对历代有关司马相如评论的文论、诗话、诗序、小说、戏文、典籍等进行研究，对近十年来司马相如研究成果中的问题进行评述。如陈勇《刘勰称司马相如为"辞宗"探源》《繁类以成艳，抑是繁而不艳——从〈管锥编〉与〈文心雕龙〉关于司马相如赋评的矛盾说起》，张海《异代知音，人生偶像——浅论历代文人的相如情结》，赵俊波《唐人评司马相如》，汤君《宋元以来小说戏文之相如、文君故事叙略》，王红霞、张骏翚《论宋诗话中的司马相如》，杨曦《历代诗话中的相如评论》，赵晓兰《〈成都文类〉中的司马相》，蔡东洲《王培荀其人其书》，房锐《〈听雨楼随笔〉与相如、文君文化研究》《关于司马相如故里问题的思考》等文章对司马相如研究的深度、广度都有很大的发展，对研究方向的问题，也有十分精辟的见解。

三

相如故里与相如文化的研究，目前还在深相如文化性格如何形成的认识。以往的研究我们局限笼统的讲巴蜀文化对人。其学术价值，学术界已有评价。2003 年，李大明先生在司马相如研究会成立大会上曾讲，相如故里问题的探讨"是一项成功的学术文化工程，是继承优秀传统与当代先进文化建设相结合的一次非常成功的实践"。三年以后，谭继和先生对这一"学术文化工程"的价值从四个方面作出了概括。

第一，通过对相如故里问题的研究，大大拓展了我们对司马相如的影响，现在我们则可以分解出巴文化的"刚"同蜀文化的"柔"，这两种刚柔相济、亲缘相近却不同特征的文化对相如文化个性的形成有不同的影响。相如的大赋既有气势磅礴、铺张扬厉的"刚"与"质"的一面，又有闳博丽雅、侈衍排比的"柔"与"文"的一面，这是刚柔文质两种性格的巴文化与蜀文化不同的影响和熏陶的有力例证。用这样的研究方法研究汉赋时代的群体作家，定可找出不同的地域文化对他们文化性格形成的不同影响和渊源来。这是从相如故里研究开始的一个新问题……这是相如故里研究新价值的第一点。

第二，汉大赋奠基之作《子虚赋》《上林赋》与巴山蜀水对司马相如的孕育与熏陶有关，甚至在这里可以斗胆提出相如赋的第一孕育地和奠基地就是巴蜀。这是相如故里问题研究带来的又一收获。同时相如汉大赋所描摹的"宇宙之绝观"与宏博优游的气势，又正是作为天下第一流神品的巴山蜀水自然景观扩而大之的写照。

第三，相如故里的研究，加深和扩展了我们对"文宗自古出西蜀"的新认识。历代文宗从扬雄到郭沫若无不"比肩相如"，以相如为学习的榜样。

第四，"巴蜀文化曩有好梦幻迷离想象，飘飘然有凌云之气"的浪漫主义的文化思维特征。巴文化重鬼，蜀文化重仙，从蚕丛、鱼凫得仙道起始的古蜀仙道传统，不仅开启了巴蜀道教，而且浸润于巴蜀文人思维，成为巴蜀文人以游仙为特征的浪漫型发散性思维定势，司马相如所倡导的仙游文化是其开端。有关相如故里的研究，加深了我们对相如的赋论与巴蜀文学特质的关系的新认识。司马相如的赋论最独到之处是分为"赋家之心"与"赋家之迹"。"赋家之心"指的"是文心，是性灵，是赋家的本性、心灵与眼界、境界"；"赋家之迹"则是指的创作的路径和方法，指的是对"文心"的"雕龙"手法。对相如故里及其文化的研究，引出不少学者对相如创作思想与方法的探讨，这对巴蜀文学特质渊源流变的研究，无疑有开拓性的意义。

（邓郁章：四川省司马相如研究会名誉会长、蓬安师范学校语文高级讲师、《蓬安县志》1994年版主编）

《琴歌》校补

李大明

提　要：《玉台新咏》卷九所始载的司马相如《琴歌》二首并序，历代流传，异文渐多。明清以来的引录、校勘，尤其是逯钦立先生《先秦汉魏晋南北朝诗》的辑校，问题亦复不少。故作此校补，以向学术界同行请教。

关键词：琴歌　司马相如　《玉台新咏》

《史记·司马相如列传》载：相如游临邛，"以琴心挑"文君[1]。《汉书·司马相如传》同[2]。《玉台新咏》卷九则始载相如《琴歌》二首并序，言"相如鼓《琴歌》挑"文君[3]。

《琴歌》盖托名之作，学术界已有讨论①。然相如、文君故事，风流千古，故自魏晋始，《琴歌》文辞即为文人所用②。梁陈以来，《琴歌》亦广为流传。隋唐以来的类书、古注及宋人郭茂倩所编《乐府诗集》的引录，异文浸多，且生讹误。明清时所刻《玉台新咏》，《琴歌》辞句亦异文互见。明人冯惟讷《古诗纪》③录《琴歌》（按，当据《乐府诗集》录入),已有校勘(以下省称"冯校")。清人吴兆宜《玉台新咏笺注》[4]、纪容舒《玉台新咏考异》[5]、徐乃昌《玉台新咏校记》[6],对《琴歌》亦皆有校订(以下省称"吴校""纪校""徐校")。《乐府诗集》录《琴歌》,中华书局1979年的排印本亦有校记[7]。至逯钦立先生撰《先秦汉魏晋南北朝诗》(中华书局1983年版)[8],据明末赵均仿宋本《玉台新咏》(见卷前"引用书目")录《琴歌》二首,又据《北堂书钞》卷一百六、《艺文类聚》卷四十三、《太平御览》卷五百七十三、《乐府诗集》卷六十、《黄氏集千家注杜工部诗》卷六《客居》诗及补遗一《琴台》诗注、《锦绣万花谷》卷十八、《古诗纪》卷二等所引作校记(以下省称"逯校"),用力甚勤,学者称道。

余读《琴歌》(亦用赵均仿宋本,以下省称"赵本",下录《琴歌》文本即用此本),复检明清以来《玉台新咏》的几个主要版本以及历代引录、校勘,尤其是逯钦立先生的辑校,发现了一些问题,故作此校补④。窃以为,校定《琴歌》文本,对研究相如、文君及汉魏六朝文学,或有所助。故不避谫陋,奉此小文,以向学术界同行请教。

> 序曰:司马相如游临邛,富人卓王孙有女文君新寡,窃于壁间窥之。相如鼓《琴歌》挑之,曰……

吴校:一无"司马"。

今按:赵均刊本之重雕本⑤及四库全书本[9]同(以下若无异文,此二本不再出校)。明嘉靖二十二年张世美刻本《玉台新咏》(以下省称"张本")⑥、明末五云溪馆铜活字本《玉台新咏集》(以下省称"五云溪馆本")[10]、纪校本亦皆有"司马"二字。潘氏藏宋刊本《分门集注杜工部诗》卷十三《琴台》诗杜注引《玉台新咏》载相如《琴台歌》（按，衍"台"字）序文亦有"司马"二字（以下省称"《杜诗集注》"）[11]。又，张本、五云溪馆本、吴校本"歌"下皆有"以"字，而《杜诗集注》无。又，《艺文类聚》卷四十三录《琴歌》，亦有序，云："相如游临邛，富人卓王孙家有女文君新寡，窃于壁见之。相如因以《琴歌》挑之，曰……"[12]《类聚》所据，当为唐初所见《玉台新咏》，此由《类聚》卷五十五引徐陵《玉台新咏序》可知（也可能是根据《司马相如集》。此集《隋志》著录为一卷[13]，两《唐志》著录为二卷[14]，但《类聚》皆直引相如具体作品而未称《集》）。又，《乐府诗集》卷六十载相如《琴歌》，录《琴集》有云："司马相如客临邛，富人卓王孙有女文君新寡，窃于壁间见之。相如以琴心挑之，为《琴歌》二章。"本事则见于《史记·司马相如列传》："卓王孙有女文君新寡，好音，故相如缪与令相重，而以琴心挑之。""及饮卓氏，弄琴。文君窃从户窥之，心悦而好之，恐不得当也"（《汉书》本传同，惟"窥"后无"之"字，"悦"作"说"）云云。按《史》传但言"以琴心挑之"，《玉台新咏》序则直言"以《琴歌》挑之"，《琴集》又糅合二说也。又参文后注释所论。

　　凤兮凤兮归故乡
　　遨游四海求其皇

　　纪校：求其，《太平御览》作"索我"。
　　逯校：遨游，《类聚》作"遊邀"。求其，《御览》作"索我"，《杜诗》注作"随其"。
　　今按：《史记·司马相如列传》司马贞《索隐》引亦作"遊邀"（以下省称"司马贞"）。逯先生辑校所据文献虽甚广，却未及司马贞所引，是其疏也。又，五云溪馆本亦作"遊遨"。"遊遨"本《诗经》成语，《齐风·载驱》云："鲁道有荡，齐子遊敖。"[15]"游敖"乃本字，《说文》无"遊"字，又《出部》云："敖，游也。"[16]《诗经·邶风·柏舟》又云："微我无酒，以敖以遊。"故又有"敖遊（敖游、遨游、遨遊）"一词。虽然《玉台新咏》张本、赵本作"遨遊"，但依《类聚》及司马贞所见，以及《玉台新咏》五云溪馆本，字盖本作"遊遨"，以《琴歌》作者用《诗经》成语故也。又，"皇"，张本、吴本、《乐府诗集》作"凰"，《古诗纪》、仇兆鳌《杜诗详注》同（以下省称"仇兆鳌"）[17]，但五云溪馆本、纪校本及《北堂书钞》⑦《类聚》《太平御览》[18]并作"皇"，司马贞、《杜诗集注》亦作"皇"，与赵本同。按当以"皇"为本字。《说文·鸟部》云："鷗，鸟也，其雌皇。从鸟，匡声。一曰凤皇也。"《尔雅·释鸟》亦云："鷗，凤，其雌皇。"[19]"凰"乃后起俗字，如《左传·庄公二十二年》云"凤皇于飞"，杜注云"凤雌曰皇"。阮元校勘记云："监本、毛本'皇'作'凰'，俗字。注同。"孔疏引《尔雅·释鸟》《山海经·南山经》，亦皆作"皇"[20]。检《山海经》同[21]（又参后"皇兮皇兮从我栖"条）。又，"求其"，《御览》作"索我"，《杜诗》注作"随其"，与诸本不合，当有误。《杜诗集注》、仇兆鳌亦并作"求其"。检杜甫《琴台》诗云"归凤求皇意"，是杜甫所读《琴歌》亦本作"求其皇"也（杜甫《客居》诗云"凤随其皇去"，故使《杜诗》注误引作"随其"邪）。又，逯校引"《杜诗》注"，据逯书卷前"引用书目"指《黄氏集千家注杜工部诗史》，谓用"四部丛刊本"，按逯先生著录有误。黄鹤书并未收入《四部丛刊》，其《黄氏集千家注杜工部诗史》收入《四库全书》（更名《黄氏补注杜诗》）[22]，而《补遗》十卷则见于《古逸丛书》（《杜工部草堂诗笺》附）⑧，《丛书集成初编·文学类》又据以影印[23]。《四部丛刊》所收，乃上引潘氏藏宋刊本《分门集注杜工部诗》，在初编。

时未通遇无所将

吴校：通遇，一作"遇兮"。
纪校：通遇，《太平御览》作"遇兮"。
逯校：未，《御览》作"来"。通遇，《御览》作"遇兮"。
今按：检《御览》卷五百七十三所录，"来"字与诸本不合，又不合文意，当有误。又《御览》本作"通遇"，纪校有误，逯校承之，尤误。张本、五云溪馆本作"遇兮"。《乐府诗集》亦作"遇兮"，校云："《玉台》卷九作'时未通遇'。"此校未别版本，似有疏也。《古诗纪》、仇兆鳌亦作"遇兮"。《类聚》及司马贞所引无此句，然《书钞》亦作"通遇"。依宋本及《书钞》《御览》所录，字本作"通遇"。

何悟今夕昇斯堂

吴校：夕，一有"兮"字。
纪校：升，宋刻作"昇"，误，今从《艺文类聚》。
逯校：何，《书钞》无"何"字。夕，《杜诗补遗》注作"日"。《书钞》此下有"兮"字，《诗纪》同。
今按：《书钞》作"吾今此夕升斯堂"，与诸本不合，盖误。"夕"，仇兆鳌亦作"日"，与诸本不合，亦误。又，张本、五云溪馆本"夕"下亦有"兮"字。又，《类聚》引《琴歌》有节录，未引"时未通遇无所将，何悟今夕升斯堂"二句，纪校有误。《书钞》《御览》《乐府诗集》《古诗纪》皆作"升"字，而张本、五云溪馆本亦作"昇"字。按《说文》无"昇"字，大徐本"新附"云："昇，日上也。从日,升声。古只用升。"则本句盖原作"升"。仇兆鳌又作"登",与诸本不合,盖误。

有艳淑女在此方

吴校:女,一有"兮"字。此方,一作"闺房"。
纪校:方,《太平御览》作"房"。
《乐府诗集》校:闺房,《艺文》卷四二作"此房"。
逯校:方,《类聚》作"房",《御览》同。《杜诗补遗》注作"芳"。又《书钞》作"闺房",《乐府》《诗纪》同。
今按:《书钞》本作"此房",逯引有误。又,张本作"闺房",五云溪馆本作"此方"。《乐府诗集》作"闺房",中华书局版校记"卷四二"字误,本作"卷四十三"。仇兆鳌亦作"闺房"。《杜诗补遗》注"方"作"芳",与诸本不合,又不合文意,当有误。又,司马贞引此句作"有一艳女在此堂",与诸本有异。按司马贞引《琴歌》有节录,无"时未通遇无所将,将悟今夕升斯堂"二句,与《类聚》同;若有,则"在此堂"与"升斯堂"韵字犯复,是必有一误。《书钞》《类聚》《御览》此句皆作"有艳淑女在此房",较"此方""闺房"义甚,近是。

室迩人遐独我肠

吴校:独,一作"毒"。肠,一作"伤"。
纪校:毒,宋刻本作"独",误,今从《乐府诗集》。
徐校:独我肠,五云溪馆本、孟本均作"独我伤",《乐府诗集》作"毒我肠"。

逯校：人，《杜诗补遗》注作"从"，误。毒，《玉台》作"独"，《杜诗补遗》注作"愁"。

今按："迩"，张本、五云溪馆本并作"近"，与诸本不合，盖误。《杜诗补遗》作"迩"。据《说文·辵部》："迩，近也。从辵，尔声。迩，古文邇。""迩""近"则形近易混。又，张本、五云溪馆本作"独我伤"。《类聚》无此句，而《书钞》、司马贞、《御览》、《乐府诗集》、《古诗纪》皆作"毒我肠"。毒，本有伤痛意，故《广雅·释诂》云："毒，痛也。"[24] 按本句当原作"毒我肠"，后之传写或音讹为"独我伤"，于字有讹，而于意无伤也；但又有作"独我肠"或"毒我伤"者，则于字有误，于义不通矣。又，逯校本依赵本，而径改"独"为"毒"，又校云"毒，《玉台》作'独'"，则不合校例也。又，《杜诗补遗》注作"愁我肠"，仇兆鳌同，与诸本不合，亦误。

何缘交颈为鸳鸯

吴校：近本此句下有"胡颉颃兮共翱翔"句。

纪校：《乐府诗集》此句下有"胡颉颃兮共翱翔"一句，于文为复。宋刻无之，《太平御览》亦无之。

逯校：颈，《书钞》作"接"，《类聚》《御览》同。《乐府》此下有"胡颉颃兮共翱翔"一句，《诗纪》同。

今按：司马贞亦作"接"。此似隋唐宋类书相袭钞录，而司马贞因之。"交接"本常用词，然此句似本作"交颈"。检《类聚》卷四十一录曹丕《秋胡行》云"鸳鸯交颈"，嵇康《四言赠兄秀才入军诗》之二亦云"鸳鸯于飞……交颈振翼"[25]，皆与此用词相同。或曹、嵇尤其是曹丕所读《琴歌》本如此，或《琴歌》作者与曹、嵇尤其是曹丕同用古习语，二者必居其一（亦不排除《琴歌》作者袭用曹、嵇尤其是曹丕语)。又,《乐府诗集》本作"胡颉颃兮共翱翔","颃",逯引作"顽",误("颉颃",世界书局排印本《玉台新咏笺注》作"鹄顽",亦误。中华书局本不误)。赵本无此句。张本有此句。五云溪馆本有此句,而作"颉颉颃颃兮共翱翔"。按《书钞》《类聚》《御览》及司马贞亦无此句。此句之有无,尚待考证。以传本测之,《琴歌》盖本无此句也(按无此句,歌一则为奇数句。然古歌非必为偶数句也。别详)。

皇兮皇兮从我栖

吴校:二"皇"字皆一作"凤"。

逯校:两"皇"字《类聚》作"凤",《杜诗补遗》注、《乐府》《万花谷》、《诗纪》同。

今按:纪校本、《杜诗集注》二字亦作"皇",而张本、五云溪馆本并作"凤"。《书钞》及司马贞所引二字亦作"凤"。按《琴歌》之一以"凤兮凤兮归故乡,遨遊四海求其皇"起,而曰"有艳淑女在此房,室迩人遐毒我肠,何缘交颈为鸳鸯"云云,之二若以"皇兮皇兮从我栖"起,则皆用相如口吻。之二若以"凤兮凤兮从我栖"起,则变为文君所歌。《史记·司马相如列传》有云:"及饮卓氏,弄琴。文君窃从户窥之,心悦而好之,恐不得当也。"《汉书》本传同(无前"之"字,"悦"作"说"),师古曰:"当谓对偶之。"歌二"得托孳尾永为妃。交情通体心和谐,中夜相从知者谁?双兴俱起翻高飞,无感我心使予悲"云云,与《史》《汉》所记文君心思颇为相符。又,学者云此歌殆两汉时琴工假托为之。若是,则之二为文君所歌,其歌咏演奏效果当胜于相如独唱。《书钞》、《类聚》、司马贞皆作"凤",则隋唐时《琴歌》二首传写本不以二歌由相如独唱也(司马贞"我"作"皇",义亦通,然与诸本不合,盖误。虽然,却由此更知其所读《琴歌》本句作"凤兮"不作"皇兮",不然,曰"皇兮皇兮从皇栖",是何言哉)。《玉台新咏》张本、五云溪馆本及《乐府诗集》所据《琴集》二字皆作"凤",故能传隋唐写本之真也。惜乎《御览》未录歌二,无由参验。

得托孳尾永为妃

吴校:字,一作"孳"。
徐校:字,五云溪馆本、孟本均作"孳"。
逯校:字,《乐府》作"孳",《诗纪》同。
今按:《类聚》亦作"字",而张本、五云溪馆本("托"误作"记")、纪校本亦皆作"孳"。吴校本虽作"字",却解曰:"《尚书》注:乳化曰孳,交接曰尾"。是以为本当作"孳"也。按《尚书·尧典》曰"鸟兽孳尾",孔传云:"乳化曰孳,交接曰尾。"孔疏云:"孳、字古今同耳。"[26]《杜诗集注》作"字",仇兆鳌作"孳"。又,《书钞》、司马贞并作"子"。检《广雅·释言》云:"子,孳也。"则三字同用。依《尚书》,本当作"孳尾"。

交情通体心和谐

冯校:体,《玉台》作"意"。
吴校:体,一作"意"。
《乐府诗集》校:通体,《玉台新咏》作"通意"。
逯校:情,《杜诗补遗》注作"清"。和谐,《杜诗补遗》注作"相怡"。
今按:"交清"与诸本不合,又意不通,误。"通体",张本、五云溪馆本并作"通意",而纪校本亦作"通体",《书钞》《类聚》及司马贞所引亦并作"通体"。依隋唐时传本,当作"通体"。《书钞》、司马贞所引又"心"作"必",与诸本不合,又意不通,盖误。仇兆鳌引亦作"相怡",与诸本不合。按歌二句句韵,与歌一同。"谐"与上下韵字"栖""妃""谁""飞""悲"乃脂、微同部为韵。"怡"则之部,于韵有隔。由此而知,作"相怡"必误。

中夜相从知者谁

今按:"知者谁",诸本同,《类聚》亦作"知者谁"。而《书钞》、司马贞引作"别有谁",与诸本不合,录以备考。

双兴俱起翻高飞

吴校:兴,一作"翼"。
徐校:兴,孟本作"翼"。
逯校:兴,《乐府》作"翼",《诗纪》同。《杜诗补遗》注作"羽"。

今按:纪校本亦作"兴",而张本、五云溪馆本并作"翼"。翼者,"双翼俱起"义欠通畅,当本作"双兴俱起"。《书钞》、《类聚》、司马贞引皆无后二句,无由参验。又,《杜诗补遗》注作"羽",仇兆鳌同,与诸本不合,盖误。又,"翻高飞",五云溪馆本作"高翻飞",恐有倒误。《杜诗补遗》注作"翔高飞",与诸本不合,亦误。

无感我心使予悲

冯校：思，《玉台》作"心"。

吴校：心，一作"思"。

逯校：心，《乐府》作"思"，《诗纪》同。《万花谷》此下有"兮"字。余，《玉台》作"予"。

今按：张本、五云溪馆本亦并作"心"，而纪校本作"思"。又，吴本亦作"予"，而张本、五云溪馆本、纪校本作"余"。《杜诗补遗》注、仇兆鳌引并作"心"作"予"。

注释：

①《史记·司马相如列传》（中华书局1959年版，以下引用不再列出版情况，余同）载：相如往卓王孙家，临邛令前奏琴，"相如辞谢，为鼓一再行"。《汉书·司马相如传》（中华书局1962年版）同（师古曰："奏，进也。"）。《史记索隐》云："按：乐府《长歌行》《短歌行》。行者曲也。此言鼓一再行，谓一二曲。"师古曰："行谓曲引也。古乐府《长歌行》《短歌行》，此其义也。"知所谓相如"鼓一再行"，乃言奏一二乐府古曲也。《相如列传》又载："卓王孙有女文君新寡，好音，故相如缪与令相重，而以琴心挑之。"《汉书》本传同。《史记集解》引郭璞曰："以琴中音挑动之。"师古曰："寄心于琴声以挑动之也。"均未言作歌。《相如列传》又云："及饮卓氏，弄琴。文君窃从户窥之，心悦而好之。"（《汉书》"窥"下无"之"字、"悦"作"说"）师古曰："说读曰悦。悦其人而好其音也。"亦未言作歌。另据《隋书·刘炫传》（中华书局1973年版），相如本有《自叙》之作。又据《史通·序传》及《杂说》上（浦起龙通释，上海古籍出版社1978年版），史迁作《史记》，乃录相如《自叙》而为《列传》。知相如本人本未言"鼓《琴歌》挑"文君也。又《西京杂记》（中华书局1985年版）

记相如、文君故事，如卷二记相如作《美人赋》相如谢世后文君作《诔》，卷三记文君作《白头吟》、庆虬之《清思赋》托名相如所作等，皆在《史》传的记载之外，然亦无相如作《琴歌》之事。《华阳国志·蜀志》（刘琳校注，巴蜀书社 1984 年版）记"王孙女文君能鼓琴，时有司马长卿者，临邛令王吉与之游王孙家，文君因奔长卿"云云，亦无相如作《琴歌》之事。又《世说新语·品藻》（上海古籍出版社 1982 年影印思贤讲舍刻本）刘孝标注引嵇康《高士传》记相如事，本于《史》传，亦但言"临邛富人卓王孙女文君新寡，好音，相如以琴心挑之"云云。故《玉台新咏》所始录之相如《琴歌》，盖托名。逯钦立先生《先秦汉魏晋南北朝诗》（中华书局 1983 年版）云："此歌殆两汉时琴工假托为之。"我认为更可能是东汉魏晋时乐工所为。关于二歌之真伪当专论，兹不细辩。又参注二所论。

②例如：《琴歌》云"何缘交颈为鸳鸯"，而《艺文类聚》（中华书局上海编辑所 1959 年版）卷四十一录曹丕《秋胡行》云"鸳鸯交颈"，嵇康《四言赠兄秀才入军诗》（戴明扬《嵇康集校注》，人民文学出版社 1962 年版）之二亦云"鸳鸯于飞……交颈振翼"，盖皆用《琴歌》文辞（又参本文"何缘交颈为鸳鸯"条所论）。又，《魏书》（中华书局 1974 年版）卷九十五记王嘉有歌，曰："凤凰凤凰，何不高飞还故乡"云云，盖用《琴歌》"凤兮凤兮归故乡""双兴俱起翻高飞"。

③冯惟讷《古诗纪》，明万历间刊本，四川师范大学图书馆藏本。

④又，朱一清、孙以昭二先生著《司马相如集校注》（人民文学出版社 1996 年版），以及李孝中先生著《司马相如集校注》（巴蜀书社 2000 年版），对《琴歌》亦有校勘。二书的校勘，因体例原因，较为简略，尤其是没有引用《玉台新咏》的不同版本，余与其颇有不同。

⑤徐陵《玉台新咏》，重雕赵均刊本，四川师范大学图书馆藏本。

⑥徐陵《玉台新咏》，明嘉靖二十二年张世美刻本，国家图书馆

藏本。

⑦虞世南《北堂书钞》，清光绪十四年南海孔氏刊本，四川师范大学图书馆藏本。

⑧黎庶昌辑《古逸丛书》，清光绪间刊本，四川师范大学图书馆藏本。

参考文献：

[1] 司马迁《史记》，中华书局，1959年版。

[2] 班固《汉书》，中华书局，1962年版。

[3] 徐陵《玉台新咏》，影印明末赵均仿宋本，文学古籍刊印社，1955年版。

[4] 吴兆宜注，穆克宏点校《玉台新咏笺注》，中华书局，1985年版。

[5] 纪容舒《玉台新咏考异》，《文渊阁四库全书》，上海古籍出版社，1987年版。

[6] 徐乃昌《玉台新咏校记》，影印明末赵均仿宋本，文学古籍刊印社，1955年版。

[7] 郭茂倩《乐府诗集》，中华书局，1979年版。

[8] 逯钦立《先秦汉魏晋南北朝诗》，中华书局，1983年版。

[9] 徐陵《玉台新咏》，《文渊阁四库全书》，上海古籍出版社，1987年版。

[10] 徐陵《玉台新咏集》，五云溪馆活字本，《四部丛刊·初编》影印，商务印书馆，1926年版。

[11]《分门集注杜工部诗》，潘氏藏宋刊本，《四部丛刊·初编》影印，商务印书馆，1926年版。

[12] 欧阳询《艺文类聚》，中华书局上海编辑所，1959年版。

[13] 魏徵《隋书》，中华书局，1973年版。

[14] 刘昫《旧唐书》，中华书局，1975年版。欧阳修《新唐书》，中华书局，1975年版。

[15]《毛诗正义》，阮元校刻《十三经注疏》本，中华书局，1980年版。

[16] 许慎《说文解字》，中华书局，1963年版。

[17] 仇兆鳌《杜诗详注》，中华书局，1979年版。

[18] 李昉《太平御览》，中华书局，1960年版。

[19]《尔雅注疏》，阮元校刻《十三经注疏》本，中华书局，1980年版。

[20]《春秋左传正义》，阮元校刻《十三经注疏》本，中华书局，1980年版。

[21]《山海经》，明成化间刊本，《四部丛刊·初编》影印，商务印书馆，1926年版。

[22] 黄鹤《黄氏补注杜诗》，《文渊阁四库全书》，上海古籍出版社，1987年版。

[23] 黄鹤《黄氏集千家注杜工部诗史补遗》，《丛书集成·初编》影印，商务印书馆，1935—1937年版。

[24] 王念孙《广雅疏证》，上海古籍出版社，1983年版。

[25] 戴明扬《嵇康集校注》，人民文学出版社，1962年版。

[26]《尚书正义》，阮元校刻《十三经注疏》本，中华书局，1980年版。

（李大明：四川师范大学文学院教授、博士生导师）

诵赋而惊汉主
——司马相如与汉宫廷赋考述

许 结

提 要：司马相如是中国历史上最早的一位宫廷文学侍从，他的宫廷赋创作三次"惊"动汉武帝，既成就了他与武帝一生的文缘，也奠定了其在赋史上的"赋圣"地位。相如献给武帝的《天子游猎赋》，形象地表现了汉武帝时期文化的形成，他的创作既是汉帝国文化制度统一进程的产物，又引领了汉赋由蕞尔小邦走向蔚然大国的新时代。但由于汉代赋家的生存地位与创作处境，相如始终只是皇帝身边的侍臣，其赋作的内在矛盾，同样体现了历史的必然性。

关键词：司马相如 宫廷赋 汉武帝 三惊 文学侍从

他是中国历史上最早的一位侍奉于皇帝左右的御用文人，他被推尊为中国文学史上写赋的"圣人"，他曾以美妙的琴声打动临邛美女卓文君，传说他的一篇几百字的《长门赋》获得了当朝皇后付给的

"百两黄金"这样的天价稿酬,他也曾为汉武帝平定大西南立下汗马功劳,可他一生充其量不过是位朝廷的文学侍臣,这就是司马相如。

史称"西汉文章两司马",即指武帝一朝,前有相如的赋篇,后有史迁的《史记》。然追溯文学的源起,前人尝推尊辞赋,故有"屈氏之骚,骚之圣也;长卿之赋,赋之圣也"(王世贞《艺苑卮言》卷二)的说法,长卿何以肩负"赋圣"之称,还应回到相如和他的时代,其中最能引人注目的是其三"惊"汉主的赋学人生。

一、初惊汉主:相如赋进入宫廷

关于司马相如生平的记载,最权威的就是司马迁的《史记·司马相如列传》,而据唐代学者刘知几《史通》的考证,这篇传记又是依据相如的"自叙"编写而成,所以具有较强的历史可信度[1]。其中记述相如以赋初"惊"汉主武帝时的情况是:

> 蜀人杨得意为狗监,侍上。上读《子虚赋》而善之,曰:"朕独不得与此人同时哉!"得意曰:"臣邑人司马相如自言为此赋。"上惊,乃召问相如。

而在汉武帝"惊"其赋而"召问相如"之前,相如的人生发生过两次重要的变化。一是工作由"武"向"文"的变化,一是处境由藩国向宫廷的变化。

先看第一个变化。《史记》本传记载,约公元前152年,相如"以赀为郎,事孝景帝,为武骑常侍,非其好也"[2]。据司马贞《史记索隐》引张揖说:武骑常侍"秩六百石,常侍从格猛兽"。也就是说,相如两朝(景、武)为郎,而第一份工作则是陪同皇帝狩猎或观看人与猛兽格斗时的"武装保镖"。为什么相如初授"武职"？这又牵涉到他生平的两个问题。其一是他的家世之谜。在汉以前平民没有姓氏，所谓"天子建德，因生以赐姓，胙之土而命之氏"，"司马"乃"以官为氏"（应劭《风俗通姓氏篇·原序》），史载周宣王时程伯休父担任司马之职，后失官守而为"司马氏"，从此意义上，"西汉文章两司马"应出一源。只是从周宣王到汉代"两司马"，中经六七百年，司马分支亦多，相如系属何支，史无记载。据司马迁《太史公自序》记载，到周惠王、襄王时，司马氏宗族离开周（今河南洛阳一带）而入晋（今山西一带），后分为三支：一支迁卫（今河南境内），一支适赵（今山西境内），一支至秦（今陕西一带）。至秦者有司马错受秦惠王令，攻打并占驻蜀国，传八世而到司马迁。相如是否由秦入蜀支系，无文献依据，不过司马氏在赵一支，"以传剑论显"（《太史公自序》），服虔的解释是"代善剑也"，即历代以擅长剑术闻名，《史记·卫康叔世家》中的蒯聩（卫后庄公），就是赵地司马氏的后人。而据《周礼·夏官·大司马》载，周制"司马"有军司马、舆司马和行司马，其掌兵权、车马与出行，属于军职，即武官[3]，古代"世官制"，且赵国一支的司马氏又"代善剑"，相如之"学击剑"及初为武职，其间因果是有迹可寻的。

这又牵涉到第二个问题，即相如名号的意义。《史记》记其名号："字长卿。少时好读书，学击剑，故其亲名之曰犬子。相如既学，慕蔺相如之为人，更名相如。""相如"名号的由来，是"慕蔺相如之为人"，而蔺相如则是战国时赵国的一位由门客而为上卿的传奇人物。据《史记·廉颇蔺相如列传》记载，蔺相如一生做了三件惊人之事，分别是"完璧归赵""渑池之会"与"廉蔺交欢"（俗称"将相和"）。相如之"慕蔺"，主要在于慕其行侠仗义、胆大心细、不畏强暴，而又能识大体。这一点也与他早年"学击剑"有关。因为相如并非文弱书生，而是崇拜侠客，甚至刺客，他曾写过一篇《荆轲赞》，即早于史迁赞美其事数十年。正因如此，相如初授武职，应该是与他的本领有关。同样，相如一生倾慕的两个人都是与古赵国有关，一是蔺相如，一是卓文君。有关卓氏原为中原赵国人，后因秦灭赵而迁入蜀地，详载《史记·货殖列传》，问题是相如的赵国情结是否与其家世有关，至少他的"学击剑"与赵国之司马氏"代善剑"的关系，并由此使他被授武职，是值得关注的。

可是，相如"学击剑"，又"好读书"，以致为"武骑常侍"，"非其好也"，这正是他由"武"转"文"的内因，而促成这样的转变，更在外因，其中最重要的当然是由"景帝不好辞赋"到武帝偏爱辞赋的因素，然而大汉"尚文"风习的形成，却有着社会的、制度的多重原因，这才为相如赋惊汉主提供了历史的机缘。只是这一机缘还建立在另一重历史的转变，即由藩国文学向宫廷文学的转变。

这也是相如人生的第二个变化，其处境由藩国向宫廷的转变。《史记》本传记述其事："会景帝不好辞赋，是时梁孝王来朝，从游说之士齐人邹阳、淮阴枚乘、吴庄忌夫子之徒，相如见而说之，因病免，客游梁。梁孝王令与诸生同舍，相如得与诸生游士居数岁，乃著《子虚》之赋。"因为好文而擅长作赋，相如放弃了朝廷的武职，来到藩国梁地过上了游士文人的生活。有关这段经历，《西京杂记》有较为详尽的记载，其中包括诸文士在梁王兔园的忘忧馆作文斗赋的情景[4]。而汉初梁王兔园文人集团的形成，实承战国纵横遗风，只是经过文、景之世的"削藩"政策以及由此引发的"七国之乱"，导致如吴国、淮南国游士集团的相继瓦解，而梁王刘武以其为景帝胞弟的身份及"平叛"的功劳，成为藩国文学的孑遗，而相如也在此度过了他几年快乐的文士生涯。正于此间，相如创制了描绘宏肆、词章博丽的《子虚赋》，产生了"惊"汉主的文学效应，所以在"梁孝王卒，相如归,而家贫,无以自业"时,相如得以再次回到大汉朝廷,成为一位受宠幸的宫廷文学侍从。

然而,相如以游士和门客的身份在梁国作赋与他后来献赋朝廷有什么不同?就文学创作本身而言,是一脉相承,并无差异,可是从相如的文学人生之经历来看,却与中国政治制度在汉武帝朝的大变革有关。其中两点影响着相如由藩国游士向宫廷文人的转变。第一点是武帝采用主父偃的建议,用"推恩"法使"藩国自析"(《汉书·主父偃传》)[5]。也就是说,汉景帝时"削藩"引发"七国之乱",虽平叛成功,但朝廷的妥协政策,并未从根本上解决诸侯割据势力,这种情况到武帝亲政后才有根本改变,汉廷的政治大一统带来了文化大一统,相如文学身份转移,是在此大背景下运作的。第二点是汉武帝为制约外臣势力,进行官制改革,分设外朝与内朝官职,即每遇朝廷大事,就让如同身边侍从秘书的内(中)官与外官朝臣"廷辩",形成权力制衡。而内官的人员来源,据《汉书·严助传》载:"武帝善助对,由是独擢助为中大夫。后得朱买臣、吾丘寿王、司马相如、主父偃、徐乐、严安、东方朔、枚皋、胶仓、终军、严葱奇等,并在左右……上令助等与大臣辩,中外相应以义理之文,大臣数诎。"钱穆《秦汉史》认为:"是诸人者……盖皆文学之士也。武帝兼好此数人者,亦在其文学辞赋。故武帝外廷所立博士,虽独尊经术,而内廷所用侍从,则尽贵辞赋。"很显然,赋家汇聚于朝,与武帝实行的内官制度相关,所以自相如"天子以为郎",赋家多为内官侍郎之职,如枚皋"拜为郎",东方朔为"常侍郎",吾丘寿王"召为郎"等,从而形成了汉廷的言语文学侍从队伍。由此又可见武帝"惊"叹相如作于藩国的《子虚赋》,内涵了"求才"与"尚文"的双重心态。

相如以文士的身份返回宫廷,不仅使相如赋进入了宫廷,而且以其闳衍博丽的创作,引领了赋体文学由蕞尔小邦到蔚然大国的新时代。

二、再惊汉主：相如赋引领时代

相如以赋再"惊"汉主，是继《子虚赋》创作的《天子游猎赋》。《史记》本传记述武帝读《子虚赋》后"召问相如"，以及相如献赋本事云：

> 相如曰："有是。然此（指《子虚赋》）乃诸侯之事，未足观也。请为《天子游猎赋》，赋成奏之。"上许，命尚书给笔札。相如以"子虚"，虚谈也，为楚称；"乌有先生"者，乌有此事也，为齐难；"无是公"者，无是人也，明天子之义。故空借此三人为辞，以推天子诸侯之苑囿。其卒章归之于节俭，因以风谏。奏之天子，天子大说（悦）……赋奏，天子以为郎。

如果说最初武帝"惊"相如《子虚》之美主要是对其词章博丽的鉴赏与对作者的艳羡，则当相如献上《天子游猎赋》（《文选》析为《子虚》《上林》）[6]，武帝再"惊"而"大悦"，已不是对其作者的向往，也不仅限于对其词章的赏玩了，从以后相如与武帝相关的史事来看，更不是因其赋"风谏"的功能，而是相如赋作的宏大叙写满足着武帝开疆拓土、好大喜功的愿望，其"诸侯之事，未足观也。请为《天子游猎赋》"的创作动因，就是武帝欣赏而"大悦"的结果。

首先，相如精心制作的《天子游猎赋》，是在迎合武帝雄才大略的野心与雄心的前提下，引领了一个文学时代的来临。仅就赋创作而论，相如赋前有战国楚臣赋如宋玉等，汉初贾谊骚体（如《吊屈》）与枚乘散体（如《七发》），其如韵散相间的句法、主客问对的构篇、铺采摛文的描绘，宋、枚赋篇已见雏形，并无根本的差异。所以相如赋与前人一个绝大的不同处，就在于首开大一统帝国宫廷赋的创制。质言之，相如献赋的时代，正面临着汉武帝亲政后进行的内政外交的一系列改革。如在宫廷内，武帝建立中朝官制度，加强君主专制；对皇亲国戚，用"推恩"法削除藩国权势，强化中央集权；对外，他一则抗击匈奴，一则又开通西域丝绸之路，从中东达于欧洲，形成了亚欧文化交流的宏大格局。由此背景，再看相如赋作与武帝心态的关联，自是默契。如赋中描绘天子游猎之情景云：

天子校猎，乘镂象，六玉虬，拖蜺旌，靡云旗，前皮轩，后道游，孙叔奉辔，卫公参乘。扈从横行，出乎四校之中。鼓严簿，纵猎者。河江为阹，泰山为橹。车骑雷起，殷天动地。先后陆离，离散别追。淫淫裔裔，缘陵流泽，云布雨施。生貔豹，搏豺狼，手熊罴，足野羊，蒙鹖苏，绔白虎，被班文，跨野马。凌三嵏之危，下碛历之坻，径峻赴险，越壑厉水。椎蜚廉，弄獬豸，格瑕蛤，铤猛氏，罥騕褭，射封豕，箭不苟害，解脰陷脑。弓不虚发，应声而倒。

其对天子出猎时的仪仗、威势及狩猎过程的描写，可谓纵横捭阖，雄壮奇崛。但是赋的描写方式，亦与赋中有关楚王出猎相类，并无特殊。所以了解相如宫廷赋的开创意义，还应从其赋文的整体构篇来解读。

在赋中，相如以假托的三位人物构篇，一位是"子虚"，代表楚国的使臣，夸耀楚国的云梦之泽；一位是"乌有"，代表齐国的使臣，夸耀齐国的东海之滨；两者皆是藩国的代表。而另一位则是"亡（无）是公"，代表天子的使者，夸耀天子"上林苑"的气派。如写上林之水,则是"左苍梧,右西极,丹水更其南,紫渊径其北"。其他写山石,写草木,写鸟兽,写人物,写宫室,写游猎,写歌舞,写欢宴,写制度,无所不包,所以宋人程大昌《演繁露》说相如笔下的"上林",是"该四海而言之"[7],表现的是一个朝气蓬勃的君临四海的帝国气象。正因如此,赋中"亡是公"的出现,"子虚""乌有"的臣服,所谓"楚则失矣,齐亦未为得",与当时文化大一统的形势、汉武帝本人的政治胸襟,都完全适应。虽然相如赋作最终还是想"曲终奏雅",讽谏君王要勤政恤民,但作为鉴赏者的武帝,却往往忽略最后的讽意,而是沉醉于伟大帝国盛况的描写之中。

其次,"赋"的文体功能在"铺",就是描绘性特征,所以作为"一代文学之胜"的"汉之赋",其兴盛于武、宣之世,实与当时帝国的宏图与雄张的气象相关,相如赋引领的正是这样一个时代。古人概述赋的特征,有三句话最为准确:第一句是班固的"多识博物,有可观采"(《汉书·叙传》评相如赋语),说的是赋最擅长描写自然物态;第二句是刘勰的"体国经野,义尚光大"(《文心雕龙·诠赋》)[8],说的是赋最擅长表现政治文化气象;第三句是魏收的"会须能作赋,始成大才士"(《北史·魏收传》),说的是赋家最具有才学,所以每一篇大赋,就是一个宏大的文化工程。合此三点,正切合于大汉帝国的文化风貌与宏大气象,这也是相如所上"天子游猎赋"的主要特征。相如自献上此赋,"天子以为郎",使之正式成为朝廷的御用文人,而武帝欣赏相如赋,既是被赋中的修辞之美、夸饰之美和气象之美所吸引,也与他所代表的汉帝国的政治文化建构相维系,武帝与相如在"文学"上的"君臣际遇",偶然中隐藏着必然性。

汉宫廷赋之所以由相如肇端,并形成后世宫廷赋创作传统,固然有着多重历史与社会的"合力"作用,但其中最重要的背景条件是武帝朝两大制度的构建。

一是礼乐制度,即以"郊祀"为代表的"天子礼"的确立。《汉书·礼乐志》载:"至武帝定郊祀之礼……乃立乐府,采诗夜诵,有赵、代、秦、楚之讴,以李延年为协律都尉,多举司马相如等数十人造为诗赋,略论律吕,以合八音之调,作十九章之歌。"正与"定郊祀之礼"与"立乐府"相关,当时的"言语侍从之臣,若司马相如……朝夕论思,日月献纳……或以抒下情而通讽谕,或以宣上德而尽忠孝,雍容揄扬,著于后嗣,抑亦雅颂之亚也"(班固《两都赋序》)。明人费经虞《雅伦》卷四就明确指出:"孝武升平日久,国家隆盛,天子留心乐府,而赋兴焉。"从这样的历史文化背景来考察相如为代表的汉宫廷赋的成型,有两点值得注意:第一,汉宫廷赋的兴盛与"献赋"制度相关,即赋家的"职守"所在。如前所述,汉赋家多为郎官,皆属礼官,是历史上最早的一批宫廷"文学侍从",所以随侍作颂,待诏献赋,乃职责所在,故彬彬之盛,到了汉成帝时,"奏御者千有余篇,而后大汉之文章,炳焉与三代同风"(班固《两都赋序》)。第二,礼制要在礼治,礼治要在重礼的思想观念,而古传"礼"之尚"文"的传统,对汉宫廷赋的确立有着直接的和潜在的作用力。从创作内容来看,汉宫廷赋对当代天子礼如郊祀、朝会、藉田、大猎、大射、大傩诸礼典的描写,以及对礼家倡导的"王道"政治的颂扬,均为汉礼的直接反映。从礼家尚文与汉宫廷赋艺术来看,《论语·八佾》载孔子论三代礼"周监乎二代,郁郁乎文哉,吾从周",说明了礼、文关系;刘勰《文心雕龙·时序》谓"孝武崇儒,润色鸿业,礼乐争辉,辞藻竞骛",又说明了汉大赋与儒家倡导礼乐的关系。由此再看武帝对相如宫廷赋之繁富汪秽、宏衍博丽的欣赏,应该不是偶然现象,而是具有特定的时代特征。

二是京都制度,即以"京都"为中心的帝国政治文化图式的完型与汉宫廷赋兴起的关系。萧统《文选》选赋首"京都",取"尊宸居"

之义，内涵了对汉大赋属京都宫廷文学的认知。在中国古代文学领域中，惟有赋的体物特征与城市文化、物质文明有最密切的关系，而以赋体正式描写京都文明则自相如献赋肇始。因为从广义的京都文明来看，并非仅有《文选》"京都"类首班固《两都赋》与张衡《二京赋》，而描写天子游猎与郊祀的大赋，也是这类作品的代表。为什么说京都文学至汉宫廷赋方出现，这首先与京都制度的确立有关。质言之，秦汉以前"畿服制"下的京都只是一个抽象的概念，是周朝"封邦建国"制度的表述，并未形成以京都为中心的辐射状的统治区。至春秋战国间，如鲁之曲阜、齐之临淄、晋之新田、赵之邯郸、魏之安邑与楚之郢都等，才出现具有实际统治意义的都城观念，然其政治属诸侯政治，其文学如楚臣宋玉等，亦为诸侯之文学。至秦统一，帝都咸阳才是真正的京都文化的开端，然因其享祚短促，且礼制不修，致有"秦世不文"之说，故未能形成京都文化气象。汉初承先秦"封国"，藩国与帝都并存，居藩国的文士多沉潜于战国残梦，文章所美，亦侯国之事。所以在历史上，相如由"梁国"入"京都"为文学侍从，正标志了这一巨大的转变，其赋中子虚、乌有、亡是公三人物的虚构及其争辩，恰是这一历史折变的形象化的叙述。就文学创作而言，如果说《诗三百》中"国风"属先秦地域文学，"雅""颂"属宗法贵族文学，楚骚表现邦国文学或代表南方文学，那么，汉代宫廷大赋标志了代表帝都文化的文学创作的完型[9]。相如描写天子"上林苑"的赋章，为其首造。继后，如班固《西都赋》对"盖以强干弱枝，隆上都而观万国也……其中乃有九真之麟，大宛之马，黄支之犀，条支之鸟。逾昆仑，越巨海，殊方异类，至于三万里"的描述，张衡《东京赋》对"惠风广被，泽洎幽荒，北燮丁令，南谐越裳，西包大秦，东过乐浪。重舌之人九译，金稽首而来王"的颂扬，既是汉京都文化的实写，也是赋家胸襟的展现。

值得注意的是，相如赋处于汉武帝改制的草创时期，其宫廷赋的历史价值又与后继者有所区别。因为制度形成以后，创作往往受制于制度。比如扬雄在汉成帝时为郎官，随侍皇帝祀甘泉而上《甘泉赋》，随侍祭后土而上《河东赋》，随从狩猎而献《校猎赋》，随从射熊馆而上《长杨赋》等（《汉书·扬雄传》引雄自序），皆类"命题作文"，很难令人震惊。相如赋不同，其作为汉宫廷赋的草创，既符契武帝朝文化发展的大背景，又引领了当时文化制度的构建，所以他的赋使武帝"大惊""大悦"，正显示了这种心理的对接，这也是后来制度下宫廷赋的摹拟创作难以企及之处。

三、三惊汉主：相如赋尴尬处境

相如于汉武帝建元三年即公元前 138 年，因献奏"天子游猎之赋"而成为"待诏"的文学侍从，职责就是侍从皇帝出行，献诗奏赋。可是相如也与大多数有雄心抱负的文臣一样，有着建功立业，匡扶天下的理想。这一理想在他受武帝遣派两度往西南平定"民变"，特别是第二次他作为"中郎将"身份"建节往使"，确实得到了短暂的实现。他在写于元光六年的《难蜀父老》中提出大汉帝国应该有"兼包并容"的政治文化气象，认为大汉皇帝应"创业垂统，为万世规"，因为"盖世必有非常之人，然后有非常之事；有非常之事，然后有非常之功"。事隔二十三年，汉武帝于元封五年的诏书中，特别采用了"有非常之功，必待非常之人"（《汉书·武帝纪》）这句化用相如前文的话，可见其对相如文章的欣赏与重视。遗憾的是，相如匡扶天下的作为、经世致用的文章，都不能引起武帝的震惊，所以相如第三次使武帝惊羡的文章，还是他的赋篇。

有关相如赋三惊汉主本事，《史记》本传的记载是：

相如拜为孝文园令。天子既美子虚之事，相如见上好仙道，因曰："上林之事未足美也，尚有靡者。臣尝为《大人赋》，未就，请具而奏之。"相如以为列仙之传居山泽间，形容甚臞，此非帝王之仙意也，乃遂就《大人赋》。……天子大说，飘飘有凌云之气，似游天地之间意。

正是这篇使天子有着"凌云"快感的赋，引起了多少文人的感叹，所谓"杨意不逢，抚凌云而自惜"（王勃《滕王阁序》），将此视为武帝与相如君臣文缘的一段佳话。《西京杂记》还记载了一则故事，说相如为孝文园令，故技难熬，又欲献赋天子，然不知作何，忽夜梦一黄衣老者说"可为《大人赋》"，结果写来犹如神助，献给武帝后得到了四匹锦缎的赏赐。这显然是神化其事，不足为信。不过从相如的自叙看，这篇赋是先有草稿，后因看见武帝"好仙道"，故成而奏之。所以无论相如此赋的原创动机是什么，但奏献时出于反对武帝迷恋"神仙方术"的主旨应该是明显的。对照《汉书·武帝本纪》等相关文献，武帝先后迷信方士谬忌、李少君、少翁、栾大等，结果屡屡上当，后经"巫蛊之祸"，临终方悔方术之虚无。相如虽然没有看到武帝晚年迷醉仙道的情景，但能观其所好，察其端倪，进行讽谏，亦如太史公所言："相如虽多虚辞滥说，然其要归引之节俭，此与《诗》之风谏何异。"（《史记·司马相如列传》）

所以在这篇赋中，相如把所谓的仙境写得空虚、寂寞、孤独、无聊，将昆仑大神"西王母"写成"皬然白首"的老太婆，其讽意甚明。然而问题首先在武帝的接受，是相如所说的"尚有靡者"之"靡"，也就是说，相如赋一次次引人入胜，在于"靡"，武帝一"惊"、再"惊"、三"惊"，亦在"靡"之甚。于是赋中的规劝、讽谏皆稀释于靡丽的词藻与描绘中，武帝的阅读快感，恰来自这美丽的陶醉。因此，对照使武帝惊喜的《子虚》《上林》《大人》三赋，相如亦曾随武帝"过宜春宫"，"奏赋以哀二世行失"，也就是讽意较明晰的《哀二世赋》，以秦亡教训寓节俭仁德之意，结果武帝似乎没有任何的回应。这也就牵涉到赋体本身以及相如宫廷赋对赋艺术的奠定与发展的问题，其中包括赋家生存处境与辞赋创作处境的双重尴尬。

相如作为第一代宫廷赋家，其身份正处于一种提升与堕落之间。就制度而言，武帝朝宫廷赋家作为中官制度与乐府制度的产物，他们一方面是皇帝倚仗的内臣而受到重视，故以文采干政事，试图通过赋作来表达其匡正天下、经世致用的思想，倡王道，重礼制，颂王权，明教化，恤民情等，《诗》的"风人之旨"及其讽谏方法，成为其选择。但同时，他们又仅仅是皇帝身边的内侍臣，特别是其创作隶属于乐府，而呈现出娱戏性质，所以又有如枚皋感叹的"为赋乃俳，见视如倡"以致"自悔类倡"的生存处境[10]。从相如的宫廷赋作来看，他一则借赋以明志，讽诸侯，倡节俭，薄仙道，然为吸引唯一的读者皇帝，又须迎合其趣味，使其得到身心的愉悦，也只能是以"靡丽"掩"义理"，结果遭致"虚辞滥说""文丽用寡"的批评，这是与他尴尬的生存处境不可分割的。

而赋作为一种文体在汉代的崛起，天生是一矛盾的集合体，它一方面承续《诗》的"风人之旨"，所谓"受命于诗人"；一方面其本质又是修辞的艺术，亦即"极声貌以穷文"，"写物图貌，蔚似雕画"（刘勰《文心雕龙·诠赋》）。所以汉宫廷赋，常于歌颂中暗含讽喻，变诤臣的直谏而为文采斑斓的"谲谏"。在相如赋中，明明告诫皇帝不要迷恋女色，却偏要描写那种"靡曼美色于后。若夫青琴、宓妃之徒，绝殊离俗，妖冶娴都，靓妆刻饰……长眉连娟，微睇绵藐。色授魂与，心愉于侧"（《上林赋》）的妖艳情形；明明自警"扬诗守礼"，却偏要先写"途出郑卫，道由桑中。朝发溱洧，暮宿上宫……女乃弛其上服，表其褒衣。皓体呈露，弱骨丰肌。时来亲臣，柔滑如脂"的艳遇，再写"臣乃气服于内，心正于怀，信誓旦旦，秉志不回。幡然高举，与彼长辞"（《美人赋》）的无力的辩词。从文学鉴赏来看，与赋内涵的颂德政、讽奢侈等思想主旨相比，其修辞特质及技巧，更引人注目。如相如《上林赋》写"水"，所谓"荡荡乎八川分流，相背而异态。东西南北，驰骛往来。出乎椒丘之阙，行乎洲淤之浦，经乎桂林之中，过乎泱莽之野……"水声与流向交会，其中以动词点化，使人如闻其声，如见其景。又尝用错综之法，如"徒车之所辚轹，步骑之所蹂若，人臣之所蹈藉……荆吴郑卫之声，韶濩武象之乐，阴淫案衍之音"，其中"辚轹""蹂若"与"蹈藉"，"声""乐"与"音"等，皆同义而错词，以显其生动与精彩。由于相如赋正处于"从语言时代到文字时代"[11]，其中既有口头俚语，又使文词趋向雅化。观相如赋修辞之华丽典雅，又尝用两种方法实现：一是专用词作普通词用，例如《子虚赋》之"驾驯驳之驷，乘雕玉之舆……建干将之雄戟"；一是著名物品作同类事物修饰语用，例如《上林赋》之"建翠华之旗，树灵鼍之鼓，奏陶唐氏之舞，听葛天氏之歌"，这些都是相如对宫廷赋作的重要贡献。基于此，葛洪《抱朴子·钧世第三十》谓"毛诗者，华彩之辞也，然不及《上林》《羽猎》《二京》《三都》之汪濊博富也"[12]，彰显的就是一种文词的进化观。

正因如此，相如赋中讽喻的内容被掩盖于华丽的词藻与神奇的描绘中，武帝三"惊"其赋，既是相如的成功，也是他作为赋家的悲剧。后世对他的评价，如扬雄或将其置于"诗人之赋"，或视其为"劝百讽一"（《法言·吾子》），这也成为历代宫廷赋作者的共有心态与尴尬处境。

当然，赋作为代表大汉帝国物质繁盛与精神雄强的宏大叙写及其艺术，相如的创作如此，武帝之欣赏也是如此。鲁迅评价相如赋是

"不师故辙,自擄妙才"(《汉文学史纲要》),指的正是处特殊时代的创造性,同时,相如的宫廷赋既被武帝激赏,又被后世模仿,形成了一种创作范式,所以他才被奉为赋史上首屈一指的"赋圣"。

参考文献:

[1] 刘知几撰,浦起龙释《史通通释》,上海古籍出版社,1978年版。

[2] 司马迁《史记》,中华书局,1982年版。

[3] 孙诒让《周礼正义》,中华书局,1987年版。

[4] 葛洪《西京杂记》,中华书局,1985年版。

[5] 班固《汉书》,中华书局,1962年版。

[6] 萧统《文选》,中华书局,1977年版。

[7] 程大昌《演繁露》,《文渊阁四库全书》本。

[8] 刘勰撰,周振甫注《文心雕龙注释》,人民文学出版社,1981年版。

[9] 许结《赋体文学的文化阐释》,中华书局,2005年版。

[10] 许结《汉赋造作与乐制关系考论》,《文史》2005年版。

[11] 万曼《辞赋起源:从语言时代到文字时代的桥》,《国文月刊》1947年。

[12] 葛洪《抱朴子》,中华书局,1954年版。

(许结:南京大学中文系教授,博士生导师)

文君、相如故事的文化解读

万光治

提　要：历代学者对《史记》所载司马相如"琴挑"文君与文君"夜奔"的故事乃有不同的解读，从中折射出不同的价值取向。这些解读，或褒或贬，或有感而发，成为一种历史文化的现象。选择不同阶段有代表性的不同观点略作点评，不失为一个有趣味的话题。

关键词：卓文君　司马相如　"琴挑"　"夜奔"　文化解读

自《史记·司马相如列传》记载相如"琴挑"文君与文君"夜奔"的故事[1]，历代学者对该故事乃有不同的解读。这些解读折射出不同的价值取向，已经远远超出故事及其主人公本身的行为意义，而成为一种历史文化现象。选择不同阶段有代表性的不同观点略作点评，不失为一个有趣味的话题。

一

《史记·司马相如列传》取材于司马相如《自叙》。刘知几《史通·杂说上》说:"司卿为《自叙传》,具在其集中,子长因录斯篇,即为列传。"[2]故《史记》有关相如、文君的故事,也应当见于相如《自叙》。但可以肯定的是,司马迁对于《自叙》并非全文照录,而是作了增删和加工。钱锺书先生说班固撰《汉书》司马迁、扬雄传,皆取二人《自叙》为之,故于两传之中,皆云"迁之《自叙》云耳","雄之《自叙》云耳"。而"马迁为相如传,必非照载原文而不予窜易,故未著'《自序》云耳'"[3]。钱氏所云,符合马班史传体例;司马迁于相如《叙传》有所更易,应是可以肯定的。

相如、文君的故事不但是《史记·司马相如列传》,更是整个《史记》中文学性最强的部分。可以推定,司马迁是以极大的文学兴趣来叙述这一故事的。姚苎田《史记菁华录》对该传相如、文君故事的叙事意蕴和文学兴味分析最为详切。姚氏,浙江钱塘人,历康、雍、乾三朝,余事不详。书中,作者对《史记》作了精心的剪裁,且附有眉批和夹评。其所选《司马相如列传》从传首止于上《大人赋》,相如、文君故事,乃成为选文的主体部分。这样的安排,不仅能见出姚氏对这一故事的偏爱,也可见它的确是本传最为"菁华"的部分。兹将姚氏所录正文及夹评照录如下:

　　会梁孝王卒,相如归,而家贫,无以自业。素与临邛令王吉相善,吉曰:"长卿久宦游不遂,而来过我。"此平日久要之言,淡而有情味,不知史公如何摹得出来。于是相如往,舍都亭。临邛令缪为恭敬,日往朝相如。胸中有一段事在。相如初尚见之,后称病,使从者谢吉，吉愈益谨肃。从此以下，悉是相如之谋，直叙得妙！临邛中多富人，陡接妙。而卓王孙家僮八百人，程郑亦数百人。二人乃相谓曰：富人眼热，不觉堕计。"令有贵客，为具召之。"并召令。令既至，卓氏客以百数。至日中，谒司马长卿，长卿谢病不能往。作态本极可厌，以有琴心一韵事，则涎脸皆佳。临邛令不敢尝食，自往迎相如。相如不得已，强往，一坐尽倾。富人筵中，岂有韵客？倾者，为令而倾，非为相如而倾也。酒酣，临邛令前奏琴，曰："窃闻长卿好之，愿以自娱。"相如辞焉，为鼓一再行。极意作态，憨韵俱有。是时卓王孙有女文君新寡，好音，故相如缪与令相重，而以琴心挑之。倒转前"缪为恭敬"句，可知此番作用，本出相如主谋。相如之临邛，从车骑，雍容闲雅甚都，前既以琴心感文君，又补此句，不过以车骑动富人也。笔极周匝。及饮卓氏，弄琴，文君窃从户窥之，心悦而好之，恐不得当也。写文君心曲，妙！既罢，相如乃使人重赐文君侍者通殷勤。至此即不复用缪态矣。文君夜亡奔相如，真乃雄鸷女子，非可妄訾。相如乃与驰归成都[4]。

姚氏透过《史记》的文字，分析相如琴挑文君乃出于他与王吉的预谋，应该说符合司马迁叙事的原意。王吉对相如的佯为恭敬、相如车骑相从的招摇过市、宴会上相如的数请不至以及姗姗来迟，用的都是绿叶陪衬红花的手段，入其彀中的不仅有卓王孙，还有他的女儿卓文君。只是文君之爱相如，非为那些表面的热闹，而是他的风流潇洒与才华横溢。对于王吉、相如的预谋，司马迁并不反感。相如未婚，文君新寡，王吉以二人才貌相配，愿为冰人。至于过程中的种种，皆是因卓王孙的势利，二人的难以相知所设之局。制造借口和机会接近自己心仪的对象，是善意的"阴谋"，类似的故事，在古今中外的文学作品乃至现实生活中并不少见，后人不可独苛求于相如。司马迁在叙述故事的过程中，使用倒叙、插叙、曲笔等手法，把一桩韵事，写得引人入胜。司马迁对此所持的欣赏与肯定的态度，正是在其描述之中不知不觉流露出来的。

由于载在史书，相如、文君故事落入后人的道德评价，在所难免。相如把自己春风得意之事载入《自叙》，可以理解。但司马迁著史的目的，在"究天人之际，通古今之变"，而"琴挑""夜奔"乃儿女情事，非关社稷，司马迁何以不嫌辞费，津津乐道？更让人难以理解的还有，对作为当事人的司马相如和记叙者的司马迁，后人仅就事而论，故其评价也存在很大的差异。如杨慎《丹铅余录》云："刘知几盖及见《相如集》也。然文君夜奔事，亦不自讳，何哉？"[5]显然，对于相如把"琴挑""夜奔"这类并不光彩的事情写入自叙，杨慎是非常不满的。奇怪的是，杨慎只指责作为自叙者的相如，而不责备作为史家的司马迁。其实依据杨慎的立场，不仅相如不自避讳应受批评，司马迁将一段风流韵事载入史传，不符合《史记》的写作目的，也应受到批评。相如是否该对"文君夜奔"之事"自讳"，非本文讨论的主题，有趣的是故事的当事人在受到道德批评的时候，以极大的兴味记载这个故事的司马迁却得以幸免。杨慎的态度，在古代是很有代表性的。可以说直到现在，似乎还没有材料能够证明古代有人因此批评司马迁的取材不当。

对于司马迁的故事叙述中表现出来的道德立场，不仅后来的《史记》研究者大抵持回避的态度，甚至还有人明白地以双重的价值标准评判司马相如和司马迁。如《班马异同》（《四库提要》云"旧本或题宋倪思撰，或题刘辰翁撰"）云：

（相如）赋成而（梁孝）王卒，而困，是临邛令哀故人之困，岂无他料理，顾相与设画，次第出此言，是一段小说耳。子长以奇出之，如闻如见，乃并与其精神意气、隐微曲折尽就，盖至俚亵，而尤可观。使后人为之，则秽矣[6]。

这里所说的"相与设画"，指的是相如与王吉所设之局。倪、刘认为，如此之事，在相如为"俚亵"，只有经司马迁的"以奇出之"，才能演绎为一段精彩的小说，而在他人笔下，则不免沦为污秽。此可见倪思等人对同一事实因人而论，在道德和文学两个不同的范畴对两司马实施褒贬。所以如此，或与他们视司马相如为薄行文人，而司马迁则已是有了定评的正史的奠基者有关。他们对两司马的厚此薄彼是显而易见的。

下面再说班固。据班固《典引》，东汉明帝永平十七年，因为班固续撰《汉书》，明帝命小黄门赵宣诏谕班固，在批评司马迁"微文刺讥，贬损当世"之后，又称"司马相如污行无节，但有浮华之词，不周于用。至于疾病而遗忠主上，求取其书，竟得称述功德，言封禅事，忠臣效也"[7]。因为有《封禅书》表达对汉家天子的忠诚，司马相如被奉为班固撰史的榜样。但明帝对相如也有不满。"圣谕"中所说的"污行无节"，当指"琴挑""夜奔"之事，这或许是历史上的"最高指示"中对司马相如最早也是最为严厉的批评。

明帝的圣谕颁布在经学日渐昌明的时代，有些批评并不奇怪，奇怪的倒是班固对明帝圣谕的态度。按理说有明帝的圣谕在先，《汉书·司马相如传》即使不删汰"琴挑""夜奔"，至少也应该作些技术的处理；而《汉书》损益《史记》的例子，并不罕见。但对于司马相如，班固不但没有理睬明帝的批评，反倒在《汉书》中对《史记》所载"污行无节"之事未易一字[8]。在东汉承继和发展了儒学正统的班固能有如此的表现，也很令人费解。

可与班固作为参照的，是他的妹妹班昭。《后汉书·列女传》载，明帝因班昭著有《女诫》，尝"数召入宫，令皇后、诸贵人师事焉，号曰'大家'"[9]。所谓《女诫》，乃是专为女性制定的道德行为规范，皇后、贵人从班昭所学，自然也包括《女诫》。其第五《专心》云："《礼》，夫有再娶之义，妇无二适之文，故曰夫者天也。""故莫若专心正色，礼义居洁，耳无途听，目无邪视，出无冶容，入无废饰，无聚会群辈，无看视门户，此则谓专心正色矣。"以班昭《女诫》准绳文君的行为，文君"二适"，自然不专；其"户窥""夜奔"以及后来的"当垆卖酒"，更远远超出了《女诫》所说的"说所不当道，观所不当视"。班固与班昭同出于儒学世家，所不同者性别也。在其思想属同一范畴的前提下，如以班昭看相如、文君故事，后者无疑应该受到批评，而《汉书》对"琴挑""夜奔"却是照录不误。可见在这一问题上，班固的立场和态度不同于班昭，而与司马迁相同。这个现象背后的深层意味，也是很值得探究的。

二

继司马迁和班固之后，对于相如、文君故事的评说开始有了分化。魏晋时期的嵇康和阮籍，是两个最值得一谈的人物。同为挥麈谈玄的名士，嵇、阮对礼教的反感和抨击，史家是已有定评的。但在对司马相如的评价上，他们的意见却很不相同。嵇康作《圣贤高士传》，选录上古以来圣贤隐逸、遁心遗名者如巢父、许由、老子、庄周等119人，既为其传，也为其赞，相如居然列在其中。《圣贤高士传》已残，司马相如的传赞却有幸被保存了下来。

嵇康为圣贤高士作传的方法，大抵缩写史传，其叙相如，即据《史记·司马相如列传》而成：

司马相如者，蜀郡成都人，字长卿。初为郎，事景帝。梁孝王来朝，从游说之士邹阳等。相如说之，因病免，游梁。后过临邛，富人卓王孙女文君新寡，好音。相如以琴心挑之，文君奔之，俱归成都。后居贫，至临邛，买酒舍，文君当垆，相如著犊鼻裈，涤器市中。为人口吃，善属文。仕宦不慕高爵，托疾不与公卿大事。终于其家[10]。

全文119字，相如、文君故事竟占53字。传末赞曰："长卿慢世，越礼自放。犊鼻居市，不耻其状。托疾避官，蔑此卿相。乃赋《大人》，超然莫尚。"从嵇康为相如立传所侧重的内容和赞语的倾向来看，嵇康所以将相如列在圣贤高士，是因为他的慢世、越礼和自放，其具体的例证既在"琴挑""夜奔"并当垆卖酒，也在不慕高爵，不与公卿大事。两者既为嵇康所激赏，故其赞语对相如持公然的肯定态度。可以说对"琴挑""夜奔"故事公开作如此高评价的，嵇康是至今见诸记载的第一人。

但同为放达之士的阮籍，对相如却完全是另外一种态度。阮籍有一篇《猕猴赋》，借沐猴而冠者讽刺嗜欲之士。其中有云：

夫猕猴……体多似而匪类，形乖殊而不纯。外察慧而内无度兮，故人面而兽心。性偏浅而干进兮，似韩非之囚秦。扬眉额而骤呻兮，似巧言之伪真……整衣冠而伟服兮，怀项王之思归。耽嗜欲而盼视兮，有长卿之妍姿[11]。

钱锺书《管锥篇》引录文君"夜亡奔相如事"后称："阮籍《猕猴赋》取相如好色拟猴之淫欲，当指此事。"[12]凡比喻之中，喻体和所喻的对象至少应有某一方面的同一性。阮籍以韩非的躁进、项羽的虚荣、相如的嗜欲比喻猕猴,又以猕猴暗讽文过饰非的嗜欲者。在魏晋之世,嵇康与阮籍应当有相同或相似的价值认同,何独对待相如,会有如此大的分别?究其实质,二人的立脚点,其实依然在于玄学。只是嵇康从越名教而任自然的角度,主张人要率性而为,不受虚伪礼法的束缚,因而他对相如的勇气与作为,大为赞赏。阮籍却从放纵欲望是滋生一切社会罪恶的角度,主张还人以自然清静,因而对韩非、项羽、相如等人的孜孜以求,嗤之以鼻。在对待相如、文君的问题上,嵇康侧重于"越名教",阮籍侧重于"任自然",两者在本质上并无矛盾。二人所以有不同的评价,似只能从相如、文君故事本身具有的社会价值的两面性来解释了。

继嵇康、阮籍之后,托名刘歆、葛洪的《西京杂记》对相如、文君的故事,又有了新的发展。《汉书·匡衡传》颜师古注称《西京杂记》"其书浅俗,出于里巷,多有妄说"[13];《四库全书总目提要》以为《西京杂记》作者不详,所述"多为小说家言"[14]。作为小说家言的《西京杂记》,其于相如、文君的记载,的确是不可作为信史来看待的。《西京杂记》卷二称:"文君姣好,眉色如望远山,脸际常若芙蓉,肌肤柔滑如脂。十七而寡,为人放诞风流,故悦长卿之才而越礼焉。长卿素有消渴疾,及还成都,悦文君之色,遂以发痼疾。乃作《美人赋》,欲以自刺。而终不能改,卒以此疾至死。"[15]相如作《美人赋》的动机是否如《西京杂记》所言,很难得到确认[16]。王楙《野客丛书》认为,相如《美人赋》"出于宋玉《好色赋》。自宋玉《好色赋》,相如拟之为《美人赋》,蔡邕又拟之为《协和婚赋》,曹植为《静思赋》,陈琳为《止欲赋》,王粲为《闲邪赋》……转转归仿,以至于今"[17]。转相摹仿,在赋的领域是一个很常见的现象,究其根源,乃在通过摹仿,赋家可以学习和提高自己的创作能力。也许是因为有了相如的《美人赋》,后来才杜撰出上面的故事。观《西京杂记》

以小说笔法描写文君的容貌，这样的揣测不是没有道理的。

《西京杂记》卷三又称："相如将聘茂陵人女为妾。卓文君作《白头吟》以自绝，相如乃止。"[18]作为五言诗的《白头吟》，不仅为后人伪托，非文君所作无疑，即相如是否有过娶茂陵女为妾的打算，也很值得怀疑。作为司马相如同时代的人，司马迁对相如作《叙传》之后的情况很容易有直接的了解，观其所叙相如死后，所忠奉旨取书一段情节可知。如果真有相如因消渴疾而作《美人赋》，因纳妾事而令文君作《白头吟》，以司马迁的"好奇"和他对相如、文君之事的兴趣，他是不可能轻易放弃的。可以推测，有关相如、文君故事的新发展最初产生于里巷，而为人所乐道。这类故事，折射出一种微妙的社会心态，很值得研究。文君新寡，年轻美丽，富有而兼具才情；相如倜傥风流，文采焕然，政治上也有不凡的建树。兼以二人的结合如此富于传奇色彩，其成为人们注目和艳羡的对象自不待言。因此之故，一些人对这类传闻往往宁可信其有，而不肯信其无。即有真心信其无者，临文临事，亦愿将错就错，借题发挥。诚如《四库全书总目提要》所云，《西京杂记》"所述虽多为小说家言，而撷采繁富，取材不竭……词人沿用数百年，久成故实"。久传成真，演为"故实"，无论古今，这类现象并不罕见。

三

两汉而至魏晋，关于相如、文君的故事，渐次丰满、定型。史家之言中小说家言的加入，为后人提供了极大的想象空间和论说、褒贬的余地。

首先说贬责者。唐人崔道融《长门怨》云："错把黄金买词赋，相如自是薄情人。"[19]宋人乐雷发《司马相如》："狗监无端荐薄情，鹔裘犊鼻帝乡尘。当时最有文君恨，不识长门买赋人。"[20]牟巘《相如抚琴》："如何浑忘却，犹费白头吟。"[21]周南《卓文君》："古来应有白头吟，谁念妾身今再辱。"[22]这类文字，因"故实"而发，同情文君，指责相如，尚无可厚非。但以下的批评，则不免有些离谱。在《毛诗集解》中，李樗指责相如"惑于嬖妾，而文君又有《白头吟》之叹。躬自蹈之好色之事，其惑于人者如此！"黄櫄乃因此叹息"风俗之坏，至此极矣！"[23]在古代社会，男性纳妾蓄妓，乃是普遍的现象；伤风败俗之事，更有远甚于此者。而黄氏独把传说中相如的"好色"，推到伤风败俗的极端，以至痛心疾首，不能不让人怀疑在其伪态的背后，隐藏有自证清白的目的。

对相如薄幸的批评，经不断的延伸和扩大，愈有不堪之辞。如，苏轼因不满相如"谄事武帝，开西南夷之隙，及病且死，犹草《封禅书》"[24]，乃在《评史》中承汉明帝的"污行"之说，把文君的夜奔，说成是相如的"窃妻以逃"[25]。又，吴子良《荆溪林下偶谈》说："司马相如拟《讽赋》而作《美人赋》，亦谓臣不好色，则人知其为诬也。有不好色而能盗文君乎？"[26]

但对相如的罗织罪名，并不到此为止。更有甚者，相如的"窃妻"，又被演义为"窃赀"的手段。宋魏天应《论学绳尺》[27]云："司马相如、王褒皆蜀产也，雍容闲雅者，不足以覆窃赀之丑。"[28]郑樵《通志》卷102下云："司马长卿窃赀于卓氏，东方朔割炙于细君，仆诚不能与此数公者并。"[29]如果说"窃妻"还有风流的成分，"窃赀"却是更令人不齿的罪名。而事实却是，相如与文君驰归成都后，"家居徒四壁立"。"文君久之不乐，曰：'长卿第俱如临邛，从昆弟假贷犹足为生，何至自苦如此！'相如与俱之临邛，尽卖其车骑，买一酒舍酤酒，而令文君当垆。"以此可见，成都居大不易，回临邛乃是文君的主意；以车骑易酒舍，并非相如预谋的敲诈手段。二人的当街而酷，身体力行，实无可非议之处。但还有一个根本性的理由，令相如不该蒙受"窃赀"的名声，那就是汉代家庭财产的继承，男女在数量上虽不平等，女儿依然享有一定权益。从卓王孙气极之下而说的"女至不材，我不忍杀，不分一钱也"，可见卓王孙是应该分而不愿分，文君是可以得而未能得到财产的。江陵张家山汉墓出土的《二年律令·置后律》云："女子为父母后而出嫁者，今夫以妻田宅盈其田宅……其弃妻，及夫死，妻得复取以为户。弃妻，畀之其财。"[30]按汉代的继承法，女儿出嫁，作为陪嫁的田宅财物属丈夫所有。但在丈夫死去或自己被休弃后，这些陪嫁都是可以或带回娘家，或自立门户的。如果是弃妻，还可得到男家一定的财物赔偿。"卓王孙不得已，分予文君僮百人，钱百万，及嫁时衣被财物。"在此之中，既有文君新分得的财物，也有她从夫家带回的嫁妆，即所谓"嫁时衣被财物"[31]。如果说后者乃文君所应得，则前者按汉代的规定，也是可以在父亲生前分配给她的。秦自商鞅变法以来，为鼓励家庭分户以向国家承担更多的义务，实行"生分"之制。颜师古注《汉书·地理志下》"河内……薄恩礼，好生分"云："'生分'，谓父母在而昆弟不同财产。"即无论户主是否在世，均可把家庭财产分配给子女，令其单独立户。汉中期以前，"生分"现象依然普遍存在。《汉书·贾谊传》云："商君遗礼义，弃仁恩……故秦人家富子壮则出分。""曩之为秦者，今转而为汉矣，然其遗风俗，犹尚未改。"[32]尽管如此，相如、文君结合之后，宁可清贫自守，也未依律向家庭提出任何的财产要求。卓王孙最后不得已分给文君财产，虽为顾全颜面，但迫于时俗和法规的压力，恐怕也是很重要的原因。可见文君所得，乃是应得之份①，前人横加给相如"窃妻""窃赀"的罪名，实属无知，谬论应不攻自破。

与"窃妻""窃财"相关指责接踵而来的，是"不慕官爵"的相如最终成为势利小人。清人王鸣盛《十七史商榷》以苏秦佩六国相印、朱买臣为会稽太守前后不同的心态和表现，与司马相如"窃妻"后"拜中郎将，建节驰传使蜀，太守郊迎，县令负弩矢前驱，卓王孙喟然叹，自以使女得尚长卿晚"并列，称："三者正是一副笔墨。史传中写小人得志情形亦多矣，而《国策》《史》《汉》尤善描摹，穷秀才诵之不觉眉飞色舞。""轻薄文人，自许风流，千载下犹艳羡不已。自知道者观之，则深丑其行而不屑挂齿牙间也！"其下又自注云："韦昭注相如事云，言其无耻也。昭本通经，此言甚有识。若司马迁虽有识，究属文士，颇有取于相如之文而载之。讥之之意半，取之之意亦半。"[33]按：韦昭，三国时吴人。其《史记》注散见于《史记》三家注和《汉书》颜师古注。裴骃《史记集解》引韦昭注"相如身自著犊鼻裈"云："今三尺布作形如犊鼻矣。称此者，言其无耻也。"可知韦昭所言，乃在相如不以著犊鼻裈为耻，并未论及其他。王鸣盛不顾事实，已属可笑。其以韦昭的"有识"贬抑司马迁，妄断其对司马相如之文取舍各半的态度，更属无中生有，只能显出自己的偏执和酸腐。而认真研究王鸣盛对司马相如的批评，更可知他带有极大的偏见。相如与苏秦、朱买臣的故事，其实并不相类。苏秦怒斥其嫂的"何前倨而后恭"，朱买臣以"覆水难收"拒绝前妻的忏悔，都是失意者暴发后对曾经侮辱过他们的人不肯宽容，而无论如何也要予以报复的狭隘表现。不同的却是司马相如。他以中郎将的身份"建节往使"，返回成都，乃是奉公出差；他自己并没有忘乎所以，何来"小人得志"之举？而趋炎附势之徒，反倒是曾经藐视过他的卓王孙。至于太守的郊迎于道，县令的负弩前驱，乃是官场的礼节。《史记·司马相如列传》司马贞《索隐》云："霍去病出击匈奴，河东太守郊迎负弩。"[34]前例如此，何况相如尚有帝王所授之节。作为帝王授予的信物，节几乎就是帝王权力的象征。《汉书·高后纪》载："（刘）章已杀（吕）产，

(少)帝命谒者持节劳章。章欲夺节,谒者不肯,章乃从与载,因节信驰斩长乐卫尉吕更始。"颜师古注云:"因谒者所持之节用为信也。章与谒者同车,故为门者所信,得入长乐宫。"[35]节之功用如此,太守县令对相如固然有所逢迎,更重要的是因他的持节而来。可见王鸣盛的批评,实属吹毛求疵。至于王氏其后所云"穷秀才诵之不觉眉飞色舞","千载下犹艳羡不已",反映的是后来某些人对这一故事的价值取向,与相如本人,绝无关系。王鸣盛此举已不仅是吹毛求疵,而更近乎罗织罪名。所以如此,在于王鸣盛对相如、文君已经有了成见。他所不满的,是相如的轻薄其行和文君的未能恪守妇道,与他所说的"知道者"的"道",即道学之道大相违背,所以才有如此不堪的批评。

对相如的种种责难,究其大要,实可概括为"好色"与"好财"。然《论语·述而》有云:"富而可求也,虽执鞭之士,吾亦为之。"《子罕》又云:"吾未见好德如好色者也。"[36]《孟子·告子上》亦云:"食色,性也。"[37]可见追求财色,乃出于人的生存本能,孔孟只是主张应以其道而得之。问题在于当封建社会的制度文化与思想文化愈益成熟,与之相适应的道德规范最终为官方和社会所公认,人的本能诉求终于被冠冕堂皇的理由愈来愈深地掩盖起来,在经学或理学熏染之下的文人,其内心的冲突反倒愈加激烈。一方面是出自本能的期许,另一方面是来自功利性的自我压抑,甚而也有因期许而带来的失落。无论是哪一种情况,都导致他们迫切需要作道德的自我表白,以借此缓解内心的冲突或失望,或进一步获得官方与社会的认可。但道德的自我表白不等于直接的表白自我。借助对他人的批判可以非常巧妙地完成自己道德形象的提升并释放内心郁积的精神垃圾。于是历史便需要有人来扮演道德祭坛的牺牲品,而司马相如恰好具备作牺牲的条件。作为赋家,相如的

"劝百讽一"早已为正统的文学家所置疑，其临终所作的《封禅文》也因有谄媚之嫌而为人所诟病。而他在《叙传》中对自己风流往事的率真记录以及司马迁对细枝末节的精彩演绎，更为后来道德的自我表白者提供了可以任意针砭的口实。因为不满其一，便可不计其他，通脱如苏轼者尚不可免，相如及与他相关的凤求凰故事，因此成为道德祭坛上最易受到伤害的牺牲品！

四

但重压下的人性诉求并非总是处在劣势。自我在冲突中的觉醒和自我的真诚表达，使相如、文君的故事并不总是在指责中流传。魏晋以降，在对相如、文君热情赞扬的同时，始终有作者自觉或不自觉地用相如、文君故事来比兴寄托。唐如李商隐《寄蜀客》："金徽却是无情物，不许文君忆故夫。"[38]《送崔珏往西川》："卜肆至今多寂寞，酒垆从古擅风流。"[39]前者谓金徽无情，琴声有意，文君因琴而生情，因情而奔相如，应该得到理解和宽容。后者谓严君平当年卖卜处今已寂寞，而文君、相如当垆卖酒的佳话却流传千古，可见纯真的爱情是人们始终不渝的理想。宋人陈造《相如二首》其二云："逸德狂情赖补苴，文君端合婿相如。"[40]相如的"逸德狂情"，固不可取，但因有与文君的一往情深，乃成就凤凰相求的一段佳话。明人汤显祖《相如二首》其一："知音偶一时，千载为欢欣。上有汉武皇，下有卓文君。"[41]人生知音难觅，君臣遇合，对历代文人而言，几乎可望而不可即。汤显祖把前者与后者相提而论，足见他把相如、文君的琴瑟相谐，已经升华为人际关系的普遍理想。

而对司马相如的评价有实质性的转变，始于明代中叶。被时人视作异端的李贽，在当时颇有振聋发聩之论。其《藏书》有云："使当其时,卓氏如孟光,必请于王孙,吾知王孙必不听也。嗟乎!斗筲小人何足计事!徒失佳偶,空负良缘,不如早自抉择,忍小耻而就大计……归凤求凰,何可负也!"[42]触犯礼教是"小耻",佳偶良缘是"大计"。把个人的婚姻幸福置于传统的道德之上,是李贽从相如、文君故事中看到的新价值。而在此认识基础上对"琴挑""夜奔"的形式作新诠释的,则是上面提到过的姚苎田《史记菁华录》。姚氏眉批如下:

> 以相如之才,且又令客,车骑雍容,亦久为富人所属目。则以令为謇修,文君不患不归相如矣!而乃必挑以琴心,奔于亡命,何哉?盖相如、文君,千古之佳俪也,使以令为媒,以势相合,以利相随,则亦贾儿贩妇之常径耳,何以见两人之自具锦心,自留青眼乎?彼挑此奔,所以明此段风流,绝不缘势利作合耳……史公娓娓写之,固欲传其奇耳,岂以著其丑哉!具只眼者,须别有识以处此。

千古佳丽,不以令为媒,不以势相合,不以利相随,而选择了"彼挑此奔"成就其姻缘,正是形式与内容的高度统一。诚所谓非常之事,必待非常之人。这里所说的"非常之事",显然与以父母之命、媒妁之言、门当户对的传统婚姻相对举;这里所说的"非常之人",即姚氏在夹评中所说文君"真乃雄警女子,非可妄訾"!李、姚异代不同时,其论却合则双美,相如、文君故事因此有了不同于以往的文化阐释。

把相如、文君故事提到一个全新的高度来认识的,当推近代学者王闿运。王氏《湘绮楼日记》光绪四年(1878)十二月四日云:"偶谈司马长卿、卓文君事,念司马良史而载奔女,何以垂教?此乃史公欲为古今女子开一奇局，使皆能自拔耳！"[43]与此论可互相发明的，是其弟子陈锐《抱碧斋集·诗话》所云："《琴歌》一篇，王细绮作，为余书扇，附记云：'读史传，窃疑相如、文君事不可入国史，推司马意，盖取其开择婿一法耳。'目光如炬，侈谈'自由婚姻'者盍亦知所本？"②王氏认为依照常理，相如、文君之事不当入史，但他却从中窥见了司马迁为天下女子开自主"择婿"而求"自拔"一途的隐衷。其实史迁为文，是否有此意图，尚有斟酌的必要。而王氏之意，不究其他，只在借题发挥。与姚苎田不同的是，姚氏是把相如、文君的故事视作独出于传统婚姻的一段韵事，是充满理想色彩的偶然，而王氏则把这一故事视作天下女子自救的合理归宿，因而是不可抗拒的必然。作为晚清的学者，王闿运能有这样的认识并不奇怪。曾国藩是洋务派的先驱，张之洞是洋务派的骨干，以王闿运和他们的关系，思想上的同声相应，同气相求，应属必然。洋务派所关注的虽然只在物质的层面而非制度与思想的层面，但在关注前者的过程中，却不能不受到后者的影响。王氏所论，写在辛亥革命发生前的三十三年，其借相如、文君之事言及妇女解放、婚姻自由，难能可贵。这样的见解与前人相比，别"开一奇局"，从而使相如、文君故事的文化解读，又具有了新的时代特点。

在两汉而至晚清的文人文化中，有关相如、文君故事解读的是是非非，大抵如此。而本文尚未涉及的，还有与相如、文君故事相关的戏曲。但这在笔者，已是另外的专题。

自民国到1949年以来，女性解放与婚姻自由在中国渐次成为社会主潮，相如、文君故事的正面解读似已成为定论。但近来有学者重新提起对司马相如"窃色""窃财"的道德批判，则更是另外一个话题，这里也就不再多谈。

注释：

①以上参看李均明《张家山汉简所见规范继承关系的法律》(《中国历史文物》2002年第2期)、徐世虹《张家山二年律令简所见汉代的继承法》(《政治论坛》2002年10月)、(韩)尹在硕《睡虎地秦简和张家山汉简反映的秦汉时期后子制和家系继承》(《中国历史文物》2003年第1期)、臧知非《张家山汉简所见西汉继承制度初论》(《文史哲》2003年第6期)。

②转引自：钱锺书《管锥编》第一册360页，中华书局1979年版。

参考文献：

［1］司马迁《史记》，中华书局，1959年版。

［2］刘知几《史通》，上海古籍出版社，1978年版。

［3］钱锺书《管锥编》，中华书局，1979年版。

［4］姚苎田《史记菁华录》，上海古籍出版社，1988年版。

［5］杨慎《丹铅余录》，《文渊阁四库全书》，台湾商务印书馆，1986年版。

［6］《班马异同》，《文渊阁四库全书》，台湾商务印书馆，1986年版。

［7］萧统《文选》，中华书局，1977年版。

［8］班固《汉书》，中华书局，1962年版。

［9］范晔《后汉书》，中华书局，1965年版。

［10］严可均辑《全三国文》，中华书局，1958年版。

［11］陈伯君《阮籍集校注》，中华书局，1987年版。

［12］钱锺书《管锥编》，中华书局，1979年版。

[13] 班固《汉书》，中华书局，1962年版。

[14] 纪昀《四库全书总目》，中华书局，1965年版。

[15]《西京杂记》，中华书局，1985年版。

[16] 简宗梧《汉赋史论》，台北东大图书公司，1993年版。

[17] 王楙《野客丛书》，《文渊阁四库全书》，台湾商务印书馆，1986年版。

[18] 同上。

[19]《渊鉴类涵》，《文渊阁四库全书》，台湾商务印书馆，1986年版。

[20]《雪矶丛稿》，《文渊阁四库全书》，台湾商务印书馆，1986年版。

[21]《陵阳集》，《文渊阁四库全书》，台湾商务印书馆，1986年版。

[22]《山房集》，《文渊阁四库全书》，台湾商务印书馆，1986年版。

[23]《毛诗集解》，《文渊阁四库全书》，台湾商务印书馆，1986年版。

[24] 苏轼《东坡全集》，《文渊阁四库全书》，台湾商务印书馆，1986年版。

[25] 同上。

[26] 吴子良《荆溪林下偶谈》，《文渊阁四库全书》，台湾商务印书馆，1986年版。

[27] 魏天应《论学绳尺》，《文渊阁四库全书》，台湾商务印书馆，1986年版。

[28] 同上。

[29] 郑樵《通志》，影印万有文库本，浙江古籍出版社，1988

年版。

[30]《张家山汉墓竹简（第 247 号墓）》，文物出版社，2001 年版。

[31] 班固《汉书》，中华书局，1962 年版。

[32] 同上。

[33] 王鸣盛《十七史商榷》，中国书店，1987 年版。

[34] 司马迁《史记》，中华书局，1959 年版。

[35] 班固《汉书》，中华书局，1962 年版。

[36]《论语》，《十三经注疏》本，中华书局，1979 年版。

[37]《孟子》，《十三经注疏》本，中华书局，1979 年版。

[38] 李商隐《李义山诗集》，《文渊阁四库全书》，台湾商务印书馆，1986 年版。

[39] 同上。

[40] 陈造《江湖长翁集》，《文渊阁四库全书》，台湾商务印书馆，1986 年版。

[41] 徐朔方校笺《汤显祖诗文集》，上海古籍出版社，1982 年版。

[42] 李贽《藏书》，岳麓书社，1994 年版。

[43] 王闿运《湘绮楼日记》，岳麓书社，1997 年版。

（万光治：四川师范大学文学院教授，博士生导师）

关于司马相如故里问题的思考

房 锐

近十多年来,四川省的一些学者对司马相如故里问题进行了比较深入的探索,取得了不少成果,这些成果目前已引起学术界的普遍关注。在这些成果中,邓郁章《司马相如与蓬安》[1]、司马研《王培荀的司马相如"实今之蓬州人"说考论》[2]、侯柯芳《司马相如爵里质疑》[3]等论文从不同的角度入手,对司马相如的故里问题进行探讨,取得了可喜的成果。2001年,赵正铭、邓郁章主编的《相如故里在蓬安》一书由四川人民出版社出版,该书搜集了专题论文、书信交流、媒体报道、调查走访、文献资料等,在学术界产生了较大的影响。

在2002年10月召开的"巴蜀文化学术研讨会"上,李大明教授在探讨相如故里问题时,提到了《史记·司马相如列传》与司马相如《自叙》之间的关系。他在提交的会议论文《相如辞赋与楚辞》后所录《附记》中,对此问题亦作了阐述[4]。李大明教授的论述,无疑使"司马相如乃蓬州人"的观点带有更多的理性成分与思辨色彩,这使司马相如故里之争迈上了一个更高的层次。此后,李大明《司马相如生于蓬安》[5]，房锐、邓郁章《关于司马相如故里问题的再探讨》[6]，王启涛《司马相如赋与四川方言》[7]，龙显昭《〈史记·司马相如列传〉三题》，李孝中《司马相如三题》，邓郁章《关于司马相如故里在蓬安的探讨》《相如县治始终在今锦屏镇》[8]等论文着力探讨了司马相如与今蓬安县的关系，得出了令人信服的结论。

令人欣慰的是，经过不少学者的努力，司马相如故里在今四川省南充市蓬安县，成都乃相如最后落籍之地的观念已在一定程度上为学界所接受。如刘南平、班秀萍在《司马相如"原始情结"论》中写道："关于司马相如的籍贯，目前学术界有一种意见说是现今四川省南充市蓬安县（古相如县）锦屏镇。成都为司马相如最后的落籍之地。"两人在《20世纪20年代至21世纪初国内司马相如研究综述》中写道：

> 《史记》司马相如本传说他是"蜀郡成都人"，即今之四川成都人。但是，近几年一些地方文化研究者，特别是主持编修新县志的研究者，如邓郁章等根据大量文献记载重申司马相如的籍贯是现今四川省南充市的蓬安县（古相如县）锦屏镇。代表性文献有：赵正铭、邓郁章主编的《相如故里在蓬安》（四川人民出版社2001年版），四川师范学院司马研的论文《王培荀的司马相如"实今之蓬州人"说考论》（《四川师范学院学报》2000年第4期）。经过几年来的进一步研究，得出的补充结论是成都为司马相如最后的落籍之地。代表性文献有：房锐、邓郁章《关于司马相如故里问题的再探讨》（《四川师范大学学报》社会科学版，2005年第2期），邓郁章《关于"司马相如故里在蓬安"的探讨》（杨曦《"司马相如与巴蜀文化研讨会"综述》，《四川师范大学学报》社会科学版，2005年第1期），具有综述意义。

应该看到，尽管关于司马相如故里问题的研究已取得了显著的成绩,但要使相如故里问题的探讨不断走向深入,尚需要有关学者长期不懈的努力。笔者认为,在研究工作中,还可以从以下几方面入手。

其一,多方搜集相关文献资料。

梁武帝天监六年(507),划安汉县地(今蓬安县绝大部分及南充市高坪区东北一角、仪陇县新政一带、营山县西部、岳池县北部部分地域),设置新县,以"相如"作为县名,县治在今蓬安县锦屏镇。明太祖洪武年间(1368—1398),省相如县,直属蓬州。1913年,蓬州改名,取"蓬州""安汉"之首字,定名蓬安县。《周地图记》最早记载了设置相如县的缘由,《隋书》卷二九《地理上》也提及相如县。《旧唐书》卷四一《地理四》,《宋史》卷八九《地理五》,王象之《舆地纪胜》卷一五六《潼川府路·顺庆府》,欧阳忞《舆地广记》卷三一《梓州路》,乐史《太平寰宇记》卷八六《剑南东道五·果州》,曹学佺《蜀中广记》卷二八《名胜记第二十八·川北道》、卷五四《蜀郡县古今通释第四·川北道属》,王培荀《听雨楼随笔》卷七《相如故迹》等均提到相如县的设置与司马相如有关。这些文献材料,已为时贤所注意。

在现存文献中,还有一些材料可资利用。如冯梦龙《情史》卷四《卓文君》条记载:"今之蓬州,唐谓之相如县,迄今有相如祠。相如之取重后代若此!彼风流放诞者得乎哉。"[9]在探讨司马相如故里问题时,应进一步扩大搜寻范围,以查找更多的资料,为研究工作服务。

应该指出,尽管一些学者的研究成果没有涉及司马相如与蓬安的关系,但其结论对于我们的研究工作极有裨益。试举一例。从《周礼·夏官司马》中可知司马氏来源于官职"司马"。《史记》卷一三〇《太史公自序》较为详细地记述了司马氏的起源及其世系,道出了司马氏先世原居中原的历史事实。郑樵《通志》卷二八《氏族略第四》云:"晋有司马邬、司马弥牟、司马寅。齐有司马灶。楚有司马子鱼、司马督。宋有司马疆。陈有司马桓子。是皆以司马为氏,不独程伯休父也。"王瑶《读〈史记·司马相如传〉》引用了此文,经过分析后指出:"以司马氏的分布地域说,是在秦晋的最多;以迁入蜀中人士的原籍说,也是秦晋的多;所以相如的祖籍,大概也是秦晋一带的。"[10]马予静在《西汉文章两司马——〈史记·司马相如列传〉考论》中进一步认为,司马相如与司马迁"同宗共祖的可能性极大","司马相如祖先或许是由秦入蜀,则'两司马'在世系上又近一层"[11]。这些说法是有一定依据的,在研究司马相如故里问题时,不可忽视学者们的研究成果。

由于种种原因,要找到"司马相如乃蓬州人"的直接证据仍有较大的难度,还需要文史工作者长期不懈的努力。在进行研究工作时,应多从文献本身出发,在浩如烟海的文献中,细细搜索,这样得出的结论才能建立在较为扎实可靠的基础之上。

其二,进一步拓宽视野,深入挖掘梁武帝设置相如县的深层原因及其文化意义。

梁武帝设置相如县,当与文学地位空前提高、司马相如受到极大推崇有关。建安之后,文学的地位不断得到提高。曹丕在《典论·论文》中,把文章辞赋之类提高到"经国之大业"的高度,对其文学价值给予了高度的评价。梁武帝之子萧统好文学,延集文人编订《文选》,充分肯定文学的独立地位。《隋书》卷三二《经籍一》云:"梁武敦悦诗书,下化其上,四境之内,家有文史。"《南史》卷七二《文学传》云:"自中原沸腾,五马南度,缀文之士,无乏于时。降及梁朝,其流弥盛。盖由时主儒雅,笃好文章,故才秀之士,焕乎俱集。于时武帝每所临幸,辄命群臣赋诗,其文之善者赐以金帛。是以缙绅之士,咸知自励。"赵翼《廿二史札记》卷一二《齐梁之君多才学》条云:"创业之君,兼擅才学,曹魏父子,固已旷绝百代,其次则齐、梁二朝，亦不可及也……至萧梁父子间，尤为独擅千古。武帝少而笃学，洞达儒玄，虽万机多务，犹卷不辍手……天性睿敏，下笔成章，千赋百诗，直疏便就，诸文集又一百卷……历观古帝王，艺能博学，罕或有焉。"司马相如"文为世矩""为汉辞宗"[12]，梁武帝析安汉地，以"相如"名县，除了有充分的历史依据外，还当与他对相如的追慕有关。李孝中先生在《司马相如集校注》中认为："司马相如其人其事于当时受到空前绝后重视。当局甚至于梁天监六年置其故乡为相如县，以示彰显和景仰。"[13]这一说法是很有道理的。而相如县的设置，无疑对梁代文士起到较大的激励作用。

梁武帝设置相如县，还当与文化正统之争有关。早在三国鼎立时期，文化正统之争就已经存在。据《三国志》卷三八《秦宓传》、卷五三《薛综传》等记载，吴、蜀之间正统之争十分激烈。自东晋以来，中国形成了南北对峙的政治局面，南方学术文化发展远远超过了北方。梁武帝时代是南朝文化的鼎盛期，江南人文荟萃，学术文化事业空前繁荣。许嵩《建康实录》卷一七引魏徵语云："今乃布德施惠，悦近来远，大修文教，盛饰礼容，声震寰区，泽浸遐裔，干戈载戢，凡数十年，济济焉，洋洋焉，魏晋以来，未若斯之盛也。"《北齐书》卷二四《杜弼传》载，齐高祖称梁武帝"专事衣冠礼乐，中原士大夫望之以为正朔所在"。周一良《魏晋南北朝史札记》指出："南朝士大夫对于皇室嬗代无动于衷，而对南方政权据守江南，与北方胡族政权相对峙，即保存汉族之正朔一事，则极为重视。"[14]梁武帝大兴文教，以达到吸引人才、凝聚人心、进一步确立文化正统地位的目的。而推崇相如，设置相如县，或许是梁武帝标榜文化正统的一个重要手段。可以推测，梁武帝设置相如县，当有着政治、文化等的因素，与当时激烈的文化正统之争有关[15]。

其三，坚持实事求是的态度。

毋庸讳言，在当前的研究工作中，还存在着一些问题。一些学者为证明司马相如为今之蓬安县人，多从古代文献中征引材料，这一做法是可以理解的，也是十分必要的。但在引用材料时，一定要认真甄别，去伪存真，不要采用一味拿来的态度，从而授人以柄。

王培荀是较早质疑司马相如为蜀郡成都人说法的"功臣"。他在《听雨楼随笔》卷七《相如故迹》中指出："人皆以相如为成都人，实今之蓬州人，后迁成都，又居临邛，三处皆有琴台。蓬州，隋之相如县，以相如所居之地而名。明初，乃省入蓬州。其故宅在州南，琴台在宅右，傍嘉陵江。"这一说法是很有道理的。然而，不能因此就认为《听雨楼随笔》中其他与相如有关的说法都有历史依据，可以毫无保留地加以引用。如《听雨楼随笔》卷七《寡妇清》条记载："秦始皇为寡妇清筑怀清台。寡妇清能以财自卫，至动秦皇帝之听，其富可知。其子娶卓王孙女，即文君也，得毋深愧其姑。卓王孙与富室联姻，宜不喜家徒四壁之相如。及贵，乃献牛酒，则当日之薄其女，非徒以失节可知。"这一说法显然是错误的。秦始皇表彰寡妇清之时，正值卓王孙先人移居巴蜀之际。文君嫁寡妇清之子乃蜀人附会之谈，是不可信的。王培荀信以为真，把这条"轶事"载入《听雨楼随笔》。有的学者在未考察此条材料真伪的情况下，把它作为"司马相如是巴地人"的佐证，这一做法是不够慎重的[16]。又，有的学者把黄剑华先生的历史小说《琴恋》中的说法，作为司马相如是巴地蓬安人的佐证，也是值得商榷的[17]。关于司马相如故里问题的研究是一项复杂细致的工作，需要格外谨慎，引用相关材料时一定要认真考核、甄别。

需要指出的是，在肯定司马相如与蓬安县的关系时，应把握好分寸，不能轻易否定司马迁的说法。《史记》卷一一七《司马相如列传》记载："司马相如者，蜀郡成都人也。"有的学者以此为口实，认为司马迁的记载有误。如蒋均涛为陈子良《祭司马长卿文》所作注释称：

"（相如）今四川蓬安县人，西汉著名文学家。《史记》误为'蜀郡成都人'。"[18] 2004年11月26日，《四川日报》发表署名文章，赫然以《司马迁错了！相如故里是蓬安》作为标题，这是不够妥当的。《司马相如列传》以相如《自叙》为蓝本，加以增删而成。由于《自叙》"但记自少及长立身行事而已，逮于祖先所出，则蔑尔无闻"（刘知几《史通》卷九《序传》），"子长因录斯篇，即为列传"（刘知几《史通》卷一六《杂说上》），故未提及相如与今之蓬安县的关系。可以说，这一"遗憾"是由相如《自叙》造成的，而"司马迁错了"之类的说法，则是不够严谨的，我们似不当归罪于司马迁。

关于司马相如故里问题的争论是正常的学术交流，学者们持不同的意见是可以理解的[19]。希望有关学者在论证司马相如与蓬安县的关系时，有的放矢，用事实说话，尽量避免感情色彩及主观臆测，以免适得其反，授人把柄。

注释：

[1]《巴蜀史志》，1993年第4期。

[2]《四川师范学院学报》（哲学社会科学版），2000年第4期。

[3] 李孝中校注《司马相如集校注·附录》，巴蜀书社，2000年版。

[4] 详见李大明《相如辞赋与楚辞》之《附记》，李诚主编《巴蜀文化研究》（第一期），巴蜀书社，2004年版，第107页。

[5]《光明日报》文化周刊，2004年12月31日。原题为《关于司马相如故里问题的探讨》。

[6]《四川师范大学学报》（社会科学版），2005年第2期。中国人民大学复印资料《中国古代、近代文学研究》2005年第7期全文转载。

[7]《四川师范大学学报》(社会科学版),2005年第2期。

[8] 并见《司马相如研究会会刊》(二),2005年11月。

[9] 冯梦龙评辑《情史》,岳麓书社,1986年版,第113页。

[10]《中古文学史论》,北京大学出版社,1998年版,第395页。

[11]《河南大学学报》(社会科学版),2005年第6期,第81页。

[12] 常璩著,任乃强校注《华阳国志校补图注》卷一〇上《先秦士女总赞论》,上海古籍出版社,1987年版。

[13] 李孝中校注《司马相如集校注》,巴蜀书社,2000年版,第5页。

[14] 周一良《魏晋南北朝史札记》,中华书局,1985年版,第262页。

[15] 李大明在与笔者谈及司马相如故里问题研究时,曾多次提及这一问题。

[16] 房锐《〈听雨楼随笔〉与相如、文君文化研究》,《四川师范大学学报》社会科学版,2007年第5期。

[17] 徐才安《司马相如三论》,2004年司马相如与巴蜀文化研讨会论文,第6页。

[18] 罗应涛主编《巴蜀古文选解》,四川大学出版社,2002年版,第589—590页。

[19] 如蔡东洲先生在《严颜三墓考论》中认为:"利用历史留下的蛛丝马迹和地名的演变为本地增添名胜的事例在地方志中屡见不鲜……司马相如为成都人,明载于《史记》,而蓬安因曾叫相如县和有琴台、故宅等'遗迹',坚持认为'实今之蓬州人'。"(《巴蜀文化研究》,67页)

(房锐:四川师范大学文学院副教授)

司马相如与儒学

李 凯

提 要：汉代为儒学独尊和大赋创作兴盛的时代，而司马相如正处于汉代崇重儒学和赋创作最兴盛的时期。作为著名的大赋作家，司马相如身上自然会出现儒学的印记。本文通过分析司马相如时期四川地区的文化、教育及儒学接受的情况，汉武帝时期的儒学情况及其与赋创作的关系，司马相如作品中表现的儒学思想，说明司马相如与儒学的密切关系

关键词：司马相如　四川　儒学　赋创作　关系

司马相如（前179—前118）字长卿，是我国西汉时期著名的文学家，其《子虚赋》《上林赋》等为汉大赋的典范，司马相如也因此被后人称为"辞宗""赋圣"。

长期以来，人们一直为四川在汉代突然涌现出众多全国知名的文人而感到惊奇，而历代史志关于古代四川的叙述也多有"僻陋"，"有蛮夷之风"等语汇。这就令人感到十分疑惑。到底是什么原因使汉代

的四川一下成为可以媲美"齐鲁"的文化发达区域？四川地区当时是否也接受了儒家思想的影响？儒家的思想如何在司马相如的作品中得以呈现？本文试图分析汉代四川地区儒学接受和发展的一般情况，汉武帝时期儒学与大赋创作的关系，并进而回答司马相如与儒学的关系。不当之处，敬俟方家指正。

一、司马相如之时四川地区文化、教育及儒学接受的情况

关于汉代四川地区文化、教育的发展情况，文翁兴学被视为一个历史的里程碑，历史上也多将此作为美谈。比较典型的说法见自于《汉书》和《华阳国志》的记载。

《汉书·文翁传》云：

> 文翁……景帝末，为蜀郡守，仁爱好教化。见蜀地辟陋有蛮夷风，文翁欲诱进之，乃选郡县小吏开敏有材者张叔等十余人亲自饬厉，遣诣京师，受业博士……又修起学官于成都市中，招下县子弟以为学官弟子……繇是大化，蜀地学于京师者比齐鲁焉。至武帝时，乃令天下郡国皆立学校官，自文翁为之始云……至今巴蜀好文雅，文翁之化也[1]。

《汉书·地理志》云：

> 景武间，文翁为蜀守，教民读书法令，未能笃信道德，反以好文刺讥，贵慕权势。及司马相如游宦京师诸侯，以文辞显于世，乡党慕循其迹。后有王褒、严遵、扬雄之徒，文章冠天下。

繇文翁倡其教，相如为之师，故孔子曰："有教无类。"[2]

《华阳国志》卷三《蜀志》云：

孝文帝末年，以庐江文翁为蜀守，穿湔江口，溉灌繁田千七百顷。是时世平道治，民物阜康，承秦之后，学校陵夷，俗好文刻。翁乃立学，选吏子弟就学；遣隽士张叔等十八人东诣博士受七经，还以教授。学徒鳞萃，蜀学比于齐鲁。巴、汉亦立文学。孝景帝嘉之，令天下郡国皆立文学。因翁倡其教，蜀为之始也[3]。

左思《三都赋·蜀都赋》亦云：

若乃卓荦奇谲，倜傥罔已。一经神怪，一纬人理。远则岷山之精，上为井络。天帝运期而会昌，景福肸蚃而兴作。碧出苌弘之血，鸟生杜宇之魄。妄变化而非常，羌见伟于畴昔。近则江汉炳灵，世载其英。蔚若相如，皭若君平。王褒韡晔而秀发，扬雄含章而挺生。幽思绚道德，摛藻掞天庭。考四海而为俊，当中叶而擅名。是故游谈者以为誉，造作者以为程也[4]。

《三国志·蜀书·秦宓传》云：

蜀本无学士，文翁遣相如东授七经，还教吏民。于是蜀学比于齐鲁①[5]。

按照上述诸说，文翁未来之前，四川的确好像一个蛮荒未化之地，而儒学的传播也好像是文翁派人到长安学习之后才有。事实是否果真如此呢？今人对历史的记载多有怀疑，提出了相反的意见。

四川师范大学王文才教授在《两汉蜀学考》中说："旧论两汉蜀学者，咸谓文翁兴教，英伟挺生，迄东京而昌。然蜀学之兴，由来尚矣，非自文翁始也。"[6]又说："学亦别有所承，是蜀学本有渊源，非自文翁倡教始也。"[7]

万光治先生在《蜀中汉赋三大家》中说："我们在《前言》中说过，在中原人士看来，先秦时期的蜀国，尚属文明未开的蛮荒之地；汉初以来，蜀地虽有文翁兴学，蜀文化与中原文化因历史而造成的距离，不可能在一朝一夕之间弥合。为什么武帝的时代，如电光石火般的，突然出现了司马相如、王褒、扬雄这三位雄踞赋坛的辞赋作家？是历史的偶然，造就了这一现象，还是在现象的背后，有着历史的必然存在？我们的答案，显然是在后者。"[8]

山东大学龚克昌先生说："但是，像司马相如这样一位继屈原之后的当时中国最杰出的文学家，不是产生在中原，而是出现在僻居西南的蜀郡成都，令人感到万分惊异和不解。因为在古人的心目中，蜀郡原是一个很偏僻、封闭、原始、落后甚至是野蛮的地方，包括后来的蜀郡作家自己也这样看……可是在班固等人的心目中，蜀郡的落后、蒙昧、野蛮状况好像也没有什么改变。如果情况果真如此，那么怎有可能产生司马相如这样名冠全国的杰出赋家呢？这是绝对不可能的。"[9]

当代三位学者的说法和历史的记载形成一种鲜明的对照，究竟何是何非？我们认为，三位当代学者的认识是值得充分肯定的。换言之，我个人倾向于如下观点：在文翁兴学之前，四川地区已经具有了较高的文化和教育水平。理由如下：

第一，汉代之前的四川虽然有原住民存在，原住民也曾经创造出迥异于中原的令人惊叹的古代蜀文化，如广汉三星堆遗址和成都金沙遗址的发掘都充分说明了古代蜀文化的特征和所达到的成就。古代四川不仅具有自己独创的文化，也善于吸收其他外来文化，这其中包括通过移民而带来的新文化与本土文化的碰撞、融合。四川历史上曾经有过多次大规模的移民。其中第一次是在秦灭蜀国、巴国之后，秦移民万家入蜀（以一户四、五丁计），约四五万人。秦始皇之时，曾经两次移民到四川。一是在秦始皇即位后，徙上郡之民到临邛，即司马相如演出"凤求凰"故事的发生地；二是在秦始皇统一六国后将六国的豪侠、贵族、富商、大族迁往四川。在汉代建国之初，汉代因袭秦朝政策，继续移民到四川。除了像秦朝迁徙罪犯、发配官员到外，西汉政府还允许一般百姓迁入。这些移民不仅带来较为先进的生产技术、不同于四川本土的风俗人情，还带来了中原的各种文化，其中自然也包括儒家文化在内。

第二，司马相如出生之时，四川已经并入汉朝版图二十多年；如果按照汉武帝即位开始计算，已经六十多年了。尽管儒学独尊的事实发生在汉武帝之时，但儒学在四川地区开始流传，却应该早在战国时代即已开始。当然，由于四川上古历史史料记载缺乏，今人已经很难完全清晰这段历史，但从文化地理学的角度看，四川与陕西相隔一条山脉，即使交通不便，但也不能阻止川、陕之间人们的交往和文化之间的交流，何况四川的外出通道不仅有向北的陆路通道，还有长江水路直到武汉等地呢？《史记·司马相如列传》对司马相如年轻时候的记录只有短短二句"少时好读书，学击剑"[10]，没有透露更多的信息。从当时读书能够提供的学习的材料看，我们完全可以大胆推断，司马相如所学的东西，其中一定包括儒家经典在内。从现存司马相如作品看，其中即可明显看到《尚书》《周礼》《诗经》《周易》《孟子》等内容。因此，可以肯定地说，司马相如不仅学习过儒家经典，而且还进行了深入钻研,儒家思想是其作品所表现的主要思想资源。此点下面我们在分析其作品中呈现的儒家思想即可清楚看到。

二、儒学在武帝时期的情况及其与赋创作的关系

司马相如年轻时在四川地区学习过儒家著作,熟悉儒家思想,已如上述。值得注意的是,既然司马相如成名于武帝时期,而武帝时期又正是儒家思想独尊天下开始的时代,可以设想,如果要取得汉武帝的欣赏,不懂儒学显然是行不通的。但迄今为止,关于司马相如与儒学的关系,仍然缺乏专门的研究。不过,在整个汉赋的研究中,研究者已经注意到这一问题。台湾地区简宗梧先生《汉赋源流与价值商榷》中即探讨到此问题,云南大学冯良方《汉赋与经学》就汉赋与经学的关系进行了深入的探讨。但这些都是宏观的、整体的探讨,针对司马相如个人与儒学之关系,尚未见专论。显然,这一问题是值得认真探讨的。探讨司马相如与儒学的关系,其意义至少表现于两方面:一方面可以借此清理司马相如与儒学的关系,另一方面也可见出四川地区在司马相如之前儒学接受的一般情况。

应该说,司马相如的儒学思想是与整个汉代思想发展的一般状况密切相关的。汉景帝后元三年(公元前 141 年),年仅十六岁的刘彻即位,是为汉武帝。此时的西汉王朝经过六十余年的休养生息,经济繁荣,国库充实。但同样面临许多重大的现实困难,一是地方势力过大危及中央政权的问题;二是由于土地兼并带来的阶级矛盾激化的问题;三是边境问题,如北方的匈奴和南方的两越等都严重威胁到汉王朝的国家安全。严峻的现实迫切要求汉武帝建立起一个强大而有力的中央政府,在此背景之下,建元元年(公元前 140 年),汉武帝下诏求贤。根据司马光《资治通鉴》记载,就在建元元年这次策试中,董

仲舒以《天人三策》为武帝赏识。这其中即包括了后来影响深远的"罢黜百家、独尊儒术"之说。此时司马相如正四十岁。作为景帝时期已经为郎的司马相如，自然知道来自于武帝旨意的这一政策的含义。因此，我们看到在作于梁孝王时期的《子虚赋》中，涉及儒家思想很少，而在后为汉武帝所上的《上林赋》中，儒家的思想即得到了鲜明体现。征召人才、崇重文教是汉武帝一以贯之的政策。武帝时期曾经多次下诏征召贤人，如：

（元朔五年）夏六月，诏曰："盖闻导民以礼，风之以乐。今礼坏乐崩，朕甚闵焉。故详延天下方闻之士，咸荐诸朝。其令礼官劝学，讲议洽闻，举遗举礼，以为天下先。太常其议予博士弟子，崇乡党之化，以厉贤材焉。"丞相弘请为博士置弟子员，学者益广。

对于汉武帝本人对儒学思想和汉赋兴盛的巨大作用，历代也多予以充分肯定。班固在《两都赋序》中说：

昔成康没而颂声寝，王泽竭而诗不作。大汉初定，日不暇给。至于武宣之世，乃崇礼官，考文章，内设金马石渠之署，外兴乐府协律之事，以兴废继绝，润色鸿业。是以众庶悦豫，福应尤甚。白麟、赤雁、芝房、宝鼎之歌，荐于郊庙。神雀、五凤、甘露、黄龙之瑞，以为年纪。故言语侍从之臣，若司马相如、虞丘寿王、东方朔、枚皋、王褒、刘向之属，朝夕论思，日月献纳。而公卿大臣御史大夫兒宽、太常孔臧、太中大夫董仲舒、宗正刘德、太子太傅萧望之等，时时间作。或以抒下情而通讽喻，或以宣上德而尽忠孝。雍容揄扬，著于后嗣，抑亦雅颂之亚也。

故孝成之世，论而录之。盖奏御者千有余篇，而后大汉之文章，炳焉与三代同风[11]。

刘勰在《文心雕龙·时序》中说：

逮孝武崇儒，润色鸿业，礼乐争辉，辞藻竞骛；柏梁展朝宴之诗，金堤制恤民之咏；征枚乘以蒲轮，申主父以鼎食；擢公孙之对策，叹兒宽之拟奏；买臣负薪而衣锦，相如涤器而被绣。于是史迁、寿王之徒，严终、枚皋之属，应对固无方，篇章亦不匮，遗风余采，莫与比盛。越昭及宣，实继武绩，驰骋石渠，暇豫文会，集雕篆之轶材，发绮縠之高喻，于是王褒之伦，底禄待诏[12]。

上述两段文字，都同时把汉武帝崇重儒学和奖掖赋的创作看作是汉武帝的重大文化政策，同时也隐约说明了这两者之间存在着一定的关系。的确如此，研究者也发现儒学的复兴与独尊和赋创作的兴盛有着内在的关联。简宗梧在《汉赋源流与价值商榷》中说：

两汉是辞赋擅场的时代，也是儒家定于一尊的时代。汉赋是这个时代文学发展的主流，能文之士因辞赋而得宠入仕，于是辞赋繁富，赋家云涌；而儒家思想也在此时深植人心，奠定稳固的基础，形成中国传统思想的主流，博雅之儒因明经而拜相封侯，于是经学昌盛、名儒辈出。这究竟是因果的现象？或是偶然的巧合？该是饶有趣味的问题。

从表面看来，汉赋作家以能文为本，不以立意为宗，似乎跟儒家扯不上关系，但我们只要细心考察，就可以发现：汉赋因武帝的奖赏而昌盛，而儒术也因武帝的独崇而定尊。直到孝成之世,奏御之赋千有余篇,而"元成哀三朝,为相者皆一时大儒,其不通经术而相者,如薛宣以经术浅见轻,卒策免;朱博以武吏得罪自杀,皆不得安其位",其间犹如车之双轨,成平行起伏,这很难说是偶然的巧合。

当然,《文心雕龙·时序》篇:"逮孝武崇儒,润色鸿业,礼乐争辉,辞藻竞鹜",已说明这个现象,但也没有指出其间的因果。笔者……发现汉代赋家与儒家,源远流长,是有亲密的血缘关系,尤其有汉一代,赋家依附儒家而求发展,儒家借辞赋以达目的,同车共辙,相形益彰。

冯良方在《汉赋与经学》中也说:

赋家的经学家化和经学家的赋家化,其直接的结果就是生产了一大批精通经学的赋家和擅长作赋的经学家,甚至在某些人物身上很难准确地划分他们的属类……汉代的儒家就是经学家。赋家经学家化和经学家赋家化,彼此同谋,"你中有我,我中有你",是经学与汉赋互渗互动的主要媒介,促进了经学与汉赋的交流、沟通和融合[13]。

从上述诸家的论述可以看到,汉武帝本人不仅是使儒家思想独尊天下的强有力推动者,也是汉赋创作兴盛重要的推动力量。而这二者(儒家思想和汉赋)的复兴和兴盛,不仅仅源于汉武帝个人的爱好,还与汉武帝时期社会经济、政治、文化发展的形势密切相关,也与儒家思想本身所具有的价值相关。盖因儒家所倡导的大一统思想、仁政思想、礼乐教化思想、颂美与讽喻的文艺价值观等,对汉武帝建立统一而强大的中央集权制度具有很好的助益。因此,可以这样说,汉赋的发展，一方面当然源自于文学自身发展创新、汉武帝本人之提倡，但是另一方面，儒家思想在汉代的全面渗透，对汉赋的创作和评价具有极大的影响，这二者实有内在的关系，而不单是一个相互影响的问题。诚如许结先生说："从横向研究看汉赋流别的形成，无疑又受到社会思潮之时代性和个人情志之特异性的制约和影响。由此概观汉赋诸风格，又无不处于汉代学术与汉代文学关联之中，因而，汉赋作家'阐理'则多儒道哲理，'骋辞'亦多儒道旨趣，'写怀'尤多儒道情致。"[14]虽然许结先生是就整个汉赋流别与儒道思想的关系而言，但对于分析司马相如赋作中的思想内容仍然是恰切的。

三、司马相如作品中表现的儒家思想

司马相如作品中的儒家思想表现极为突出，下面根据司马相如的作品，分析其中包含的儒家思想和儒家价值观念。

司马相如作品中突出的儒家观念首先表现为维护国家的中央集权，主张"大一统"的观念。中国的大一统思想由来已久。孔子心中的理想帝王就应握有一统天下的权威，所谓"礼征乐伐自天子出"。正式提出"大一统"的是《公羊传·隐公元年》："何言乎王正月，大一统也。"疏曰："王者受命，制正月以统天下，令万物无不一一奉之以为始，故言大一统也。"[15]《汉书·王吉传》中称："春秋所以大一统者，六合同风，九州共贯也。"[16]大一统的原始意义正是消灭对手，由帝王一人统治天下。今人一般意义上理解"大一统"就是中央政权加强对政治、经济、思想文化、领土等各方面的统一领导，形成高度中央集权的政治局面。具体到司马相如时代及其作品，主要的含义是贬低诸侯的地位以维护天子的权威和地位。如在《子虚赋》结尾中乌有先生说："然在诸侯之位，不敢言游戏之乐、苑囿之大。"为什么诸侯不敢言"诸侯之乐、苑囿之大"？因为，天子所享有的礼乐和苑囿是有专门规定的。在音乐舞蹈方面，按周制，乐舞八人为一列，称为一佾。天子八佾，诸侯六佾，大夫四佾，士二佾。同样，苑囿的大小也是有规定的，传云天子之囿方百里，大国四十里，次国三十里，小国二十里。由此可以知道，司马相如在《子虚赋》中借乌有先生之口批评子虚，而在《上林赋》中又借亡是公之口批评乌有先生，目的正在于维护天子的地位和荣誉。在《谕巴蜀檄》中，司马相如以汉武帝的语气诏告巴蜀太守等人：

> 蛮夷自擅，不讨之日久矣，时侵犯边境，劳士大夫。陛下即位，存抚天下，辑安中国，然后兴师出兵，北征匈奴。单于怖骇，交臂受事，屈膝请和。康居西域，重译请朝，稽首来享。移师东指，闽越相诛。右吊番禺，太子入朝。南夷之君，西僰之长，常效贡职，不敢怠堕，延颈举踵，喁喁然，皆争归义，欲为臣妾，道里辽远，山川阻深，不能自致[17]。

文章通过描述汉武帝时期开拓疆土，周边各国争相来朝的兴盛局面，表达了天子一统天下的现实。文中的描述虽然有一定的夸张成分，但基本事实是真实的。

在《难蜀父老》中，司马相如写道："且夫贤君之践位也，岂特委琐握龊，拘文牵俗，循诵习传，当世取说云尔哉！必将崇论闳议，创业垂统，为万世规。"歌颂了汉武帝开拓西南疆土的弘远卓见，批评了蜀中父老抱残守缺、拘文牵俗、不愿改化的错误言论。本文下又说：

> 今封疆之内，冠带之伦，咸获嘉祉，靡有阙遗矣。而夷狄殊

俗之国，辽接异党之域，舟舆不通，人迹罕至，政教未加，流风犹微。内之则犯义侵礼于边境，外之则邪行横作，放弑其上。君臣易位，尊卑失序，父兄不辜，幼孤为奴，系累号泣，内向而怨，曰："盖闻中国有至仁焉，德洋而恩普，物靡不得其所，今独曷为遗己！"举踵思慕，若枯旱之望雨。盭夫为之垂涕，况乎上圣，又恶能已？故北出师以讨强胡，南驰使以诮劲越。四面风德，二方之君鳞集仰流，愿得受号者以亿计。故乃关沫若，徼牂牁，镂灵山，梁孙原。创道德之途，垂仁义之统。将博恩广施，远抚长驾，使疏逖不闭，阻深暗昧得耀乎光明，以偃甲兵于此，而息诛伐于彼。遐迩一体，中外禔福，不亦康乎？夫拯民于沉溺，奉至尊之休德，反衰世之陵迟，继周氏之绝业，斯乃天子之急务也。百姓虽劳，又恶可以已哉[18]？

通过对汉武帝为了实现大一统，内则施行仁政教化，外则实行"征"与"抚"并举的政策的歌颂，充分肯定巴蜀归化汉朝的必然性。

在司马相如临终前所作的《封禅书》中，更借大司马之口建议封禅泰山，以昭示天下武帝大一统之天下的兴旺："陛下仁育群生，义征不憓，诸夏乐贡，百蛮执贽，德侔往初，功无与二，休烈浃治，符瑞众变，期应绍至，不特创见。"[19]

相如作品中表现的儒家思想之二是要求君王节用爱民、以德治国。如《子虚赋》中乌有先生批评子虚说："有而言之，是章君之恶；无而言之，是害足下之信。章君之恶而伤私义，二者无一可，而先生行之，必且轻于齐而累于楚矣。"乌有先生凭借什么来指责、批评子虚呢？是因为子虚所言，违背了儒家"仁义礼智信"的教导，违背了儒家所倡导的仁民爱物、节用俭朴的思想。在《上林赋》中亡是公义正词严批评乌有先生说："楚则失矣，齐亦未为得也。夫使诸侯纳贡者,非为财币,所以述职也;封疆画界者,非为守御,所以禁淫也。今齐列为东藩,而外私肃慎,捐国逾限,越海而田,其于义故未可也。且二君之论,不务明君臣之义而正诸侯之礼,徒事争游猎之乐,苑囿之大,欲以奢侈相胜,荒淫相越,此不可以扬名发誉,而适足以贬君自损也。"这里所依据的是儒家所要求的严守君臣之"义",尽管诸侯王是独立的,但他在天子的管辖之下,应该严守其诸侯王的职责。在同文结尾,歌颂了汉武帝幡然醒悟,自我检讨以及采取一系列为民的措施:

> 地可以垦辟,悉为农郊,以赡萌隶;隤墙填堑,使山泽之民得至焉。实陂池而勿禁,虚宫观而勿仞。发仓廪以振贫穷,补不足,恤鳏寡,存孤独。出德号,省刑罚,改制度,易服色,更正朔,以天下为始[20]。

司马相如之所以如此赞美汉武帝,都是因为作为天子的汉武帝真正践履了儒家对君王的要求,完全符合儒家所理想的"贤君"形象。在《谕巴蜀檄》这篇以中郎将身份代表汉武帝所写的檄文中,司马相如明确告晓巴蜀父老:

> 陛下患使者有司之若彼,悼不肖愚民之如此,故遣信使晓谕百姓以发卒之事,因数之以不忠死亡之罪,让三老孝悌以不教之过。方今田时,重烦百姓,已亲见近县,恐远所溪谷山泽之民不遍闻,檄到,亟下县道,使咸知陛下之意,唯毋忽也[21]。

篇中完全塑造了一个圣德君王心系天下的形象,所肯定的思想资源仍然是来自于儒家的君仁臣忠、父慈子孝的儒家伦理道德。

在《难蜀父老》文中,司马相如赞扬汉武帝:

> 创道德之涂,垂仁义之统。将博恩广施,远抚长驾,使疏逖不闭,阻深暗昧得耀乎光明,以偃甲兵于此,而息诛伐于彼。遐迩一体,中外禔福,不亦康乎?夫拯民于沉溺,奉至尊之休德,反衰世之陵迟,继周氏之绝业,斯乃天子之急务也。百姓虽劳,又恶可以已哉[22]?

无论是"创道德之途,垂仁义之统",还是"拯民于沉溺,奉至尊之休德,反衰世之陵迟,继周氏之绝业",这都是作为天子的汉武帝应该尽到的义务。

反之,司马相如批评秦二世"持身不谨兮,亡国失势。信谗不寤兮,宗庙灭绝",正是因为秦二世没有做到节用爱民、以德治国,最终导致身死国亡。哀二世,正是为了让汉武帝警醒,以免重蹈秦二世的覆辙。

其三是强调礼乐教化。以礼乐来施行教化,是儒家所倡导的个人"修齐治平"的基础,这其中既包括一般的庶民,也包括君王在内。比较典型的倡导以"诗书礼义"来教化天下的是《上林赋》中的一段文字:

> 于是历吉日以斋戒,袭朝衣,乘法驾,建华旗,鸣玉鸾,游乎六艺之囿,骛乎仁义之途,览观《春秋》之林,射《狸首》,兼《驺虞》,弋玄鹤,建干戚,载云罕,掩群《雅》,悲《伐檀》,乐乐胥,修容乎《礼》园,翱翔乎《书》圃,述《易》道,放怪兽,登明堂,坐清庙,恣群臣奏得失。四海之内,靡不受获。于斯之时,天下大说,向风而听,随流而化,喟然兴道而迁义,刑

错而不用,德隆乎三皇,功羡于五帝。若此,故猎乃可喜也[23]。

这里基本直接引入儒家之"六艺"——《诗》《书》《礼》《易》《乐》《春秋》,设置了一幅君王游观于儒家经典之林的美好画面,理想化地将儒家的教导变成了汉武帝时期的写照,这其中包含着司马相如的想象,但仍然有着汉武帝时期的真实历史痕迹。事实上,儒家由在野的一家之说成为封建统治阶级的意识形态,正是在汉武帝时期开始和实现的。司马相如的描写可以说真实表现了汉代的一些历史情况。

强调以礼乐施行教化,当然不只是强调礼乐在教化中的重要性,目的是指向教化的结果,那就是君君、臣臣、父父、子子,就是君仁臣忠、父慈子孝、夫唱妇随、兄悌弟恭。在《谕巴蜀檄》中说:"陛下患使者有司之若彼,悼不肖愚民之如此,故遣信使晓谕百姓以发卒之事,因数之以不忠死亡之罪,让三老孝悌以不教之过。"一方面写出君王的仁民爱物,另一方面也指责臣下未能尽忠,父亲没有尽到教育的职责。

其四是司马相如整个作品创作中的儒家文艺观。

司马相如作品鲜明地体现出儒家的文艺价值观。这种价值观由孔子在《论语·阳货》中谈得比较突出和集中。《毛诗序》中所概括的"上以风化下,下以风刺上""主文而谲谏",对于汉人来讲,具有极大的影响。按照班固的说法,汉赋的起源本来就是"或以抒下情而通讽喻,或以宣上德而尽忠孝"。因此,司马相如作品大体上可以分为两类,一是主要表现歌颂的,如《上林赋》《谕巴蜀檄》《难蜀父老》《封禅书》,一是主要表现讽喻的,如《大人赋》《哀二世赋》《谏猎疏》等。

对于司马相如作品中的歌功颂德与讽喻的突出表现,历来之评价或予以充分肯定，或以为恰好是司马相如作品的不足。我个人认为，文艺的价值，不仅仅是审美的问题。文艺的功能是多方面的，这其中即包括对现实的干预。颂美也好，讽喻也好，其目的都是为了让文艺在现实中起到作用。这不是司马相如个人的行为，而是整个中国古代作家受到儒家思想影响的必然结果。司马迁在《史记·司马相如列传》的评价为后世所接受，我个人也赞同这一认识：

> 太史公曰：《春秋》推见至隐，《易》本隐之以显，《大雅》言王公大人而德逮黎庶，《小雅》讥小己之得失，其流及上。所以言虽外殊，其合德一也。相如虽多虚辞滥说，然其要归引之节俭，此与《诗》之风谏何异。扬雄以为靡丽之赋，劝百风一，犹驰骋郑卫之声，曲终而奏雅，不已亏乎[24]？

当然，司马相如作品中不仅仅突出地表现出儒家思想的浓重痕迹，也鲜明表现了道家思想的影响。而这一点，正好是巴蜀文化的特点。许结先生对汉赋的思想倾向曾经做出如下论断：

> 正因为汉赋艺术本身形成兼容南北文化的态势，所以其表现儒道哲学思想有时泾渭分明，有时交叉模糊。就其分明而言，汉大赋多以儒家思想为主体表现出积极入世的精神；汉骚赋多以道家思想为主体表现出隐身遁世的精神。就其模糊而言，汉大赋中既有对人生珍视的情志，亦有对宇宙渺视的气度；骚赋中既有道家遗弃尘寰、归真反璞之性，又有儒家耿介廉正、缠绵悱恻之志[25]。

我们认为这一论断是完全符合汉赋特别是司马相如大赋作品的实

际的。

注释:

①按,关于司马相如为文翁派遣到京城学习儒家经典而后返回蜀地教授的说法,已证明有误。具体见龚克昌《司马相如评传》,《中国辞赋研究》,山东大学出版社,2003年。又《汉书·地理志》中"相如为之师"也经常被误解。此"师"并非教师,而是"效法"之意,即下文中所谓"乡党慕循其迹",乡党以司马相如作为效仿、效法的榜样。

参考文献:

[1] 班固《汉书》,中华书局,1962年版,第3625—3627页。

[2] 同上,第16459页。

[3] 常璩著,刘琳校注《华阳国志》,巴蜀书社,1984年版,第214页。

[4] 萧统《文选》,上海古籍出版社,1986年版,第189页。

[5] 陈寿《三国志》,中华书局,1959年版,第973页。

[6] 《巴蜀文化丛书编委会巴蜀文化论集》,四川民族出版社,1999年版,第299页。

[7] 同上,第302页。

[8] 万光治《蜀中汉赋三大家》,巴蜀书社,2004年版,第87页。

[9] 龚克昌《中国辞赋研究》,山东大学出版社,2003年版,第354—355页。

[10] 司马迁《史记》，中华书局，1959年版，第2999页。

[11] 严可均辑《全上古三代秦汉三国六朝文·全汉文卷二十四》，中华书局，1958年版，第602页。

[12] 刘勰著，范文澜校注《文心雕龙注》，人民文学出版社，1958年版，第672页。

[13] 冯良方《汉赋与经学》，中国社会科学出版社，2004年版，第72页。

[14] 许结《中国赋学历史与批评》，江苏教育出版社，2001年版，第39页。

[15]《公羊传》，十三经注疏，中华书局，1980年版，第2196页。

[16] 班固《汉书》，第3063页。

[17] 李孝中《司马相如集校注》，巴蜀书社，2000年版，第52页。

[18] 同上，第58—59页。

[19] 同上，第82页。

[20] 同上，第22页。

[21] 同上，第53页。

[22] 同上，第58—59页。

[23] 同上，第22—23页。

[24] 司马迁《史记》，第3075页。

[25] 许结《中国赋学历史与批评》，第39页。

（李凯：四川师范大学文学院教授、博士生导师）

论司马相如在开发西南夷中的贡献

吴明贤

提 要：司马相如在汉武帝时期先后两次出使巴蜀，作《谕巴蜀檄》《难蜀父老》，准确地宣示了汉王朝的旨意，对开发西南夷作了政策上和理论上的阐述，安定了民心，取得了开发西南夷的成功，显示了他卓越的政治才干，同时对汉王朝经营西南地区，开通南丝绸之路也有着重大意义。

关键词：司马相如　汉武帝　巴蜀　西南夷

司马相如（约前179—前118），蜀郡成都人（一说四川蓬安人），小名犬子，后慕蔺相如之为人，改名相如。文翁为蜀守，遣相如游学京师，以文辞显于世，景帝时曾任武骑常侍，客游梁，作《子虚赋》，归蜀依临邛令王吉，娶卓王孙女文君。武帝好辞赋，因乡人狗监杨得意的推荐得武帝召见，作《上林赋》，因以为郎，受到武帝的信任。武帝时期，曾两次奉使西南，作《谕巴蜀檄》与《难蜀父老》，对祖国西南部的开发做出了重要的贡献，本文尝试论之。

一

从刘邦建立汉王朝到武帝之时,"七十年间,国家亡事,非遇水旱,则民人给家足,都鄙廪庾尽满,而府库余财。京师之钱累百钜万,贯朽而不可校。太仓之粟,陈陈相因,充溢露积于外,腐败不可食。"(《汉书·食货志》)经济繁荣昌盛,百姓安居乐业,国家空前强大统一。在此基础上,汉武帝北征匈奴,以武力消弭边患,开疆拓土,维护了国家的统一与稳定。其后对西南地区的开拓与发展,进一步拓展大汉王朝的疆域领土也就是必然的了。

汉代及汉以前,在四川西部、南部和云南、贵州一带居住着一些少数民族,被统称为西南夷。这些地区的民族经济发展既不平衡,亦相当滞后。其中部分定居,主要从事农业生产;大部分从事游牧渔猎或半农半牧。"秦时尝破,略通五尺道,诸此国颇置吏焉。"(《汉书·西南夷两粤朝鲜传》)早在秦王朝时就已开通西南夷,并设置郡守官吏进行管辖了。他们与巴蜀地区也都有着商业上的往来,关系较为密切。只是到了西汉初期,由于中央政权把注意力集中于内部的巩固和北边的安宁,和西南夷地区的联系较少,暂时出现了空白。汉武帝建元六年(前135),东越(闽越)趁机出兵攻打南越,南越告急,请求汉政府支援。汉武帝派大行令王恢率军队出豫章攻打东越。事情平息后,王恢派番阳令唐蒙去南越,通报有关情况,并借以显示汉王朝的兵威。唐蒙出于制伏南越的目的,产生了开发西南夷的设想,并上书汉武帝说:

南越王黄屋左纛,地东西万余里,名为外臣,实一州主也。今以长沙、豫章往,水道多绝,难行。窃闻夜郎所有精兵,可得十余万,浮船牂牁江,出其不意,此制越一奇也。诚以汉之强,巴蜀之饶,通夜郎道,为置吏,易甚。(《史记·西南夷列传》,又见《汉书·西南夷两粤朝鲜传》)

唐蒙认为从南方长沙、南昌往南越,水道阻绝,往往难通,不如由夜郎浮江而下,可出其不意;加上汉兵的强大,巴蜀的富饶,通道夜郎,为置官吏,这样由制越进而开发西南就很是容易了。唐蒙的建议是根据他在南越吃到蜀地产的构酱再调查其由蜀传到南越的路线后才提出的,有充分的可行性。这一建议得到了汉武帝的支持,"乃拜蒙为郎中将,将千人,食重万余人,从巴蜀筰关入,遂见夜郎侯多同。蒙厚赐,喻以威德,约为置吏,使其子为令"。夜郎周边的小邑也贪图汉王朝丰厚的物质赏赐,又认为距汉遥远,道险难通,最终汉亦不能占有,因此也想暂且听从唐蒙之约。于是汉就将这些地方统一置为犍为郡,受汉管辖,并征发巴蜀士卒修治道路,从僰道直指牂柯江(《史记·西南夷列传》《汉书·西南夷两粤朝鲜传》)。司马相如亦向武帝建言,认为"西夷邛、筰可置郡"。加之当时唐蒙率领巴蜀的吏卒千人,并征发了万余人转运辎重,他这样大规模地动用人力、财力,在当地百姓中引起了不满与骚动,而唐蒙为此亦用军兴法诛杀了为首者,更使得"巴蜀民大惊恐",人心浮动,地方不安。汉武帝闻听这种情况,"乃使相如责唐蒙,因喻告巴蜀民以非上意"(《史记·司马相如列传》)。《谕巴蜀檄》一文就是在这种情况下写成的,是司马相如出使巴蜀时发布的政府文告。

由于司马相如出使的帮助,终使唐蒙打开了通西南夷的道路,"皆如南夷,为置一都尉,十余县,属蜀"(《史记·西南夷列传》《汉书·西南夷两粤朝鲜传》),从而扩大了汉在西南的疆域。但在这一开发西南的过程中,汉王朝曾征发巴、蜀、汉中、广汉四郡数万的人力和财力开凿道路,"数岁,道不通,士罢饿离湿,死者甚众;西南夷又数反,发兵兴击,耗费无功"(《史记·西南夷列传》)。于是在巴蜀地区的一部分年长而有声望的人中,就产生了开发川西、川南地区无益的议论,甚至朝廷大臣中也有人反对,公孙弘在出使巴蜀返回朝廷后就"言其不便",后又"数言西南夷害,可且罢,专力事匈奴","妄图动摇武帝开发西南的决策与信心。但另一方面,"是时邛、筰之君长闻南夷与汉通,得赏赐多,多欲愿为内臣妾,请吏,比南夷"。川西南地区的少数民族首长看到南夷与汉通的物质好处,又主动请求内附,要求汉中央政府像对待南夷一样为之置吏。在此情况下,汉武帝征求熟悉西南情况的司马相如的意见,司马相如回答说:

邛、筰、冉、駹者近蜀,道亦易通,秦时尝通为郡县,至汉兴而罢。今诚复通,为置郡县,愈于南夷。(《史记·司马相如列传》,又见《汉书·司马相如传》)

司马相如认为川西南地区道路易通,汉以前就曾经是中央王朝的郡县,只是汉以后才废弃。如果现在重新开通西南夷,为置郡县官吏进行管理,那会比通南夷的好处更多。因而极力主张设郡置县,开发邛、筰等蜀之西南地区。汉武帝认为司马相如的意见正确合理,于是派遣司马相如以中郎将的身份再次出使巴蜀,并为他"建节",置副使,"驰四乘之传,因巴蜀吏币物以赂西南夷"(《汉书·司马相如传》)。可见汉武帝对此是十分重视的。相如这次完成使命亦非常成功。《难蜀父老》一文就是司马相如针对当时"蜀长老多言通西南夷之不为用,大臣亦以为然"的情况"欲谏,业已建之,不敢,乃著书",在第二次出使巴蜀时写下的,是对蜀父老所做的说服教育工作,也是对朝廷反对开发西南夷的大臣的批判回答。从文中所言"汉兴七十有八载"可知，时在汉武帝元光六年（前129）。

二

开发西南夷，自汉武帝开始，一直就是汉王朝的基本国策，直至汉末，未尝改变。这既是出于汉王朝大一统的现实政治的需要，也是促进民族融合的历史发展的必然要求。

西汉初，由于困于诸侯王内乱和防御匈奴的南侵，汉王朝一度无暇顾及西南地区。但这并不等于汉王朝中央政府忽视或不重视西南地区。当中央王朝巩固了内部的政权，对匈奴的战争取得了决定性胜利，解除了北方边患的时候，开发西南夷就必然会提上议事日程，因为"好大喜功"是汉武帝此时的深层心理意识，开疆拓土则是他的进攻方略，西南夷地区则是他成就文治武功的又一个场地。毫无疑问，开发西南夷，不仅沟通了汉王朝与西南众多少数民族的关系，促进了民族的大融合，而且更重要的是解除了西南边患，巩固了汉王朝大一统的局面，也满足了汉武帝的自大心理和成就感。司马相如《难蜀父老》《谕巴蜀檄》就清楚地揭示了这一时代的特点。蜀中父老不满意于朝廷开发西南夷使"百姓力屈""而功不竟"，认为"邛、筰、西僰之与中国并也，历年兹多，不可记已。仁者不以德来，强者不以力并，意者其殆不可乎"。邛、筰、西僰等族与中原并存，历史悠久，过去的仁德之君、强盛之国尚不能兼并他们使之臣服，现在汉王朝却"割齐民以附夷狄，敝所恃以事无用"，这是不可行的。司马相如针对这种错误的论调尖锐地指出："必若所云，则是蜀不变服而巴不化俗也"，如果真像蜀父老所言，那巴蜀地区也将永远处在蛮夷状态而不会变服异俗了。在此基础上，他还进一步指出：

盖世必有非常之人，然后有非常之事；有非常之事，然后有非常之功。非常者，固常人之所异也。故曰非常之原，黎民惧焉；及臻厥成，天下晏如也。

他认为开发西南夷是与一般人所做的事不同的，是"非常之人"所要做的一件"非常之事"，是武帝所要建立的"非常之功"。这种事情在开始阶段往往不被百姓理解，甚至使百姓感到惊惧而反对，但一旦成功，则天下安定，造福于人民，受益于百姓。因而他竭力支持武帝的这项政策，认为"贤君之践位也，岂特委琐握龊，拘文牵俗，循诵习传，当世取说云尔哉！必将崇论闳议，创业垂统，为万世规。故驰骛乎兼容并包，而勤思乎参天贰地"。贤明的君主既不会拘守成法旧规，也不会媚俗从众，他所追求的是发表博大的见解、高深的议论，开基创业，为后世树立典范。他的胸襟应兼容并包天下万事万物，他的思虑是如何成为一个参天贰地的英雄人物。如果天地间不能得到他的恩泽，他就要感到耻辱。这番议论，不仅对开发西南夷作了政策上的阐发和理论上的论述，为开发西南夷奠定了坚实的理论基础和政策基础，扫清了舆论上的障碍，而且准确地表达了汉武帝开疆拓土，经营边陲四夷的雄心壮志，维护了武帝的声威和尊严，同时也安定了民心，为自己完成使命创造了有利的条件。此外司马相如还指出开发西南夷也给西南边地人民带来了好处，因而受到了边地各族人民的热烈拥护。他说：

夷狄殊俗之国，辽绝异党之地，舟舆不通，人迹罕至，政教未加，流风犹微。内之则犯义侵礼于边境，外之则邪行横作，放弑其上。君臣易位，尊卑失序，父兄不辜，幼孤为奴，系累号泣，内向而怨……举踵思慕，若枯旱之望雨。盩夫为之垂涕，况乎上圣,又恶能已?

南夷之君,西僰之长,常效贡职,不敢惰怠,延颈举踵,喁喁然,皆争归义,欲为臣妾,道里辽远,山川阻深,不能自致。

这些"殊俗之国",地处偏远,交通阻塞,人烟稀少,经济落后,文教亦不发达,故"邪行横作",内部极不稳定,因而人心思安,"闻中国有至仁焉,德洋恩普,物靡不得其所",早就希望汉王朝中央政权不要遗弃他们,而要"拯民于沉溺,奉至尊之休德,反衰世之陵迟,继周氏之绝业",希望能解救他们,发扬崇高的美德,一反衰世的颓风,继承周代盛世的事业,"使疏逖不闭,阻深暗昧得耀乎光明,以偃甲兵于此,而息诛伐于彼",最后达到"遐迩一体,中外禔福",使远近连成一体,无论中原还是外族都享安福,真正做到大一统。可见开发西南夷是深受西南边地各族人民的拥护的,是深得民心的。

正因为如此,司马相如才在批评唐蒙等人"发军兴制,惊惧子弟,忧患长老,郡又擅为转粟运输",过度使用巴蜀民力的做法有违朝廷旨意的同时,又坚定地指出为开通西南夷而供奉财力也是臣子应尽的责任,严厉谴责了巴蜀父老不"急国家之难"的短视行为:

今奉币役至南夷,即自贼杀,或亡逃抵诛,身死无名,谥为至愚,耻及父母,为天下笑。人之度量相越,岂不远哉!然此非独行者之罪也,父兄之教不先,子弟之率不谨,寡廉鲜耻,而俗不长厚也!其被刑戮,不亦宜乎!

他认为那些奉命调派护送使者至南夷的人自加伤残,逃亡获罪,累及父母,天下讥笑,其被刑戮,也是寡廉鲜耻,罪有应得。勉励教育他们要"计深虑远,急国家之难,而乐进人臣之道",从大局出发,从国家的长远利益出发,做出一些必要的牺牲,为国家做出应有的贡献。可见,司马相如为开发西南夷千方百计地对当地百姓进行着说服动员工作。这也是他两次出使取得成功的重要原因之一。

三

汉武帝开发西南夷,司马相如功不可没,其在当时及对后世的影响也是巨大而深远的。

司马相如生活在汉武帝时代,以辞赋为武帝所赏识,深知此时的汉武帝好大喜功,急欲开边拓土,作"非常之人",建"非常之功",成为"兼容并包""参天贰地""创业垂统"的一代"贤主",故投其所好,先后写下了"劝百讽一"的《子虚赋》《上林赋》,歌颂武帝功德,盛赞汉王朝大一统的赫赫威势和文治武功,成就了武帝文学侍臣的特殊地位。即如《谕巴蜀檄》《难蜀父老》这两篇文章,设为问答,正面阐述开疆拓土是帝王创基立业的"非常之事",表达自己的政治见解,"事昭而理辨",排比铺张,纵横驰骋,"气盛而辞断",诚如刘勰所说"文晓而喻博,有移檄之骨"(《文心雕龙·檄移》),与他的其他赋作有相同的主旨和相似的风格。但他同时又出生于西南蜀地,从小耳濡目染,对西南巴蜀地区的政治、经济、文化以至民情、风俗等皆甚为熟悉,对西南夷地区与中原地区的差异也就甚为清楚明白,故其对武帝开发西南夷的好处与意义的认识也就更为深刻,自然他也就成为汉武帝开通西南夷、经营大西南政策的鼓吹者、支持者和执行者。他两次出使巴蜀,受命于危难之际,代表朝廷向巴蜀父老及百姓准确地宣示朝廷旨意,安定了民心,在开通西南夷的整个过程中起了决定性的重要作用,使开发西南夷取得了成功。据《汉书·司马相如传》载:

相如使略定西南夷，邛、筰、冉、駹、斯榆之君皆请为臣妾，除边关，[边]关益斥，西至沫、若水，南至牂牁为徼，通灵山道、桥孙水，以通邛、筰。还报，天子大说。

这不仅使邛、筰、冉、駹、斯榆等皆归顺内附，成为汉王朝的臣子；西至沫水（今大渡河）、若水（今雅砻江），南到牂牁江（今贵州北盘江）的大部分地区（即今四川西南部及贵州大部）并入了汉王朝的版图。而且又凿通了灵关道（在今四川芦山）、架起了孙水（今四川安宁河）大桥，官道可直通邛都（今四川西昌东南），加强了这些地区与内地的联系，便于中央王朝对这些地区的管辖治理。司马相如两次出使巴蜀及开发西南夷的成功显示了他卓越的政治才干，说明他并非只是一个没有头脑的风流才子和歌功颂德的辞赋家，而是一个具有远见卓识的开边功臣和政治家。所谓"西南夷发于唐蒙、司马相如"（《汉书·西南夷两粤朝鲜传》），这个评价是正确的。《谕巴蜀檄》《难蜀父老》两文则正是司马相如这种政治才干的具体体现。

自司马相如两使巴蜀开通西南夷后，汉王朝对该地区的开发经营便迅速展开。汉武帝先后在这地区设置了犍为郡、牂牁郡、越西郡、沈黎郡、汶山郡、武都郡、益州郡等七郡，云南、贵州及广西等地皆纳入了汉王朝的版图。西汉王朝在"西南夷"地区正式设置的这七个"初郡"，开始实行与全国统一的郡县制，既任命太守，同时又保留"部族"组织，加封土长为王、侯、邑长，实行由当地土长直接统治，由中央委派的太守监督土长的"以夷治夷"的"羁縻"政策，取得了很好的效果，"西南夷君长以百数，独夜郎、滇受王印。滇，小邑也，最宠焉"（《汉书·西南夷两粤朝鲜传》）。司马贞《史记·索隐述赞》也说："西南外徼……异俗殊风。夜郎最大，邛、筰称雄。及置郡县，万代推功。"不仅稳定了西南边疆，而且由于与内地加强了联系，"巴蜀民或窃出商贾，取其筰马、僰僮、髦牛，以此巴蜀殷富"（《史记·西南夷列传》）。据《西京杂记》载：在司马相如开发西南夷到云贵边地时，当时的"牂牁名士"盛览，就曾求见司马相如，虚心向其请教写作辞赋的方法。司马相如告诉他说："合纂组以成文，列锦绣以为质，一经一纬，一宫一商，此赋之迹也。赋家之心，包括宇宙，总揽人物，斯得之于内，不可得而传。"盛览得到司马相如的教诲后，通过自己的刻苦努力，领悟了写赋的真谛，也创作了《合组歌》《列锦赋》等作品。他回到牂牁后又积极从事教育工作，传授学术知识，促进了当地文化学术的发展与繁荣。正如邵远平《续宏简录》所说："司马相如入西南夷，士人盛览从学，归以授其乡，文教始开。"

西南夷的开通，也打开了南丝绸之路，进一步促进了汉王朝与东南亚及西域各国的经济文化交流。在开发西南夷之前，汉武帝已派张骞打开了通西域的北丝绸之路，即由长安至武威、敦煌，再到高昌、焉耆或再到鄯善、于阗的路线。这条灿烂的丝绸之路，无疑对东西方经济文化的交流和古代世界文明进程起了积极的推动作用。与此同时张骞又向汉武帝建议开发南丝绸之路，据《史记·西南夷列传》载：

> 及元狩元年（前122），博望侯张骞使大夏来，言居大夏（今阿富汗）时见蜀布、邛竹杖，使问所从来，曰"从东南身毒国（今印度），可数千里，得蜀贾人市。"或闻邛西可二千里有身毒国。骞因盛言大厦在汉西南，慕中国，患匈奴隔其道，诚通蜀，身毒国道便近，有利无害。

汉武帝接受了张骞的建议，"间出西南夷，指求身毒国"，从而开辟了南丝绸之路。这条路线是由古蜀（四川成都）往滇（云南）、骠（缅甸），通往身毒（印度）的交通要道。但此路的开通，亦全凭西南夷的开发才得以实现,若西南夷未入大汉王朝的版图,未受汉中央政府的管辖与统治,则由蜀至骠的千里之途就必然断绝难行。南丝绸之路黄金大道开通以后,在漫长的岁月里,大批马帮艰难地行走在这条古道上,源源不断地运送着丝绸、琉璃、黄金、玉石、贝、茶叶、稻谷等物资,进行着频繁的商业贸易与人员交流。这无疑加强了大汉王朝同东南亚各国之间的友好往来,促进了中外经济文化的互相发展。大汉王朝通过南北丝绸之路吸纳了许多东南亚及西域地区文明的精华,同时也向他们展示了中华民族的伟大创造力和华夏文明的灿烂辉煌,使东西方经济文化在大汉王朝时期出现了前所未有的高峰,真可谓是"兼容并包""参天贰地"的"非常之功"了。

参考文献:

[1] 司马迁《史记》,中华书局,1959年版。

[2] 班固《汉书》,中华书局,1962年版。

[3] 萧统《文选》,中华书局,1977年版。

[4]《西京杂记》,中华书局,1985年版。

[5] 陆侃如,牟世全《文心雕龙译注》,齐鲁书社,1981年版。

[6] 詹全友《南诏大理国文化》,四川人民出版社,2002年版。

[7] 唐文元,刘卫国《夜郎文化寻踪》,四川人民出版社,2002年版。

(吴明贤:四川师范大学文学院教授、博士生导师)

王培荀其人其书

蔡东洲

"人皆以相如为成都人,实今之蓬州人。"(王培荀《听雨楼随笔》卷七《相如故迹》)清代山东学者王培荀这一论断逐渐为当代巴蜀学人所知。面对王培荀其人其书,则知之者甚少,为了更多地了解其人,更好地利用其书,本人拟对王培荀的生平事迹、文字著述作一个简明的论述。

一、王培荀其人

王培荀(1783-1859)字景叔,号雪峤,山东淄博市淄川区罗村镇大峦桥村人。作为清代山东著名诗人、学者,王培荀对巴蜀、齐鲁两地的历史文化研究都有着杰出的贡献,而关于其生平事迹至今只有简短的介绍文字,诸如魏尧西《〈听雨楼随笔〉点校说明》、严薇青《王培荀及其〈乡园忆旧录〉》、蒲泽《试谈〈乡园忆旧录〉中有关蒲松龄的几条史料》,然皆缺乏细致搜求和考述,且介绍文字中还有不少错误。

王培荀一生可分为三个时段：一是道光十五年前在山东修学应试，二是道光十五年至二十九年在四川做官，三是道光二十九年以后回乡讲学。

第一时段，仕前生活五十二年（1783－1835）。关于王培荀在这一时段的文献记载在四川十分少见，以致赵熙在民国《荣县志》的小传中无事迹之载，今学者至有称其"卒年不详"，"道光二年举人"者。

据山东地方历史文献记载，王培荀出生在书香门第。其祖相符（字小山），父思枢（字斗南）都是誉扬乡里的文化人，但没有考取功名。外祖王兆奥系清初大学者王渔洋的裔孙、满腹诗书的学者。王培荀幼年时代是在外祖家度过的，受过良好的启蒙教育。少年时，回到祖父身边，其聪明好学，深得长辈喜爱。尽管是庶出次子，但王家仍然把光大门楣的希望寄托在他身上。祖父看过王培荀撰写的文章后说："见得到，说得出，决科非难事也。"

嘉庆八年（1803），王培荀考中了秀才，次年，祖父去世。其父亲以教书为业，维持全家生计，王培荀本人亦以教书补贴家用。道光元年（1821），王培荀在山东参加乡试，荣中举人（道光《济南府志》）。在其后的十五年间，先后六次参加会试，皆名落孙山。道光十五年（1835），53岁的王培荀在最后一次会试中落榜，心灰意冷，已萌绝意仕进之念，巧逢朝廷举行六年一度的大挑，他竟意外地获得第一等，分发四川做县官，这才走上仕宦道路。

第二时段，宦游蜀中十四年（1835－1849）。这是王培荀一生中最值得注重的时期：一方面历任丰都、兴文、荣昌、新津、荣县等五县的知县，政绩不错；另一方面他的绝大部分著作是在此期间完成的。王氏本有《雪峤日记》十二卷，记录了他在道光十五年到二十六年所历之事，是今人了解、研究王氏这一时段事迹的最好文献资料。可这部日记流传不广，笔者多方寻求，仍不得一见。尽管如此，我们还是可以根据其诗集《寓蜀草》和方志勾画出其在这一时段的宦游生活。

《寓蜀草》卷二有《游平都山》，平都山乃蜀中名山，位于丰都城郊，这表明王培荀曾到过丰都，而卷一中的《述怀》明确自注云："署丰都"。署者，署理也。清代本官公干外出不久即回者，委衔职相当者代为办事，即署理。据民国《丰都县志》记载，王培荀署理丰都县事在道光十六年丙申（1836）（民国《丰都县志》卷四《官师表》）。

《寓蜀草》卷一中的《由青神将至嘉定》自注云："赴兴文任"，同卷另一首《仓谷谣》的小序中还说："兴文地瘠民贫"。可见，王培荀确实做过兴文知县。据民国《兴文县志》记载，王培荀系道光年间兴文县的第三任知县，但没有具体的任职时间（民国《兴文县志》卷四《官师表》）。

民国《荣昌县志》载：道光十八年戊戌（1838），王培荀署理荣昌县事，而次年安徽建德县人监生徐先垠，于十九年接任本县知县（民国《荣昌县志》卷九《职官志》）。

《寓蜀草》卷一中的《杂诗》自注云"在新津"，同卷另有《卸新津篆》，篆者，代理也。由此可知，王培荀确实代理过新津知县。

王培荀在《修城记》说："道光辛丑到任巡城，惟北门颇敝。"民国《荣县志》亦载：道光二十一年辛丑（1841），王培荀任本县知县。二十三年癸卯（1843），调任四川乡试同考官，荣县令由济宁举人李晢署（民国《荣县志》卷十《秩官志》）。道光二十七年丁未（1847）刻《寓蜀草》于荣县，其《自序》亦撰于"县署之凝翠楼"。道光二十八年戊甲，其《管见举隅序》作于县署。王氏在荣县的任期应该止于道光二十九年（1849）致仕，据民国《荣县志》，这年台州人洪蟾陞接替了荣县知县。

民国《荣县志》中本有王培荀小传，但仅此一句："喜著述，励士以学，文风丕振，旧无有也。"然后附录其《蜀中杂咏》而已。不知是因资料缺乏，还是主纂赵熙为诗人。

第三时段，回乡讲学十年（1849—1859）。道光二十九年己酉，王培荀致仕，回到山东淄川。淄川，古称般阳，源于在汉时于此置般阳县，清康熙中知县周统创建般阳书院，后任知县多次扩修，晚清已成为当时知名学府。王培荀回乡，便主讲般阳书院，至咸丰九年（1859）逝世，终年77岁。

二、王培荀其书

王培荀虽然只是一位举人，却是一位学识渊博、颇好著述的学者。笔者所知，王培荀的传世著作至少有七种（据山东地方文史工作者介绍，王培荀的著作还有《学府集说》二卷、《四书集义》五卷、《读书续论》二卷、《王氏家传》一卷），而且基本上是在四川任职这十四年中完成。兹就这些著作分述于下：

1.《荣县志》三十八卷

王培荀在道光《荣县志序》中说："邑志修于前令许汇泉，今三十余年。甲辰，学使蔡公按试嘉定，征所属邑乘。吏白旧板坏三十余叶，乃聚士绅议补之，增以后事。执事曰：'旧志诸目，首尾蝉连，有纪增之，无由入，非改刻不可。'于是奋然修辑，闻者踊跃捐资，邑人廖君扶九主讲凤鸣书院，张君海云主讲桂林书院，朝夕共事，校前志略有更订，阅八月而成。"所谓"前令所修邑志"指嘉庆十七年知县许源主修的《荣县志》。王培荀增修改刻正是在许氏所修邑志的基础上完成的，道光二十四年甲辰动议改修，二十五年乙巳夏天就完成了,这篇《序》即作于当年十二月。因重修重刻,王培荀通过"闻者踊跃捐资"筹措了很大一笔资金,除《荣县志》外,《听雨楼随笔》《乡园忆旧录》《管见举隅》《寓蜀草》《雪峤日记》等几部书可能都是利用这笔钱刻印的。

《荣县志》道光二十五年刻本现藏于四川大学图书馆。

2.《听雨楼随笔》八卷

杨钟义在《雪桥诗话》中记载:"济南王培荀雪峤,辛巳(1821)举人,官荣县知县,仿《锦里耆旧传》为《听雨楼随笔》八卷,凡蜀人士及游宦于蜀者,佳章轶事撷拾存之,异物殊俗,可资谈助者尤多。"(杨钟义《雪桥诗话余集》卷七)据其《凡例》,王氏此作"意在存风土,故于异物殊俗,多有采访"。

据王培荀《听雨楼随笔序》,此书成书于道光二十五年乙巳(1845)。内容涉及广泛,主要包括清朝以来,尤其是康乾嘉道四朝的四川大事,以及巴蜀地区的历史地理、天然资源、文物古迹、风土人情、名人轶事。魏尧西先生的《点校说明》对此书的内容和价值有过全文的叙述。

《听雨楼随笔》道光二十五年刻本现藏于中国科学院图书馆。《续修四库全书》第1180册影印收入。《听雨楼随笔》还有两个整理本:一是魏尧西点校本,1987年由巴蜀书社出版;二是周昌富、李大营点校本,1992年由山东大学出版社出版。

3.《乡园忆旧录》六卷

王培荀在蜀为官十四年,为了"慰乡土之思",辑成《乡园忆旧录》六卷,后来续增至八卷,共千余篇,对山东的历史地理、风俗民情、名胜古迹、诗文掌故、物产资源、科学技术以及历代名贤耆旧的嘉言懿行均有记载,为后世的研究提供了大量的资料。据其《自序》,此书成《听雨楼随笔》竣刻后的道光二十五年秋天。

《乡园忆旧录》道光二十五年刻本现藏于上海图书馆,《续修四库全书》第1180册影印收入。今天通行版本是山东淄博人薄泽整理的点校本,1994年由齐鲁书社出版。

4.《管见举隅》十五篇

《管见举隅》是王培荀阐发儒经和政治见解的文集,共十五篇,即《周易》《书经》《诗经》《春秋》《礼乐论》《井田论》《气数论》《书韩文公〈原道〉后》《三教论》《为政宽猛论》《天论》《正统论》《大人小人论》《财论》《封建论》。从篇目上看,前面五篇是论述"五经"的,实际上王氏并非系统阐释诸经,而是诸经开头部分,或者说诸经中他有见解的部分,如《周易》只论乾坤,《书经》只论二典,《诗经》只论二南,《春秋》则只论隐公,《礼乐论》只论礼。故书名曰《管见举隅》。

造成这一现象的原因,是王培荀本人的经学学力不深,他曾说自己治经的功夫不能与子侄相比,但作为一县之长又不得不去书院讲经以励学,而《管见举隅》这组文章正是由于讲学而形成的。《管见举隅自序》称:"初至荣县,为书院诸生偶摘书义解说,而笔录之于纸,本无次序,所积虽多,原本久失,去转从诸生抄录者,删节刻之,亦管中窥豹,故统名之曰管见举隅。"此序撰于道光二十八戊申(1848)。

《管见举隅》道光二十八年刻本现藏于中国科学院图书馆,《续修四库全书》第1159册影印收入。

5.《寓蜀草》四卷

当代山东文史工作者称王培荀为清代山东著名诗人,这个定位确凿不虚,王氏一生创作有大量诗歌,《听雨楼随笔》即存有少许,尽管王氏自谦说"随手作韵语以纪,非敢言诗也",但实质上就是诗。不过,王培荀的诗歌集中载录于《蜀道联辔集》和《寓蜀草》中。

《寓蜀草》收录诗歌数百首，是王培荀从北方赴四川上任途中和在蜀十四年所创作的，涉及巴蜀地区不少州县的民风民俗、文物古迹、花卉树木，前有两序，其一是自序，其一是弟子徐子来序。自序署曰："道光丁未春般阳雪峤王培荀书于剑南荣县署之凝翠楼。"可见，此集亦成于荣县。

　　《寓蜀草》中的绝大多数诗是王培荀亲临其境而创作的，如《五丁峡》《栈道行》《游武侯祠》之类，少数诗作未必亲历其地，其中有不少是与同期在蜀官员或士人的唱酬之作，如《和赵竹庵巴州怀友》《题韩文公"鱼跃鸢飞"字》。据杨钟义《雪桥诗话三集》记载，当时与之"邮递唱酬"者，主要是香山何云陔、大梁李红樵、余杭吴音木、江左赵竹庵、蜀人潘紫垣（杨钟义《雪桥诗话三集》卷十一，李红樵，《寓蜀草》作李梅樵）。

　　《寓蜀草》中除大量咏川陕古道和巴蜀地区的文物古迹外，有不少是咏四川风俗的，如《蜀俗》《负炭妇》《川中鼠》之类。这里，特别引录王培荀咏司马相如和卓文君的两首诗。《蜀中杂咏》之一曰："司马文章一代才，炎凉怀抱几时开。他年宣谕还乡国，只为高车驷马来。"（王培荀《寓蜀草》卷三）《咏司马相如》云："流传词赋妙香熏，惆怅琴台日暮云。千古怜才逢汉武，一家知己有文君。草余封禅书难就，人至临邛酒易淳。莫道后来无继起，骚坛扬子殿三军。"（王培荀《寓蜀草》卷四）

　　《寓蜀草》有道光二十七年刻本和同治八年姚溶昌刻本。同治本现藏于上海图书馆。《续四库全书》影印同治本，收入第 1526 册。"中国基本古籍库"亦收有此集，可供查寻。

　　6.《蜀道联辔集》

　　《蜀道联辔集》是王培荀与王者政（春舫）合刻的一部诗集。徐世昌《晚晴簃诗汇》记载：字雪峤，淄川人，官四川知县，与王者政合刻《蜀道联辔集》（徐世昌《晚晴簃诗汇》卷一三四）。又载曰："王者政，字春舫，文登人，道光己丑（1829）进士，官龙安知府，与王培荀合刻《蜀道联辔集》。"（徐世昌《晚晴簃诗汇》卷一三五）徐世昌仅引录了王培荀《骊山歌》一首。此诗亦收入《寓蜀草》卷二，作《过骊山》。

《蜀道联辔集》版本难寻，多方搜寻，仍不得一见。但笔者以为，其中王培荀的诗歌应该都被收入《寓蜀草》，如《过潼关》《秦台怀古》《过骊山》《长安道中》《五丈原》《栈道行》《定军山》《五丁峡》《龙门阁》《朝天峡》等。这些蜀道诗向我们提供了两条信息：一是从排版上看蜀道诗为王培荀赴任入蜀之作，而非致仕出蜀所作；二是王培荀是由川陕古道进入四川，非从三峡入蜀。

7.《雪峤日记》十二卷

这部日记记载的是道光十五年至二十六年，即王培荀宦游蜀中时的见闻，既有发生在身边的琐事，又有当时发生的国家大事。应该说，这部《日记》是了解和研究王培荀宦游蜀中的最好材料，但此书少有流传，极难寻得。

《雪峤日记》有道光二十九年听雨楼刻本，现收藏于上海图书馆、山东师范大学图书馆。

（蔡东洲：西华师范大学历史文化学院院长、教授）

司马相如文疑难词语小考

王启涛

汉代赋家司马相如的文同样是作者的用心之作,需要后人从各个方面进行研究。由著名学者费振刚带领他的两位博士研究生选注的《两汉文》(河北教育出版社 2001 年 5 月第 1 版,后又发行了第二版),共选注了司马相如的三篇文章:《谕巴蜀檄》《难蜀中父老》《谏猎书》。费先生对于司马相如文的介绍和注释竭尽全力,令人钦佩。但是,费氏对原文的一些词语的注释颇有可商的地方,这直接影响到对原文真义的把握,故不可不辨,今拈出三例,以就教于费先生及方家。

【发军兴制】

《谕巴蜀檄》:"发巴、蜀之士各五百人以奉币,卫使者不然,靡有兵革之事,战斗之患。今闻其乃发军兴制,惊惧子弟,忧患长老。郡又擅为转粟运输,皆非陛下之意也。当行者或亡逃,自贼杀,亦非人臣之节也。"费注:"发军,发三军之众。兴制:为兴众之制。一说:军兴制即军兴法,紧急军事动员的法令。"

按：费氏前说误，"发军兴制"应该是"发"与"军兴制"的组合。"军兴"本指征集财物以供军用。《周礼·地官·旅师》："平颁其兴积。"郑玄注："县官征聚物曰兴，今云军兴是也。"《晋书·刑罚志》："《厩律》有乏军之兴，及旧典有奉诏不谨、不承用诏书，汉氏施行有小愆之反（引者按：应作"乏及"）不如令，辄劾以不承用诏书，乏军要斩。"《唐律疏议》卷一六《擅兴》"乏军兴"："诸乏军兴者斩，故、失罪等。"原注："谓临军征讨，有所调发而稽废者。"疏议云："兴军征讨，国之大事。调发征行，有所稽废者，名乏军兴。"《急就篇》颜注："律有乏兴之法，谓官有所兴发而辄稽留，乏其事也。"吐鲁番出土文书 TIVK70-71《永徽擅兴律》残片："若有校试，以能为不能，以故有所稽之（乏）者，以乏军［兴］。""军兴"也指战时的法令制度。《汉书·隽不疑传》："（暴胜之）以军兴诛不从命者，威振州郡。"颜师古注："有所追捕及行诛罚，皆依兴军之制。"颜师古所言"兴军之制"正可以与我们讨论的"军兴制"相互观照。"制"有"法度"之义，《礼记·曲礼上》："越国而问焉，必告之以其制。"郑玄注："制，法度。""发军兴制"即发布战时的法令制度。请比较《汉书·司马相如传下》："相如为郎数岁，会唐蒙使略通夜郎、僰中，发巴、蜀吏卒千人，郡又多为发转漕万余人，用军兴法诛其渠率。""军兴法"就是"军兴制"。关于"军兴"，又请参考张家山汉简《二年律令·行书律》；程树德《九朝律考》之《晋律考》；王启涛《中古及近代法制文书语言研究——以敦煌文献为中心》（巴蜀书社2003年版），第352-353页；王伟《〈秦律十八种·徭律〉应析出一条〈兴律〉说》，载《文物》2005年第10期。

【信使】

《谕巴蜀檄》："陛下患使者有司之若彼，悼不肖愚民之如此，故遣信使晓谕百姓以发卒之事，因数之以不忠死亡之罪，让三老孝弟以不教诲之过。"费注:"信使,诚信之人所当的使者。"

按:费注误。"信使"与"诚信"并无关系,而是指传达消息、递送书信或信物的使者。这里主要是"信"字意义的确诂。考《字汇补·人部》:"信,古谓使者为信。""信"指传送公文函件的人。《史记·韩世家》:"命战车满道路,发信臣,多其车,重其币。"《资治通鉴·晋成帝咸和三年》:"宜急追信改书。"胡三省注:"信,即使也。"吐鲁番出土文书67TAM88:25《高昌高乾秀等按亩入供帐(二)》:"玄领寺一半九月七日,二供作希瑾信。""信"之所以有"使者"义,可能来自"符信""凭证"义,考《墨子·号令》:"大将使人行,守操信符。信不合及号不相应者,伯长以上辄止之。"64TAM4:32《唐总章元年(668)左憧熹买草契》:"两和立契,获指为信。""信"在古代汉语中还有"信物"义,请比较吐鲁番出土文书64TAM24:29《唐赵连、武通家书》:"[有]白陵五尺,用作阿妇信;胡粧二两,梳三箇,细针四十箇,五色丝绽一两,用作两箇女信。"64TAM5:40《唐李贺子上阿郎、阿婆书一(一)》:"手里更无物作信,共阿郎、阿婆作信。"64TAM5:81,82《唐李贺子上阿郎、阿婆书三》:"若后有使人来报来,并更有须提药[麹]绍贞将信金钱二文[银]问语阿兄。"大谷1040号文书《高昌年次未详(6世纪后期或7世纪前期)柂等书信信物入历》:"柂书后作王信金钱一文,迦匕贪旱大官作可顿信金钱一文,作王信青马一疋,书一封,绫二叠。酒一驼。"请比较唐玄奘《奘师表启补遗》之一《请附讯物及书往西域表》:"今者见有袈裟三领,圣恩所赐紃绫十匹,诸寺访得绣像彩及诸供养道具之物,并附单书,敬问师友,请因今使附往天竺,冀斯凭信,用谢厚恩。"唐慧立、彦悰《大慈恩寺三藏法师传》卷一:"又作二十四封书,通屈支等二十四国,每一封书附大绫一匹为信。"敦煌文书 S.328《伍子胥变文》:"子胥虑嫌信少,更脱宝剑于(相)酬。"S.

1284《西州释昌富上灵图寺陈和尚状》:"今于氾法师手上紫草壹斗,又细布一角,乾枣一袋子,充阿师子信,聊表卑仪,请莫怪也。"《太平广记》卷243"李邕"条(出《纪闻》):"日本国使至海州,凡五百人,载国信,有十船,珍货数百万。"由于"信"本身有"信物"(包括礼物和书信)义,加之常常与"使"连带使用,因而也有了"使者"义,"信使"属于同义连用。

【丘虚】

《谏猎书》:"且夫清道而后行,中路而驰,犹时有衔橛之变。况乎涉丰草,骋丘虚,前有利兽之乐,而内无存变之意。其为害也,不亦难矣。"费注:"丘虚,即丘墟,土包。"

按:费注误,"丘虚"应该为"坟墓"义。请比较《礼记·礼器》:"宫室之量,器皿之度,棺椁之厚,丘封之大,此以大为贵也。"吐鲁番出土文书73TAM506:05/2(a)《唐大历四年(769)张无价买阴宅地契》:"丘承墓伯,封步累畔。道路将军,憨(整)齐阡陌。"75TKM99:16《苻长资父母墟墓随葬衣物疏》:"故手爪囊各一枚。凡有右条衣物,糸绢,金银家居自有,河陌里攀苻长用资父母虚暮长人,国亲,通道仞旧,不得领遮仞名,如律令。""虚",《说文》:"虚,大丘也。"又通"墟",坟墓。《礼记·檀弓下》:"墟墓之间,未施哀于民而民哀。"晋潘岳《悼亡》诗之三:"徘徊墟墓间,欲去复不忍。"《新五代史·周淑妃杨氏传》:"太祖崩,葬嵩陵。一后三妃皆当陪葬。而太原未克,世宗诏有司营嵩陵之侧为虚墓以俟。"

(王启涛:四川师范大学文学院教授、博士)

《成都文类》中的司马相如

赵晓兰

提 要：司马相如"建节往使""略定西夷"，西汉王朝在西南地区设治，是建立统一多民族国家的万世长策，是奠定中国疆域版图的千秋大业，也是司马相如对中华文明做出的历史性贡献。杨天惠、郑少微的《悯相如赋》或因北宋酷烈的党争而作，似有现实针对性。由汉至宋，历代诗文中言及司马相如者，多就其文采风流抒写，罕有言其政治建树者。

关键词：《成都文类》 司马相如

《成都文类》是南宋袁说友任四川安抚使时组织编辑的一部有关成都诗文分类纂次的总集，共五十卷，按文体分为十一类，凡一千余篇，其中与司马相如有关的约三十篇，大体可分为以下三类：

一、司马相如著作：《谕巴蜀檄》《蜀父老难》（卷四七）。

二、汉宋间历代评议司马相如或凭吊其传说中的遗迹之作，如：杨天惠、郑少微《悯相如赋》（卷一，共2篇）、宋祁《司马相如字长卿赞》(卷四八)、杜甫《琴台》(卷七)、张祜《司马相如琴歌》(卷一〇)、宋祁《司马相如琴台》(卷七)、邵博《题司马相如琴台》(卷八)、宋京《琴台》(卷八)、范镇《升仙》(卷三)等。

三、汉宋间历代提及司马相如之作：如左思《蜀都赋》、王腾《辨蜀都赋》(卷一)、刘孝威《蜀道难》(卷二)、杜甫《酬高使君相赠》(卷一二)、田况《进士题名记》(卷三〇)、宋祁《文翁祠堂记》(卷三四)等。

综观上述司马相如的著述或历代有关司马相如的评述，我们可以对司马相如其人其事及汉宋间相关解读清理出一条线索，现略论如下。

一

《成都文类》卷四七收录有司马相如《谕巴蜀檄》《蜀父老难》[1]二文。此二文出自《史记·司马相如传》，又见于《汉书·司马相如传》。《谕巴蜀檄》《蜀父老难》作为司马相如的代表作品，历来受到学界的关注。学者大多从文学史角度出发，认为此二文喜铺陈，多排偶，用语畅达，风格遒劲，有辞赋化倾向，具有明显的西汉散文特色，对后世政论散文颇有影响。至于它们的史料、文献价值，论者则大多语焉不详。笔者认为，《谕巴蜀檄》《蜀父老难》不但是研究司马相如其人其事的重要资料，更是研究西汉中央政权与西南边陲民族地区的关系、交往及我国作为多民族统一国家形成过程的珍贵史料。"秦汉王朝在西南地区设治使之正式成为中国统一多民族国家不可分割的部分，这是对中华文明做出的历史性贡献。其所具有的伟大意义，历时愈久而愈为彰显。"[2]毫无疑义，西汉王朝在西南地区设治，西南地区正式成为多民族统一大家庭的成员，"对中华文明做出的历史性贡献"中,司马相如功勋卓著,且"历时愈久而愈为彰显"。这是对作为政治家的司马相如的客观、公正的评价。

关于司马相如写作《谕巴蜀檄》的背景,《史记·司马相如列传》有翔实记载:

> 相如为郎数岁,会唐蒙使略通夜郎西僰中,发巴蜀吏卒千人,郡又多为发转漕万余人,用兴法诛其渠帅,巴蜀民大惊恐。上闻之,乃使相如责唐蒙,因谕告巴蜀民以非上意,檄曰……[3]

檄文晓之以理,动之以情,下达后,终于将天子之意谕告巴蜀百姓,消除疑虑,安定民心,为汉王朝在西南地区开拓疆土减少了障碍。作为天子使者的司马相如圆满完成了使命,展现了其突出的政治才能及文学才华。

然而汉王朝与西南民族地区的关系问题仍然悬而未决,《史记·司马相如列传》于此亦有详细记载:

> 相如还报。唐蒙已略通夜郎,因通西南夷道……蜀民及汉用事者多言其不便。是时邛、筰之君长闻南夷与汉通,得赏赐多,多欲愿为内臣妾,请吏,比南夷。天子问相如,相如曰:"邛、筰、冉駹者近蜀,道亦易通,秦时尝通为郡县,至汉兴而罢。今诚复通,为置郡县,愈于南夷。"天子以为然,乃拜相如为中郎将,建节往使。副使王然于、壶充国、吕越人驰四乘之传,因巴蜀吏币物以赂西夷………司马长卿便略定西夷,邛、筰、冉駹、斯榆之君皆请为内臣。除边关,关益斥,西至沫、若水,南至牂牁为徼,通零关道,桥孙水以通邛都。还报天子,天子大说[4]。

从司马相如面对武帝询问而陈述的"复通（西夷），为置郡县，愈于南夷"的谋略及其后"建节往使""略定西夷"的种种举措，我们不禁惊叹于被后人艳羡的司马相如的"文采风流"其实远不是其人其事的全部。作为政治家，司马相如宏阔的政治视野、清醒的政治头脑及雄辩果决的政治才能，对西南民族地区发展乃至汉王朝大一统政治格局的形成都具有深远影响。

据史学家考证，内地与西南边陲各族人民的交往源远流长，从战国末年便已开始。秦并六国后，秦始皇委派属下通西南夷，其间因交通受阻，乃遣众开凿栈道。栈道开通后，秦王朝之势力延扩至邛都、昆明一带，并在该地设置官吏，建立行政机构。同时，秦又经蜀郡加强与邛都、筰、冉駹联系，并将之纳入秦王朝郡县制行政系统。司马相如称"邛、筰、冉駹者近蜀，道亦易通，秦时尝通为郡县，至汉兴而罢"（见《史记·司马相如列传》《西南夷列传》），即就此而言。然而，秦汉及其后历朝的统治者，因其时代及个人的局限，大多并未清楚认识到开发西南民族地区的重大战略意义，对西南地区在统一的多民族国家形成过程中的举足轻重的地位也认识不足。因此，对于秦王朝在当地建立的郡县制行政系统，"至汉兴而罢"。《史记·西南夷列传》于此还有更明确的记载："秦时常頞略通五尺道，诸此国颇置吏焉。十余岁，秦灭。及汉兴，皆弃此国而开蜀故徼。"建元六年（前135），汉武帝在国家政局稳定、国力强盛的背景下开始关注西南夷，但其关注带有明显的功利目的，初衷大体是开通由僰道经牂牁江抵达番夷之通道，扬汉威德，亦可获取远方奇珍异宝。在这样的大背景下，司马相如力主在西南夷"为置郡县"，且认为此举将"愈于南夷"，其远见卓识令人叹服。

司马相如"略定西夷"事，在"汉兴七十有八载，德茂存乎六世"之时，即汉武帝元光六年（前129），下距"博望侯张骞使大夏来"之元狩元年（前122年）尚有七年之久。此时，西汉王朝与"西南夷"的关系处于草创期，其外交政策亦尚在探索阶段。于是，司马相如的"略定西夷"策略便受到广泛质疑及不满，司马迁忠实地记录了《蜀父老难》的写作背景：

> 相如使时，蜀长老多言通西南夷不为用，唯大臣亦以为然。相如欲谏，业已建之，不敢，乃著书，借以蜀父老为辞，而已诘难之，以风天子，且因宣其使指，令百姓知天子之意[5]。

其时，不仅是"蜀长老多言通西南夷不为用"，大臣也多认为经营西南夷得不偿失，"此人臣之利，非天下之长策也""非所以子民也""非所以安边也""非所以持久也"[6]。针对其时来势汹汹的议论，司马相如以其一以贯之的雄才伟略及雄辩滔滔的过人智慧，给予了针锋相对的驳斥及有力的还击："盖世必有非常之人，然后有非常之事；有非常之事，然后有非常之功""且夫贤君之践位也……必将崇论闳议，创业垂统，为万世规。故驰骛乎兼容并包，而勤思乎参天贰地""以偃甲兵于此，而息诛伐于彼。遐尔一体，中外禔福。"尽管当时司马相如还不可能清楚认识到开发西南夷是建立统一多民族国家的万世长策，是奠定中国疆域版图的千秋大业，尽管其后武帝又有"罢西夷"之举，然而，司马相如以其强烈的社会责任感、过人见识及突出的政治才能，得到武帝的充分信任并委以重任，"建节往使""略定西夷"。由于汉王朝是中国历史上第一个巩固的统一多民族帝国，是中国疆域奠定过程中最重要的时期之一，在西南民族地区的开发上，司马相如对中华文明的"历史性贡献"将永远受到炎黄子孙的尊崇与景仰。

二

《成都文类》卷一收录有作者分别为杨天惠、郑少微的《悯相如赋》,这似是该书与司马相如有关的作品中最值得关注的篇章。

杨天惠,"字佑父,郫县人。元丰进士,摄邛州学官。徽宗朝,上书言事,入党籍卒。左丞冯澥志其墓,号西州文伯"[7]。

在杨天惠的《悯相如赋》中,作者以《史记》本传为依托,以夸张的笔触叙写了司马相如的家世、过人的才干及"才高而寡合"的际遇。其后作者笔锋一转,对司马相如与临邛令王吉的"相善"提出了严厉的批评:"彼汙令之体苛兮,矜缛礼之阘单。慨非余心之所悦兮,矧驵侩之与同盘。"对司马相如所谓"不得已,强往"赴宴,作者同样发出了尖锐的质问:"何隆初而杀终兮,卒俯首而从旟""纷臭处之逼人兮,笑言呀以更欢。于意卿食不下咽兮,奚宴安乎未欢!"作者认为,司马相如的"琴挑","嗟辇下之遗直兮,固洌涊而不鲜。嫭冶容而亡赖兮,猥自成乎哀弹。"对此,作者还进一步作出评价:"懿长离之文章兮,非鸾凰其谁匹?曷伻鸩以为媒兮,即游枭而接翼?"在作者看来,这样的行为,无异于"弃朝阳之显敞兮,集此榛莽之蒙密也。吐竹梧之芬馨兮,争膻腥之余啄也,度将雏以授意兮,吾固不审卿之所谓也!"对卓文君其人,作者也有自己的评价:"卿纵怀彼枭以好音兮,吾恐彼枭之终弗类也。即么么又不材兮,曾何足以涵箕帚之役!"对司马相如以"重赐文君侍者通殷勤"促成卓文君之夜奔,及其后之酤酒劳作,作者则毫不留情地斥责道:"卿胡偭然不自喜兮,安受此盐蚀?岂其不禁杯杓兮、恍沉冥而不自克?宁卿意之易败兮,移气体于终食?人固醉而误、醒而悔兮,庸何伤于好德!怪卿初弗定此计兮,后又狂鹜而不复。入不惭乡杖者之善骂兮,出不羞贤牧伯之余泽,厌儒衣之巨丽兮,袭隶人之亵服。虽杂作而忘劬兮,蔽泥水以为饰。怅迁房犹不堪其愤兮,卿独何施于眉目!"

在极度的失落、失望中,作者发出了这样一声叹惋:"嗟乎!操行之不得兮,躏终古而增汙。挽天河以自湔兮,吾恐垢氛之不能去。"在作者看来,司马相如的深重"罪孽",已经是挽天河之水也难以洗刷干净的了。

《成都文类》卷一还载有郑少微的《悯相如赋》。郑少微,"字明举,成都人也,与(刘)泾俱以文知名,而仕不偶"[8]。刘泾为熙宁六年(1073)进士,少微则大体与之同时。

郑少微的《悯相如赋》与杨天惠所作同题而侧重点不同。郑少微对司马相如才华的褒赏似在杨氏之上:"跂长卿之绝尘,邈下视于屈、宋""当其奋翼巴庸,前无古人"。对于赴宴、琴挑、夜奔等,只用寥寥数语,点到为止。

郑少微对司马相如的批判力度似不如杨氏:"缙绅先生,而为此欤!凉德汙行,既不胜诛""搂处子者迷忠义之大闲,窥邻墙者暗富贵之危机"。而对卓文君,郑少微则以"泳汉之游女""采桑之秋胡"为楷模,痛斥其"尔弗安于正吉兮,蒙恶声于简书"。笔者以为,在司马相如与卓文君二人中,郑少微似偏爱司马相如,而将批判的矛头,更多对准了卓文君。

对司马相如与卓文君爱情神话的质疑并非自杨天惠、郑少微始,就在《史记·司马相如列传》里,司马迁便已运用了"《春秋》笔法":"临邛令缪为恭敬""相如缪与令相重""相如乃使人重赐文君侍者通殷勤"。《汉书·司马相如传》亦同。扬雄《解嘲》则云:"司马长卿窃赀于卓氏。"[9]《文心雕龙·程器》云:"相如窃妻而受金。"[10]汉宋之间,持上述观点者不乏其人,这些人大体从个人道德角度对司马相如与卓文君才子佳人遇合之事持不同态度。笔者以为,杨天惠、郑少微的《悯相如赋》其用意或有所不同。

杨天惠、郑少微生活的时代，是北宋末年党争连绵不断，酷烈异常之时，杨天惠曾因在徽宗朝上书言事而入党籍[11]，郑少微尽管未卷入党争，但怀才不遇，仕宦不偶。他们和生活于其中的那个时代、当时的社会环境格格不入，却怀有一腔愤世嫉俗之情。

党争是北宋中后期政治生活的主要内容，无数士大夫被卷入其中，其时攻讦之风盛行，文字狱蔓延，政局大坏，人人自危。由于政局多变，动荡不定，许多正直的士大夫身不由己挟裹其中，历尽坎坷，甚至命丧黄泉。即以蜀中苏轼为例，苏轼出于对民生疾苦的关注，写了一些讥刺新法的诗，就在苏轼改知湖州往湖州赴任之时，朝臣何大正弹劾苏轼的札子已进呈朝廷，并将苏轼的集子进呈皇上供查检定罪。另一朝臣舒亶也上札子弹劾苏轼，并将印行苏集四册进呈朝廷，称苏轼之罪行"虽万死不足以谢圣时"[12]。其后苏轼被朝廷派员倍道疾驰，缉拿归案，下御史狱，其间苏轼不止一次拟自杀。乌台诗案牵累的人多达二十九人，让苏轼愧疚不已。苏轼"泛爱天下人，无贤不肖欢如也"，这样一个博爱、宽容的人，在遭遇文字狱后，因害怕被牵累，亲朋多与之绝交。而变法之倡导者王安石在变法失利后，同样经历了一番世态炎凉，时人张舜民有《哀王荆公》诗四首，其三曰："去来夫子本无情，奇字新经志不成。今日江湖从学者，人人讳道是门生。"[13]这些翻手为云覆手雨的势利小人，正印证了"文人无行"之说。世道人心如此，使人不得不对一些士大夫标榜自己的气节、操守产生了极大的怀疑。杨天惠、郑少微对司马相如、卓文君的抨击，或别有深意，言在此而意在彼，作者真正的批判锋芒，其实是指向那些无行文人，指向每况愈下的世风的。这也许可以解释，在身处千年之后的杨氏、郑氏二人，何以要这样义正严辞地写下《悯相如赋》，对这位乡贤大张挞伐。杨、郑二人对司马相如之"悯"，对司马相如及卓文君的抨击及斥责,似是有感而发,有现实针对性,是针砭时弊之作。

《成都文类》卷四八载有宋祁的《司马相如字长卿赞》。宋祁,字子京,开封雍丘人。宋仁宗天圣二年(1024)进士,至和三年(1056)为蜀守。《赞》前之总题为《府学文翁画像十赞》,总题下之序文引吴曾《能改斋漫录》,称仁宗时蒋堂知成都,尝会试蜀中才俊,并别建西学。后因故毁之。宋公(祁)至成都府,乃即其旧址建文翁祠,并在祠内图严君平、司马相如等蜀士先贤凡九,及公之像而十,且为之赞。其中《司马相如字长卿赞》曰:

蜀有巨人,曰司马氏,
在汉六叶,为文章倡始。
言必故训,革战国之弊。
斫雕混茫,从神取秘。
摘发厥章,日星佐华。
《封禅》遗篇,意竭词奢。
武用东之,绍七十二家。
行虽小眚,后帝贤嗟。

从这篇《赞》看来,宋祁对先贤司马相如的评价集中于下述两点:1. 为文章倡始;2.《封禅文》意竭词奢,促成武帝继七十二君之后,东行封禅。文中之"小眚",或即指司马氏与文君之风流韵事而言。

宋祁对司马相如之文才及影响的评价是公论,封禅作为秦汉后封建王朝祭天地的国家大典,曾经盛况空前,而汉武帝之封禅和沉迷于求仙,历来为人诟病。《赞》对司马相如"略定西夷"之功,不置一词,似是宋祁对司马氏评价之偏颇。或许,这篇《赞》原本为文翁祠而作,对蜀中先贤的评价更侧重文化及文才吧。

相传当年相如琴挑文君时,有"凤兮凤兮归故乡"之琴歌二首,又传成都有琴台,为相如弹琴处,于是,琴台与琴歌便成了历代文人墨客吟咏不绝的题材。现略举数首如下:

茂陵多病后,尚爱卓文君。
酒肆人间世,琴台日暮云。
野花留宝靥,蔓草见罗裙。
归凤求凰意,寥寥不复闻。

——杜甫《琴台》

西汉文章世所知,相如闳丽冠当时。
游人不赏凌云赋,只说琴台是故基。

——田况《题琴台》

故台千古恨,犹对旧家山。
半夜鸾凤去,它年驷马还。
死忧封禅晚,生爱茂陵闲。
惟有飘飘气,仍存天地间。

——宋祁《司马相如琴台》

车骑拥客安在哉?绮琴何事有遗台?
当时卒困临邛辱,异日宁知谕蜀才!
园令官闲多病后,茂陵书奏侈心开。
文章光焰留千古,陈迹犹存尚可哀。

——韩绛《题琴台》

凤兮凤兮非无凰,山重水阔不可量。
梧桐结阴在朝阳,濯羽弱水鸣高翔。

——张祐《司马相如琴歌》

综观上述吟咏琴台、琴歌之作品，除韩绛《题琴台》对相如有"谕蜀才"之评价外，其余大体皆集中于对其文章、才调之叹美。其实，这样的评价在司马迁笔下已见其端倪："相如虽多虚辞滥说，然其要归引之节俭，此与《诗》之风谏何异？"司马迁的定位一直为文人墨客所遵循。

上引宋祁《司马相如琴台》中有"它年驷马还"之句，据记载，"（成都）城北十里有升仙桥，有送客观。司马相如初入长安，题其门曰：'不乘赤车驷马，不过汝下'也"[14]，据刘琳先生考证，升仙桥在城北跨升仙水上，升仙水即今沙河，升仙桥当即今驷马桥附近。

《成都文类》卷三收录有唐人罗隐《升仙桥》及宋人范镇的《升仙》。罗隐诗云：

> 危梁枕路歧，驻马向前时。
> 价自友朋得，名因妇女知。
> 直须论运命，不得逞文词。
> 执戟君乡里，荣华竟何为！

范镇诗云：

> 去用文章结主知，出衔恩旨谕皇威。
> 相如终古成轻诧，桥上空题驷马归。

罗诗坦直浅易，范诗古淡简远。若论其情致韵味，则范诗远在罗诗之上。

三

《成都文类》收录的历代诗文中还有不少与司马相如有关的抒写,现择其要者列举如下:

近则江汉柄灵,世载其英。
郁若相如,皭若君平。
……
考四海而为隽,当中叶而擅名。
是故游谈者以为美,造作者以为程。
　　　　　　　　——左思《蜀都赋》
相如不数,子昂见却。
谓诵述以阿谀,恐吾徒之贻怍。
才高则委靡面靦,气直则回邪胆落。
　　　　　　　　——王腾《辨蜀都赋》
弥思王褒拥节去,复忆相如乘传归。
君平、子云寂不嗣,江汉英灵已信稀。
　　　　　　　　——刘孝威《蜀道难》
草玄吾岂敢?赋或似相如。
　　　　　　　——杜甫《酬高使君见赠》
蜀国本多士,雄文似相如。
　　　　——权德舆《送密秀才吏部驳放后归蜀》
竟无宣室召,徒有茂陵求。
　　　　——杜甫《过故斛斯校书庄二首》之一
成都有岷峨山,合气于江源,往往出奇怪之人。古有司马相如、扬雄、严君平,其人死,至兹千年不闻。

——李翱《送冯定序》

蜀自西汉,教化流而文雅盛。相如追肩屈、宋,扬雄参驾孟、荀。其辞其道,皆为天下之所宗式。故学者相继,谓与齐、鲁同俗。

——田况《进士题名记》

方公妙龄,起于华阳。

风流文彩,相如、子昂。

——冯山《代赵端明祭范蜀公文》

其后司马相如、王褒、扬雄以文章倡,张宽以博闻显,庄遵、李仲元以有道称,何武入为三公,汉家号令典章,赫然与三代等。

——宋祁《文翁祠堂记》

综而论之,历代诗文中言及司马相如者,大体就其广博闳丽、文采风流立论,而罕有提及其政治建树者。在他们心目中,司马相如是作为成都的"形象代言人"和文化符号出现的。

《成都文类》卷七收录有高适《同诸公秋登琴台》,此琴台非司马相如琴台,相传为春秋宓子贱弹琴处,在今山东单县。《成都文类》误收,《全蜀艺文志》亦沿袭其讹误。

参考文献:

[1] 袁说友《成都文类》,文渊阁四库全书,台湾商务印书馆,1986年版。

[2] 方铁主编《西南通史》,中州古籍出版社,2003年版。

[3] 司马迁《史记》,中华书局,1982年版。

[4] 同上。

[5] 司马迁《史记》,中华书局,1982年版。

[6] 班固《汉书》,中华书局,1982年版。

[7] 厉鹗《宋诗纪事》,上海古籍出版社,1986年版。

[8] 同上。

[9] 班固《汉书》,中华书局,1982年版。

[10] 刘勰撰,范文澜注《文心雕龙》,人民文学出版社,1978年版。

[11] 厉鹗《宋诗纪事》,上海古籍出版社,1986年版。

[12] 朋九万《乌台诗案》,《丛书集成初编》,商务印书馆,1935年版。

[13] 张舜民《画墁集》,《丛书集成初编》,商务印书馆,1935年版。

[14] 常璩撰,刘琳校注《华阳国志》,巴蜀书社,1984年版。

(赵晓兰:四川师范大学文学院教授)

异代知音,人生偶像
——浅论唐代文人的相如情结

张 海

在中国古代文学史中,司马相如可谓一个特殊的人物。观其一生,他经历了壮志凌云,怀才不遇,也曾文动人主,平步青云;他早年居无定所,穷困潦倒,但后来享受荣华富贵。更有相如文君动人爱情的千古佳话,流传至今。可以说中国古代文人的种种人生际遇,司马相如大多经历过。因此,后世诗人文士或引之为异代知音,发忧怨之情;或视为人生偶像,抒倾慕之意。这种现象在唐代造极一时,蔚为大观。总的来说,唐代社会安定,经济繁荣,思想开放,文化发达,诗人文士对人生普遍持一种积极进取的态度,国力的强大,为他们展开了宽阔的人生道路,提供了多种入仕途径。或参试科举,或出塞边关,或漫游天下,或归隐山林。诗人文士大多有着丰富的人生阅历,有着和司马相如当年一样的凌云壮志和类似的坎坷遭遇。在司马相如那里,他们获得了安慰,看到了希望,汲取了力量。

一、赞相如之才，慕长卿之志

司马相如好学能文，才华横溢，其"文章冠天下"，乃"辞赋之英杰"。唐代诗人文士对此赞赏有加，敬慕不已，在其诗歌中往往以"相如之才"来誉文才卓越者。如唐彦谦《寄台省知己》云"久怀声籍甚，千里致双鱼。宦路终推毂，亲帏且著书。才名贾太傅，文学马相如。辙迹东巡海，何时适我闾"（《全唐诗》卷六七一），称赞其知己有贾谊和司马相如一样的才华。刘禹锡《酬湖州崔郎中见寄》："风筝吟秋空，不肖指爪声。高人灵府间，律吕伴咸英。昔年与兄游，文似马长卿。今来寄新诗，乃类陶渊明。磨砻老益智，吟咏闲弥精。岂非山水乡，荡漾神机清。渚烟蕙兰动，溪雨虹蜺生。冯君虚上舍，待余乘兴行。"（《全唐诗》卷三五五）崔峒《送韦八少府判官归东京》："玄成世业紫真官，文似相如貌胜潘。鸿雁南飞人独去，云山一别岁将阑。清淮水急桑林晚，古驿霜多柿叶寒。琼树相思何日见，银钩数字莫为难。"（《全唐诗》卷二九四）张南史《早春书事奉寄中书李舍人》："日色浮青琐，香烟近玉除。神清王子敬，气逐马相如。"（《全唐诗》卷二九六）无可《和宾客相国咏雪诗》："道蕴诗传丽，相如赋骋才。霏添松筱媚，寒积蕙兰猜。"（《全唐诗》卷八一四）无论是刘禹锡，还是崔峒，甚至于方外之士无可，他们都以相如来赞誉友人之才，这无疑是对其友人文才的充分肯定，但更为重要的是，这说明"相如之才"已成为当时品评文人才华的一个公认的标准。《唐才子传》卷一《卢照邻》条载："照邻，字升之，范阳人。调邓王府典签，王爱重，谓人曰：'此吾之相如也。'"（傅璇琮主编《唐才子传校笺·卢照邻传》）卢藏用《陈子昂别传》云："（陈子昂）尤善属文，雅有相如、子云之风骨。初为诗，幽人王适见而惊曰：'此子必为文宗矣。'"(《全唐文》卷二三八)可见司马相如在当时文人心目中已成为才华出众者的象征,是文冠天下的代称。

不过,也有诗人以相如自比,极言其盖世之才,充满自信。这当中李白尤其突出。司马相如卓越的文学才能及其借辞赋以动人主的进身方式受到了李白这位蜀中学子的敬仰和羡慕。李白曾说:"余少时,大人令诵《子虚赋》,私心慕之。"(《李太白全集》卷二七)在其大量的诗作中常以相如自谓,表现自己超凡脱俗的才华。《韵语阳秋》卷六云:"李白《赠崔侍御诗》云:'黄河三尺鲤,本在孟津居。点额不成龙,归来伴凡鱼。何当赤车使,再往召相如。'相如盖自谓也。观此则白不可谓无心于仕进者。然当时慢侮力士,略不为身谋,旋致贬逐,而曾不悔,使其欲仕之心切必不如是。先是,苏颋为益州长史,见白异之,曰:'是子天才英特,少益以学,可比相如。'故白诗中每以相如自比。《赠从弟之遥》曰:'汉家天子驰驷马,赤车蜀道迎相如。'《自汉阳病酒归》曰:'圣主还听《子虚赋》,相如却欲论文章。'《赠张镐》曰:'十五观奇书,作赋凌相如。'白自比为相如,非止一诗也。"中唐文人王諲《南至云物赋》"才非瞽史,未知天道之祥;文似相如,愿献凌云之赋"(《全唐文》卷三三三),亦用相如自比,夸耀其旷世之才。

司马相如怀抱利器,志向远大,《华阳国志·蜀志》云:"城北十里有升仙桥,有送客观。司马相如初入长安,题市门曰:'不乘赤车驷马,不过汝下'也。"(任乃强《华阳国志校补图注》)这一典故在唐人笔下屡见不鲜,诗人文士常用此来抒发立志功名的愿望和自信豪迈的气度。李远的《题桥赋》便是其中具有代表性的一篇:

昔蜀郡之司马相如,指长安兮将离所居。意气而登桥有感,沉吟而命笔爱书。倘并迁莺,将欲夸其名姓;非乘驷马,誓不还于里间。原夫别骑留连,乡心顾望。铜梁杳杳以横翠,锦水翩翩而逆浪。徘徊浮柱之侧,睥睨长虹之上。神催下笔,俄闻风雨之声;影落中流,已动龙蛇之状。观者纷纷,嗟其不群。染翰而含情自负,挥毫而纵意成文。渥泽尚遥,滴沥空瞻于垂露;翻飞未及,离披且睹其崩云。盖以立誓无疑,传芳不朽。人才既许其独出,富贵应知其自有。潜生肕虿之心,暗契纵横之手。于是名垂要路,价重仙桥。离离迥出,一一高标。参差鸟迹之文,旁临彩槛;踊跃鹏抟之势,下视丹霄。

既而玉垒经过,金门宠异。方陪侍从之列,忽奉西南之使。乘轺电逝于遐方,建节风生于旧地。结构如故,高低可记。追寻往迹,先知今日之荣;拂拭轻尘,宛是昔时之字。想夫危梁藓剥,渍墨虫穿。长含气象,久滞风烟。几遭凡目之见嗤,徒云率尔;终俟瑰姿之后至,始觉昭然。所谓题记数行,寥寂千载。何搦管而无惑,如合符而终往。警后进而慕前贤,亦丁宁而有待。

(《全唐文》卷七六五)

"李远,字求古,大和五年杜陟榜进士及第,蜀人也。"(傅璇琮主编《唐才子传校笺》卷七《李远传》)李远早年即有文名,尤以赋著称。许浑曾说他:"赋拟相如诗似陶。"(《全唐诗》卷五三六)这篇赋作于何时,已不可确考。但从赋中激昂的文字,磅礴的气势来看,似乎作于作者青年之时。《唐才子传》本传称其:"少有大志,夸迈流俗。"(《唐才子传校笺》卷七《李远传》)可见李远从小便有匡时济世的大志,卓然不群的性格。因此他对司马相如以赋成就辉煌人生,实现个人价值的方式,充满了钦慕之情,期望自己有朝一日也能像相如一样"离离迥出,一一高标"。全赋对仗工整,华丽精工,特别是相如当廷作赋一段尤为精彩:"徘徊浮柱之侧,睥睨长虹之上。神催下笔,俄闻风雨之声；影落中流，已动龙蛇之状。观者纷纷，嗟其不群。染翰而含情自负，挥毫而纵意成文。"气势恢宏，场面壮观，感情充沛。

　　唐诗中诗人常用"相如之志"来自勉自励，表达志在功名、信心百倍之意。如杜甫《投赠哥舒开府翰二十韵》："壮节初题柱，生涯独转蓬。几年春草歇，今日暮途穷。"（《全唐诗》卷二二五）杜甫自叙当年亦有相如题柱之志，希望成就功名，做出一番事业，可惜多年辗转，壮志未酬，故有投赠之意。晚唐诗人许浑《将赴京师，留题孙处士山居二首》其一云："草堂近西郭，遥对敬亭开。枕腻海云起，簟凉山雨来。高歌怀地肺，远赋忆天台。应学相如志，终须驷马回。"（《全唐诗》卷二二五）此诗乃许浑赴京前之作。"应学相如志，终须驷马回"彰显了诗人胸怀大志，愿像相如一样功成名就，衣锦还乡。又其《秋日行次关西》云："金风荡天地，关西群木凋。早霜鸡喔喔，残月马萧萧。紫陌秦山近，青枫楚树遥。还同长卿志，题字满河桥。"（《全唐诗》卷五三二）抒发了同样的情怀。杜荀鹤《遣怀》云："驱驰岐路共营营，只为人间利与名。红杏园中终拟醉，白云山下懒归耕。题桥每念相如志，佩印当期季子荣。谩道强亲堪倚赖，到头须是有前程。"（《全唐诗》卷六九二）此诗虽略显低沉，但"每念相如志，当期季子荣"又使诗人充满信心，豪情满怀。

　　也有用以勉励他人的。如杜牧《寄湘中友人》："莫恋醉乡迷酒杯，流年长怕少年催。西陵水阔鱼难到，南回路遥书未回。匹马计程愁日尽，一蝉何事引秋来。相如已定题桥志，江上无由梦钓台。"（《全唐诗》卷五二六）此诗劝勉友人不要颓靡不振，应志存高远，奋发图强。

二、羡相如之遇，抒人生之悲

　　"汉庭文采有相如，天子通宵爱子虚"（《全唐诗》卷五八三），像司马相如那样以其卓越的文才取悦人主，成就功名之事，在历代文人中毕竟是凤毛麟角，且有一定的偶然因素。况且相如在"未遇之前""既遇之后"大半过着贫病交加、穷困潦倒的生活。怀才不遇似乎才是千古才人的共同命运，由此产生的苦闷和愤懑是唐代诗人慷慨陈词的主旋律。诗人们往往借"相如之遇"来反衬"己之不遇"，一吐胸中闷气。

武元衡《春暮郊居寄朱舍人》："幽深不让子真居，度日闲眠世事疏。春水满池新雨霁，香风入户落花余。目随鸿雁穷苍翠，心寄溪云任卷舒。回首知音青琐闼，何时一为荐相如。"（《全唐诗》卷三一七）武元衡一生仕途几起几落，《旧唐书》本传云："后为华原县令。时畿辅有镇军督将恃恩矜功者，多挠吏民，元衡苦之，乃称病去官。放情事外，沉浮宴咏者久之。"（《旧唐书》卷一五八）据诗意此诗当作于其闲居时。"何时一为荐相如"表明诗人乃被迫赋闲，其实不甘寂寞，希望有朝一日被人主赏识，实现人生理想。幸运的是，不久"德宗知其才，召授比部员外郎"（《旧唐书》卷一五八）。但是，更多的诗人却没有武元衡那么幸运，他们大多无人赏识，或无缘仕途，或沉于下僚，心中充溢着股股怨气。潘唐《下第归宜春酬黄颇饯别》："圣代澄清雨露均，独怀惆怅出咸秦。承明未荐相如赋，故国犹惭季子贫。御苑钟声临远水，都门树色背行尘。一从此地曾携手，益羡江头桃李春。"（《全唐诗》卷五六二）潘唐生平事迹无考，《全唐诗》录其诗歌，只此一首。从此诗中，我们能够了解到诗人唯一的事迹便是应举落第，其郁闷之情可想而知。诗人自比有相如之才，因无人引荐而落得苏秦之贫，不平之气溢于言表。薛能《和曹侍御除夜有怀》亦云："有病无媒客，多慵亦太疏。自怜成叔夜，谁与荐相如。"（《全唐诗》卷五五九）薛能虽走上仕途，但却并不得志。《北梦琐言》卷四载："唐薛尚书能，以文章自负。累出戎镇，常郁郁叹息，因有诗谢淮南寄天柱茶，其落句云：'粗官乞与真抛却，赖有诗名合得尝'。意以节将为粗官也。"薛能希望像司马相如那样以其文才受到皇帝的赏识，名垂青史，故有"谁与荐相如"之叹。徐铉《庐陵别朱观先辈》："桂籍知名有几人，翻飞相续上青云。解怜才子宁唯我，远作卑官尚见君。岭外独持严助节，宫中谁荐长卿文。新诗试为重高咏，朝汉台前不可闻。"（《全唐诗》卷七五五）此诗同样抒发了才高位卑、欲济无舟、不得其志的不平之情。

此外，张籍《赠任懒》一诗亦有此意，但内涵却更深一层：

未肯求科第，深坊且隐居。胜游寻野客，高卧看兵书。
点药医闲马，分泉灌远蔬，汉庭无得意，谁拟荐相如。（《全唐诗》卷三八四）

此诗描写了一位不求功名，深居郊野，但却身怀绝技的隐士形象。诗人对这种因朝中无人而使奇才流落民间的现象深感不平，对任懒的遭遇深表同情。同时也指出"相如之遇"有其一定的偶然性，若无同乡杨得意，便无"武帝爱相如"（《全唐诗》卷八五三）之事。古之文人即使有经天纬地之才，也不得不借助于他人之偶然一言以进身仕途，实在是令人叹息。

李贺《咏怀二首》其一：

长卿怀茂陵，绿草垂石井。弹琴看文君，春风吹鬓影。
梁王与武帝，弃之如断梗。惟留一简书，金泥泰山顶。（《全唐诗》卷三九〇）

李贺一生短暂坎坷，此篇借长卿自况，抒发自己满腔热情，却不为世用的苦闷和哀伤。他的《南园十三首》其七也表达了同样的感情：

> 长卿牢落悲空舍，曼倩诙谐取自容。
> 见买若耶溪水剑，明朝归去事猿公。（《全唐诗》卷三九一）

该诗首句描述司马相如穷愁潦倒的境况。早年因景帝"不好辞赋"，长期沉沦下僚，后依梁孝王，过着闲散无聊的生活。梁孝王死后，他回到故乡成都，家徒四壁，穷窘不堪。"空舍"正是这种情况的写照。李贺以司马相如自况，出于自负，更出于自悲。次句写东方朔。这也是一位很有才能的人，他见世道险恶，在宫廷中，常以开玩笑的形式进行讽谏，以避免直言忤上。结果汉武帝只把他当作俳优看待，而在政治上不予信任。有才能而不得施展，诙谐取容，怵惕终生，诗人回顾历史，瞻望前程，不免感到茫然。最后，诗人直抒怀抱，表示要弃文习武，或许还能有一番作为。诗人表面冷静，其实这是他在屡受挫折后发出的痛苦的哀叹。弃文习武的违心之言，是一种无可奈何的选择，是理想幻灭时痛苦而绝望的反常心理。

三、叹相如之情，颂风流之事

在蜀中流传最广、最动人的传说莫过于司马相如及其与卓文君的千古佳话了。"蜀之士子，莫不沾酒，慕相如涤器之风。"（《唐语林校证》卷四）相如文君夜奔成都，当垆涤器的传奇故事，成为后代诗人文士吟咏赞叹的对象。在唐代，卢照邻、杜甫等人凭吊琴台，追慕风流，写下了著名的诗篇。杜甫《琴台》诗云："茂陵多病后，尚爱卓文君。酒肆人间世，琴台日暮云。野花留宝靥，蔓草见罗裙。归凤求凰意，寥寥不复闻。"（《全唐诗》卷二二六）此诗是杜甫晚年在成都凭吊司马相如遗迹琴台时所作。

　　诗歌从相如与文君的晚年生活开篇，赞美其始终不渝的真挚爱情。"病后犹爱，言钟情之至。"（仇兆鳌《杜诗详注》）接着回溯到他们当垆涤器、临邛卖酒的往事，暗含赞赏之意。诗人徘徊于琴台之上，眺望暮霭碧云，深表追怀歆羡之情。诗人选择了"酒肆""琴台"这两个富有代表性的事物，既体现了相如风流倜傥的性格，又表现出他与文君天荒地老的爱情。颈联再现文君光彩照人的形象。结句"归凤求凰意，寥寥不复闻"，点出全诗对其爱情的理解和赞美主题。施绍文先生指出："相如、文君反抗世俗礼法，追求美好生活的精神，后来几乎是无人继起了。诗人在凭吊琴台时，其思想感情也是和相如的《琴歌》紧紧相连的。《琴歌》中唱道：'凤兮凤兮归故乡，遨游四海求其凰……胡颉颃兮共翱翔。'正因为诗人深深地了解相如与文君，才能发出这种千古知音的慨叹。这里，一则是说琴声已不可再得而闻；一则是说后世知音之少。因此，《琴歌》中所含之意，在诗人眼中绝不是一般后世轻薄之士慕羡风流，而是'胡颉颃兮共翱翔'的那种值得千古传颂的真情至爱。"

　　又如李商隐《寄蜀客》："君到临邛问酒垆，近来还有长卿无。金徽却是无情物，不许文君忆故夫。"（《全唐诗》卷五四〇）诗人对蜀中友人发出疑问，临邛故地，是否还有司马相如这样文采风流的人物。这一有趣的提问，流露出对相如的无限仰慕。后两句对文君私奔一事发表议论，认为琴声有难以抗拒之力量，是相如之真情打动文君，使其冲破封建礼教，夜奔成都。李商隐对这种敢于不畏世俗礼教，追求自由爱情的行为给予了充分的肯定和赞颂。

　　张何的《蜀江春日文君濯锦赋》（《全唐诗》卷四五七）也是这一题材中的佳作。张何，大历中曾应进士第，应为中唐时人，余无考。这篇赋写得更是华美典雅，美妙绝伦。如写文君之美貌，先用蜀地之胜景铺垫："雁桥风暖,犀浦花新。迭嶂萦郭,长扬映津。轩车照地,士女惊人。"文君在这样的美景下妖娆登场："即有卓氏名姝,相如丽室,织回文之重锦,艳倾国之妖质。鸣梭静夜,促杼春日,布叶宜疏,安花巧密。写庭葵而不欠,拟山鸟而能悉。绩缕嫌迟,颦蛾慕疾。乍离披而成段,或焕烂而成匹。"既写出了文君之美艳,又描绘了蜀锦之精妙。接着文章写濯锦的过程："其始入也,疑芳树影落涧中;少将妄焉,若晴霞色照潭底。夺五云长风未散,泫百花微雨新洗。尔乃曝林崖,出泉洞;迟日徐转,和风缓送。稍变回鸾,全分舞凤。戏蝶时绕,娇莺欲弄。"作者极尽夸张、想象之能事,把这一过程写得华丽异常,从而将锦水、美人、春光、蜀锦融为一体,尽显蜀中风韵。故清人李调元称其："设色浓至,琢句新颖,亦雅近六朝。"(李调元《赋话》卷一)

　　以上仅是对唐代文人的相如情结作了简单论述,司马相如在唐代文人心目中的地位可见一斑。文人得意时,以相如之才自诩;失意时,以相如之志自勉。他们向往长卿与武帝的风云际遇,憧憬相如和文君的千古风流。司马相如确实是唐代文人的异代知音,人生偶像。但本文匆匆一瞥,所略甚多,所论甚浅,还难以概其全貌。笔者在此抛砖引玉,愿求教于大方。

　　　　　　(张海:四川师范大学文学院副教授、文学博士)

司马相如生平新订（上部）

熊伟业

一、故里

司马相如，生于西汉巴郡安汉县，即今蓬安县一带。祖居在今蓬安县利溪镇之两河塘。少年时代又迁居蜀郡成都，遂以成都为籍贯。

南朝梁天监六年（507），分安汉县设置新县，其境内有司马相如旧宅，即命名此县为"相如县"。历九百余年，直到明洪武年间撤销"相如县"，由蓬州直辖。中华民国二年（1913），改"蓬州"为蓬安县。

司马相如故乡即今四川省南充市蓬安县[1]。

"司马相如生于巴郡安汉县"不见于《史记》《汉书》。因《史记·司马相如列传》来自司马相如《自叙》[2]，司马相如《自叙》本未曾提及"巴郡安汉县"，《司马相如列传》也自然不会涉及。司马相如《自叙》未涉及"巴郡安汉县"，其一因为其《自叙》属首创，不太周全；其二因为西汉乃至东晋之前，对籍属理解和后人有所不同，户籍概念强烈，故乡意识相对淡薄。出生地与户籍地如果不同，往往可以只取一端,《史记》多有此类笔法。《华阳国志》等古代巴蜀方志不载"司马相如生于巴郡安汉县",大体也是同样原因,再加因袭《史》《汉》,依从司马相如《自叙》而已。

《史记》《汉书》《华阳国志》诸注也未曾注意到这个问题,属于偏僻问题的疏略。但古今历史地理学界却明了这个问题,从梁以来至今的地理书志,包括与颜师古同时,早于司马贞、张守节的《隋书·地理志》等载记"相如县因司马相如旧宅"得名的史实屡见不鲜。

南朝梁设相如县最早的直接证据在初唐时期,载于《隋书·地理志》[3]和陈子良《平城县正陈子干谏》《祭司马相如文》两文[4]。其后书志载录更为详细,自《隋书》《旧唐书》[5]等唐宋书志迄清代《读史方舆纪要》等[6],代代相传。其中宋代《太平寰宇记》所载最为重要,指明梁天监六年置县,并引《益州记》《周地图记》为证,将证明推进到南朝梁[7]。梁以来众多官、私书志亦可以互相印证,则"相如县"因司马相如旧宅而名,毋庸置疑。

相如县因司马相如旧宅而名,此旧宅是否为司马相如祖居、故里所在,可从两个方面考察。其一,《史记·司马相如列传》载:"司马相如者,蜀郡成都人也……家居徒四壁立……文君乃与相如归成都,买田宅,为富人。"[8]司马相如属籍成都,在成都有田宅,而安汉县比成都遥远偏僻,司马相如在此地营造或购买田宅不可思议。其二,汉初法律不允许平民在本户居宅之外买房宅,《张家山汉简·二年律令》有具体规定:"欲益买宅,不比其宅者,不许。为吏及宦皇帝,得买舍室。"(320号简)这是说想扩大住宅而欲买宅者,如果所买之宅与原有居宅不相连的,不许。反之,如果相连,则自然是允许买宅的。另外,作为官府的"吏"和在皇帝身边办事的人,是允许买舍室的,可见买宅地及买住宅,是吏及宦皇帝者的一种特权。[9]而相如在第一次归蜀以及之前是没钱买"田宅"的,应该是在"与卓氏婚,饶于财"之后,司马相如已不属"为吏及宦皇帝"者,从法律上说是不能在这里买房宅的。如果是再入长安为官之后所为,固然合乎"为吏及宦皇帝,得买舍室"的规定,但更增加了相如文君不可能有时间去居住的疑问。再入长安,直至终老茂陵,司马相如都应是在长安地区居住的。因此,这个"旧宅"当是"与卓氏婚,饶于财"之后,再入长安之前所为,而且只能是祖居才可能属于司马相如。另外,旧宅旁还有"相如别业",也同样证明"旧宅"是司马相如祖居,才可以拥有"别业",因为只有如此才合乎"比其宅者"的规定[10]。

二、家世

司马相如祖先大约属于"山东"赵国的"豪富"。

祖父一代于秦灭六国时被强行迁入巴蜀,经关中由古蜀道进入"葭萌"。由"葭萌"沿嘉陵江南下,至今蓬安县濒临嘉陵江的利溪镇地区,经营农商,渐至中产人家。

相如约十岁时又迁居成都。

司马相如家世不见于任何记载,祖先是否为巴蜀本地人,可以从其姓氏窥见一斑。王瑶先生的推论大体可信:"蜀中于司马错平定的时候,仍为戎狄之长,自不会有司马氏。定后既将蜀主更号为侯,而使陈庄相蜀,当然也不会有司马的官制。可知司马氏之由外迁入,和扬雄的'雄无他扬于蜀',是一样的情形。以司马氏的分布地域说,是在秦晋的最多;以迁入蜀中人士的原籍说,也是秦晋的多;所以相如的祖籍,大概也是秦晋一带的。"[11]

更具体地说,如果是秦灭巴蜀之际,司马氏当然就属于"秦人":"秦惠王封子通为蜀侯,以陈壮为相,置巴郡,以张若为蜀守。戎伯尚强,乃移秦民万家实之。"[12]如果司马氏是秦灭巴蜀之际的"秦人",则崇尚"耕战":"有军功者,各以率受上爵;为私斗者,各以轻重被刑大小。戮力本业,耕织致粟帛多者复其身。事末利及怠而贫者,举以为收孥。宗室非有军功论,不得为属籍。明尊卑爵秩等级,各以差次名田宅,臣妾衣服以家次。有功者显荣,无功者虽富无所芬华"[13],"故秦地……其民有先王遗风,好稼穑,务本业"[14],和"山东迁虏""以富相尚"的风俗就有些差异[15],司马相如能够"以赀为郎",其家也属于善于"治生"者,这一点与"山东"习俗相类。再者,因为严密的法网,"秦人"循规蹈矩,司马相如的性格就不是典型的"秦人",倒是与桀骜不驯的齐楚燕赵人更接近。

"秦始皇初灭六国,便迁徙天下豪富十二万户到咸阳,一部分散到巴蜀等地。这些豪富都是领主残余和富商大贾,在本地兼并土地,放高利贷,迫贫民为奴隶,霸一乡一县甚至一郡,妨碍统一。豪富被迁徙到新地区,失去旧有威势,经营土地,只能成为地主,经营工商业,也得从头做起,留在本地的田地住宅,分散到别人手中,贫民可能获得暂时的喘息。"[16]司马氏大概也在秦灭六国时,从"山东"迁入。卓文君祖先迁蜀过程可为司马氏迁蜀影子:"蜀卓氏之先,赵人也,用铁冶富。秦破赵,迁卓氏。卓氏见虏略,独夫妻推辇,行诣迁处。诸迁虏少有余财,争与吏,求近处,处葭萌。唯卓氏曰:'此地狭薄。吾闻汶山之下,沃野,下有蹲鸱,至死不饥。民工于市,易贾。'乃求远迁。致之临邛,大喜,即铁山鼓铸,运筹策,倾滇蜀之民,富至僮千人。田池射猎之乐,拟于人君……程郑,山东迁虏也,亦冶铸,贾椎髻之民,富埒卓氏,俱居临邛。"[17]"葭萌"贫瘠,不宜久处,"处葭萌"之"诸迁虏"如果继续迁徙:西向遥远艰难,西北向、东南向皆是高山,沿嘉陵江南下直至相如县,即今蓬安县一带,距离不甚远,而且山清水秀,土地丰美。而相如旧宅、别业皆濒临嘉陵江,即可为这个推断的注脚。这条路线也是先秦、秦汉直至南北朝时期进入巴地的传统路线，而"葭萌"也是北方进入巴地的重要中转站。其他路线迂回曲折，大费时日，故无可能性。或许司马相如祖辈即是和卓文君祖辈一道，从赵经关中由古蜀道迁入"葭萌"，"卓氏之先"等人有"冶铸"的技能，所以勇赴临邛，而司马氏之祖先即属于"求近处"的"诸迁虏"之一。

《史记·太史公自序》记述了司马氏分布及其各自特点："自司马氏去周适晋，分散，或在卫，或在赵，或在秦……在赵者，以传剑论显。"[18]在"赵"的司马氏世代传习剑法，和司马相如"学击剑"之间也许不仅仅是巧合而已。关于司马相如"学击剑"的注解，以《史记索引》注"倏忽纵横之术"为是[19]，《汉书》颜注"非斩刺"，非是[20]。颜师古无非不相信司马相如、东方朔等人能击剑而已。司马相如少年时距离秦灭赵、"山东迁虏"入蜀不过四五十年，于无数古贤独"慕蔺相如之为人，更名相如"，或许就包含着对秦的态度，对先祖故地"赵"的怀念。由此可见现存汉赋中绝无仅有的以秦为主题的赋作[21]——《哀二世赋》非随意而发，还大有家国感慨在内。从这个角度来看司马相如《自叙》不记其迁徙，或许是其家族饱经迁徙之后习以为常的一种表现。

司马氏等"山东迁虏"迁居安汉县，生产生活资料从何而来？按照秦法："明尊卑爵秩等级，各以差次名田宅"，是授田制，国家授予田宅，据汉初标准推测，就是田一百亩、宅约九亩（秦制）[22]，这个数额是战国秦汉时期庶民一般田宅数额，也仅"八口之家足以无饥矣"的标准。因为善于经营，数十年中逐渐富裕，以致最后达到中等以上人家财富水平，能让司马相如"以赀为郎"。如果只是经营农业，致富的机会较小。司马氏本就是山东赵国的富商，所以才被迁徙入巴蜀，因为本身具有较巴蜀本地人为高的经商才能而致富。

以上内容不载于《史记》，一或因为相如《自叙》本来所无，二即因司马迁也不可能掌握一切资料,所缺尚多。如张汤之祖先,"冯商称张汤之先与留侯同祖,而司马迁不言,故阙焉。"[23]后人所补不少,至于未曾着笔的人事见于他书也不少,所以不当以《史记》所无即简单否定有关材料。

三、青少年

司马相如生于汉文帝四年(前176)。前170年左右,相如约六岁,形成口吃之病。约十岁左右(前166),相如随父母迁居成都,遂以成都为籍贯。相如至前166年以前,父母溺爱,性格顽劣,喜欢读书、诵赋,又从父辈学习世代家传击剑之术,并且喜爱弹琴,不愿意从事生产,这种性格爱好保持终身。父母视为不务正业,于是呼为"犬子"。前166年上学以后,相如钦慕赵国蔺相如事迹,自己改"犬子"之名为"相如",取字"长卿",以怀念祖先故国,表达建功立业、取得"令长卿相"高位的壮志。同学中有后为临邛县令的王吉。

司马相如的生年,是一个无法完全确定的问题,众说纷纭,至今未能取得完全一致的意见。汉代对历史人物出生年月并不重视,《史记》《汉书》《三国志》《后汉书》等所载人物几乎都没有出生年月。考订历史人物出生年月是古代文史研究领域普遍的难题,不仅限于司马相如。按《史记·司马相如列传》确定其生年的依据在这一段:"以赀为郎,事孝景帝,为武骑常侍,非其好也。会景帝不好辞赋,是时梁孝王来朝,从游说之士齐人邹阳、淮阴枚乘、吴庄忌夫子之徒,相如见而说之,因病免,客游梁。梁孝王令与诸生同舍,相如得与诸生游士居数岁,乃著子虚之赋。会梁孝王卒,相如归,而家贫,无以自业。"[24]这段文字有互相关联的三个支点,以推测相如生年的大致年代:事孝景帝;客游梁;傅籍年龄。据"事孝景帝,为武骑常侍，非其好也"确定司马相如初次出仕为"郎"在汉景帝年间，"非其好也"则大体可知其"为武骑常侍"不至太久；因梁孝王朝景帝只有四个年份，《史记》每次都记载着准确时间，相如"客游梁"可考知具体年代，决定性条件就是考定这"游梁"年代，这个年代不同，其生年的结论自然也就不同；参考汉代"傅籍"的年龄规定，即可确定其"客游梁"的大致年岁，从而逆推其生年。不论各种说法有何种理由、具体结论如何，其推论基础都在此三处。但问题还在于"事孝景帝"究竟有多少年，不可能确切；"傅籍年龄"一到是否就出仕、就能出仕也不可能确切。所以关于司马相如生年只能是"大约"的概念。

相如游梁年代问题非常复杂，涉及细节众多，《史记》本身记载又很简略甚至模糊，很难推测具体年代。刘开扬、束景南先生曾就相如游梁年代与生年的问题反复论辩，是迄今对此问题最严密周详的论证。刘开扬先生考定相如入梁年代为景帝初元二年（前155），梁孝王初次朝景帝时；相如约生于汉文帝前元二年（前178）[25]。

笔者所见最早推定相如生年在汉文帝元年的是姜亮夫在1937年出版的《历代名人年里碑传总表》："司马相如，长卿，成都，60余，汉文帝，初，壬戌，前179。"[26]其后影响广泛的刘大杰《中国文学发展史》、社科院《中国文学史》、朱东润《中国古代文学作品选》等皆取相如生于前179年之说，遂成定论。《历代名人年里碑传总表》只是表格，虽无论证，但可知相如游梁年代这个关节点来自《资治通鉴》："孝景皇帝二年（丙戌，公元前一五五年）……秋……梁孝王以窦太后少子故，有宠……招延四方豪俊之士，如吴人枚乘、严忌，齐人羊胜、公孙诡、邹阳，蜀人司马相如之属皆从之游。"[27]与刘开扬先生结论几乎相同，其余基本推导过程也当大体一致。

以相如游梁在景帝初元二年（前155）为基础，推算司马相如出生年代如后。西汉景帝二年开始傅籍（服役登记）的年龄是 20 岁。《史记·孝景本纪》："景帝二年……男子二十而得傅。"[28]《汉书·景帝纪》亦云："令天下男子年二十始傅。"[29] 旧说皆以为此前"二十三"，但不是汉初之法，"师古曰'旧法二十三，今此二十，更为异制也'"[30]。张家山出土的《二年律令》，明确记载了汉初傅籍标准："不更以下子年廿岁，大夫以上至五大夫子及小爵不更以下至上造年廿二岁，卿以上子及小爵大夫以上廿四岁，皆傅之。公士、公卒及士五（伍）、司寇、隐官子，皆为士五（伍）。畴官各从其父畴，有学师者学之。"[31] 所谓"不更以下"属于低爵位和无爵位平民，二十岁傅籍。司马相如父祖不太可能有爵位或较高爵位，所以不论景帝二年之前之后，司马相如皆应为二十岁傅籍。即西汉景帝二年以前，按爵位等级规定傅籍的最低年龄是二十岁，景帝二年以后不分等级全部统一为二十岁。但"傅籍"年龄是否就是出仕应选的规定年龄，目前还未有明确的结论，笔者以为这两者还不能完全等同，因为"傅籍"年龄有等级，等级低傅籍早，等级高傅籍晚，而为官吏肯定就不是如此，并且不同选官方式其年龄也不同，推举、征召等就没有年龄限制，皇帝特许也没有年龄限制。司马相如的"以赀为郎"，乃秦以来旧制，是普遍的制度，应该有年龄规定，目前还不得而知，大体上应当以"傅籍"的最低等级者年龄为限，是成年的标志。

因为傅籍服役的负担，一般说来，司马相如应该在二十岁傅籍年龄一到就应选为"郎"，不必再延迟。从应选到正式"为郎、为武骑常侍"的种种程序，再考虑到巴蜀与长安的道路途程，至少约需半年以上，再到游梁，不应低于两年，即游梁时不低于 22 岁。从景帝初元二年（前 155）上推 22 年，是汉文帝前元四年，即前 176 年。这个结论和 179 年的结论推论方法完全一致，只是依据新出的汉简材料，将景帝二年以前男子傅籍年龄作了更正，缩短 3 年而已。这个材料姜亮夫、刘开扬先生尚未能利用,仅此而已。

不同意见大概从八十年代束景南先生开始,束景南先生主要是从文献考据出发,考定相如游梁在景帝七年下半年入梁(前150),生于文帝九年(前171)。其视角、材料准确,论证严谨有力,把讨论引向深入,极具学术价值。其后有不同看法的学者与束景南先生结论类似,但着力点不同。其中两个核心依据是:相如游梁在汉景帝初元七年(前150),即梁王29年,因为梁王声威最盛;其次如此算来相如年龄会小5岁,和卓文君更般配。这两个问题刘开扬先生已经做过论述,但似乎并不为人赞同,近年论著大多取相如游梁在汉景帝初元七年(前150)可证。笔者于此再加补证,以阐发刘先生的研究成果。

首先,梁孝王第三次(前150年)入朝景帝之前,梁王府已经不太平了:"(梁王)得赐天子旌旗,出从千乘万骑。东西驰猎,拟于天子。出言跸,入言警。招延四方豪桀,自山以东游说之士。莫不毕至……梁多作兵器弩弓矛数十万,而府库金钱且百巨万,珠玉宝器多于京师。"[32]梁孝王这种气势已大大超过不久前被消灭的吴楚七国,朝廷大臣窦婴、袁盎等早有警觉,景帝之纵容表面上是顾及太后或兄弟亲情,其实又何尝不是郑庄公纵容共叔段之心:"梁孝王,景帝母弟,窦太后爱之,令得自请置相、二千石,出入游戏,僭于天子。天子闻之,心弗善也。太后知帝不善,乃怒梁使者,弗见,案责王所为。"[33]《汉书》写梁孝王第三次入朝景帝之前,梁王君臣已经为阴谋争取太子之位而发生不小冲突:"(邹)阳为人有智略,忼慨不苟合,介于羊胜、公孙诡之间。胜等疾阳,恶之孝王。孝王怒,下阳吏,将杀之。阳客游以谗见禽,恐死而负累,乃从狱中上书曰……书奏孝王,孝王立出之,卒为上客。初,胜、诡欲使王求为汉嗣,王又尝上书,愿赐容车之地径至长乐宫,自使梁国士众筑作甬道朝太后。

袁盎等皆建以为不可。天子不许。梁王怒，令人刺杀盎。上疑梁杀之，使者冠盖相望责梁王。梁王始与胜、诡有谋，阳争以为不可，故见谗。枚先生、严夫子皆不敢谏。"[34]这种情况下，邹、枚、严等人的状态似乎不太可能让"相如见而说之"。表面声势浩大，帝、王之间亲密无间，其实危机四伏，各怀心事，并且从此帝、王之间关系紧张。"今梁王西朝，因留，且半岁"[35]，即此次入朝时间长达半年，其间作为"武骑常侍"的司马相如应该有所察觉，不大会在此次及以后游梁。其次，如果司马相如此次游梁，紧接着就是追查刺杀袁盎的主使者，"使者冠盖相望责梁王"，"及梁事败，胜、诡死，孝王恐诛，乃思阳言，深辞谢之，赍以千金，令求方略解罪于上者"[36]，邹阳为此奔忙，梁王府何欢之有。其三，此后再作《子虚赋》也不合时宜。

梁王第二次入朝景帝，紧接着吴楚叛乱，公孙诡、羊胜可能随从，邹、枚、庄等人似乎不必都随从，也不会太悠闲，也不致"相如见而说之"。

一般而言，司马相如在朝廷时间越长，越不太可能游梁；梁王越骄奢司马相如也越不太可能游梁。以景帝初元二年初次入朝而论，梁王不甚骄，臣下和睦雍容，相如本人阅历尚少，容易冲动率性，更多"见而说之"的可能性（邹、枚、庄归梁时间，《秦汉文学编年史》定于文帝后元七年；刘开扬先生结论可在景帝前元元年，因此相如于景帝初元二年得见）。

其次，关于相如、文君年龄配合问题也不必固执[37]。司马相如于梁王卒后归蜀，在景帝中元六年（前144），约在次年（前143）"与卓氏婚"，即约三十四岁，以三十多岁男子婚配十七岁女子在年龄方面应无问题（《西京杂记》云卓文君"十七而寡"之可靠性姑且不论），在古代男子年龄大于女子，甚至大过十余岁或更多本不是问题，如广泛流传的汉乐府之《陌上桑》，罗敷不过"十五颇有余"，而自称其夫婿"四十专城居",比相如文君的年龄差距更大。

至于认为司马相如与卓文君相遇时"雍容闲雅甚都",三十多岁或近四十岁难具"雍容闲雅甚都"风姿,则更为牵强。按两汉之俗,形容男子美貌多无关年龄。《三国志》裴注引:"《典略》曰'彧为人伟美。'又《平原祢衡传》'曰……又见荀有仪容……其意以为荀但有貌。'"[38]其时荀彧已经三十三岁以上。《史记·留侯世家》:"余以为其人计魁梧奇伟,至见其图,状貌如妇人好女。盖孔子曰'以貌取人,失之子羽。'留侯亦云。"[39]"其图"所绘张良当在三十五岁以后。《汉书·薛宣朱博传》:"(薛)宣为人好威仪,进止雍容,甚可观也。"在总结议论薛宣平生时,"雍容"所指年龄已经老大了。更有甚者,《史记·平津侯主父偃列传》:"丞相公孙弘者……建元元年,天子初即位,招贤良文学之士。是时弘年六十,征以贤良为博士……元光五年,有诏征文学,菑川国复推上公孙弘……太常令所征儒士各对策,百余人,弘第居下。策奏,天子擢弘对为第一。召入见,状貌甚丽,拜为博士。"[40]"状貌甚丽"所指已经七十余岁了。因此,"雍容闲雅甚都"所指不足以论年龄。

《全汉赋校注》所云"司马相如(前169-前118)"[41],是所有讨论此问题的最晚年代,与《史》《汉》记载时间完全不合。"公元前169"的结论,无法解释这样的问题:以前169年至前144年梁王卒,不过25年,相如游梁不可能低于22岁,则在梁总共三年以下。而《史记》所谓"居数岁,乃著《子虚》之赋",不知置《子虚赋》于何年?最难置信的是,如此生年,司马相如只能在前147年游梁,而与《史》《汉》言之凿凿的梁王朝景帝的四个年份(前155、154、150、144)的史实抵牾。即便以十八岁为郎,也不可能在这四个年份游梁。况且,前150年(梁王二十九年)起帝、王关系紧张,甚至剑拔弩张:"其夏四月,上立胶东王为太子。梁王怨袁盎及议臣,乃与羊胜、公孙诡之属阴使人刺杀袁盎及他议臣十余人。逐其贼,未得也。于是天子意梁王,逐贼,果梁使之。乃遣使冠盖相望于道,覆按梁,捕公孙诡、羊胜。公孙诡、羊胜匿王后宫。使者责二千石急,梁相轩丘豹及内史韩安国进谏王,王乃令胜、诡皆自杀,出之。上由此怨望于梁王。梁王恐,乃使韩安国因长公主谢罪太后,然后得释。上怒稍解,因上书请朝。既至关,茅兰说王,使乘布车,从两骑入,匿于长公主园。汉使使迎王,王已入关,车骑尽居外,不知王处。太后泣曰:"帝杀吾子!"景帝忧恐。于是梁王伏斧质于阙下,谢罪,然后太后、景帝大喜,相泣,复如故。

《中国文学编年史·汉魏卷》以为,司马相如十八岁为郎,生于前173年,文帝前元七年:"《汉书·司马相如传》卷五七上云其文帝时'以赀为郎',若其景帝前元元年(前156)为郎,其年十八岁,则或生于此年。"[42]

十八岁为郎在汉代不少,如《贾谊传》《枚皋传》《霍光传》等所载:"贾生名谊,雒阳人也。年十八,以能诵诗属书闻于郡中。吴廷尉为河南守,闻其秀才,召置门下,甚幸爱。孝文皇帝初立,闻河南守吴公治平为天下第一,故与李斯同邑而常学事焉,乃征为廷尉。廷尉乃言贾生年少,颇通诸子百家之书。文帝召以为博士。是时贾生年二十余,最为少。"[43]"霍去病年十八,幸,为天子侍中。"[44]"(枚皋)年十七,上书梁共王,得召为郎。"[45]"终军……年十八,选为博士弟子……至长安上书言事。武帝异其文,拜军为谒者给事中。"[46]"(霍去病)乃将光西至长安,时年十余岁,任光为郎,稍迁诸曹、侍中。"[47]按:贾谊、枚皋、终军等属于征召;霍去病、霍光属于以亲贵、父兄荫功为郎吏,年龄或许不予考虑。甚者如桑弘羊:"弘羊,雒阳贾人子,以心计,年十三侍中。"[48]以荫功出仕的还有所谓"童子郎",十五岁、十二岁都有:"(臧)洪年十五,以父功拜童子郎[49]。""（刘向）年十二，以父德任为辇郎。既冠，以行修饬擢为谏大夫。"[50]但不能说"司马相如十二三岁为郎"。司马相如"以赀为郎"，是依据普通规定选拔的，大体上应当和"傅籍"年龄相同。目前可靠的材料应当以《张家山汉简》中的记载为准，即以律法规定"二十岁""傅籍"之后"为郎"为是。

尽管司马相如生年不可能绝对准确，比较而言，刘开扬先生的推论方式最为严密周详，以《张家山汉简》之《二年律令》"傅籍"的新材料补订，则司马相如生于汉文帝四年，即前176年的结论相对最接近历史真实。

前170年左右，司马相如约六岁，患口吃，终生未愈。口吃病都是后天形成，在思维语言能力初步完成之际最易患得，年岁稍大即不易形成。

司马相如口吃之病与读书、弹琴、著书之间有着深刻的联系："相如口吃而善著书。"[51]"自小就患有口吃病的他，本来就羞于在众人面前说话，自从有了与他融为一体的七弦琴，他终于找到了最自由的表达方式。"[52]因为口吃，不便口头表达，促使他更多地观察体会，从其文、赋的具体描写中不难发现，司马相如多能注意到容易为人忽略的细节与关键，其文章善于"架虚行危"[53]，难以常规测度。

司马相如好"击剑"，应来自世代家传，也属于当时人士必备格斗技能之一，如儒生辕固生之"刺豕"等[54]。以司马相如后来"为武骑常侍"看，他来自家传的剑法水准相当高。

"读书、击剑、弹琴"乃战国士人的普遍技艺，汉初仍然流行。但士人毕竟属于极少数，况且成功者能取富贵者又是极少数，再加上选官体制在战国至汉初还是以军功或贵族世袭为主，靠"读书、击剑、弹琴"难以取得富贵，并不受到社会尊崇。读书、弹琴在当时似乎与日常生活相隔较远，不是一般人所应选择的技艺。当然，识字还不等同于读书,所谓读书,应当是指花费大量时间精力而言,弹琴也是如此,均属于个人爱好,虽然高雅,但难以以此谋生。《史记》中提到"好读书"者,大多穷困:"兄弟嫂妹妻妾窃皆笑之(苏秦),曰:'周人之俗,治产业,力工商,逐什二以为务。今子释本而事口舌,困,不亦宜乎!'"[55] "(陈平)少时家贫,好读书,有田三十亩,独与兄伯居。伯常耕田,纵平使游学。平为人长美色。人或谓陈平曰'贫何食而肥若是?'其嫂嫉平之不视家生产,曰'亦食糠覈耳。'"[56] "丞相匡衡者,东海人也。好读书,从博士受《诗》。家贫,衡佣作以给食饮。"[57] "郦生食其者,陈留高阳人也。好读书,家贫落魄,无以为衣食业,为里监门吏。"[58]《汉书》:"(朱买臣)家贫,好读书,不治产业,常艾薪樵,卖以给食。"[59]

司马相如好"读书、击剑、弹琴",在这几方面的造诣都很高,不是单纯靠自修能达到的。除"击剑"家传外,"读书、弹琴"皆需求学,是不小的花费,因家道殷实,虽不属世俗所称许,似乎也不为父母所禁止,取名"犬子",或有父母无可奈何之义,而冲动率性,却贯串司马相如一生。

金国永先生认为"犬子"之名,是相如父母"鼓励他日后成长为择主而事、建功立业的大丈夫",并引《国语》韦昭注"犬"条为证,《国语·越语上》:"生男子,二壶酒,一犬。"韦昭注:"犬,阳畜,知择人。"[60]按韦昭注仅解释犬的一个特性,仅作为家畜之类的礼物而已,不见得有更多含义。此处的"酒、犬",不过是礼物,即或有象征激励的意思,也不是就因此可以成为人之嘉名。先秦两汉以丑、贱名者不绝于书,如"右宰丑、宋醒魋、司马牛"[61] "魏丑夫"[62] "将军荀彘"[63] "(梁)胤一名胡狗",等等[64]。汉文中"犬羊、犬马、牛马、犬彘"之辞甚多。与韦昭同时的曹操有"刘景升儿子若豚犬"的著名说法[65],都应是贱名,而非嘉名,所以才有司马相如读书以后的改名之举。三国吴简中有不少这类名字:"吴简中的长沙郡吏民还有以'鼠''狗''虎''牛''豸'等动物名称来取名或以'野''奴''黑''婢'等贱字取名者。依照《吏民田家莂》人名索引的次序,不难发现孙吴时期长沙郡的众多户主中有以家禽名、动物名或其他贱字作为名字的现象,如有人取名为邓狗(2人)、邓鼠(2人)、邓鸢、胡秃、黄鼠、光象、李鼠(2人)、李雁、鲁牛、区狗、番鸢、蒴鼠、唐野、唐泥、田奴、文僮、勇羊、陈马、邓黑(2人)、邓角、黄爪、丞劣等。在《长沙走马楼吴简(壹)》中,这种以动物、家禽或贱字为名的现象也十分普遍。"[66]相如小名"犬子"也是"这种以动物、家禽或贱字为名"的习俗的体现,再加相如自己改名的事实,正传达了其家庭、家族不以读书为高的信息。

前166年,相如约十岁,举家从巴郡安汉县,即今蓬安县迁居蜀郡成都县,编户在成都,后来出仕"自书告身"、《自叙》之类也以成都为籍贯,《史记·司马相如列传》也据其《自叙》载录为"蜀郡成都人",其出生地"巴郡安汉县"因此不为人知。

本年在迁居成都后,司马相如正式入学读书[67],弹琴、诵赋也当在此年左右开始。按司马迁"年十岁则诵古文"[68]、《礼记》"人生十年曰幼,学"等[69],司马相如大抵也在此年正式入学读书。所学内容包括"五经、六书"等所谓"六艺"[70],除了这些基础知识能力之外,作为官吏必需的律法、计算等实用知识也当包含在内。史书、诸子之学,如纵横游说等当然也是"博览"对象,基本上是杂学。"五经"只是思想基础之一,还不是"独尊儒术"之后的经学。因为"无为而治"以及战国秦汉之际的各自为政,道家学说、纵横之术也是必要的流行学问。之前贾谊、之后扬雄所学可为相如学之镜鉴:"贾生年少,颇通诸子百家之书"[71];"雄少而好学,不为章句,训诂通而已,博览无所不见。"[72]武帝时董偃所学也当是司马相如年少时所学:"(董)偃年十三,(馆陶公主)因留第中,教书、计、相马、御、射,颇读传记。"[73]

需要注意的是,文字学在当时教学以及下级官吏选拔考试中具有重要地位,司马相如的文字学也达到极高水平,有字书《凡将篇》传世[74]。以司马相如为代表的汉大赋的铺陈方式,即是以"联边字"为基础。"汉兴,萧何草律,亦着其法,曰'太史试学童,能讽书九千字以上,乃得为史。又以六体试之,课最者以为尚书、御史、史书令史。吏民上书,字或不正,辄举劾。'六体者,古文、奇字、篆书、隶书、缪篆、虫书,皆所以通知古今文字,摹印章,书幡信也。"[75]〔卜学童〕能风(讽)书史书三千字,〔得〕卜。书三〔千〕字,卜九发中七以上,乃得为卜,以为官处(?)。其能诵三万以上者,以为卜上计,六更。缺,试修法,卜六发中三以上者补之。"[76]"为卜者"尚"能诵三万以上者",可以想见以司马相如之才志,能诵之字也必在"三万以上",也当是当时才学之士诵习文字的最低标准。在这种历史文化背景下,以相如辞赋为代表的汉代辞赋的"玮字"现象,就是正常的社会文化现象,不能简单认为是炫耀才学的结果。当时的一般识字者都能阅读汉赋,当然其阅读的审美效果也就远非不识其字的后人所能比,这也就可以理解辞赋在汉代的繁荣有着坚实的社会文化、文学的基础,有着后人,特别是今人已经无法完全理解的文学审美意识和价值。

司马相如何时接触到辞赋,可分两个部分讨论。所谓"俗赋、大杂赋"之类至少在战国晚期和秦时已经确立,《汉书·艺文志》有"秦时杂赋九篇"[77],《荀子》也有《赋篇》《成相辞》[78]。相对西汉以来流行的文人辞赋体式而言,这些作品都还以物体为主,较少个人情志的升华,比较简陋、低俗,因此称为"杂赋"。相如在蜀地所见本地辞赋大多应是此类。从战国晚期到西汉初年汉武帝以前,楚辞作为普遍的创作欣赏活动,其范围还很有限,"文、景之世,以屈原为代表的楚人辞赋主要在深受楚文化影响的一些诸侯国流传"[79],而屈原、宋玉等楚辞作品流传到楚以外地区可能要早得多。"楚人高其(屈原)行义,玮其文采,以相教传",楚人在战国晚期传习《楚辞》[80],《楚辞》大体上随着秦末汉初楚人的流布而流传。洛阳人贾谊早于司马相如约二十余年,于文帝年间即作《吊屈原赋》[81],其时《楚辞》可能就已经广播中原了。巴蜀地区也有两个途径可能比中原更早接触《楚辞》,其一:"如果从地理因素和有关史实来考虑,古巴蜀文化与楚文化关系密切,同属一类,又互相影响,故古巴蜀也是西汉前期《楚辞》传播的一个重要区域。"[82]其二,刘邦为汉王,统辖巴、蜀,《楚辞》于此时传播巴、蜀地区也是很自然的。司马相如约生于文帝初年,"既学"之时在十岁后,距汉建立已三十余年,学习《楚辞》是完全可能的。司马相如青少年时期所学习了解的辞赋不仅是《楚辞》,还应包括其他的"俗赋、杂赋"之类所有的辞赋门类。司马相如青少年时期学习内容比较广泛深入。思想理论部分是符合时代潮流的杂学,以儒、道、纵横为核心;技艺部分也是游士必备之类,又以文章、文字、辞赋、琴、剑为重点,文武兼备,个性突出。与司马相如同时的公孙弘对"文学之士"有一个标准:"明天人分际,通古今之义,文章尔雅,训辞深厚,恩施甚美。小吏浅闻,不能究宣,无以明布谕下……自此以来,则公卿大夫士吏斌斌多文学之士矣。"[83]文章之学部分,必然达到"文学之士"的水准,所以才能与邹阳、枚乘等"见而说之"。

相如上学读书学习了战国时赵国蔺相如的事迹以后,倾慕蔺相如的品行功绩,把"犬子"之名改为"相如",取字"长卿"也与蔺相如相关:"以相如功大,拜为上卿,位在廉颇之右。"[84]既是对蔺相如的尊崇,也是对赵国祖先故地的怀念。战国以来英雄豪杰无数,和蔺相如一样智勇双全、德才兼备者甚多，乐毅、鲁仲连、管仲、晏婴等不下于蔺相如，独"慕蔺相如为人"，应该就有出于对赵故国的怀念、对祖先作为"山东迁虏"的纪念、对蔺相如坚决抗秦和保卫赵国的赞赏等含义，总之与祖先故国赵有关。从几种迹象推测，司马相如与战国时赵国当有特殊关系，改名即其一端。除纪念赵的含义之外，"相如、长卿"本身就是"令、长、卿、相"的意思，寄寓着建功立业、取得"令、长、卿、相"高位的壮志。

还有一个问题不容忽略，即司马相如本人名、字的读音问题。产生歧异的就是"相""长"两个字。"相"在今天有阴平、去声两个读音[85]，"长"在今天有阳平、上声两个读音，司马相如之"相"，"长卿"之"长"究竟应该是阴平、阳平，还是去声、上声？

一种意见认为"相"应该是阴平。理由在司马相如取"相如"之名是本着"蔺相如"而来，意思就是和"蔺相如"相同，既是相同，"相如"即为相同之意，应该读阴平，才能表示其所取义。但是，若读阴平，只能说明司马相如的想法，没有顾及"蔺相如"的想法。"蔺相如"该读何声？若读阴平，与谁相如呢？钦慕官爵，建功立业为战国两汉人物共识，或许"相如"一词在战国属于普通常见人名，"蔺相如"之"相"应读去声，取"如相"之意。取"相如"为名，古代甚众，两汉即有数人，在司马相如之前汉文帝时就有"东阳侯张相如"[86]，"东阳侯张相如"是"高祖功臣"，与"绛侯周勃"同样不学无文："鄙朴人也，才能不过凡庸……足己而不学"，"此两人言事曾不能出口"[87]，"张相如"不见得也是"慕蔺相如之为人"而取。蔺相如"拜为上卿"[88]，司马相如字"长卿"，其含义和"相如"相同，即"令长卿相"之意。古代取"长卿、卿"为名、字者也很多，其取义也是"卿者，大夫之尊"的意思。

"长卿"之"长"固然有"少长"之义，也有不是排行老大而取此名字者，如《宋史》："温卿宁国军承宣使，长卿宁江军承宣使，端卿昭信军承宣使，清卿容州观察使，墨卿、才卿并带团练使，其盛如此……钱若水，字澹成，一字长卿……兄若愚，比部员外郎……孙长卿，字次公，扬州人。"[89]《元史》："（刘）秉恕字长卿。好读书，年弱冠，受《易》于刘肃，遂明理学。兄秉忠。"[90]此潘长卿、钱长卿、孙长卿、刘长卿应为老二，潘温卿、钱若愚、刘秉忠才是老大。尚有名、字"君卿"者，"皇帝问侍中君卿"[91]"（冯）野王字君卿，受业博士，通《诗》"[92]。此"王"与"君卿"对举，"相如"与"长卿"对举，皆是官爵尊号的意思。

所以，"长卿"本来就具"少长"之"长"和"令长卿相"之"长"二义，此处既是与"如相"互相发明，当均取"令长卿相"之意，所以，其"长"即应读上声。总之，"相如"之"相"的读音，不论古音如何，今当读作去声；"长卿"之"长"即应读上声。

王吉当为同学。所谓"素与临邛令王吉相善"[93]，即属故友，远非泛泛之交。在长安为景帝侍卫时间较短，结交挚友的可能性似乎较小。若王吉同为"武骑常侍"，则在景帝时出为县令的机会极少，张释之、冯唐可为前鉴。如列传所描绘，王吉对司马相如倾力相助，其言行多类似本地旧友："长卿久宦游不遂，而来过我。"[94]若为外地人，尚不至如此口吻。

"文翁遣相如东受七经，还教吏民。"[95]此为三国蜀汉秦宓不慎误会之言。文翁入蜀为太守时相如已经出仕为郎。或以为在归属后又被文翁遣"东受七经，还教吏民"，则属不可思议之事：既已为巨富，又曾经为帝王近侍，何以愿意做不见得有多大出路的经生，况且这还是在独尊儒术之前。这个问题刘开扬先生也有详尽的考证，足为定论[96]。

四、以赀为郎

前 156 年,司马相如约 20 岁,按律法"傅籍",即在户口登记中登记名字,标志着已经成年,可以接受履行各项权利义务。其中最重要的就是必须开始服徭役、兵役,缴纳各种税收。有一定爵位、有六百石以上官秩的人不但免除这些负担,而且还享有各种经济、政治、法律特权,为社会所尊崇。所以年龄一到立即应选出仕,是当时一般青年最好出路。

司马相如家庭户籍正常,属于"良家子",又总资产符合"赀算十可得为郎"的条件,于是在年满二十的当年,就报名参加"郎"官考选,从成都到长安,经过县、郡、朝廷层层推择辟举,被任命为"郎",守卫皇宫门户,乘车骑马护卫銮舆。

同郡入选者有杨得意,同入长安,被选在狗监。

王吉则应召在蜀郡太守门下,后积功为临邛县令。

前 155 年,因才貌出众,文武兼备,被晋升为汉景帝的近侍"武骑常侍",在皇帝出行时警戒,危急时冲锋陷阵,甚至与猛兽格斗。

同年,司马相如在宫廷中遇见景帝之弟梁王刘武的随员、文章辞赋高手邹阳、枚乘、严忌等人,十分羡慕他们高雅的风度、优裕的生活待遇,立即借口生病而免职,跟随他们到了梁国。

西汉初出仕有很高门槛,首先是年龄条件。庶民年满二十岁"傅籍",就是官府登记姓名、年龄、爵位、住址、家庭成分等:"傅,著也,言著名籍,给公家徭役也。"[97]《释名》:"籍者,籍也,籍疏人名户口故也。"[98]"籍"也就是簿籍,秦汉律法严密,几乎所有事物皆有簿籍登记,而人口户籍是基本制度,尤为详细。汉简中人口登记甚至有身高、肤色,其余可想而知。"傅籍"标志成年,具有各种本户应有的权利义务，是出仕的首要条件。

其次是正常出身，即所谓"良家子"。关于"良家子"的解释，自古以来各家不尽一致，但大体意思是无犯罪记录、不是贱籍、父母身份正常等，总之要求家世清白。具体如《史记·李将军列传》注引《索隐》曰："如淳云：〔良家子〕'非医、巫、商贾、百工也。'"[99]《汉书·李广传》王先谦补注引周寿昌曰："汉制，凡从军不在七科谪内者，谓之良家子。"[100]

第三是家产标准，就是"以赀为郎"之"赀"的要求。关于"以赀为郎"的含义，传统说法是指"纳赀"，即以钱买官的意思。经众多学者考证，"以赀为郎"应该是指"赀选"。当然以钱换爵位的做法西汉也是存在的，但以钱换官却并不普遍。刘文瑞《秦汉选官制度杂议》一文对"以赀为郎"论辩透彻，故不厌其烦引述如后：

"赀选"一词，在史学界多有误解，往往将其归入"纳赀"。但实际上，赀选与纳赀尽管只有一字之差，却存在着重大区别。赀选是任用官吏的财产资格限制，而纳赀则是直接卖官。赀选作为汉代选官的制度规定，《史》《汉》及其正文及注文中只有零散记载，但也反映出了大概。文景之世，赀选入仕的名人有张释之、司马相如等。《汉书》本传称：张释之"以赀为骑郎，事文帝"；司马相如"以赀为郎，事孝景帝，为武骑常侍"。《张释之传》注引如淳曰："《汉注》：赀五百万得为常侍郎。"显然，五百万不是买官的钱数。西汉武帝卖爵，武功爵最高级为三十余万；东汉桓灵卖官，"公千万，卿五百万"（《后汉书·灵帝纪》）。考虑到物价变化和币值变化因素，假设张释之买官，五百万所得绝不是区区郎官。所以，只能将五百万解释为家产。《司马相如传》颜师古所注更明确："赀，财也，以家产多得为郎也。"而《汉书·景帝纪》后元二年诏令对"赀选"解释道："今赀算十以上乃得宦，廉士算不必众。有市籍不得宦，无赀又不得宦，朕甚愍之。赀算四得宦,亡令廉士久失职,贪夫长利。"应劭注曰:"古者疾吏之贪,衣食足知荣辱,限赀十算乃得为吏。十算,十万也。贾人有财不得为吏,廉士无赀又不得宦,故减赀四算得宦矣。"据此,则赀选为入仕的家产资格无疑。对此,陈仲安和王素先生辨之甚详(见陈仲安、王素:《汉唐职官制度研究》第三章第四节"前期纳赀综说",中华书局1993年)。实际上,以家产作为任官资格限制,秦代已经有之。韩信为布衣,因家贫不得推择为吏,即是一证。因此,汉代的赀选,可以看作由秦代承袭而来,只不过秦代的赀限不详而已。而且,赀选要经过"推择",很可能与辟举结合为一体[101]。

略补释两点。其一,《汉书·张释之传》注引如淳曰"《汉注》'赀五百万得为常侍郎'"明显有误,误将汉末事推溯到汉初;五百万也不当指释之家产。文、景时五百万钱已经为天下巨富,司马迁尚且感叹"百万之家"已经等同"千户之君"[102],张释之何至于以此换取数百石俸禄之"郎",何至于忍受"十岁不得调,无所知名",何至于"久宦减仲(兄)之产"[103]?其二,"今赀算十以上乃得官""赀算四得官"的语义,据颜注引服虔语,为"赀万钱,算百二十七也"[104],是计算赀的多少以课税的意思。所以,"赀算"或"算赀"之"算",本义为"计算",如果是指"纳赀","算"就多余。因此,"以赀为郎"结合秦汉制度,应指选任官吏的"财产资格",而非以钱买官。

一般应选为官在未领到俸禄之前,就需自备车马服装,即"鞍马绛衣玉具剑",是一笔不小的开支,单是这个问题就能使穷人望而却步。大将军卫青就因为被迫为府中穷困"舍人"田仁、任安治装而恼怒:"其后有诏募择卫将军舍人以为郎,将军取舍人中富给者,令具鞍马绛衣玉具剑,欲入奏之……于是赵禹悉召卫将军舍人百余人,以次问之,得田仁、任安,曰:'独此两人可耳,余无可用者。'卫将军见此两人贫，意不平。赵禹去，谓两人曰：'各自具鞍马新绛衣。'两人对曰：'家贫无用具也。'将军怒曰：'今两君家自为贫，何为出此言？鞅鞅如有移德于我者，何也？'将军不得已，上籍以闻。"[105]贡禹甚至卖掉大部分田产赴任："臣禹年老贫穷，家訾不满万钱，妻子糠豆不赡，裋褐不完。有田百三十亩，陛下过意征臣，臣卖田百亩以供车马。"当然，上任以后，对贡禹而言就心满意足了："至，拜为谏大夫，秩八百石，俸钱月九千二百。廪食太官，又蒙赏赐四时杂缯、棉絮、衣服、酒肉、诸果物，德厚甚深。疾病侍医临治，赖陛下神灵，不死而活。又拜为光禄大夫，秩二千石，俸钱月万二千。禄赐愈多，家日以益富，身日以益尊，诚非草茅愚臣所当蒙也。"[106]

司马相如能入选，其家庭财产究竟是多少？汉景帝后元二年以前，"今赀算十以上乃得官"，司马相如自然是以"赀算十以上乃得官"的标准入选，即家财在十万钱以上。而这十万钱如何计算出来却是大有周章。按许倬云《汉代农业：早期中国农业经济的形成》一书的材料，居延汉简中有关财产计算登记是包括奴婢在内的所有家庭不动产，动产似不在其列。如礼忠的财产"赀直十五万"，包括小奴二人值三万、大婢一人二万、轺车二乘值万、用马五匹值二万、牛车二辆值四千、服牛二头值六千、宅一区值万、田五顷值五万。他有五百亩土地，一所宅院，三个奴婢，以及牲畜和车辆，价值十五万钱。另一条徐宗，有五十亩地，一所宅院，两头牛，价值一万三千钱。许倬云先生推测，汉代一个中等之家的总财产（包括土地、宅院等不动产）大约在二万钱左右[107]。汉文帝说"百金，中民十家之产"[108]，《汉书》云"黄金重一斤，直钱万"[109]。司马相如家财在十万钱以上，就属于中等以上人家。

后来"家居徒四壁立"，十余年败落殆尽，具体原因虽不得知，但超出十万钱也不会太远。对照许倬云先生二万钱的标准和汉景帝四万钱的标准,司马相如十余万钱的家财也相当丰裕了,可能有地数百亩,奴婢数名,宅院一所,牛、马数头,车数辆,包括还要单独征税的价值万钱的二乘轺车,属于如今之高消费之类。

以上是司马相如出仕的资格。

这种家境是否有必要出仕,或者说仅仅雄心壮志就是出仕的理由?出仕的现实利益也是司马相如出仕、游梁、再为郎等行为必不可少的社会背景和心理动机之一。

文、景时期百姓负担相对较轻,但仔细归纳起来,以今天眼光看来,也是很沉重的(以景帝二年以前为限)。

田租:十五税一,按产量计征,约亩产2石60钱,约亩税4钱;附加刍、稿亩钱若干。

人头税:A.算赋:120钱;B.口赋:20钱,奴婢倍算。

财产税:即"赀算"或"算赀","赀万钱,算百二十七也",即家财每一万钱纳税127钱,轺车另外征税,如同高消费税。

更赋:每年一个月,可交更赋钱二千代役;戍边三日之役,钱三百;一个五口之家的农民,符合条件者,往往"其服役者不下二人"。还有"献费"等加征杂赋[110]。

假设相如家赀15万钱,八口人(包括奴婢),五百亩地,一年总计赋役须交纳约10000钱。

总收支如此估算:一个五口之家的农民家庭,占地约60亩,亩产2石,以石60钱计算,粮食收入7200钱,织布10匹,匹400钱计算,织布收入4000钱,总收入为11200钱。口粮、食盐、衣着等生存消费需7700钱,留种、饲料、农具等简单再生产费用需要1380钱、田租、赋敛等租赋需要900钱,祭祀、人际交往、医药等其他费用需要360钱,总支出约10340钱。二者相减,收支基本相抵,略有1025钱剩余[111]。以田亩数为准,以此加九倍为相如家收支情况,就是总收入约 10 万钱，总支出约 9 万钱，约剩余 1 万钱。当然这个估计属于大略而言，以见概貌。

那些比较沉重的赋役可以通过出仕获得免除："汉代并非全民服役，对免服徭役的人群有一套特殊的规定：凡有宗室属籍及诸侯、功臣的后代，或有官籍、俸给六百石至二千石官吏和都尉以上的军官，或者享有一定爵位者，或者博士弟子及能通一经的儒生，或者有车骑马以及奴婢者、入粟者等，皆可免除徭役[112]。"这种免除包括未分户同居的全家："吏所以治民也，能尽其治则民赖之，故重其禄，所以为民也。今吏六百石以上父母妻子与同居，及故吏尝佩将军、都尉印将兵，及佩二千石官印者，家唯给军赋，他无有所与。"[113]

当时为官者还有种种政治、法律特权，这些特权甚至可以说遍及于日常生活的各个角落。

司马相如时代官吏俸禄应该比较优厚，当然大为不满的人也有。考察俸禄所能实现的生活水平很麻烦，以普通人对一定俸禄的切实心理感受来评价比较简明扼要。《汉书》载："（赵）广汉奏请，令长安游徼、狱吏秩百石，其后百石吏皆差自重，不敢枉法妄系留人。京兆政清，吏民称之不容口。"[114]"长安游徼、狱吏"还是有职务的吏员，又在首都，其要求比普通人肯定高，"百石秩"让他们"自重"，则至少可以保证他们一家生活不低于普通人家水平。

以上是司马相如出仕的社会现实原因。

有了资格、动机，还要具备必要的能力，这需要经过考选确认。考选是必然的。合乎家赀、家世条件的人数量应当很大，而官吏员额有限，特别是"郎"，总数不过千员，每年也许就只有百余名额，"武骑常侍"作为皇帝侍卫，应更少，必然要经过考选才能入选。"卜、祝、史"等小吏尚且考选，"郎"之考选要求必然更高。

"少府赵禹"召问卫青舍人，虽非正式场合，但所"问"应当就是当时考选"郎"官的内容之一:"其后有诏募择卫将军舍人以为郎……会贤大夫少府赵禹来过卫将军,将军呼所举舍人以示赵禹。赵禹以次问之,十余人无一人习事有智略者……于是赵禹悉召卫将军舍人百余人,以次问之,得田仁、任安,曰:'独此两人可耳,余无可用者。'"[115]

文、景时"郎"应分文武,大约三种,一种约如霍光"出则奉车,入侍左右"[116];一种约如张苍、袁盎、匡衡、主父偃、徐乐、严安、司马迁、任安、田仁等"郎官者上书疏"[117],"以补百石属荐为郎,而补博士"[118],"于是上乃拜主父偃、徐乐、严安为郎中。数见,上疏言事"[119],司马相如献赋后所为之"郎"当如此类;一种约如李广、李蔡兄弟"广从弟李蔡亦为郎,皆为武骑常侍"[120]。"武骑常侍"应当考试武艺,具体情况不得而知,以《荀子·议兵篇》所论战国魏国考选军士项目,可为考选"武骑常侍"参照:"魏氏之武卒,以度取之,衣三属之甲,操十二石之弩,负服矢五十个,置戈其上,冠胄带剑,赢三日之粮,日中而趋百里,中试则复其户,利其田宅。"[121]

司马相如之武艺,也当大体如此。不如此,既不可能随卫皇帝,也没有自负的依据。以文章取士以前,特别是"皆以文辩著名"之前的文、景时,武技是多数士人必学内容,所谓"六艺"之一。司马相如被任"郎",俸禄当不低于三百石[122],旋即晋升八百石的"武骑常侍"。这是参照李广兄弟当时的经历官秩而言。李广为"武骑常侍",是因为"从军击胡,用善骑射,杀首虏多"[123],司马相如一年左右晋升此职,当是因为才貌出众,文武兼备,尽心职守,考选优异。这也是他骄傲地辞职游梁的资本。

关于武骑常侍的秩级,《史记》本传注《索引》引张揖曰"秩六百石",《汉书》本传颜注同,理由当是本着《汉书·百官公卿表》没有八百石的郎官之秩的记载[124]；但与《史记·李将军列传》明言"广从弟李蔡亦为郎，皆为武骑常侍，秩八百石"相左。这个问题关系司马相如如何看待自己的官秩，有必要计较清楚，但一时又纷繁难辨，姑且以八百石为准。

关于蜀人杨得意。杨得意与司马相如必然认识，因为连汉武帝尚且不知司马相如何许人，杨得意则清楚，并且知道《子虚赋》，这就非同一般，可以因此推测相如行踪。当时辞赋流传范围有限，以杨得意作为"狗监"而知晓司马相如不太可能是因为辞赋，而主要是皆是"蜀人"的原因，《子虚赋》乃游梁数岁以后所作，则和司马相如相识应在游梁之前。司马相如创作《子虚赋》约在前151年，梁王声威如日中天之时，并且于次年随梁王入朝景帝，这次时间长，而且能够出入宫廷，与杨得意重逢，并送《子虚赋》给他："二十九年十月，梁孝王入朝……梁之侍中、郎、谒者著籍引出入天子殿门，与汉宦官无异。"大体上如此，杨得意才可能知晓司马相如与《子虚赋》。进而可以认为，杨得意有可能和司马相如同时由蜀郡选送，同入长安，相如因才貌出众、文武兼备、考选优异被任显贵职务，而杨则只能任狗监事，十余年后汉武帝初年晋升为狗监。

还需辨明，杨得意并不是阉人之类。所谓"监"，似乎通常是指下级官署或职事，即"监管"的意思，还不是职官名，多种职务都可以称"监"，大约太仆、少府所属部门尽可称"监"。又如"又龙马、闲驹、橐泉、骑驹、承华五监长丞……又郡国诸仓农监……又上林中十池监""（金）日䃅长八尺二寸，容貌甚严，马又肥好，上异而问之，具以本状对。上奇焉，即日赐汤沐衣冠，拜为马监""至元凤中，（傅）介子以骏马监求使大宛""又桀妻父所幸充国为太医监""（淳于）衍夫赏为掖庭户卫，谓衍'可过辞霍夫人行，为我求安池监，'"[125]"此二人（任安、田仁）家贫，无钱用以事将军家监，家监使养恶啮马""李陵既壮,选为建章监,监诸骑"[126]"宦者则李延年……延年坐法腐,给事狗中"[127]。李延年被分发在"狗中",不等于"狗监"全由阉人组成。西汉内廷还有不少非阉士人,杨得意即是。非阉人"马监"金日䃅等可以"出则骖乘,入侍左右",非阉人"狗监"杨得意当然也可以侍奉武帝左右。"汉兴,仍袭秦制,置中常侍官。然亦引用士人,以参其选,皆银珰左貂,给事殿省……中兴之初,宦官悉用阉人,不复杂调它士。"[128]"监"与"宦者、中人"分明,"阉人"多称"宦者、中人"。上举诸"监"者,皆非阉人。总之,"狗监"杨得意并不是阉人。

为郎的生活,司马相如并不满意,哪怕一帆风顺,晋升很快。这是司马相如一生关键。

前155年,司马相如在宫廷中遇见景帝之弟梁王刘武的随员、文章辞赋高手邹阳、枚乘、严忌等人,十分羡慕他们高雅的风度、优裕的生活待遇,立即借口生病而免职,跟随他们到了梁王国。

《史记》认为司马相如之所以游梁是因为"会景帝不好辞赋",显得相当突兀。相如"好辞赋",也好"击剑、弹琴",单单因此离职费解。固然"景帝不好辞赋",但司马相如本非以辞赋应选,景帝也非以辞赋取人,突如其来一句,当然抓住了要点,但还不是核心。

相如一生关键在建功与任性。出仕根本目的在于建功立业,而这功业也非同小可,是像蔺相如一般于国家有大功劳,名垂青史而无比荣华。所谓"犬子、读书、击剑、弹琴",又都是任性的标志,一生纠缠在二者之间,"故遇合常不及凡文人"[129]。游梁是二者典型的纠结处。

"慕蔺相如之为人",即以智勇取功名富贵于旦夕之间,至于廉颇,攻城略地、辛苦遭逢,不足取。一言不合,即朝秦暮楚,这本是游士习气,楚汉相争直至文、景,游士皆能大行其道,正是"蔺相如"时代；武帝开始"一统天下",反成"廉颇"时代。大一统时代必然会渐渐向着所谓"累日以取贵,积久以致官"发展[130]。司马相如正处在历史巨变前夜而无法预知,游梁就首先是被时代所捉弄。

大凡才华出众、文武兼备者,更容易迷惑于历史表面的繁华,忽略世道背面的艰辛,游梁就是骄矜的曲折表现。远大志向,一般需要坚韧不拔的性格,而青年司马相如又属率性而为之人,两者的冲突就是游梁的深层心理动因：心雄万夫而又不堪繁巨。

八百石之官秩,对于西汉没有家世背景的二十余岁青年已经非常难得。如贡禹出身贫穷,并几经沉浮后对"八百石"就很满意。秦汉之"六百石"是高级官员的分界线,"吏六百石以上,皆长吏也"[131],全家免除军赋之外的所有赋役,出有随从,连衣服、车马都和"六百石"以下秩级有区别,还享有种种特权,在普通人中应该属于"显荣芬华"者。这些已是非常难得的成就,又被他很快毫不顾惜地放弃,其性格、生活方式就此可见一斑。

当然,仍然还有现实的考量。秦汉官吏车马服装随员皆需自备,俸禄虽厚若讲究排场则开支亦巨,不收受贿赂或经营产业之类就很清贫,依靠家庭资助者则必然奢侈,以致张释之"久宦减仲（兄）之产"。若有更优厚的待遇,比如梁王之"诸生"也会具有吸引力。根本的还应该在于"功业"的实现条件。虽然西汉"夫长吏多出于郎中、中郎"[132],但"郎"数量巨大,能出为长吏者不过极少数,其中又多因偶然得皇帝或大臣赏识而致。张释之"以訾为骑郎,事孝文帝,十岁不得调,无所知名……欲免归"[133],正好比照。

所谓志士之志无非功名,无震动天下之功,虽得高位也无可喜。若有功名,富贵已不足惜,"功成身退"就是功、德皆至的双重心理需求。"累日以取贵,积久以致官",即非青年司马相如辈能忍受。文、景时"无为而治",封侯者非亲即贵,平民家世获得功业的机会很少，以此时而言，"蔺相如"几乎没有可能出现了。连李广都为文帝所叹息："惜乎，子不遇时！如令子当高帝时，万户侯岂足道哉！"[134]这或许是灵魂深处连相如自己也未尝清楚的潜意识。稍晚的东方朔就已经痛苦地明白了："彼一时也，此一时也，岂可同哉？夫苏秦、张仪之时……得士者强，失士者亡，故谈说行焉……今则不然……使苏秦、张仪与仆并生于今之世，曾不得掌故，安敢望常侍郎乎？故曰时异事异。若夫燕之用乐毅，秦之任李斯，郦食其之下齐，说行如流，曲从如环，所欲必得，功若丘山，海内定，国家安，是遇其时也。"[135]

"武骑常侍"不是大臣，不能参与"公卿国家之事"，不在"君子"眼里，当然也就不能遂司马相如本意。贾山《至言》批评文帝射猎就涉及随从："今从豪俊之臣，方正之士，直与之日日猎射，击兔伐狐，以伤大业，绝天下之望，臣窃悼之……古者大臣不媟，故君子不常见其齐严之色、肃敬之容。大臣不得与宴游，方正修洁之士不得从射猎，使皆务其方以高其节，则群臣莫敢不正身修行，尽心以称大礼。如此，则陛下之道尊敬，功业施于四海，垂于万世子孙矣。"[136]

日常所行也不符合司马相如性格和理想，想来也当令其寂寥。《史记》注引《索隐》案：《汉旧仪》云"持节夹乘舆车骑从者云常侍骑"[137]，"武骑常侍"所为即是持节、执戟、随从、冲锋陷阵、格斗猛兽之类，这属"廉颇"本行，岂是"蔺相如"所为？司马相如虽然能够冲锋陷阵、格斗猛兽，但不是心之所好。天天进行着愚鲁紧张、似乎也没有前途的"武骑常侍"职守，不得知音弹琴、诵赋，苦闷莫过于此。

功业无望，不妨放纵心志，顺遂个人所好也令人愉快。至于以辞赋取功名此时应该还不是目标。

这个时候遇见邹阳、枚乘、庄忌等人志同道合，而梁国生活听说既轻松愉快又待遇非常优厚,故"见而说之"。

这些时代的、个人的、现实的、心理的种种因素就是相如游梁的动因,当然也是不能说出口的辞职理由,就以西汉官吏惯用的借口辞职,"因病免,客游梁"。

至于八百石官秩带来的政治、经济、法律特权以及给予家人的种种好处,就不在考虑范围。相如家后来"徒四壁立",或与此有关。

为"武骑常侍"的经历对创作《子虚上林赋》是必要的准备,因此熟悉宫廷苑囿制度格局,熟悉天子出猎的各种仪式、程序,熟悉上林苑的山、水、道路、草、木、动物以及种种风情,也是司马相如能首先写出鸿篇巨制的天子游猎题材的前提。

五、游梁

司马相如至梁,被梁王安排和邹阳、枚乘、严忌等人一同居住,大约负责文案事务,过着十分悠闲优裕的生活。

前151年,梁王声威如日中天,司马相如在与邹阳、枚乘、严忌等人交游中大大提高了文章辞赋写作水平,写出歌颂梁王的《子虚赋》流传全国,直至宫廷也有留存。

前150年,相如随梁王入朝景帝,得见供奉内廷的同乡故友杨得意,赠予杨得意《子虚赋》。

前144年,梁王病卒,梁府人士星散,司马相如无奈回到成都老家。

相如虽未曾参与梁的机密,但目睹阴谋诡计以及追查处置,使他对政治感觉蒙上了阴影。从青少年慕"相如"的意气风发、不顾一切辞职游梁的骄矜冲动,到后来处处谨慎,"欲谏,不敢",直到"未尝肯与公卿国家之事"都有在梁经历的影响。游梁是其一生命运性格的巨大转折。

相如"因病免，客游梁。梁孝王令与诸生同舍"[138]，也就是说享受"诸生"的待遇。"诸生"当是邹、枚、庄等人。这待遇具体情况不可知，以枚乘辞二千石的"弘农都尉"衡量，邹、枚、庄等人必定要远远高于朝廷二千石的实际待遇，相如也当距此不远。其实际官秩大约也是"郎"，俸禄等实际物质收益可能要高于朝廷同等官吏，但其他政治、经济、法律特权似乎就不太可能在全国范围继续保有，可能只能在诸侯王辖地享有。巴蜀的家人也许会因此增加巨大的负担。

司马相如在梁不可能和羊胜、公孙诡、邹阳一样参与机密，但也不会没有官职，当和枚乘等人相仿，负责一些文案事务，非常轻松悠闲。枚乘《七发》描绘了他们此时的日常生活，虽为虚构以劝"太子"，但大体上也和他们的实际生活相仿，享受着天下从物质到精神的最高级生活方式："至悲"的"琴、歌"；"至美"之味；"至骏"的良马坚车；"天下之靡丽皓侈广博之乐"的声色；"至壮"的"校猎"；"怪异诡观"的曲江之涛；"理、论""天下要言妙道"；还有"其乐无有"的登高观览："既登景夷之台，南望荆山，北望汝海，左江右湖，其乐无有。"只是享受可能还不到人生顶点，文辞创作则使感官的享乐和精神创造相结合，这才真是其乐忘死："于是使博辩之士，原本山川，极命草木，比物属事，离辞连类，浮游览观，乃下置酒于虞怀之宫。"

这和"武骑常侍"的生活之别不啻霄壤，足以令枚乘放弃西汉的人生理想——二千石官秩[139]，更何况司马相如的八百石！

"梁最亲，有功，又为大国，居天下膏腴地……招延四方豪杰，自山以东游说之士，莫不毕至。齐人羊胜、公孙诡、邹阳之属……而府库金钱且百巨万，珠玉宝器多于京师……孝王未死时，财以巨万计，不可胜数。及死，藏府余黄金尚四十余万斤，他财物称是。"这里总叙梁王的威势，表明梁王具有足够的财力给予这些"游士"以超过朝廷很多的待遇，以吸引天下豪杰。

对司马相如和枚乘来说，还要加上"与英俊并游，得其所好"，才是完美的生活。"梁客皆善属辞赋，乘尤高"[140]，和这些辞赋高手交游，相如大大提高了文辞水平，几年之后写出流传天下的《子虚赋》，这才是游梁最重要的成果。

此《子虚赋》和《文选》所分、与《上林赋》连接的《子虚赋》的关系，所涉繁琐复杂，自来聚讼纷纭，高步瀛《文选李注义疏》荟萃古人诸说，颇为详尽，今人关于这个问题的所有论点在此几乎都已经出现，不烦引[141]。略归高氏本人意见如后：一，《史记》所载本是完整的一篇，《文选》分为两篇，是失误；二，所谓游梁时作《子虚赋》，后之作《天子游猎赋》皆是假设之辞。与此相似的说法还有泷川资言《史记会注考证》："《子虚》《上林》，原是一时所作，合则一、分则二……相如使其乡人奏其上篇，以求召见耳，正是才子狡狯手段。"[142]这种说法为求避免种种疑难，简单否认《史记》的基本史实，过于离奇，无助于问题的解决。

比较之下，万光治、沈伯峻、李大明三先生之论则切近事实，综合起来可以弥合各种缝隙，可为此问题定论：

"《子虚赋》实作于司马相如客游梁孝王时，故盛称诸侯苑囿之大。及为武帝作赋，乃以前所作《子虚赋》为陪衬，极言上林之宏丽，天子之威仪。《上林赋》实可看作《子虚赋》的续篇。笔者又颇疑司马相如作《子虚赋》时，只在极言诸侯之事，并未虚拟无是公这样一个人物。到了他作《上林赋》，才补入无是公，令他作为天子的代言人，两赋才因此相合无隙，唯《子虚赋》有所增改。"[143]

"我认为两篇赋的关系非常密切，很可能《子虚赋》是《天子游猎赋》的雏形，而《天子游猎赋》是在《子虚赋》的基础上加工改写而成的……由于《子虚赋》和《天子游猎赋》在内容上一脉相承，司马迁和班固为了避免重复累赘，便只采录了《天子游猎赋》的全文，而对《子虚赋》则一笔带过。"[144]

"《史记》《汉书》本传将二赋（《子虚赋》《天子游猎赋》）连为一篇，盖主要是从内容及形式的连贯来考虑的，而本传所谓的'赋奏，天子以为郎'，则单指奏《天子游猎赋》，非指二赋同时奏上。又，《子虚赋》开头'而无是公在焉'一句，盖亦非原有，而是后来加进去的……至于《天子游猎赋》后来被称为《上林赋》，亦事出有因。从《史记》《汉书》本传来看，相如未自称《上林赋》。但本传有'天子既美子虚之事'，而相如曰'上林之事未足美也'诸语，于是后人将后一赋称为《上林赋》，乃顺理成章而名正言顺……所以，梁萧统编《文选》，并载二赋，是有历史根据的。"[145]

游梁时所作《子虚赋》与《文选》所分《子虚赋》当然不会完全相同，但也不太可能是完全不同的两篇作品，正如三位先生所论，必然是在游梁时所作《子虚赋》基础上略作改写，即在原文末尾，大约"齐王无以应仆也"处开始，增加指摘齐、楚的内容和亡是公这个人物，以转换主题和情节而已。

刺杀袁盎之前的梁王，声威如日中天，正是压倒所有诸侯王的霸王，对这种声威进行歌颂，本是司马相如等人分内之事，若在此时进行劝谏"奢侈"之类，实在不合时宜。所以游梁时所作《子虚赋》主题应是借称楚难齐，以歌颂梁王的声威，也符合《文选》所分《子虚赋》的基本情节内容，即绝大部分篇幅在铺陈楚之物色和游猎声势，若与游梁时所作《子虚赋》无涉，则齐、楚同为指斥对象，篇幅不至如此悬殊，只应是具体内容有别而已。子虚乌有对话部分至"齐王无以应仆也"之前完全是诸侯之间相互夸耀[146]，没有任何对这些行为本身的指责,仅此而言即是游梁时所作《子虚赋》的遗迹之一。

相应的武帝时作赋,就必然要对诸侯进行斥责,所以"齐王无以应仆也"之后就应是为武帝作赋开始处,"奢言淫乐而显侈靡"之类的话[147],断非游梁时所能言。所以,改造也是必然的。

确定了此《子虚赋》主题和内容的范围,即可推测其写作年代。以司马相如于汉景帝前二年游梁计,经过七国之乱,司马相如目睹梁王财富声威节节上升,他们自己的生活也是"其乐无有",夸耀诸侯声势的《子虚赋》正当其时。这种夸耀在当时完全可以有正面的解释:"梁王父兄皆帝王,所见者大,故出称跸,入言警,车旗皆帝所赐也,即欲以侘鄙县,驱驰国中,以夸诸侯,令天下尽知太后、帝爱之也。"[148]《七发》主题也与此有关,其"劝谏"的"久耽安乐"[149],无关痛痒,不过是结构内容里必要的底线,读者乃至作者本人或许并不以为意,核心在于文辞富艳,夸耀展示诸"至美"而已,劝谏自有专门文章,才能陈述清楚道理。所谓"劝百讽一","讽"的部分犹如画幅底色,不必关注,后人评论的角度那是另一回事了。此《子虚赋》与彼《子虚赋》在"齐王无以应仆也"之前当无不同,盛夸楚以喻梁,应当在梁王声威最盛时,入朝景帝之前,即景帝前七年之前(前150)。

《子虚赋》是第一篇以游猎为主题的恢宏大赋,一出世即当受欢迎,流传天下以至进入宫廷,数年后为汉武帝所爱。《子虚赋》如何进入宫廷为武帝读到,也是引起猜疑的环节。以枚乘谏吴王文章为景帝所赏识衡量[150],当时各地包括诸侯国送交朝廷的文档或有此类文章在内,《子虚赋》等就或许是随着公文传送系统进入宫廷。

为狗监时的杨得意知晓此《子虚赋》为司马相如所作,是听司马相如本人"自言"[151],这一点可以推知司马相如行踪。梁王二十九年十月(前150初),梁王声势浩大地入朝景帝,司马相如可能随从:

"梁之侍中、郎、谒者著籍引出入天子殿门，与汉宦官无异。"[152]因此相如能与同乡杨得意相见，并送《子虚赋》或告诉他著《子虚赋》之事。而此次以后司马相如不太可能随行，更不容易见到在内廷的杨得意了。

此后梁王处境大变，再作《子虚赋》已不合时宜，不论是夸耀还是劝谏。所以游梁时之《子虚赋》作于前151年最合情理。沈伯峻、刘跃进先生皆定于前150年[153]，虽不同，也不远，都坚持《子虚赋》与梁王声威处境之间的关联。

司马相如自前155年游梁迄前145年归蜀，在梁约有十年，已从二十一岁到三十一岁左右了，按理也应有家室，由于史无明文，不妨依据他人类似情况略以推测。游梁的生活水平经济收入理应丰厚，供养家室自无困难。但归蜀后与卓文君结婚，则在梁又分明没有正室。按枚乘在梁的情况看，司马相如的家室情形可能相似："（枚）乘在梁时，取（枚）皋母为小妻。乘之东归也，皋母不肯随乘，乘怒，分皋数千钱，留与母居。"[154]司马相如在梁或有"小妻"，后来也或许不肯随司马相如从"天下膏腴地"归"迁虏"之地巴蜀。

司马相如归蜀后"贫"，可想而知在梁没有积蓄，挥霍殆尽。

前150年以后，梁国、梁王处境大变，一再受到打击，司马相如等游士生活与心情当不同此前轻松愉快，但天下情势也已大变，削弱诸侯王是大势所趋，再也没有吴楚七国反前那样可以去吴游梁、择木而栖了。尽管梁国风雨飘摇，但还有巨额财富，游士生活尽可维持，所以枚乘、相如等一直熬到前144年6月，梁王病死，诸游士星落云散，各自归乡。

《西京杂记》所载相如在梁事迹不可靠，故不涉及。

游梁是司马相如一生转折点。自前150年以后，司马相如当目睹身历种种阴谋诡计与追查打击，对政治以及社会当有完全不同游梁之前的感受。再入长安为郎之后，处处小心谨慎，所谓"欲谏，不敢"，直到"未尝肯与公卿国家之事，称病闲居，不慕官爵"[155]，与"慕蔺相如之为人"的意气风发、"见而说之，因病免，客游梁"的冲动率性，判若两人。平生方向从最初渴望立功最终转到立言，也是其性格与时代纠结后的必然结果。

（上部完）

参考文献：

[1] 赵正铭，邓郁章主编《相如故里在蓬安》，四川人民出版社，2001年版。

[2] 李大明《司马相如生于蓬安》，《光明日报》2004年12月31日。

[3] 《隋书》，中华书局，1973年版，第824页。

[4] 《全唐文》卷一三四，第二册，第1352、1354页，中华书局，1996年影印。

[5] 《旧唐书》，中华书局，1975年版，第1674页。

[6] 《读史方舆纪要》卷六十八，续修四库全书本，上海古籍出版社，2002年版。

[7] 《太平寰宇记》，四库全书本，上海古籍出版社，1987年版，第694页。

[8] 司马迁《史记》，中华书局，1985年版，第2999、3000、3001页。

[9] 高敏《从张家山汉简〈二年律令〉看西汉前期的土地制度——读〈张家山汉墓竹简〉札记之三》，《中国经济史研究》2003年第3期。

[10] 本节详参笔者会议论文《梁代设立相如县的历史文化意义》。

[11] 王瑶《中古文学史论》，北京大学出版社，1998年版，第395页。

[12] 刘琳校注《华阳国志·蜀志》，巴蜀书社，1984年版，第194页。

[13] 《史记》，第2230页。

[14] 《汉书》，中华书局，1985年版，第1642页。

[15] 刘琳校注《华阳国志·蜀志》，第225页。

[16] 范文澜《中国通史》第二编，人民出版社，1978年版。

[17] 《史记》，第3277、3278页。

[18] 同上，第3286页。

[19] 同上，第2998页。

[20] 《汉书》，第2841、2529页。

[21] 万光治《汉赋通论》（增订本），中国社会科学出版社，2006年。费振刚等《全汉赋校注》，广东教育出版社，2005年版。龚克昌《全汉赋评注》，花山文艺出版，2003年版。

[22] 杨振红《秦汉"名田宅制"说——从张家山汉简看战国秦汉的土地制度》，《中国史研究》2003年第3期。

[23] 《汉书》，第2657页。

[24] 《史记》，第3000页。

[25] 刘开扬《柿叶楼文集》，西南财经大学出版社，2004年，第207—249页。束景南《关于司马相如游梁年代及生年》《司马相如游梁年代及生年的再考辨》，《文学遗产》1984年第3期、1987年第1期。

[26] 姜亮夫《历代名人年里碑传总表》，商务印书馆，1937年版，第6页。

[27]《资治通鉴》第十五,中华书局,1976年版,第514页。

[28]《史记》,第439页。

[29]《汉书》,第141页。

[30] 同上。

[31] 张荣强《〈二年律令〉与汉代课役身份》,《中国史研究》,2005年第2期。

[32]《史记》,第2083页。

[33] 同上,第2858页。

[34]《汉书》,第2353页。

[35]《史记》,第2090页。

[36]《汉书》,第2353页。

[37] 龚克昌《中国辞赋研究·司马相如评传》,第409、410页。

[38]《三国志》,中华书局,1982年版,第311页。

[39]《史记》,第2049页。

[40] 同上,第2949页。

[41] 费振刚,仇仲谦,刘南平《全汉赋校注》,广东教育出版社,2005年版,第69页。

[42] 陈文新《中国文学编年史·汉魏卷》,湖南人民出版,2006年版,第23页。

[43]《史记》,第2491页。

[44] 同上,第2928页。

[45]《汉书》,第2366页。

[46] 同上,第2814页。

[47] 同上,第2931页。

[48]《史记》,第1428页。

[49]《后汉书》,中华书局,1965年版,第1885页。

[50]《汉书》，第 1928 页。

[51]《史记》，第 3053 页。

[52] 万光治《蜀中汉赋三大家》，巴蜀书社，2004 年版，第 2 页。

[53] 刘熙载《艺概·赋概》，巴蜀书社，1990 年版，第 90 页。

[54]《史记》，第 3123 页。

[55] 同上，第 2241 页。

[56] 同上，第 2051 页。

[57] 同上，第 2688 页。

[58] 同上，第 2691 页。

[59]《汉书》，第 2791 页。

[60] 金国永《司马相如集校注》，上海古籍出版社，1993 年版，第 2 页。

[61]《十三经流疏》，中华书局，1983 年版，1725 页下、2173 页下、2174 页上。

[62] 张常清，王延栋《战国策笺注》，南开大学出版社，1994 年版，第 114 页。

[63]《史记》，第 1140 页。

[64]《后汉书》，第 1185 页。

[65]《三国志》裴注引《吴历》，第 1118 页。

[66] 高凯《走马楼吴简〈吏民田家莂〉看孙吴初期长沙郡民起名风俗》，《寻根》2001 年第 2 期。

[67] 文翁治蜀时是兴办官学之首，但民间学校应该较早就有。

[68]《史记》，第 3293 页。

[69]《十三经注疏》，中华书局，1983 年版，第 1232 页下。

[70]《十三经注疏·周礼·保氏》："而养国子以道，乃教之六艺：一曰五礼，二曰六乐，三曰五射，四曰五驭，五曰六书，六曰九

数。"第 731 页中。

[71]《史记》，第 2491 页。

[72]《汉书》，第 3514 页。

[73] 同上，第 2853 页。

[74] 同上，第 1721 页。

[75] 同上，第 1721 页。

[76]《张家山汉墓竹简（二四七号墓）》，447－478 号简，文物出版社，2001 年版，第 203 页。

[77]《汉书》，第 1750 页。

[78] 王先谦《荀子集解》，中华书局，1988 年版，第 455、472 页。

[79] 李大明《汉楚辞学史》（增订本），中国社会科学出版社，2004 年版，第 1 页。

[80] 王逸《楚辞章句·离骚后叙》，商务印书馆《丛书集成初编》本，1960 年版。

[81] 早于贾谊的陆贾有《孟春赋》，赵幽王《歌》等，但他们本是楚人，还不足以证明《楚辞》流传时地。

[82] 李大明《汉楚辞学史》（增订本），第 295 页。

[83]《史记》，第 3119 页。

[84] 同上，第 2443 页。

[85] 段玉裁、王力等认为"古无去声"，不与此处取义矛盾。兹以今音取"相如"之义而已。

[86]《史记》，第 429 页。

[87] 同上，第 2080、2752 页。

[88] 同上，第 2443 页。

[89]《宋史》卷二四八，第 8782 页；卷二六六，9165 页；卷三

三一,第 10641 页。

[90]《元史》卷一五七,第 3694 页

[91]《汉书·霍光金日䃅传》注:师古曰:"昌邑之侍中名君卿也。"第 2940 页。

[92]《汉书》,第 3302 页。

[93]《史记》,第 3000 页。

[94] 同上,第 3000 页。

[95]《三国志》,第 973 页。

[96] 刘开扬《柿叶楼文集》,西南财经大学出版社,2004 年版,第 226-227、237-241、247-249 页。

[97]《汉书·高帝纪》汉二年五月:"萧何发关中老弱、未傅者悉诣军。"颜师古注云:"傅,著也。言著名籍,给公家徭役也。"第 37 页。

[98] 王先谦《释名疏证补》卷六,释书契 19,上海古籍出版社影印,1984 年版。

[99]《史记》注〔三〕,第 2867 页。

[100] 王先谦《汉书补注》,第 1127 页。

[101] 刘文瑞《秦汉选官制度杂议》,《纪念林剑鸣教授史学论文集》,中国社会科学出版社,2002 年版。

[102]《史记》,第 3272 页。

[103] 同上,第 2751 页。

[104]《汉书》,第 152 页

[105]《史记》,第 2781 页。

[106]《汉书》,第 3073 页。

[107] 许倬云《汉代农业:早期中国农业经济的形成》,江苏人民出版社,1998 年版,第 70、81 页。

[108]《史记》，第 433 页。

[109]《汉书》，第 1178 页。

[110] 据白寿彝《中国通史》第四卷丙编《典志》归纳，上海人民出版社，1992 年版。

[111] 黄今言《秦汉经济史论考》，中国社会科学出版社，2000 年版，第 30—36 页。

[112] 黄今言《秦汉赋役制度研究》，江西教育出版社，1988 年版，第 250—253 页。

[113]《汉书》，第 85、86 页。

[114] 同上，第 3203 页。

[115]《史记》，第 2781 页。

[116]《汉书》，第 2931 页。

[117] 同上，第 2272 页。

[118]《史记》，第 2689 页。

[119] 同上，第 2960 页。

[120]《史记》，第 2867 页。

[121] 王先谦《荀子集解》，中华书局，1988 年版，272 页。

[122]《汉书》，第 727 页。

[123]《史记》，第 2867 页。

[124] 同上，2999 页。《汉书》，第 2529 页。

[125]《汉书》，第 729、731、2959、3001、3959、3966 页。

[126]《史记》，第 2780、2877 页。

[127] 同上，第 3195 页。

[128]《后汉书》，第 2509 页。

[129] 鲁迅《汉文学史纲要·司马相如与司马迁》，《鲁迅全集》第九卷，人民文学出版社，1981 年版。

[130]《汉书》，第2513页。

[131] 同上，第149页。《百官公卿表》以二百石以上为长吏，起点更低。第742页。

[132] 同上，第2513页。

[133]《史记》，第2751页。

[134] 同上，第22867页。

[135]《汉书》，第2867页。

[136] 同上，第2336页。

[137]《史记》注［二］，第2739页。

[138] 同上，第3014页。

[139]《史记·酷吏列传》（宁成）称曰："仕不至二千石，贾不至千万，安可比人乎！"第3135页。

[140]《汉书》，第2365页。

[141] 高步瀛《文选李注义疏》，中华书局，1985年版，1624－1625页。

[142] 泷川资言《史记会注考证》，北岳文艺出版社，1999年版，第4709页。

[143] 万光治《汉赋通论》（增订本），中国社会科学出版社，2006年版，第161页。

[144] 沈伯峻《司马相如的代表作是〈天子游猎赋〉》，《赋学研究论文集》，巴蜀书社，1991年版，第84－86页。

[145] 李大明《汉楚辞学史》（增订本），中国社会科学出版社，2004年版，第119－210页。

[146]《史记》，第3014页。

[147] 同上，第3014页。

[148] 同上，第2858页。

[149] 萧统《文选》，中华书局，1981年版，第478页上。

[150]《汉书》，第2365页。

[151]《史记》，第3002页。

[152] 同上，第2084页。

[153] 沈伯俊《司马相如的代表作是〈天子游猎赋〉》，《赋学研究论文集》，巴蜀书社，1991年版，第86－88页；

[154]《汉书》，第2366页。

[155]《史记》，第3048、3053页。

（熊伟业：四川文理学院中文系讲师、文学博士）

司马相如《谕巴蜀檄》校读

熊伟业

本文属于作者主持的四川省教育厅资助科研项目"巴蜀辞赋研究"阶段性成果（项目编号 SA06112）。

提　要：《谕巴蜀檄》是司马相如名篇，《史记》《汉书》《文选》均载录，但文字并不完全一致。《史记》《汉书》《文选》各注本、近年出版的《司马相如集校注》也大都提到《谕巴蜀檄》，诸本文字间或有异，但并未对歧异处全部加以解释，甚或解释有误，乃至有未提及其歧异处。本文即对《史记》《汉书》《文选》所载《谕巴蜀檄》进行校读并试作解释。

关键词：《谕巴蜀檄》　校读

《谕巴蜀檄》虽载于《史记》《汉书》，文字仍然有歧异，《史记》《汉书》诸注本多注意到这些歧异处，但一般都不加以解释。另一影响大的文本《文选》即录自《汉书》，但也和《汉书》小异。后来诸本不录自《汉书》即录自《史记》,若有歧异也足以《史》《汉》《文选》为训。因所见有限,仅以中华书局出版的上述三书参校并作解释。所揭示文字歧异之处几乎全部见于泷川资言《史记会注考证》[1]、金国永《司马相如集校注》[2]、李孝中《司马相如集校注》等书[3],此外所补者,即檄文前言部分,以及对歧异的文字的校读解释,不涉及其余问题的注解。本文所称"校读",其实"校"则远不够格,不过是一些"读"后感。主要目的是对载录《谕巴蜀檄》三本差异进行比较,从文字、文章的角度考察其语言文字、时代史实、叙述描写等方面的得失,并非进行版本校勘,只是为赏鉴批评《谕巴蜀檄》提供一些参考,以期加深对《谕巴蜀檄》的理解。

1. 会唐蒙使略通夜郎西僰中

《汉书》《文选》无"西"字。

《史记·西南夷列传》注:"《索隐》:韦昭云:'僰属犍为,音蒲北反。'……《正义》:'今益州南戎州北临大山,古僰国。'"[4]《史记·司马相如列传》注引:"徐广曰:'后以为夜郎属牂柯,僰属犍为。'晋灼曰:'南夷谓犍为、柯柯也。西夷谓越巂、益州。'"[5]按:"僰"本在蜀南,不得称"西"。《史记会注考证》引中井积德曰:"'西'字疑衍,《汉书》无之。"[6]按:《谕巴蜀檄》有"南夷之君,西僰之长",即是司马相如、司马迁时代对"西南夷"各部的具体地理情况并不完全清楚,所以皆云"西僰"。又,下文《难蜀父老》仍然称"西僰"。"南夷之君,西僰之长"为对偶句式,"西"字必然应有。所以,此"西"字非衍,而是不明具体地理而然。到东汉班固时代则已经能分别"僰"的具体地理位置,所以删去"西"字,《文选》承《汉书》也无"西"字。又,金国永先生云:"相如于文中不言'夜郎'而言'西僰',盖因'汉关'故徼,不明'南夷'情况之变迁,其不知'夜郎'之大,亦犹此时'夜郎'之不知中国为大也。"[7]因董仲舒元光元年所上《天人三策》(《汉书·武帝纪》系于元光元年，《资治通鉴》系于建元元年，皆在"通西南夷、西域"之前，也皆早于《谕巴蜀檄》)里已提到"夜郎"："夜郎、康居，殊方万里，说德归谊，此太平之致也。"[8]以此，相如非不知"夜郎"，而是为与"西僰"对偶，所以言"南夷"。倒是相如、马迁时代尚不清楚"僰"也在"南"，误以为"西"，所以都说成"西僰"。

2. 用兴法诛其渠帅

《汉书》《文选》"用"后有"军"字、"帅"作"率"。

"用兴法"，"用"字意义当属上句，即因"郡又多为发转漕万余人"而"兴法"，意义不甚明白。《汉书》增"军"字，则"用"字含义更清楚，也应是据《谕巴蜀檄》"今闻其乃发军兴制"一语而增。

"帅"与"率"秦汉时在"统率"的意义上可通用，"渠帅"为词，在《史记》《汉书》中"帅"与"率"也通用，而以"渠率"为多。

3. 乃使相如责唐蒙

《汉书》《文选》"使"作"遣"，"蒙"后有"等"字。

《汉书》改"使"为"遣"，二者为同义词，"遣"之语意更为清晰。"使"不必包含"出使"的意思，而"遣"则必然是"派出"的意思。

《汉书》有"等"字，和《史记》的意义有所不同。"责唐蒙"仅指"唐蒙"一人，则"巴蜀民"只是"晓谕"的对象，非"责"的对象，其余"因责之以不忠死亡之罪，让三老孝弟以不教诲之过"等属于司马相如自行处理的范围。"责唐蒙等"则还有被责之人，这些人是谁，也没有明说。《谕巴蜀檄》有"因责之以不忠死亡之罪，让三老孝弟以不教诲之过"等语，应当是指巴蜀有关官员如"三老孝弟"，以及"巴蜀民"等。《史记会注考证》引张文虎曰："蔡、中统、游、毛本'唐蒙'下有'等'字,与《汉书》合。"[9]则"等"字在《史记》另外的版本里就有,似乎不是《汉书》所增添。而有"等"字,更切合《谕巴蜀檄》的文本含义。

4. 因喻告巴蜀民以非上意

"喻",《汉书》作"谕",后文也作"晓谕""咸谕"。

"喻""谕"异体字。但后来"谕"专指上对下的告谕,"喻"专指譬喻,就不再是异体字了。在《史》《汉》通用,《史记》本传本篇作"喻",而本传《封禅书》"依类诧寓,谕以封峦"就作"谕"[10]。在"譬喻"的意义上通用,"谕告""告谕"意义上《史记》多用"谕",而《汉书》几乎全部用"谕"。《汉书》本篇三处,前两处为"谕",后一处为"喻"。而《文选》全部作"喻"。

5. 辑安中国

"辑安",《汉书》作"集安",《文选》作"安集"。

《说文·车部》:"辑,车和辑也。"[11]所以"辑""安"近义。"辑"为本字,"集"为假借,"辑""集"通用。"辑安"为词,《史记》仅见于此,不见于《汉书》;而"集安"仅见于《汉书》此处,不见于《史记》;"安辑"不见于《史记》,多见于其余"二十四史";《文选》之"安集"则多见于"二十五史"。"辑安""集安""安辑""安集"都是同一词的不同写法,可以互相倒置,只是"安集""安辑"最为常用。

6. 诎膝请和

"诎",《汉书》《文选》作"屈"。

《说文·言部》:"诎,诘诎也……诎或从屈。"[12]"诎""屈"谐声同旁,在曲折的意义上《史》《汉》通用,但以"诎"为多。

7. 重译请朝

"请朝",《汉书》《文选》作"纳贡"。

"请朝""纳贡"意义并不完全相同,虽然都有"臣服"的含义。"请朝"是事先请求朝拜,"纳贡"是诸侯向天子述职的标志,是已经"臣服"者所行,即《子虚赋》所说:"夫使诸侯纳贡者,非为财币,所以述职也"[13],亦即下文"贡职"之意;下文有"南夷之君,西僰之长,常效贡职",当是"南夷""西僰"本属中国,应分别与"康居西域"之"请朝"对举而已,从行文章法说,也可以避免重复。所以,《史记》之"请朝"优于《汉书》《文选》之"纳贡"。

8. 稽首来享

《文选》作"稽颡来享"。

《荀子·大略》:"平衡曰拜,下衡曰稽首,至地曰稽颡。"[14]而"稽颡"仅见于丧礼,即《礼记》《仪礼》的丧礼部分。孔子曰:"拜而后稽颡,颓乎其顺也;稽颡而后拜,顾乎其至也。三年之丧,吾从其至者。"[15]顾炎武说:"古人以'稽首'为敬之至……《荀子》言'平衡曰拜,下衡曰稽首,至地曰稽颡',似未然。古惟丧礼始用'稽颡',盖以头触地,与'稽首'乃有容、无容之别……今表文皆云'稽首''顿首'。"[16]按:《史》《汉》多是"稽首",绝少"稽颡"。《汉书》以后史籍多见"稽颡",是引申使用,不是原词本意。颜春峰先生解释了"稽颡"用法流变:"顿首(稽颡)表示哀恸之至和特别崇敬之意,用于凶丧非常之事,后来演变为请罪之拜。"[17]而从《史》《汉》等的用例来看,这个演变的开始时期应当在汉末。总之,"稽首"是汉代常用词语,"稽颡"是汉以后的书面常用词语。此处以"稽首"为上。

9. 不敢怠堕

《汉书》作"惰怠",《文选》作"堕怠"。

《史记·礼书》又作"怠惰":"怠惰之为安,若者必危。"[18]《汉书》又作"怠惰":"众庶莫不辍作怠惰,靡衣媮食,倾耳以待命者。"[19]"惰"又作"堕":"堕嫚亡状。"[20]《说文·心部》:"憜,不敬也……怠,慢也。""怠""惰"近义。《段注》:"今书皆作'惰'。"[21]"怠堕"之"堕""隋"是同音假借,本为"憜",省写作"惰",古文写作"婧",通行"惰"。"怠惰"为词,又倒置作"惰怠","怠惰"为常用词。

10. 喁喁然皆争归义

"争归义",《汉书》《文选》作"乡风慕义"。

《史》《汉》"归义""慕义"常用,"慕义"通用于"服膺"的意义,不论中外;而"归义"几乎仅用于"外国"来投奔、投降。"慕义"核心在"义","归义"核心在归,"归义"其实就是"归降"的意思,二者在《史》《汉》多不互通。此处所指"西南夷"并非历代朝廷属地,与"外国"同义,"归义""慕义"此处虽可通用,仍然以"归义"所涵之义更清晰准确。所以此处应该以《史记》"皆争归义"为是。

11. 发巴蜀士民各五百人以奉币帛

《汉书》《文选》"士民"作"之士",《汉书》无帛字。

"士民"与"之士"在此处的意义有些不同。"士民"一般可合指百姓,也可分指吏、民,如本传所言"发巴蜀吏、卒千人";"各",可分指吏、卒,或分指地方军士和服徭役的百姓两种人,也可指巴、蜀两地。"之士"则仅指地方军士一种人,"各"则仅指巴、蜀两地。按本传"发巴蜀吏、卒千人"与此句对读,则"各"应指巴蜀两郡分别征发五百人。或许《汉书》正因为"士民"容易引起误解而改。因为服徭役之"戍卒""行者"属于"转漕万余人"之列,与此处之"五百人"是不同的性质,"士民"含混不清。《汉书》叙此事作"发巴、蜀民治南夷道",又作"发巴、蜀兵千余人"[22],明白区分"兵""民"的差别,当是因为《史》《汉》可能引起误解而有意为之。

又，李孝中先生云："币：珠玉、黄金、刀布。《管子•国畜》：'以珠玉为上币，以黄金为中币，以刀布为下币。'"按：《管子》之说应指战国而言，秦汉时珠玉之类已经不是"币"："及至秦，中一国之币为（二）等，黄金以溢名，为上币；铜钱识曰半两，重如其文，为下币。而珠玉、龟贝、银锡之属为器饰宝藏，不为币。"[23]汉代"币帛"是指"金钱、丝织品"，是西汉赏赐的常用品，也是当时中外共同颁的"货币"。《史》《汉》对外所言大多为"币帛"。如《史记•平准书》："于是天子……所过赏赐，用帛百余万匹，钱金以巨万计，皆取足大农。"《史记•大宛列传》："（张）骞……赍金币帛直数千巨万，多持节副使，道可使，使遗之他旁国……及至汉使，非出币帛不得食，不市畜不得骑用。"《汉书•窦田灌韩传》："上乃召问公卿曰：'朕饰子女以配单于，币帛文锦，赂之甚厚。'"《西域传》："公主……以币帛赐王左右贵人。"以上"币"皆指金钱，"帛"指"财物"，也不仅是"丝织品"，但必然包含"丝织品"。"币帛"则代称所有包含"丝织品"的"钱物"。"币"在《史》《汉》也可以单称而代指财物，但不一定包含"丝织品"，而《西南夷列传》云"夜郎旁小邑皆贪汉缯帛"，则由唐蒙奉赏西南夷的主要礼品之一就是"帛"类，所以此处"币"不如"币帛"指称明确周详。

"币帛"为词多见于《史》《汉》，和单称之"币"应有一定区别。本文"币帛"针对"西南夷"，与《史记•大宛列传》《汉书•西域传》等所说之"币帛"含义完全相同，所以"帛"字以不省为佳。

12. 义不反顾

"义"，《汉书》《文选》作"议"。

"义""议"同音，"议"可借作"义"。若作"义"，则意为因激于"道义"而不"反顾"；若作"议"，则意为因计议已定而不"反顾"。"议不反顾，计不旋踵"是对偶句式，"议""计"同义互文，思虑、谋议之意。所思虑、谋议的具体内容就下文所指："计深虑远，急国家之难，而乐尽人臣之道也。"《史记·鲁仲连邹阳列传》又作"计不反顾，议不旋踵"："乡使曹子计不反顾，议不还踵，刎颈而死，则亦名不免为败军禽将矣。"而《战国策》又作"计不顾后"："使曹子之足不离陈，计不顾后，出必死而不生，则不免为败军禽将。"又《汉书·霍光传》云："今日之议，不得旋踵。"以上都是"思虑、谋议"的意思，所以，此处"义不反顾"应以《汉书》《文选》之"议不反顾"为是。

13. 行事甚忠敬

"行事"，《汉书》作"事行"。

"行事""事行"意义不同，不容混淆。《史》《汉》绝少"事行"，多"行事"。"行事"可以联属"忠敬"，"事行"则难联属"忠敬"。所以"事行"当是传抄之误倒。

14. 今奉币役至南夷

"役"，《汉书》作"使"。

《说文·彳部》："役，戍边也。"段注："引申之义，凡事劳皆曰'役'。"又《说文·彳部》："使，伶（令）也。""役""使"本为两字，只在被差遣的意义上可通用，在其余更多的"徭役""使令""出使"等意义上不可通。此作"役"、作"使"即可通之例，但也造成歧义。按文义，本句指下句"即自贼杀，或亡逃抵诛"的巴蜀"行者"，即"奉徭役"之人，作"奉币役"明确无误。作"奉币使"，可指巴蜀"行者"，也可指"奉币"使者"唐蒙"，即唐蒙一至，巴蜀"行者"，"即自贼杀，或亡逃抵诛"。所以"役"不当作"使"。《文选》此字不从《汉书》作"使"字，当因此原因。按本篇凡容易引起歧义处，《文选》都不从《汉书》。高步瀛说："役，今本《汉书》作'使'。此依宋祁引越本作'役'。"[24] 则《汉书》别本不作"使"，同

《史记》作"役"。

15. 膏液润野草而不辞也

"野草",《汉书》作"壄中"。

《汉书》颜师古注:"壄与壄同,古野字也。中,古草字。"[25]《汉书》"壄""壄""野"同用,如《司马相如传》:"照曜钜野""足壄羊。"以"壄""野"为多。"中""草"也同用,如《司马相如传》:"况乎涉丰草。"以"草"为多。《史记》不用"壄""壄""中"字。

16. 子弟之率不谨也

《汉书》《文选》无"也"字。

按前后句都有"也"字的句式来看:"然此非独行者之罪也,父兄之教不先,子弟之率不谨也,寡廉鲜耻,而俗不长厚也。"这三句皆指"当行者或亡逃自贼杀"一事而下的否定判断,句式自然也应一致,以求整饰。所以《汉书》《文选》无"也"字非是。

17. 使咸知陛下之意

《汉书》无"使""之"字,"知"作"喻"。《文选》"知"作"喻"。

中华书局本《汉书》无"使"字,不知其余各本有无。笔者孤陋,所据之泷川资言《史记会注考证》、高步瀛《两汉文举要》、金国永《司马相如集校注》、李孝中《司马相如集校注》等皆未提及。本句直接"恐远所溪谷山泽之民不遍闻,檄到,亟下县道",是对"巴蜀太守"所说,"陛下之意","巴蜀太守"自然已经"知"了,不知的是"远所溪谷山泽之民",正是要"巴蜀太守"尽快发下檄文,让"远所溪谷山泽之民遍闻",所以,"使"字不当省。"知"作"喻",即因省"使"字,当然不能用"知"字;"喻"同"谕",《汉书》本篇前两处皆作"谕",即"谕告""告谕"之义,有使动含义,但"咸喻"不如"使咸知"清晰明了。"陛下之意"与"陛下意"含义无别,但古文这种句子大都有"之"字,语气有顿挫,语感好于"陛下意"。《汉书》常减省《史记》文字,此处则属于减省不当之例。

18. 唯毋忽也

《汉书》《文选》无"唯""也"两字;"毋",《文选》作"无"。

无"唯""也"两字,语气更为果决,命令的感觉更明显。有"唯""也"两字,则有强调、提醒的含义,语气也不甚生硬,似乎更合乎"天子使节"的尊贵身份,应当属于司马相如的原文。"毋""无"通,"毋忽"为词,《汉书》又作"无忽":"故愿大王之无忽,察听其志。"[26]

参考文献:

[1] 泷川资言《史记会注考证》,北岳文艺出版社,1999年版。

[2] 金国永《司马相如集校注》,上海古籍出版社,1993年版。

[3] 李孝中《司马相如集校注》,巴蜀书社,2000年版。

[4] 司马迁《史记》,中华书局,1985年版。

[5] 同上。

[6] 泷川资言《史记会注考证》,北岳文艺出版社,1999年版。

[7] 金国永《司马相如集校注》,上海古籍出版社,1993年版。

[8] 班固《汉书》,中华书局,1985年版。

[9] 泷川资言《史记会注考证》,北岳文艺出版社,1999年版。

[10] 司马迁《史记》,中华书局,1985年版。

[11] 蒋人杰《说文解字集注》,上海古籍出版社,1996年版。

[12] 同上。

[13] 司马迁《史记》,中华书局,1985年版。

[14] 荀子《二十二子》,上海古籍出版社,1986年版。

[15]《礼记正义》，十三经注疏，中华书局，1983年版。

[16]顾炎武著，黄汝成集释《日知录集释》，花山文艺出版社，1990年版。

[17]颜春峰《稽首、顿首、稽颡考辨》，《杭州师范学院学报》（社会科学版）2001年第2期。

[18]司马迁《史记》，中华书局，1985年版。

[19]班固《汉书》，中华书局，1985年版。

[20]同上。

[21]蒋人杰《说文解字集注》，上海古籍出版社，1996年版。

[22]张烈点校《两汉纪》，中华书局，2002年版。

[23]司马迁《史记》，中华书局，1985年版。

[24]班固《汉书》，中华书局，1985年版。

[25]同上。

[26]同上。

（熊伟业：四川文理学院中文系讲师，文学博士）

《文选》李善注引司马相如文舛误举例

唐 普

提 要：李善注《文选》，不仅注音释义，而且引文赅博，对于《文选》的学习与研究，具有十分重要的意义。但由于历史文化条件的限制，李善注本出现错讹在所难免。今以善注引司马相如文为例，归其舛误为四类：混淆原作篇名；"各随所用而引之"；注文错误或与原文抵牾；字形字体处理不规范。

关键词：《文选》 李善《文选注》 司马相如文 舛误

李善注《文选》，不仅注音释义，而且引文赅博，体现了他十分渊深的学识，但由于受历史文化条件的限制，李善注本不可能以完整的原生形态保存下来。今见完整李善注本，当为宋淳熙中尤袤刻本[1]，"厥后单行之本，咸从之出"[2]。然传统文献在传抄镂刻过程中，出现错讹在所难免，清胡克家覆刻尤本时附《文选考异》十卷[3]，辨之甚详矣。笔者在检视尤刻本时，发现除《考异》之外，李善注文还存在着一些抵牾之处，有许多至今还被《文选》的整理者所忽略。现不揣谫陋，以尤本《文选》李善注引司马相如文之误举例如下，以求方家指正。

一、混淆原作篇名

《文选》李善注引司马相如文近三百条，其中尤以《子虚赋》《上林赋》为夥。尤本《文选》李善注中出现的混淆篇名之误，则主要是对二者的混淆。尽管目前学界认为《子虚赋》《上林赋》实为《史记》所言的《天子游猎赋》，但萧统在编辑《文选》时将二题分题载入，是有历史根据的[4]。而且从李善注引来看，他也是相当忠实于《文选》，将二赋区分得很清楚的。下列举例诸条混淆之处，笔者参校韩国奎章阁六臣注本[5]，发现情况亦然。原因大概如胡氏《考异》所云"或善误记耳"，姑存疑。

（1）喟然相与歌曰：望翠华兮葳蕤，建太常兮裶裶。（卷四：张衡《南都赋》）

李善注云：《上林赋》曰：衯衯裶裶。

按：此条当引自《子虚赋》。《文选·子虚赋》云："衯衯裶裶，扬袘戌削，蜚襳垂髾。"

（2）珠翠的皪而照耀兮，华袿飞髾而杂纤罗。（卷十七：傅毅《舞赋》）

李善注云：《上林赋》曰：飞纤垂髾。

按：此条当引自《子虚赋》。《文选·子虚赋》云："衯衯裶裶，扬袘戌削，蜚襳垂髾。"黄侃《文选平点》此云："原赋'飞纤'作'蜚襳'。"[6]指出了善注与司马赋的异文，可惜未指明善注引篇名之误。又，今之岳麓书社点校本《文选》"戌"误作"戍"[7]，据见《文选·子虚赋》郭璞注："戌音恤"。

（3）纤縠蛾飞，纷猋若绝。（卷十七：傅毅《舞赋》）

李善注云：《上林赋》曰：垂雾縠。

按：此条应出自《子虚赋》。《文选·子虚赋》云："于是郑女曼姬，被阿锡，揄纻缟，杂纤罗，垂雾縠，襞积褰绉，纡徐委曲，郁桡溪谷。"《汉书·司马相如传》"襞积褰绉"后无"纡徐委曲"四字。无者为胜。案：以李注引张揖详之，本无此四字，今《史记》有而《集解》引《汉书音义》，《索隐》引小颜、孟康，似二家《史记》亦与《汉书》同，并不当有。唯五臣向注云："纡徐委曲，裙下垂貌。盖五臣较多四字而乱之也。各本皆非。"黄侃亦云："'纡徐委曲'四字似衍。汉书无四字（引者注：《汉书》原文未加书名号，今仍其旧），此注亦不当有。"但高步瀛《文选李注义疏》则云："'纡徐委曲'四字，《史记》有之，非五臣所益。李氏不注者，以人所易知耳，恐非与五臣本异。"[8]

（4）志未骋，时欲晚。追轻翼，赴绝远。出彭门之阙，驰九折之坂。经三峡之峥嵘，蹑五屼之蹇浐。（卷四：左思《蜀都赋》）。

李善注云：《子虚赋》曰：蹇浐沟渎。

按：此文当出《上林赋》。《文选·上林赋》云："于是乎崇山矗矗，巃嵸崔巍……振溪通谷，蹇产沟渎。"此处注文错误，高步瀛先生已指出："'子虚'当作'上林'。"[9]

（5）岩突洞出，逶迤诘屈。（卷十一：王延寿《鲁灵光殿赋》）

李善注云：《子虚赋》曰：岩突洞房。

按：此条当引自《上林赋》。胡氏《考异》已辨。又，"突"当作"宊"。

（6）经回漠，山幽墟。入乎泱漭之野，遂届玄微子之所居。（卷三十四：曹植《七启八首》）

李善注云：《子虚赋》曰：过乎泱漭之野。

按：此注当引于《上林赋》。《文选·上林赋》云："荡荡乎八川分流，相背而异态。东西南北，驰骛往来。出乎椒丘之阙，行乎州淤之浦，经乎桂林之中，过乎泱莽之野。"

另，《文选》中还有一处李善注未标篇名：

(7) 形旖旎以顺吹兮，瞋㘖唧以纡郁。(卷十七：王褒《洞箫赋》)

李善注云：司马相如赋曰：又倚狔以招摇。

按：此条出自司马相如《大人赋》。《大人赋》，《文选》未载入，《汉书》载相如《大人赋》曰："掉指桥以偃蹇兮，又猗抳以招摇。""蹇"，《史记》作"謇"，下"蛧蛧偃蹇"句亦同。"猗抳"，《史记》作"旖旎"。

此外，尤刻本还有如下一误：

(8) 蹴蹈蒙笼，涉蹢寥廓，鹰犬倏眒，尉罗络幕。(卷四：左思《蜀都赋》)

李善注云：子云赋曰：倏眒倩浰。

按："子云"当为"子虚"之误。高步瀛云："尤本本注'虚'误作'云'。"[10]《文选·子虚赋》云："乘遗风，射游骐，倏眒倩浰，雷动焱至，星流霆击，弓不虚发，中必决眦，洞胸达掖，绝乎心系，获若雨兽，揜草蔽地。"

此条注语当为版本传抄或镂刻错讹，并非善误。《唐钞文选集注汇存》[11]和《四部丛书》本《六臣注文选》[12]及韩国奎章阁六臣注本均作"《子虚赋》曰"可证。今人之整理本如岳麓书社《文选》、上海古籍出版社《文选》[13]皆未改此字。

二、"各随所用而引之"

此谓前后所引不一致的情况。《文选》卷一八嵇康《琴赋》"绍陵阳,度巴人"句,李善注云:"宋玉《对问》曰:'既而曰陵阳白雪,国中唱而和之者弥寡。'然《集》所载,与《文选》不同,各随所用而引之。"稻畑耕一郎说:"这就是由于要对'绍陵阳……'作注,必须引用《宋玉集》所录的《对问》中'既而曰陵阳白雪'为据,而不取《文选》所收的《对楚王问》的原因。因为《文选》所收的《对楚王问》此句作'阳春白雪'。"[14]但是,《文选》卷五五陆机《演连珠》"是以南荆有寡和之歌"句李善却注云:"《宋玉集》:楚襄王问于宋玉曰:'先生有遗行欤?'宋玉对曰:'唯,然,有之。客有歌于郢中者,其始曰下俚巴人,国中属而和之者数千人。既而阳春白雪,含商吐角,绝节赴曲,国中唱而和之者弥寡。'"《集》中明明说的又是"阳春白雪"。这可以看出,要么是李善见有宋玉之集有二,要么是他自己搞错了。类似这种情况,尤本《文选》李善注引司马相如辞赋还有多处。

(1)澶漫靡迤,作镇于近。(卷二:张衡《西京赋》)

李善注云:《子虚赋》曰:登降迤靡,案衍澶漫。

按:《文选·子虚赋》云:"其南则有平原广泽,登降陁靡,案衍坛曼,缘以大江,限以巫山。"可见,为了对正文"澶漫""靡迤"作注,注文把原文的"坛曼""陁靡"改成了"澶漫""迤靡"。而李善在注《文选》卷七扬雄《甘泉赋》"平原唐其坛曼兮,列新雉于林薄"句则云:"《子虚赋》曰:案衍坛曼。"按高步瀛先生的说法,"澶漫"与"坛曼"字异义同,"陁靡"与"迤靡"也同样是"叠韵连语"[15]。这样的情况本来很多,如《文选·南都赋》"于其宫室,则有园庐旧宅,隆崇崔嵬"句与《上林赋》"于是乎南山蠚蠚,茏苁崔巍"句中"隆崇崔嵬"与"茏苁崔巍"。然同一篇文章作正文与引文相异于《文选》,则多少有些欠缺。

(2)冬夜肃清,朗月垂光。新衣翠粲,缨徽流芳。(卷十八:嵇

康《琴赋》》）

李善注云：《子虚赋》曰：翕呷翠粲。

按：《文选·子虚赋》："扶舆猗靡，翕呷萃蔡，下靡兰蕙，上拂羽盖。"《文选考异》云："'翠粲'皆当作'萃蔡'，顺正文而误改也。说详下。""'翠粲'当作'綷縩'。顺正文而误改。善下文云'字虽不同'，正谓此所引'萃蔡''綷縩'与正文'翠粲'及下引'璀粲'各不同也。"

（3）仆人按节，服马顾辕。（卷五十八：颜延之《宋文皇帝元皇后哀策文》）

李善注云：《子虚赋》曰：按节未舒。

按：《文选·子虚赋》中"按节"作"案节"："案节未舒，即陵狡兽。蹴蛩蛩，辚距虚，轶野马，惠陶駼。"

（4）翘遥迁延，蹩躠蹁跹。（卷四：张衡《南都赋》）

李善注云：《上林赋》曰：便姗蹩屑。

按："蹩"在《文选·上林赋》中作"媻"："便姗媻屑，与俗殊服。"《汉书》"俗"作"世"。今从李善二处注文来看："蹩，蒲结切。""媻，步结切。"表明二字同音（"蒲""步"同属古汉语"并"部），但二字是否同义，善本未言。且今据韩国奎章阁六臣注本，在对张衡此句赋的李善注中，并无尤本"蹩，蒲结切"，"蹁，步先切"，"跹，素田切"诸字。如此处尤本善注非衍文，似可证尤本非六臣注本析出。

（5）志未骋，时欲晚。追轻翼，赴绝远。出彭门之阙，驰九折之坂。经三峡之峥嵘，跻五屼之蹇浐。（卷四：左思《蜀都赋》）

李善注云：《子虚赋》曰：蹇浐沟渎。

按：此文当出《上林赋》，上一节第4条已辨。注文之"蹇浐"，《文选·上林赋》作"蹇产"，张揖注云"蹇产，诘曲也"。《文选李注义疏》云:"尤本'产'作'浐'。六臣本校曰:五臣作'产'。步瀛案:李注引'塞浐沟渎',本书《上林赋》'产'字本不作'浐',则此赋正文及注皆不作'浐'字可知。后人传写注中'塞产',因沟渎二字水旁,'产'字遂误作'浐'。六臣所校,亦据误本而言,其实善亦作'产'也。今正。"[16]此说有一定见地。

(6)斯盖宅土之所安乐,观听之所踊跃也。焉独三川,为世朝市?若乃卓荦奇诡,倜傥罔已。一经神怪,一纬人理。远则岷山之精,上为井络。天帝运期而会昌,景福肸蠁而兴作。碧出苌弘之血,鸟生杜宇之魄。妄变化而非常,羌见伟于畴昔。(卷四:左思《蜀都赋》)

李善注云:《上林赋》曰:肸蠁布写。

按:"蠁"当作"蚃",注依正文改。《史记》《汉书》《文选·上林赋》皆作"肸蚃布写"。检韩国奎章阁六臣注本卷四,左思《蜀都赋》此句正文中"蠁"字正作"蚃",但李善注文仍作"蠁",盖六臣本中已抄刻误矣。疑尤本依李善注文而改《蜀都赋》正文文字。又,高氏《义疏》:"此赋作'蠁',亦当为'蚃'字之借字。"[17]如此,高氏似不必在前面花很长篇幅去辨析"蚃""响"二字。

(7)玩其碛砾而不窥玉渊者,未知骊龙之所蟠也。习其弊邑而不睹不邦者,未知英雄之所躔也。(卷五:左思《吴都赋》)

李善注云:《上林赋》曰:下碛砾之坻。

按:"碛砾"当作"碛历"。《汉书》《文选·上林赋》皆作"碛历":"蒙鹖苏,绔白虎,被斑文,跨野马,陵三嵕之危,下碛历之坻,径峻赴险,越壑厉水。"颜师古注:"碛历,沙石之貌也。"[18]《文选》注云:"张揖曰:碛历,不平也。"[19]李善注《吴都赋》此条云:"碛砾,浅水见沙石也。"《史记》稍有异文,但也作"碛历",《集解》云:"郭璞曰:碛历,坂名也。"[20]《正义》云:"浅水中沙石也。"[21]各人对其义有不同的理解,笔者较偏向于郭注。善本《文选·上林赋》采郭璞旧注,但《集解》所言郭注不见于《文选》,疑善删之。就《上林赋》"陵三崚之危,下碛历之坻"句来看,"三崚"为山名,李善注引郭璞《三仓注》曰:"三崚山在闻喜。"[22]奎章阁本六臣注本李周翰注曰:"三崚,山名。"[23]但他又说:"碛历,不平也。坻,坂也。"此处"陵三崚之危,下碛历之坻"对举,以"坂名"释"碛历"应通。又《文选》卷三十一载江淹《杂体诗三十首·鲍参军昭》有"晨上成皋阪,碛砾皆羊肠"之句,李善注引薛综《东京赋注》曰:"旋门坂在成皋。"此句中"碛砾"用借代手法,似乎也可以理解为坂名。

(8)于是孟秋爰谢,听览余日。(卷十:潘岳《西征赋》)

李善注云:《上林赋》曰:听览余闲。

按:注文"听览"当为"览听"。《史记》《汉书》《文选·上林赋》皆作"览听":"朕以览听余闲,无事弃日,顺天道以杀伐……"《文选》卷三十六李善注任昉《天监三年策秀才文三首》"听览之暇,三余靡失"句引《上林赋》曰:"朕以览听余闲,无事弃日。"正作"览听"。

(9)惮恡澜漫,亡耦失畴。(卷十七:王褒《洞箫赋》)

李善注云:《上林赋》曰:澜漫远迁。

按:注文中"澜漫",《汉书》《文选·上林赋》作"烂漫":"牢落陆离,烂漫远迁。"《史记》作"烂曼"。

(10)巡步檐而临蕙路,集重阳而望椒风。呜呼哀哉!(卷五十七:谢希逸《宋孝武宣贵妃诔》)

李善注云:《上林赋》曰:步檐周流,长途中宿。

按:"步檐"当作"步榴"。《史记》《汉书》《文选·上林赋》皆作"步榴"。李善注引《楚辞》曰:"曲屋步榴。"王逸注《大招》"曲屋步榍"曰:"步榍,长砌也。"洪兴祖《考异》云:"榍,一作楔。"补注:"《集韵》:楔与簷同,榍与阎同。"[24]由此看来,"檐(簷)""楔"为异体字。

(11)内则别风之嶕峣,眇丽巧而耸擢。张千门而立万户,顺阴阳以开阖。尔乃正殿崔嵬,层构厥高,临乎未央。经骀荡而出驶娑,洞枍诣以与天梁。上反宇以盖戴,激日景而纳光。(卷一:班固《西都赋》)

李善注云:《长门赋》曰:正殿嵬以造天。

按:各本《文选·长门赋》"嵬"作"块"。吕向注:"块,大。"但李善注中"块"作"嵬"。如注颜延之《皇太子释奠会作诗一首》"正殿虚筵,司筒分日"句引《上林赋》:"正殿嵬以造天。"又,《文选·西都赋》"增盘崔嵬"注云:"嵬,高也。才迴切。"作"嵬"是。

(12)搢绅颙颙,深所未达。(卷四十:任昉《百辟劝进今上笺》)
李善注云:司马相如《封禅书》曰:因杂搢绅先生之略术。

按:"搢绅",《史记》作"荐绅",《汉书》载《难蜀父老》作"搢绅",《封禅书》作"缙绅"。《文选·难蜀父老》《封禅文》皆作"搢绅",但善注中又作"缙绅"。上条注后云:"李奇曰:搢,插笏于绅。绅,大带。"可知此处作"搢绅"。卷四十七善注刘伶《酒德颂》"唯酒是务,焉知其余。有贵介公子,搢绅处士"句云:"司马相如《封禅书》曰:因杂搢绅先生之略术。臣瓒曰:缙,赤白色。绅,大带。"引文作"搢",释义作"缙",盖引文误。卷五十范晔《后汉书二十八将传论》善注"自兹以降,讫于孝武,宰辅五世,莫非公侯,遂使缙绅道塞,贤能蔽壅"条云:"司马相如《封禅书》曰:因杂缙绅先生之略术。臣瓒曰:缙,赤色。绅,大带也。"作"缙绅"。然检奎章阁本善注引文作"搢绅",释义作"缙",亦有抵牾。

三、注文错误或与原文抵牾

这主要是指善注中文字明显错误或与原文有抵牾之处,究竟是李善之误还是后人抄刻错讹,已无法考证。

(1)其中乃有九真之麟,大宛之马,黄支之犀,条枝之鸟,逾昆仑,越巨海,殊方异类,至于三万里。(卷一:班固《西都赋》)

李善注云:《子虚赋》曰:东注巨海也。

按:"注"当作"陼",《史记》《汉书》《文选·子虚赋》皆作"陼",六臣本亦误为"注"。高氏云:"本注'注'字当是'渚'字之误。"[25]尤本《文选》注《子虚赋》:"苏林曰:小洲曰陼。司马彪曰:齐东临大海为渚也……善曰:……《声类》曰:陼,或作渚。"故《文选》卷五十九善注沈约《齐故安陆昭王碑文》"江左以来,常递斯任。东渚巨海,南望秦稽"句引《子虚赋》曰:"齐东渚巨海,南有琅邪。"《上林赋》赋八川分流有"东注太湖"句,疑注者混,或为版本传抄错讹。

(2)其阳则崇山隐天,幽林穹谷,陆海珍藏,蓝田美玉。(卷一:班固《西都赋》)

李善注云:《上林赋》曰:崇山矗矗崔巍。

按:"崇山"后漏"矗矗"二字。古人引书爱略字,如李善注《文选》卷二张衡《南都赋》"得闻先生之余论,则大庭氏何以尚兹"句引《子虚赋》曰:"愿闻先生之余论。"而《文选·子虚赋》原句作:"愿闻大国之风烈,先生之余论也。"另,高氏疏《文选·上林赋》云:"《史》无'矗矗'二字,'崔巍'下有'嵯峨'二字。续收原本《玉海》引亦无'矗矗'二字。王念孙《读书杂志·汉书》十曰:'矗矗'二字,《汉书》《文选》皆无音义,其为后人所加无疑。

吴先生据《史记》校删。"[26]但李善如已经认识到这个问题,为什么在《上林赋》中仍旧,且未作说明?

(3)归雁鸣鹢,黄稻鲜鱼,以为芍药。(卷四:张衡《南都赋》)

李善注云:《子虚赋》曰:芍药之和具而后进也。

按:"进"当作"御之"。《史记》《汉书》相如本传:"于是楚王乃登阳云之台,泊乎无为,淡乎自持,勺药之和具而后御之。"《文选·子虚赋》"阳云"作"云阳","泊"作"怕","淡"作"憺"。

(4)俞骑骋路,指南司方。出车槛槛,被练锵锵。吴王乃巾玉辂,轺骈骊,旗鱼须,常重光,摄乌号,佩干将。羽旄扬蕤,雄戟耀芒,贝胄象弭,织文鸟章,六军袀服,四骐龙骧。(卷五:左思《吴都赋》)

李善注云:《子虚赋》曰:靡鱼须之桡旃。

按:《史记》《汉书》《文选·上林赋》"挠"皆作"桡"。《文选》卷十八成公绥《啸赋》"或冉弱而柔挠,或澎濞而奔壮"句李善注引《上林赋》曰:"柔挠嫚嫚。"而《文选·上林赋》《汉书》《史记》"挠"皆作"桡"字。

(5)痛百寮之勤王,咸毕力以致死。分身首于锋刃,洞胸腋以流矢。有褰裳以投岸,或攘袂以赴水。伤柯槭之褊小,撮舟中而掬指。(卷十:潘岳《西征赋》)

李善注云:《子虚赋》曰:洞胸达腋。

按:《汉书》《文选·上林赋》"腋"作"掖",《史记》作"胲"。

(6)仿佛神动,回翔竦峙。(卷十七:傅毅《舞赋》)

李善注云:《子虚赋》曰:若神仙之仿佛。

按:尤本《文选》"神仙"当作"神",说见胡氏《考异》:"袁本、茶陵本云善无'仙'字。案:详注意,善不当有甚明。尤本此处修改添入,乃其误也。《汉书》无,今《史记》亦误衍,并《正义》

所引《战国策》末亦赘以'仙'字，误之甚矣。凡《史记》与此同误，皆后人所改耳。"但六臣本此处李善注引《子虚赋》仍作"神仙"。

(7) 三湘沦洞庭，七泽蔼荆牧。（卷二十七：颜延之《始安郡还都与张湘州登巴陵城楼作》一首）

李善注云：《子虚赋》曰：臣闻楚有七泽，尝睹其一，未见其余。

按：注文中"睹""见"位置互异。《史记》《汉书》《文选》所载《子虚赋》皆云："臣闻楚有七泽，尝见其一，未睹其余也。"

(8) 鸟则玄鹤白鹭，黄鹄鸹鸨，鸧鸹鸨鸠，凫鹥鸿雁，朝发河海，夕宿江汉，沉浮往来，云集雾散。（卷一：班固《西都赋》）

李善注云：《上林赋》曰：辚玄鹤。

按：《文选·上林赋》"辚"作"躏"，《汉书》作"蔺"，《史记》作"鳞"，《集解》："徐广曰：'鳞音躏'。"《文选·上林赋》郭璞注："躏，践也。"又，李善注《西都赋》"蹂躏其十二三，乃拗怒而少息"句："《说文》曰：蹸，轹也。躏与蹸同，力振切。"

(9) 搤水豹，鼌潜牛。（卷二：张衡《西京赋》）

李善注云：《上林赋》曰：沉牛鹿麋。

按：注文"鹿"当作"麈"。《史记正义》："麈似鹿而大。"《汉书》张揖注："麈，似鹿而大。"可见二者不是同一动物。高氏《义疏》云："'麈'，各本作'鹿'，唐写作'麈'，皆误。"

(10) 览樛流于高光兮，溶方皇于西清。（卷七：扬雄《甘泉赋》）

李善注云：《上林赋》曰：象舆偃蹇于西清。

按："偃蹇"，《史记》作"婉蝉"，《汉书》《文选·上林赋》作"婉僤"。《史记正义》："婉蝉，宛善二音。"《汉书》颜注："僤，音善。"《文选》李善注："婉僤，动貌也。僤，音善。"《文选》卷十四李善注颜延之《赭白马赋》"故能代驷象舆，历配钩陈"引《上林赋》:"象舆婉婵于西清。"此处作"婉婵"。

(11) 乘云颉颃,随波澹淡。(卷十:潘岳《西征赋》)

李善注云:《上林赋》曰:浮滛泛滥,随波澹淡。

氾滥溥漠,浩浩洋洋。(卷十八:马融《长笛赋》)

李善注云:《上林赋》曰:汛淫氾滥。

按:《史记》《文选·上林赋》皆作"汛淫泛滥,随风澹淡",《汉书》"泛"作"氾"。

(12) 岩突洞出,逶迤诘屈。(卷十一:王延寿《鲁灵光殿赋》)

李善注云:《子虚赋》曰:岩突洞房。

按:此条当引自《上林赋》,第一节第5条已辨。《文选·上林赋》:"夷嵕筑堂,累台增成,岩宎洞房。"《汉书》"宎"作"突"。《文选考异》云:"'突'当作'宎',注同。各本皆误。《上林赋》作'宎','突'与'宎'同字也。一弔切。《史记·司马相如列传》可证。今《汉书》亦作'突',皆传写之伪。又此注引'上林'作'子虚',或善误记耳。"又,黄侃曰:"'突',当作'宎',注同。抄本作'宎',尤袤云,五臣作'岩穴'。"

(13) 滈汗六州之城,经营炎景之外。(卷十二:郭璞《江赋》)

李善注云:《上林赋》曰:经营于其内。

按:《史记》《文选·上林赋》"于"作"乎",《汉书》无此字。

(14) 兹礼容之壮观,而王制之巨丽也。(卷十六:潘岳《闲居赋》)

李善注云:《上林赋》曰:君未观夫巨丽。

按:"观"当作"睹"。《史记》《汉书》《文选·上林赋》:"君未睹夫巨丽也,独不闻天子之上林乎?"

(15) 绰约闲靡,机迅体轻。(卷十七:傅毅《舞赋》)

李善注云:《上林赋》曰:便娟绰约。

按：《史记》《汉书》《文选·上林赋》"娟"皆作"嬽"。善注云："嬽，音翾。"

（16）蹉纤根，跋箆缕。（卷十八：马融《长笛赋》）

李善注云：《上林赋》曰：布结蒌。

按：此注后有："颜监注：蔓生着地之处皆生细根如相结，故名缕。今俗呼鼓筝草，而幼童对衔之，手鼓中央，则声如筝，因以名。彼虽草名，抑亦义兼似缕也。"《文选·上林赋》作"结缕"，《史》《汉》同。《史记集解》裴骃按："《汉书音义》曰'结缕似白茅，蔓联而生，布种之者'。"[27]《汉书》颜师古注云："结缕蔓生，著地之处皆生细根，如线相结，故名结缕，今俗呼鼓筝草。两幼童对衔之，手鼓中央，则声如筝也，因以名云。"[28]由此看来，"蒌"应为"缕"的俗写。《考异》云袁本、茶陵本无"颜监注"下至"因以名"四十二字，似尤本所加。奎章阁六臣本马融《长笛赋》此句作"蹉纤根，跋蒁蒌"，但云善本"蒁"作"箆"，"蒌"作"缕"，但李善注文中仍作"蒌"。综上，似随六臣本而误。

（17）前庭树沙棠，后园植乌椑。（卷二十：潘岳《金谷集作诗》）

李善注云：《上林赋》曰：沙棠栎储。

按："储"当作"楮"，说见《文选考异》"沙棠栎储"条："袁本'储'作'楮'，是也。茶陵本亦误'储'。"

（18）连峰竞千仞，背流各百里。（卷二十八：谢灵运《乐府·会吟行》）

李善注云：《上林赋》曰：荡乎八川分流，相背而异态。

按：此注引文有阙字，"荡乎"当为"荡荡乎"。《文选·上林赋》："荡荡乎八川分流，相背而异态，东西南北，驰骛往来。"《史记》"乎"作"兮"，《汉书》无"而"字。奎章阁本此注正为："善曰：《上林赋》曰：荡荡乎八川分流，相背而异态。"此盖尤本漏抄。

(19) 群浮动劲浪，单泛逐孤光。(卷三十：沈约《咏湖中雁诗》一首)

李善注云：《上林赋》曰：鸿鹔鹄鸨，浮乎其上。

按："浮乎其上"前当有"群"字。《史记》《汉书》《文选·上林赋》皆作"群浮乎其上"。观沈约诗"群浮动劲浪"句，知注文脱"群"字。奎章阁六臣本善注亦误（奎章阁六臣本作"轻"）。又，"鸿鹔鹄鸨"，《史记》作"鸿鹄鹔鸨"，汉书作"鸿鹔鹄鸨"，师古注："鸿，古鸿字。"

(20) 建云髦，启雄芒。(卷三十五：张景阳《七命》)

李善注云：《上林赋》曰：连云旆。

按：《史记》《汉书》《文选·上林赋》作"靡云旗"。

(21) 虽渊流遂往，详略异闻。(卷四十六：颜延之《三月三日曲水诗序》)

李善注云：《上林赋》曰：恐后代靡丽，遂往而不反。

按：《史记》："恐后世靡丽，遂往而不反。"《汉书》"反"作"返"。善本《文选》"代"作"叶"，奎章阁本从《汉书》作"世"，"反"皆作"返"。

(22) 且心同琴瑟，言郁郁于兰茝；道叶胶漆，志婉娈于埙篪。(卷五十五：刘孝标《广绝交论》)

李善注云：《上林赋》曰：芳芳沤郁，酷烈淑郁。

按："芳芳"，《史记》作"芳香"，《汉书》作"芬芳"，《文选考异》云："袁本、茶陵本下'芳'字作'香'，是也。"奎章阁六臣本此注作"芳香"，同《考异》，从《史记》，但此本《上林赋》与善本同，作"芬芳沤郁，酷烈淑郁"，则从《汉书》。

(23) 主人听然而笑曰：客所谓抚弦徽音，未达燥湿变响；张罗沮泽，不睹鸿雁云飞。(卷五十五：刘孝标《广绝交论》)

李善注云:《难蜀父老》曰:鹪鹏已翔乎寥廓之宇,而罗者犹视乎薮泽,悲乎!

寄言嗣罗者,寥廓已高翔。(卷二十六:谢朓《暂使下都夜发新林至京邑赠西府》一首)

李善注云:《难蜀父老》曰:犹鹪鹏之翔乎寥廓之宇,而罗者犹视乎薮泽。

按:《文选考异》云:"袁本云:善有'之宇'二字。茶陵本云:五臣无。按:《史记》《汉书》皆无,依文义不当有,恐但传写衍。"奎章阁六臣本《难蜀父老》云善本有"之宇"二字,无"乎"字。尤本今有"乎"字。"鹪鹏",《史记》作"鹪明",《汉书》作"焦朋",五臣本、《艺文类聚》作"鹪鹏",疑为"焦明"。善注刘孝标《广绝交论》引《乐讳》曰:"鹪鹏状如凤凰。"注《上林赋》"捷鸐雏,掩焦明":"《乐汁图[征]》:焦明,状似凤凰。宋衷曰:水鸟也。"《史记集解》云:"焦明似凤。"《索隐》云:"张揖曰:焦明似凤,西方鸟。"《正义》按:"长喙,疏翼,员尾,非幽闲不集,非珍物不食。"可见《文选·上林赋》之"焦明"亦即《难蜀父老》之"鹪鹏"。汉代赋家的一个重要特征是文字堆砌,且在文字上加上形旁,由"焦明"到"鹪鹏"就可窥见一斑。又按:奎章阁本谓善本作"焦朋",误。

(24)华阙双邈,重门洞开。金铺交映,玉题相晖。(卷四:左思《蜀都赋》)

李善注云:《长门赋》曰:挤玉户而撼金铺。

青琐银铺,是为闺闼。(卷十一:何晏《景福殿赋》)

李善注云:《长门赋》曰:挤玉户而撼金铺。

按:《文选·长门赋》"而"作"以"。

(25)黼帐祛而结组兮,铺首炳以焜煌。(卷十七:傅毅《舞赋》)

李善注云：司马相如《美人赋》曰：黼帐周垂……《长门赋》曰：张罗绮之幔帐兮，垂楚组之连网。

按："幔帐"《文选·长门赋》作"幔帷"："张罗绮之幔帷兮，垂楚组之连网。"

（26）车音若雷，骛骤相及。（卷十七：傅毅《舞赋》）

李善注云：《长门赋》曰：雷隐隐而响起，声象君之车音。言车声隐隐，如远雷之音相连属也。

按："隐隐"当作"殷殷"。《文选·长门赋》"雷殷殷而响起兮，声象君之车音"李善注曰："《毛诗》曰：殷其雷。殷音隐。"以《长门赋》中之注说为优。

（27）伊余虽寡慰，殷忧暂为轻。（卷二十五：谢宣远《答灵运》）

李善注云：《长门赋》曰：伊余怀之慢愚。

按：《文选·长门赋》"余怀"作"予志"。

（28）侮食来王，左言入侍，离身反踵，髽首贯胷之长，屈膝厥角请受缨縻。（卷四十六：王融《三月三日曲水诗序》）

李善注云：《难蜀父老》曰：盖闻天子之收夷、狄也，其义羁縻勿绝而已。

按：《文选考异》："袁本、茶陵本'收'作'牧'，是也。"检《文选·难蜀父老》，"收"正作"牧"，此盖尤本抄刻而讹。

四、字形字体问题

《文选》李善注中还有大量的异体字、古今字，对有的字作了说明，如善注《子虚赋》"蜚襳垂髾"云："蜚，古飞字也。"但对于注引中与《文选》正文所载不同的异体、通假字，注中未作说明，造成注文与正文的不一致，前文所论就有这些问题。此外，就有的古字而言,在整理的时候是不是仍其旧形,当是值得思考的问题。如"攀"字,《文选·上林赋》"颒杳眇而无见,仰**攀**橑而扪天"句,"**攀**"为"攀"的篆体。《汉书》作"**攀**",而《史记》作"攀"。从书体的流行时间来看,在《文选》成书之时,篆体应当被淘汰了。而此字则属在传抄过程中尚未转换为正体的个别字,因此李善在此注引晋灼云"古攀字也"(颜师古注《汉书》亦云此字"古攀字也")而奎章阁本《文选》此处已改作"攀"字,并去掉了善注。但今之整理本如上海古籍排印本、岳麓书社简体字排印本皆在此处仍作"**攀**",值得讨论。在此,举一些尤本中相类情况。

(1) 鸾旗皮轩,通帛绡斾。(卷三:张衡《东京赋》)

李善注云:《上林赋》曰:前皮轩,后道斿。

按:《史记》《汉书》《文选·上林赋》"斿"作"游":"乘镂象,六玉虯,拖蜺旌,靡云旗,前皮轩,后道游。"

(2) 尔其疆域,则旁极齐秦,结凑冀道,开胸殷卫,跨蹑燕赵。山林幽峡,川泽回缭。恒碣碪碪于青霄,河汾浩汧而皓溔。南瞻淇澳,则绿竹纯茂;北临漳滏,则冬夏异沼。神钲迢递于高峦,灵响时惊于四表。温泉毖涌而自浪,华清荡邪而难老。(卷六:左思《魏都赋》)

李善注云:《上林赋》曰:潦溔潢漾。

按:"潦溔",《文选·上林赋》作"灏溔":"然后灏溔潢漾,安翔徐回,翯乎滈滈,东注太湖,衍溢陂池。"《史记》《汉书》则作"灏溔"。高氏《义疏》云:"各本'灏'作'潦',盖脱误。'潦'与'灏'音义迥别,不能通借也。"[29]。

(3) 驷苍螭兮六素虯,蜩略蕤绥,漓虖幓缅。(卷七:扬雄《甘泉赋》)

李善注云:《上林赋》曰:乘镂象,六玉虯。

按："虬"，《史记》《汉书》《文选·上林赋》作"蚪"："乘镂象，六玉蚪，拖蜺旌，靡云旗，前皮轩，后道游。"

（4）扬鳍掉尾，喷浪飞唌。（卷十二：郭璞《江赋》）

李善注云：《上林赋》曰：捷鬐掉尾。

颁尾丹鳃，紫翼青鬐。（卷三十五：张景阳《七命》）

李善注云：《上林赋》曰：捷鬐掉尾，振鳞奋翼。

按："捷鬐"，《史记》《汉书》《文选·上林赋》作"捷鳍"："捷鳍掉尾，振鳞奋翼，潜处乎深岩。"

（5）山泽纷纡余，林薄杳阡眠。（卷二十六：陆机《赴洛道中作》一首）

李善注云：《上林赋》曰：纡余逶迤。

按："逶迤"，《文选·上林赋》作"委蛇"："纡余委蛇，经营乎其内。"且《史记》《汉书》皆作"委蛇"。

（6）嘉惠承帝子，蹒履奉王孙。（卷二十六：陆韩卿《奉答内兄希叔》）

李善注云：《长门赋》曰：蹒履起而彷徨。

揽衣曳长带，屣履下高堂。（卷二十七：《乐府三首·古辞·伤歌行》）

李善注云：《长门赋》曰：屣履起而彷徨。

按："蹒履""屣履"，《文选·长门赋》作"蹴履"："舒息悒而增欷兮，蹴履起而彷徨。"善注云："蹴与蹒音义同。"未论"屣"字。

（7）仆御涕流离，辕马悲且鸣。（卷二十七：石崇《王明君词》）

李善注云：《长门赋》曰：涕流离而纵横。

按："纵横"，《文选·长门赋》作"从横"："左右悲而垂泪兮，涕流离而从横。"

由于历史条件的限制，善本《文选注》难免会存在这样那样的问题，有的在于李善本身误引，而更多的错讹则可能是在版本传抄刻写过程中产生的。以前的《文选》整理，比较注重对《文选》版本的比对，而忽略了对《文选》本身所载文字与注文的校勘，因而像《考异》也难免漏掉善注篇名的不一致处。这种问题，至今的《文选》整理仍然存在。高步瀛先生《文选李注义疏》，采用的方法值得借鉴，这样能够发现一些新的问题，如第一节所列第 4 条、8 条，都是通过正文与引文的比对来发现问题的（当然高氏也有没有发现的问题，如第一节第 1 条），可惜这项工作没有做完。笔者在此列举若干条材料，希望引起今后《文选》整理者的注意。

参考文献：

[1]《文选》尤刻本，中华书局，1974 年版。

[2]《文选》胡刻本，中华书局，1977 年版。

[3]《文选考异》，《文选》，中华书局，1977 年版。

[4] 李大明《汉楚辞学史》，中国社会科学出版社/华龄出版社，2004 年版，第 119—120 页。

[5]《文选》韩国奎章阁藏本，韩国正文社，1983 年版。

[6] 黄侃《文选平点》重辑本，中华书局，2006 年版，第 167 页。

[7] 华慧，夏畦等点校《文选》，岳麓书社，2002 年版。

[8] 高步瀛著，曹道衡、沈玉成点校《文选李注义疏》，中华书局，1985 年版，第 1679 页。

[9] 同上，第 1000 页。

[10] 同上，第 994 页。

[11]《唐钞文选集注汇存》，上海古籍出版社，2000 年版。

[12]《六臣注文选》，中华书局，1987 年版。

[13]《文选》,上海古籍出版社,1986年版。

[14]稻畑耕一郎《〈宋玉集〉佚存钩沉》,中国屈原学会《楚辞研究》,齐鲁书社,1988年版。

[15]高步瀛著,曹道衡、沈玉成点校《文选李注义疏》,第265—266页。

[16]同上,第996页。

[17]同上,第1015页。

[18]班固《汉书》,中华书局,1962年版,第2565页。

[19]《文选》胡刻本,第127页。

[20]司马迁《史记》,中华书局,1959年版,第3035页。

[21]同上。

[22]《文选》胡刻本,第127页。

[23]《文选》韩国奎章阁藏本,第203页。

[24]洪兴祖著,白化文、许德楠等点校《楚辞补注》,中华书局,1983年版,第223页。

[25]高步瀛著,曹道衡、沈玉成点校《文选李注义疏》,第77页。

[26]同上,第1751页。

[27]司马迁《史记》,第3024页。

[28]班固《汉书》,第2555页。

[29]高步瀛著,曹道衡、沈玉成点校《文选李注义疏》,第1291页。

(唐普:四川师范大学社会科学学报编辑部副编审、文学博士)

历代诗话中的相如评论

杨 曦

赋是汉王朝时期最流行的文学样式，司马相如则是当时最炙手可热的重要赋作家之一，其作品流传千年，备受历代文人的关注，时至今日仍是学者们研究与讨论的焦点。然而后世的评述者们身份各异，视角有别，结论自然五花八门，千差万别，而今单就"诗话"这一特殊体式，谈谈历代文人对司马相如及其作品的看法与评论。

一

首先，诗话作者对司马相如赋与历代文学的关系表现出了极大的兴趣。赋这种新型的文体是如何产生的，其源头何在？它的流行给后世的文学带来了怎样的影响？请略论如下。

明人王世贞在其作《艺苑卮言》中多次谈到了司马相如赋作与《诗经》《楚辞》的紧密关系。他认为《楚辞》的诞生标志着赋这一新型文体的开端，"今人以赋作有韵之文，为《阿房》《赤壁》累，固耳。然长卿《子虚》已极曼衍,《卜居》《渔父》实开其端"[1]。

又说:"《国风》好色而不淫,《小雅》怨诽而不乱。《长门》一章,几于并美。阿娇复幸,不见纪传,此君深于爱才,优于风调,容或有之,史失载耳。"前两句袭用了淮南王刘安对屈原《离骚》的评价:"《国风》好色而不淫,《小雅》怨诽而不乱,若《离骚》者,可谓兼之矣。"[2]此言对相如的《长门赋》评价之高,已经与屈原之《离骚》并驾齐驱,两者都兼具了《风》《雅》的艺术特点,实乃直承《诗经》之正统而创作的名篇佳作。他认为就艺术创作而言长卿赋与屈赋是无论高下的,所谓:"长卿《子虚》诸赋,本从《高唐》物色诸体,而辞胜之。《长门》从《骚》来,毋论胜屈,故高于宋也。"[3]当然,二人之赋又各有擅长,具体而言屈赋表现出的便是"杂与复";而长卿赋表现出的则是"丽与放",这都是后人所乐于模仿而又永远无法超越的。"杂而不乱,复而不厌,其所以为屈乎?丽而不俳,放而不制,其所以为长卿乎?以整次求二子则寡矣,子云虽有剽模,尚少溪迳。班张而后,愈博愈晦愈下。"[4]

我们将王世贞的评述与前人旧说作对照,则发现其言既有继承,更有创新。早在西汉时期,司马迁就注意到了长卿赋与《诗》的关系,他说:"《春秋》推见至隐,《易》本隐之以显,《大雅》言王公大人而德逮黎庶,《小雅》讥小己之得失,其流及上。所以言虽外殊,其合德一也。相如虽多虚辞滥说,然其要归引之节俭,此与《诗》之风谏何异?"[5]司马迁着眼于文章的实用价值,指出长卿作赋虽有"虚辞滥说"的缺欠,然其要义仍归于节俭,实则继承了《诗》之风谏。

其后有班固:"赋者,古诗之流","传曰:不歌而诵谓之赋。登高能赋,可以为大夫。"[6]阐释了诗与赋在形式上的紧密联系,同时又在《汉书·艺文志》中将诗赋列为一类:"诗赋百六家千三百一十八篇。"但在谈到长卿赋时,他的看法却与司马迁正好相反:"春秋之后，周道浸坏，聘问歌咏不行于列国，学《诗》之士逸在布衣，而贤人失志之赋作矣。大儒孙卿及楚臣屈原，离谗忧国，皆作赋以风，咸有恻隐古诗之义。其后宋玉、唐勒、汉兴枚乘、司马相如，下及扬子云，竞为侈丽闳衍之词，没其风喻之义。"[7]

再后有刘勰："赋也者，受命于诗人，而托字于楚辞也。"[8]

虽然三位前人都分别提到了赋与《诗》，与《楚辞》的关系，却只涉及到了形式与功用上的继承，还没有谈到创作艺术上的承袭关系，并且王世贞明确提出《楚辞》乃赋作之开端，现已成为学界的共识"进御之赋，千有余首，讨其源流，信兴楚而盛汉矣"[9]。

另外，诗话作者还注意到了历代文人对长卿赋作的学习与模拟。如：《升庵诗话》提到王昌龄的《西宫秋怨》"芙蓉不及美人妆，水殿风来珠翠香。却恨含情掩秋扇，空悬明月待君王"："司马相如《长门赋》：'悬明月以自照兮，徂清夜于洞房。'此用其语，如李光弼将子仪之师，精神十倍矣。"[10]

《艺苑卮言》云："魏武帝乐府：'东临碣石，以观沧海。水何澹澹，山岛竦峙。秋风萧瑟，洪涛涌起。日月之行，若出其中；星汉璨烂，若出其里。'其辞亦有本。相如《上林》云：'视之无端，察之无涯。日出东沼，月生西陂。'马融《广成》云：'天地虹洞，因无端涯。大明出东，月生西陂。'扬雄《羽猎》云：'出入日月，天与地沓。'然觉扬语奇，武帝语壮。又'月生西陂'语有何致，而马融复袭之？"

作为一代文学大师，司马相如的赋作不仅对汉代文学风貌的形成产生了重要影响，成为众赋家竞相学习与效仿的榜样，更改变了蜀人的文学风气，诚如苏轼所言："文章之风，以汉为盛，而贵显暴著者，蜀人为多。盖相如唱其前，而王褒继其后，峨冠曳佩，大车驷马，徜徉乎乡间之中，而蜀人始有好文之意。弦歌之声，与邹、鲁比。"[11]

二

对司马相如赋作的品评是历代文人关注的热点,在诗话作品中也多有论述,请分论之。

对长卿赋作的品评,最具代表性的言论当属与之同处一个时代的司马迁,他虽肯定其旨要"归引之节俭",同时也指出其文辞"靡丽多夸",又"多虚辞滥说",从客观效果而言则大大削弱了讽谏的力量,所以武帝读之,"飘飘有凌云之气,似游天地之间意"[12]。

这种观点在后人的评述中是颇为流行的,如明人谢榛的《四溟诗话》就说"屈宋为词赋之祖","相如善学《楚词》,而驰骋太过"[13],淹没了讽刺劝谏的效果。

诚然,从为文的讽谏功用意义上讲,司马相如的赋作的确不具代表性。但是从赋文的艺术魅力上讲,长卿赋又是值得称道的,有不少诗话文人便是以此为立足点进行论述的。

如明代的杨慎在《古赋形容丽情》篇中大赞词人之赋,曰:"《九歌》:'满堂兮美人,忽独与予兮目成。'宋玉《招魂》:'娭光眇视目曾波。'相如赋:'色授魂与,心愉于侧。'枚乘《菟园赋》:'神连未结,已诺不分。'陶渊明《闲情赋》:'瞬美目以流盼,含言笑而不分。'曲尽丽情,深入冶态。裴硎《传奇》,元氏《会真》,又瞠乎其后矣,所谓'词人之赋丽以淫'也。"[14]

张戒引前人之语,赞长卿善于状景写物:"沈约云:'相如工为形似之言,二班长于情理之说。'刘勰云:'情在词外曰隐,状溢目前曰秀。'梅圣俞云:'含不尽之意,见于言外;状难写之景,如在目前。'三人之论其实一也。"[15]

王世贞总结道"凡出长卿手,靡不秾丽工至",而其中"《子虚》

《上林》材极富,辞极丽,而运笔极古雅,精神极流动,意极高,所以不可及也。长沙有其意而无其材,班、张、潘有其材而无其笔,子云有其笔而不得其精神流动处",并将其作冠之以"赋之圣"的称号,与《楚辞》位列一等,"屈氏之骚,骚之圣也。长卿之赋,赋之圣也。一以风,一以颂,造体极玄,故自作者,毋轻优劣",是"为世所珍"的佳品[16]。

王世贞在《艺苑卮言》中,另有几段文字牵涉到司马相如进行创作的背景及过程,颇值得一议。

"自古文章于人主未必遇,遇者政不必佳耳。独司马相如于汉武帝奏《子虚赋》,不意其令人主叹曰:'朕独不得此人同时哉!'奏《大人赋》则大悦,飘飘有凌云之气,似游天地间。既死,索其遗篇,得《封禅书》,览而异之。此是千古君臣相遇,令傅粉大家读之,且不能句矣。"

"语赋,则司马相如曰:'合綦组以成文,列锦绣而为质。一经一纬,一宫一商。此赋之迹也。赋家之心,包括宇宙,总览人物,致乃得之于内,不可得而传。'"

"作赋之法,已尽长卿数语。大抵须包蓄千古之材,牢笼宇宙之态。其变幻之极,如沧溟开晦,绚烂之至,如霞锦照灼,然后徐而约之,使指有所在。若汗漫纵横,无首无尾,了不知结束之妙。又或瑰伟宏富,而神气不流动,如大海乍涸,万宝杂厕,皆是瑕璧,有损连城。然此易耳。惟寒俭率易,十室之邑,借理自文,乃为害也。赋家不患无意,患在无蓄;不患无蓄,患在无以运之。"

王世贞注意到了司马相如赋创作的特定时代及其特殊的阅读群体。我们都知道西汉武帝时期是中国历史上公认的四大盛世之首,疆土辽阔、人口众多、国力雄厚、文化高涨,一个高扬民族精神的伟大时代到来了。而帝国之时代精神折射到文学艺术领域,则气势恢宏,锦绣富丽的汉大赋应运而生。司马相如作为当时的重要赋作家之一，他适时地把握住了时代脉搏的动向，并迅速地从实践中探寻出了创作的道路。所谓"赋家之心，包括宇宙，总览人物"，强调的是创作主体对宇宙万物和古今历史的统摄与包容。所谓"一经一纬，一宫一商。此为赋之迹也"，则展示了他对文本结构、表现形式上的追求。因此，相如创作的大赋既充分反映了帝国时代的气象风貌，又恰到好处的迎合了统治阶层的审美需求，深受汉武帝的赏识，成为其身边不可或缺的文学侍臣。可以说司马相如赋作的产生与汉帝国的时代精神和审美趋向是密不可分的，诚如李贽所谓："论者以相如赋为千古之绝，若非遭逢汉武，亦且徒然。"[17]

三

据《乐府古题要解》记载，司马相如曾参与了汉武帝时期的乐府采诗活动。"汉武帝时乃立乐府，以李延年为协律都尉，举司马相如等数十人，造为诗赋，略论律吕，以合八音之调，盖乐府之所肇也。"[18]此段记载与《汉书·礼乐志》一致，当为信史。下面我们就来看看司马相如究竟为汉乐府诗做了些什么？

在《乐府古题要解》中，只有一篇明确表示了是司马相如的作品。《钓竿》篇题下云："右旧说有伯常子避仇河滨为渔者，其妻思之而为《钓竿歌》。每至河侧辄歌之。后司马相如作《钓竿》诗，遂传以为乐曲。若刘孝威'钓舟画彩鹢'但称纶钓嬉游而已。"[19]

而《长门怨》一篇，虽不是司马相如的创作，但与他却不无关联，其篇下云："右为汉武帝陈皇后作也。后，长公主嫖女，字阿娇。及卫子夫得幸，后退居长门宫，愁闷悲思。闻司马相如工文章，奉黄金百斤，令为解愁之辞。相如作《长门赋》，帝见而伤之，复得亲幸者数年。后人因其赋为《长门怨》焉。"这是后人据司马相如撰《长门赋》的故事而创作的篇章。

又有《凤将雏》一篇,传说是司马相如向卓文君弹奏的琴歌,但是《乐府古题要解》中并没有明确的记载,只笼统地说:"旧说汉世乐曲名也。"而宋人葛立方在《韵语阳秋》中记曰:"《凤将雏》曲,吴兢《乐府题要》云:汉世乐曲名也。而郭茂倩《乐府诗集》中无此词。独《通典》载应璩《百一诗》云:为作《陌上桑》,反言《凤将雏》。张正见《置酒高殿上》云:《琴挑·凤将雏》当是用相如鼓《琴挑》云'凤兮归故乡,四海求其凰'之义,则此曲其来久矣。按《晋书·乐志》吴声十曲:一曰《子夜》,二曰《上柱》,三曰《凤将雏》。此三曲自汉至梁有歌,今不传矣。"[20]今检《史记》《汉书》都只记载了司马相如为卓文君鼓琴的故事,并未详细记录乐曲的名称与文辞。但是徐陵的《玉台新咏》记载了《司马相如琴歌二首并序》其中有这样两句文辞:"凤兮凤兮归故乡,遨游四海求其凰。"[21]此与葛立方记录的《琴挑》所云相似,但仍不见《凤将雏》的乐曲名。虽然据现有的资料我们还不能判断出《凤将雏》一曲是否司马相如为卓文君而奏,但是葛立方所言纠正了张正见将《琴挑》与《凤将雏》二曲相混淆的错误,并告诉我们《凤将雏》系梁以后而失传的,仍不失为一条重要的文献资料。

另有一篇《白头吟》,卓文君作,反映了她与司马相如婚姻生活中的一段插曲。其题下云:"右古词:'皑如山上雪,皎若云间月。'又云:'愿得一心人,白头不相离。始言良人有两意,故来与之相决绝;次言别于沟水之上,叙其本情;终言男儿当重意气,何用于钱刀也。'一说司马相如将聘茂陵人女为妾,文君作《白头吟》以自绝,相如乃止。"[22]"吟"作为一种体式,并非始于文君,严羽说:"古词有《陇头吟》,孔明有《梁父吟》,文君有《白头吟》。"[23]但文君此篇

《白头吟》流传甚广，得到了后人的高度评价。

如吴兢评价说："若宋鲍照'直如朱丝绳'，陈张正见'平身怀直道'，唐虞世南'叶如幽径兰'，皆自伤清直芬馥，而遭铄金点玉之谤，君恩似薄，与古文近焉。"[24]

徐祯卿说："文君怨嫁，愿得白头，劝讽之辞也。究其微旨，何殊经术？作者蹈古辙之嘉粹，刊佻靡之非轻，岂有精诗，亦可以养德也。"[25]

陆时雍说："五言在汉，遂为鼻祖。西京首首俱佳，苏李固宜，文君一女耳，胸无绣虎，腕乏灵均，而《白头吟》寄兴高奇，选言简隽，乃知风会之翙人远矣。"[26]

据葛立方的记载，历代文人还都有不少模拟之作，其言曰："《西京杂记》载司马相如将聘茂陵人女为妾，卓文君作《白头吟》以自绝，相如乃止。《乐府诗集》谓《白头吟》者，疾人以新间旧，不能止白首，故以为名。余观张籍《白头吟》云：'春天百草秋始衰，弃我不待白头时。罗襦玉饵色未暗，今朝已道不相宜。'李白《白头吟》云：'妾有秦楼镜，照心胜照井。愿持照新人，双对可怜影。'其语感人深矣！至刘希夷作《白头吟》乃云：'寄言全盛红颜子，须怜半死白头翁。此翁白头真可怜，伊昔红颜美少年。'则是言男为女所弃而作，与文君《白头吟》之本意异矣。"[27]

参考文献：

[1] 王世贞《艺苑卮言》，上海古典文学出版社，1978年版。

[2] 司马迁《史记》，中华书局，1962年版。

[3] 王世贞《艺苑卮言》，卷二。

[4] 同上。

[5] 司马迁《史记》，中华书局，1962年版。

[6] 班固《汉书》，中华书局，1962年版。

[7] 同上。

[8] 刘勰《文心雕龙》，人民文学出版社，1958年版。

[9] 杨明照《文心雕龙校注》，上海古典文学出版社，1958年版。

[10] 杨慎《升庵诗话》，上海古典文学出版社，1988年版。

[11] 苏轼《苏轼文集》，中华书局，1986年版。

[12] 司马迁《史记》，中华书局，1962年版。

[13] 谢榛《四溟诗话》，人民文学出版社，1963年版。

[14] 杨慎《升庵诗话》，卷三。

[15] 张戒《岁寒堂诗话》，四川大学出版社，1990年版。

[16] 王世贞《艺苑卮言》，卷二。

[17] 李贽《藏书》，中华书局，1959年版。

[18] 吴兢《乐府古题要解》，上海古典文学出版社，1984年版。

[19] 同上。

[20] 葛立方《韵语阳秋》，上海古籍出版社，1984年版。

[21] 徐陵《玉台新咏》，中华书局，1985年版。

[22] 吴兢《乐府古题要解》，上海古典文学出版社，1984年版。

[23] 严羽《沧浪诗话》，人民文学出版社，1961年版。

[24] 吴兢《乐府古题要解》，上海古典文学出版社，1984年版。

[25] 徐祯卿《谈艺录》，人民文学出版社，1981年版。

[26] 陆时雍《诗镜总论》，上海古典文学出版社，1978年版。

[27] 葛立方《韵语阳秋》，卷六。

（杨曦：成都大学图书馆馆员）

《白头吟》考辨

汤 洪

提 要：古乐府《白头吟》以其情意真切、格调高古而妙绝古今，对该诗作者和题目的认定，后世诸家歧说不断。据《西京杂记》所载，后世有"文君白头吟"说行世，此说影响甚广，据《宋书·乐志》所载，后世有"古辞白头吟"说问世。据《玉台新咏》的辑录体例，后世有"古辞皑如山上雪"说，此说较为可信。

关键词：《白头吟》 《西京杂记》 《宋书》 《玉台新咏》

文君、相如事，历来文人多所附会。据传，文君的作品有诗《白头吟》一首及《司马相如诔》一篇。

《司马相如诔》首载明人梅鼎祚《历代文纪》。严可均辑《全汉文》卷五十七云："梅鼎祚《文纪》有此，未详所出。按《西京杂记》，长卿素有消渴疾，及还成都，死，文君为诔，传于世。《杂记》虽言为诔，不载其辞，盖近代依托也。"[1] 看来，严氏认为此诔是后人据《西京杂记》所载的伪托之作。《白头吟》一诗，历来更是歧说纷纭，莫衷一是。本文试钩稽史料，力图还原《白头吟》的真实面目，就教于方家。

卓文君与《白头吟》事，原载晋葛洪《西京杂记》：

>相如将聘茂陵人女为妾，卓文君作《白头吟》以自绝，相如乃止[2]。

葛洪虽言卓文君作《白头吟》，但葛氏并未著其辞。这里有两种可能，一是葛洪亲见过卓氏《白头吟》，只不过他没有把诗录入《西京杂记》。一是葛洪根本就没见过卓氏所写《白头吟》古辞，很可能是见到当时流行且被后世徐陵录入《玉台新咏》的"皑如山上雪"古辞，由于古辞里有"愿得一心人，白头不相离"句，所以葛洪就有意附会了文君作《白头吟》，同时，古辞里还有"闻君有两意，故来相决绝"句，所以葛洪就附会为文君自绝。为了行文方便，笔者在以下叙述中称葛洪所记为"文君白头吟"。

最早以《白头吟》为题，并著其辞的是沈约《宋书·乐志·乐三》：

>晴如山上云，皎若云间月。闻君有两意，故来相决绝。平生共城中，何尝斗酒会。今日斗酒会，明旦沟水头。蹀躞御沟上，沟水东西流。郭东亦有樵，郭西亦有樵。两樵相推与，无亲为谁骄？凄凄重凄凄，嫁娶亦不啼。愿得一心人，白头不相离。竹竿何嫋嫋，鱼尾何离蓰。男儿欲相知，何用钱刀为？跂如马唊萁，川上高士嬉。今日相对乐，延年万岁期[3]。

但沈约在《乐志·大曲下》所录的这首古辞并没有著明其作者，

而是以"古辞"代替作者名氏。对比《大曲》里其他作品有录入作者姓名的体例,我们至少可以推断在沈约的时代已无法考订出这首《白头吟》的确切作者。同时《宋书·乐志·乐一》的一段记载也颇值得注意:

> 凡乐章古词,今之存者,并汉世街陌谣讴,《江南可采莲》《乌生》《十五》《白头吟》之属是也[4]。

考《江南可采莲》《乌生》《十五》诸篇,其篇名都是以首句入题,《白头吟》却以专名出现,我们不能据此断言说是沈约错把《西京杂记》附会的《白头吟》套在了古辞"皑如山上雪"上,但《白头吟》的特殊身份不得不令人怀疑。《乐府诗集·相和歌辞》"白头吟"题解里所录的一句话可以和以上材料相印证:

> 《古今乐录》曰:"王僧虔《技录》曰:《白头吟行》歌古'皑如山上雪'篇。"[5]

宋齐之际的王僧虔和沈约几乎同时,是王氏的观点影响沈氏,还是沈氏影响王氏,不得而知,但可以肯定的是王氏和沈氏都认为这篇古辞的题目就是《白头吟》。姑且不论王、沈二氏此观点是否受葛洪《西京杂记》的影响,但以《白头吟》名篇又首现于沈约《宋书》,比沈约稍晚的徐陵录此篇时却不冠以《白头吟》,而名之"皑如山上雪",所以,沈约以《白头吟》名篇也是存在诸多疑点的。为了行文方便,笔者称沈氏所录为"古辞白头吟"。

在沈约稍后,梁陈之际的徐陵所辑《玉台新咏》,在"古乐府诗六首"题下录《皑如山上雪》一篇:

皑如山上雪，皎若云间月。闻君有两意，故来相决绝。今日斗酒会，明旦沟水头。躞蹀御沟上，沟水东西流。凄凄复凄凄，嫁娶不须啼。愿得一心人，白头不相离。竹竿何袅袅，鱼尾何簁簁。男儿重意气，何用钱刀为[6]。

徐陵所辑，既没有以《白头吟》名篇，也没有以卓文君为作者，而是以《皑如山上雪》作为篇名，不著作者姓名。徐氏在葛洪、王僧虔和沈约之后，葛、王、沈所论徐氏极有可能看过，但徐氏并没有照搬他们的观点，那么，在徐氏看来，这篇流行于世的古辞作者已不可考，而且也没有专门题目，只是按古诗惯例以首句入题为"皑如山上雪"。为了行文方便，笔者称徐陵所录为"古辞皑如山上雪"。

受葛洪《西京杂记》影响，后世认同"文君白头吟"说的有李善、黄鹤、阮阅、葛立方、王铚、严羽、谢维新、谢榛、陆时雍、冯惟讷、王士禛、沈德潜等。

《文选》卷二十八鲍明远《白头吟》诗题下，李善注曰："《西京杂记》曰：司马相如将聘茂陵一女为妾，文君作《白头吟》以自绝。相如乃止。沈约《宋书》古辞《白头吟》曰：凄凄重凄凄，嫁娶不须啼。愿得一心人，白头不相离。"[7]按照前后叙说逻辑，在李善看来，《宋书》所录《白头吟》即是《西京杂记》所载"文君白头吟"。黄鹤在《补注杜诗》卷十一《杜鹃》诗题下曰："先君尝谓文君《白头吟》词云：'郭东亦有樵，郭西亦有樵'杜公此诗，前四句或本此。"[8]针对此，清人陈沆《诗比兴笺》于"乐府古辞笺"下录"皑如山上雪"篇，在论及该诗题目和作者时，云："及宋黄鹤注杜诗，混合为一。"[9]宋阮阅《诗话总龟前集》卷四十二"怨嗟门"云："《白头吟》，相如将聘茂陵女为妾，文君作《白头吟》以自绝。相如乃止。"[10]阮阅在解释当时流传的"皑如山上雪"并被时人称为《白头吟》的古诗时,直接引《西京杂记》作证,那么,在他看来,现世所传的《白头吟》就是"文君白头吟"。宋葛立方《韵语阳秋》卷六云:"《西京杂记》载司马相如将聘茂陵人女为妾,卓文君作《白头吟》以自绝,相如乃止。《乐府诗集》谓《白头吟》者,疾人以新间旧,不能至白首,故以为名。余观张籍《白头吟》云:'春天百草秋始衰,弃我不待白头时。罗襦玉珥色未暗,今朝已道不相宜。'李白《白头吟》云:'妾有秦楼镜,照心胜照井。愿持照新人,双对可怜影。'其语感人深矣!至刘希夷作《白头吟》乃云:'寄言全盛红颜子,须怜半死白头翁。此翁白头真可怜,伊昔红颜美少年。'则是言男为女所弃而作,与文君《白头吟》之本意异矣[11]。"葛氏所论与阮阅大体相同。宋王铚《雪溪集·白头吟序》云:"《乐府解题》云:'司马相如将聘茂陵女子,文君作《白头吟》绝之。'《宋书·志》文君所作《白头吟》云:'凄凄重凄凄,嫁娶不须啼。但愿同心人,欢爱不相离。'"[12]针对王氏这一看法,《四库提要》卷一百五十八进行了辨证:"乃集中《白头吟序》不引《西京杂记》而引吴兢《乐府解题》,已迷其本(按《西京杂记》虽伪书,然在吴兢之前,即兢说所自出)。又称《宋志》载文君诗云云,不知《宋书·乐志》《白头吟》实作古词,不作文君。此亦千虑之一失,信乎考证之难也。"[13]严羽《沧浪诗话·诗体》下释"吟"时,直举"文君有《白头吟》"[14]。南宋谢维新《古今合璧事类备要·前集》卷二十八于《白头吟》下云:"司马相如将聘茂陵女子为妾。卓文君作《白头吟》以自绝。诗曰:'皑好山上雪……',相如感之,乃至。《西京杂记》。"[15]谢氏不但认同"文君白头吟"说,并且此段材料有误导读者认为《西京杂记》不但载有卓文君作《白头吟》,而且还著录其辞。明人谢榛《四溟诗话》对"文君白头吟"说的自觉认同就更为明确了:"卓文君《白头吟》:'皑如山上雪,皎如云间月'。其古雅自是汉人语。鲍明远拟之曰:'直如朱丝绳,清如玉壶冰。'此亦用汉人机轴,虽能织文锦罗縠,惜时样不同尔。"[16]明人陆时雍《诗镜总论》所言与谢榛相似:"五言在汉,遂为鼻祖。西京首首俱佳,苏李固宜,文君一女耳,胸无绣虎,腕乏灵均,而《白头吟》寄兴高奇,选言简隽,乃知风会之翊人远矣。"[17]冯惟讷《古诗纪》卷十二录卓文君《白头吟》,本辞录《玉台》,晋乐所奏录《宋书》[18]。明人的诗歌理论在清代化为诸多实践,选家多尊言践行,辑录了很多选本。王士禛《古诗选》在录"皑如山上雪"篇时,不仅以卓文君为作者,同时以《白头吟》名题。而闻人倓在笺《古诗选》时,对此深信不疑[19]。沈德潜《古诗源》录"皑如山上雪"篇体例与王士禛完全相同[20]。

　　受沈约"古辞白头吟"说影响的有吴兢、郭茂倩、黄节、逯钦立、朱东润、林庚等。而后世诗家诸如鲍照、张正见、虞世南、刘希夷、李白、张籍、白居易、汪遵、邵谒、唐庚、滕毅、方孝标、刘寿萱等有意无意间践行着沈约《宋书》对《白头吟》的见解,且都身体力行,或用古辞本意拟作《白头吟》,或反其意而为之。

　　唐人吴兢《乐府古题要解》直录《白头吟》,那么,在吴氏看来,《白头吟》当是乐府古题,所以他说:"右古词:'皑如山上雪,皎若云间月'。又云:'愿得一心人,白头不相离'。始言良人有两意,故来与之相决绝;次言别于沟水之上,叙其本情;终言男儿当重意气,何用于钱刀也。一说司马相如将聘茂陵人女为妾,文君作《白头吟》以自绝,相如乃止。若宋鲍照'直如朱丝绳',陈张正见'平生怀直道',唐虞世南'叶如幽径兰',皆自伤清直芬馥,而遭铄金点玉之谤,君恩似薄,与古文近焉。"[21]虽然吴氏在此同时举《西京杂记》文君作《白头吟》,但他似乎对卓文君作《白头吟》一事并不相信,所以采用"一说"的判断,而且在《白头吟》下也不著作者为卓文君,而是判定为"古词"。对后世影响深远的《乐府诗集》,录入体例和吴兢相同，也是以《白头吟》为题，以"古辞"代作者，只不过《乐府》在录《白头吟》本辞之前，先录入《白头吟》的晋乐演奏形式，晋乐在本辞基础上所加的十句，仅仅只为谐律而已。近人黄节《汉魏乐府风笺》[22]体例和《乐府》一致。逯钦立辑校《先秦汉魏晋南北朝诗》于"汉诗"下辑《白头吟》，虽然于诗题下也引《西京杂记》，但却并未标明作者就是卓文君，而是以"乐府古辞"著其作者[23]，逯氏也是分本辞和晋乐形式录诗，但和《乐府》不同的是，逯氏是先录本辞，后录晋乐形式。朱东润《中国历代文学作品选》云："《西京杂记》认为本篇是卓文君为司马相如欲另娶茂陵女而作，似属附会。"[24]林庚《中国历代诗歌选》云："本篇最早见于《玉台新咏》，另有《宋书·乐志》载晋乐所奏歌辞，篇幅较长，却不是本辞。本辞大约作于东汉时期，《乐府诗集》载入《相和歌辞》。这是女子对用情不专得男子表示决绝的民歌，《西京杂记》以为是西汉时卓文君的作品，恐不可信。"[25]朱、林二氏对《西京杂记》都持谨慎怀疑的态度，但他们都未对《宋书》质疑，所以仍以《白头吟》名篇。同时，林庚判定该辞作于东汉，也似出臆断。

《玉台》"古辞皑如山上雪"说的影响并不如前两说广泛，个中原因已很难考证。但后世诸如《御览》、纪容舒、冯舒、陈沆等不囿于"文君白头吟"说和"古辞白头吟"，坚持《玉台》的观点，也为我们留下一些思考的空间。

《太平御览》卷十二"雪"字条下引"乐府歌诗曰：皑如山上雪，皎如云间月。闻君有两意，故来相决绝"[26]四句。卷七十五"沟"字条下引"古诗曰：今日斗酒别，明日沟水头。蹀躞御沟上，沟水东西流"[27]四句。对照《御览》前后录入体例，可以推断在《御览》辑录者看来，这些诗句既无专门题目，也无确切作者可考。清纪容舒《玉台新咏考异》云：

《宋书·乐志》载此篇亦曰古词。后人因《西京杂记》之说举卓文君以寔之,然《西京杂记》但曰文君作《白头吟》,不云即此词也。此列之古乐府中,而不署文君之名,古人评慎,去后来臆断远矣[28]。

纪氏对《玉台》不署作者姓名,且列诗"皑如山上雪"于古乐府的观点,是完全肯定的。清人冯舒《诗纪匡谬》卷二也专门对明人冯惟讷《古诗纪》作出辨证:

宋书大曲有《白头吟》,作"古辞"。《乐府诗集》《太平御览》亦然。《玉台新咏》题作"皑如山上雪",非但不作文君,并题亦不作《白头吟》也。唯《西京杂记》有文君为《白头吟》以自绝之说,然亦不著其词。或文君自有别篇,不得遽以此诗当之也。宋人不明其故,妄以此诗实之。如黄鹤杜诗注,《合璧事类》引,《西京杂记》之类,并入此诗,《诗纪》因之,《诗删》选之。今人遽云有此妙口妙笔,真长卿快偶,可笑可怜[29]。

冯舒认为按照《西京杂记》的记载,或许卓文君写过一首《白头吟》,但绝不是《宋书》和《乐府》中记载的《白头吟》,冯惟纳《诗纪》中录入的这首所谓《白头吟》当是古辞,且为无名氏之作。此外陈沆《诗比兴笺》于"乐府古辞笺"下录"皑如山上雪"篇,并笺曰:

《玉台新咏》载此篇,题作"皑如山上雪",不云"白头吟",亦不云何人作也。宋书大曲有《白头吟》,作古辞,《御览》《乐府诗集》同之,亦无文君作《白头吟》之说。自《西京杂记》伪书始附会文君,然亦不著其辞,未尝以此诗当之。及宋黄鹤注杜诗,混合为一,后人相沿,遂为妒妇之什,全乖风人之旨。且"两意决绝""沟水东西",文君之于长卿,何至是乎?盖弃友逐妇之诗,非第小星逮下之刺。"愿得一心人,白头不相离",忠厚之至也。"男儿重意气,何用钱刀为",慷慨之思也。因削其妄题,统归古诗,不以嫉妒诬风人焉[30]。

陈太初的观点和冯舒基本相同,但陈氏认为始作俑者是宋人黄鹤在《补注杜诗》中的臆说,根据笔者前面的考证,这一混同当推向唐李善注《文选》。此外,从唐人大量的拟《白头吟》文学实践中我们也能看出在唐代这一观点的混同已经十分普遍。综观"古辞皑如山上雪"说,我们似乎有理由相信《玉台》为我们保存了这一悬案的真实原貌。

参考文献:

[1] 严可均《全汉文》,《全上古三代秦汉三国六朝文》,中华书局,1987年版,第434页。

[2] 葛洪《西京杂记》卷三,《四部丛刊初编》,上海书店,1989年版。

[3] 沈约《宋书》,中华书局,1974年版,第622—623页。

[4] 同上,第549页。

[5] 郭茂倩《乐府诗集》,中华书局,1979年版,第599页。

[6] 徐陵《玉台新咏》卷一,《四部丛刊初编》,上海书店,1989年版。

[7] 萧统《文选李善注》,中华书局,1981年版,第404页。

[8] 黄希原本,黄鹤补注《补注杜诗》,《文渊阁四库全书》,上

海古籍出版社，1987年，第210页。

[9] 陈沆《诗比兴笺》，上海古籍出版社，1981年版，第33页。

[10] 阮阅《诗话总龟前集》，《文渊阁四库全书》，上海古籍出版社，1987年版，第615页。

[11] 葛立方《韵语阳秋》，何文焕（辑）《历代诗话》，中华书局，1981年版，第536-537页。

[12] 王铚《雪溪集》，《文渊阁四库全书》，上海古籍出版社，1987年版，第549页。

[13] 永瑢等《四库全书总目提要》，中华书局，1983年版，第1359页。

[14] 葛立方《韵语阳秋》，第691页。

[15] 谢维新《古今合璧事类备要》，《文渊阁四库全书》，上海古籍出版社，1987年版，第239页。

[16] 谢榛《四溟诗话》，丁福保（辑）《历代诗话续编》，中华书局，1983年版，第1191-1192页。。

[17] 陆时雍《诗镜总论》，丁福保（辑）《历代诗话续编》，中华书局，1983年版，第1402页。

[18] 冯惟讷《古诗纪》，《文津阁四库全书》，商务印书馆，2005年版，第31页。

[19] 王士禛选，闻人倓笺《古诗笺》，上海古籍出版社，1980年版，第19页。

[20] 沈德潜《古诗源》，中华书局，1978年版，第46页。

[21] 吴兢《乐府古题要解》，丁福保（辑）《历代诗话续编》，中华书局，1983年版，第33页。

[22] 黄节《汉魏乐府风笺》，人民文学出版社，1958年版，第48页。

[23] 逯钦立《先秦汉魏晋南北朝诗》，中华书局，1983 年版，第 274 页。

[24] 朱东润《中国历代文学作品选》，上海古籍出版社，1998 年版，第 374 页。

[25] 林庚《中国历代诗歌选》，清华大学出版社，2006 年版，第 122 页。

[26] 李昉等《太平御览》，中华书局，1985 年版，第 60 页。

[27] 同上，第 350 页。

[28] 纪容舒《玉台新咏考异》，《文渊阁四库全书》，上海古籍出版社，1987 年版，第 731 页。

[29] 冯舒《诗纪匡谬》，《丛书集成初编》，中华书局，1985 年版，第 6 页。

[30] 陈沆《诗比兴笺》，第 33—34 页。

（汤洪：四川师范大学文学院讲师、博士研究生）

论宋诗话中的司马相如

王红霞　张骏翚

提　要：宋诗话中与司马相如有关的材料多达三十多则，这些材料分别从文君是否作《白头吟》止相如聘茂陵人女为妾一事、司马相如赋作与楚辞的渊源及与《诗》的讽谏精神之关系等几个方面作了较为详尽的阐述，粗略勾勒了宋人眼中的司马相如。宋诗话中司马相如的大量出现，表明了宋人对司马相如的关注和肯定，通过对这些材料的疏理，我们可以了解宋人对司马相如的认识和接受。

关键词：宋诗话　司马相如　《白头吟》　楚辞　《诗》　讽谏

在文学上，赋以其特殊的体制、整饬的形式、自由的句型、华丽的文采、丰富的词藻而成为汉代最流行的文体。司马相如以其旷世才情创作了大量的赋体作品而成为其时的佼佼者。葛洪在《西京杂记》卷二中言："司马长卿赋，时人皆称典而丽，虽诗人之作，不能加也。扬子云曰：'长卿赋不似从人间来，其神化所至邪。'子云学相如为赋而弗逮，故雅服焉。"[1]至宋代，赋体文学方兴未艾，仍是科举的重要内容，作为赋体文学的代表，司马相如也频现于宋诗话中。据笔者的不完全统计，宋诗话中涉及司马相如和卓文君的材料有三十则左右，这些材料分别从文君是否作《白头吟》止相如聘茂陵人女为妾一事、司马相如赋作与楚辞的渊源及与《诗》的讽谏精神之关系等几个方面作了较为详尽的阐述，粗略勾勒了宋人眼中的司马相如。在宋代，对司马相如的评价不再仅仅是以作品有无讽谏和教化作为评价的标准，这种功利主义标准被淡化，诗话家们更多的是将关注的目光投向文学史上一些聚讼莫辩的问题，评价视角更加具体化。因此，对宋诗话中与司马相如有关材料作疏理，可以帮助我们了解宋人对司马相如的认识和接受。

一

关于卓文君是否作《白头吟》止相如聘茂陵人女为妾一事，文学史上一直众说纷纭。卓文君作《白头吟》一事，最早见于葛洪《西京杂记》卷三："相如将聘茂陵人女为妾，卓文君作《白头吟》以自绝，相如乃止。"但葛洪并未录其辞，之后关于该事的记载又见于《文选》的李善注，《文选》卷二十八鲍明远《白头吟》诗题下，李善注曰："《西京杂记》曰：'司马相如将聘茂陵一女为妾，文君作《白头吟》以自绝。相如乃止。'沈约《宋书》古辞《白头吟》曰：凄凄重凄凄，嫁娶不须啼。愿得一心人，白头不相离。"[2] 在李善看来，他不但认可文君作《白头吟》一事，并认为《宋书·乐志·乐三》所录的无名氏的古辞《白头吟》即《西京杂记》中所载的文君《白头吟》。宋诗话中关于卓文君是否作《白头吟》以及《白头吟》的具体歌辞的材料有四则，现分录于下：

阮阅《诗话总龟前集》卷四十二"怨嗟门"云：

《白头吟》，相如将聘茂陵女为妻，文君作《白头吟》以自绝，相如乃止。故李白辞云："头上玉燕钗，是妾嫁时物。赠君表相思，罗袖幸时拂。莫卷龙须席，从他生网丝。且留琥珀枕，还有梦来时。"此最为警策[3]。

吕祖谦《诗律武库》卷一五"赠送门"云：

《西京杂记》：司马相如将聘茂陵女子为妾，文君乃作《白头吟》以自绝。相如感之，乃止。其词略云："皑如山上雪，皎若云间月。闻君有两意，故来相决绝。"又云："凄凄重凄凄，嫁娶不须啼。愿得一心人，白头不相离。"故东坡《回文诗》云："羞看一首回文锦，锦似文君别恨深。头白自吟悲赋客，断肠愁是断弦琴。"[4]

葛立方《韵语阳秋》卷六云：

《西京杂记》载司马相如将聘茂陵人女为妾，卓文君作《白头吟》以自绝，相如乃止。《乐府诗集》谓《白头吟》者。疾人以新间旧，不能至白首，故以为名。余观张籍《白头吟》云："春天百草秋始衰，弃我不待白头时。罗襦玉珥色未暗，今朝已道不相宜。"李白《白头吟》云："妾有秦楼镜，照心胜照井。愿持照新人，双对可怜影。"其语感人深矣！至刘希夷作《白头吟》乃云"寄言全盛红颜子，须怜半死白头翁。此翁白头真可怜，伊昔红颜美少年"，则是言男为女所弃而作，与文君《白头吟》之本意异矣[5]。

祝穆在《古今事文类聚》中云：

> 司马相如将聘茂陵女子为妾，卓文君作《白头吟》以自绝，曰："皑如山下云，皎若云间月。良人有两意，故与相决绝。"又云："今日斗酒间，明日沟水头。蹀躞向沟上，沟水东西流。"又云："凄凄重凄凄，嫁娶不须啼。愿得一心人，白头不相离"。相如感之，乃止[6]。

从上述这四则材料中不难得出以下几点信息。第一，宋诗话家们普遍认同《西京杂记》所载，认为文君确实作过《白头吟》诗。吕祖谦引苏轼曾在《回文诗》中提及文君及自吟白头一事作为佐证材料。葛立方则在肯定文君曾作《白头吟》一诗的基础上，将文君所作的《白头吟》与李白、张籍、刘希夷等人的《白头吟》作比较，分析其旨意之异同，并将《乐府诗集·相和歌辞》中的《白头吟》认同为文君所作之《白头吟》，言李白等人的《白头吟》是言男为女所弃，而文君的《白头吟》则是言女为男所弃，但未阐述其理由。可见，宋诗话家们的这个结论由于没有足够的佐证材料作支撑，缺乏说服力，且后世响应者寥寥。

第二，宋诗话家们还对文君《白头吟》之辞有所记载。吕祖谦引用其中之辞"晴（按：《玉台新咏》的"皑如山上雪"作"皑"）如山上雪，皎若云间月。闻君有两意，故来相决绝……凄凄重凄凄，嫁娶不须啼。愿得一心人，白头不相离"，吕所引之辞当是节录的收录于梁陈之际的徐陵所辑之《玉台新咏》的"古乐府诗六首"之一的《皑如山上雪》。祝穆在言文君《白头吟》之辞时，将其辞引为"晓（按：《皑如山上雪》作"皑"）如山下云（按：《皑如山上雪》作"上雪"），皎若云间月。良人（按：《皑如山上雪》作"闻君"）有两意，故与

（按：《皑如山上雪》作"来"）相决绝。今日斗酒间（按：《皑如山上雪》作"会"），明日（按：《皑如山上雪》作"旦"）水头……愿得一心人，白头不相离"，其间虽个别字句有所差异，但仍可判定吕祖谦、祝穆均认为《玉台新咏》中所收录的《皑如山上雪》即文君所作的《白头吟》，这应当能代表宋人的普遍观点。《白头吟》与《皑如山上雪》的关系历来扑朔迷离，宋诗话家也未能找到更新、更确凿的证据来证明《皑如山上雪》即文君的《白头吟》，仅是附会前人之说，故遭到后来人的耻笑。清人冯舒在《诗纪匡谬》卷二中云："宋书大曲有《白头吟》，作'古辞'。《乐府诗集》《太平御览》亦然。《玉台新咏》题作'皑如山上雪'，非但不作文君，并题亦不作《白头吟》也。唯《西京杂记》有文君为《白头吟》以自绝之说，然亦不著其词。或文君自有别篇，不得遽以此诗当之也。宋人不明其故，妄以此诗实之。"[7]

二

如何认识司马相如在赋史上的地位和贡献，宋诗话家们也有自己的见解。与前代评论家相似，宋诗话家们对司马相如的评价依然是有褒有贬。褒者以刘弇等人为代表，他在《龙云集》卷一的《进元符南郊大礼赋表》中云："作古新一代耳目，起太平极功，有如此曹，殆不多得。屈宋已还，贾生、相如、向、褒、雄、固最号高手，能使往汉光华至今，数子力也。"[8]还有一些评论家奉相如为圭臬，将其赋作为学习和模拟的典范。王正德就在《余师录》中云"作赋要须以宋玉、贾谊、相如、子云为师格，略依仿其步骤，乃有古风"[9]，将相如与贾谊等人相提并论，赞许之情溢于言表。

司马相如作为倾动一时的辞赋大家，其辞赋作品《汉志》著录有二十九篇，存世六篇（个别尚存争议）。对于其赋作风格，司马迁在《司马相如列传》（卷一一七）中有结论性地评价："《春秋》推见至隐，《易》本隐之以显，《大雅》言王公大人而德逮黎庶，《小雅》讥小己之得失，其流及上。所以言虽外殊，其合德一也，相如虽多虚辞滥说，然其要归引之节俭，此与《诗》之风谏何异。"[10]司马迁在肯定相如赋与《诗》之讽谏无异的同时，批评相如赋为"虚辞滥说"，此说一出，波及后世。之后，《汉志》将相如赋归于屈原赋一类，这种归类表明班固认为相如赋与屈原赋之间有渊源关系。刘勰也在《文心雕龙·辨骚》篇中言："枚、贾追风以入丽，马、扬沿波而得奇。"[11]苏轼认同班固和刘勰等人的观点，在《远游庵铭并叙》一文中言"昔司马相如有言：'列仙之儒，居山泽间，形容甚癯。'意其鄙之，乃取屈原《远游》作《大人赋》，其言宏妙，不遣而放"[12]，指出相如的《大人赋》与屈原《远游》之间的承继关系。洪迈亦在《容斋诗话》中梳理了相如赋在形式上与屈赋的承继关系："自屈原词赋假为渔父、日者问答之后，后人作者，悉相规仿。司马相如《子虚》《上林赋》以子虚、乌有先生、亡是公。"[13]不过，在宋代对此问题也有不同的声音，魏庆之就在《楚词》中言："司马相如之文，能侈而不能约，既以誇丽而不得入于《楚词》。《大人》之于《远游》，其《渔猎》又泰甚，然亦终归于谀也。"[14]可见，在相如赋与屈原赋的承继关系这个问题上宋诗话家仍未达成共识。

至于司马迁所言相如赋与《诗》的讽谏精神是相似的这个问题，宋诗话家们也有涉及，他们大多认同司马迁之说。如宋初古文运动先驱之一的王禹偁就在《答张知白书》一文中说："夫赋之作，本乎《诗》者也。自两汉以来，文士若相如、扬雄、班固辈皆为之，盖六义之一也。洎隋唐始以诗赋取进士，而赋之名变而为律，则与古戾矣。"[15]该段话表述了这样三层意思：第一，赋源于诗，其文体特征与诗三百"直陈其事"、重铺陈描绘的表现手法分不开;第二,以相如、扬雄等人为代表的汉赋作家的作品,从内容而言是符合儒家的六义的;第三,对隋唐以来所流行的律赋颇有微词,认为律赋仅有汉赋之名,已完全违背了汉赋之实。王氏所论不能简单地理解为一家之言,应是宋初古文运动家们共同的看法。赵湘在《南阳集》卷一《宋颂并序》一文中也说:"若相如、扬雄、班固、司马迁,无笃是事,凡炎汉之事迹,罔不研极。晋宋齐梁,累累有焉,然其时君之道或沿袭之不至,故厥须之风亦渐微弱。"[16]其对相如赋的内容持肯定态度。

从总体而言,宋诗话家们都肯定相如赋的讽谏价值。刘弇就在《策问》中言:"问笔端肤寸,与经史出没,与鬼神敌奥,与造物者争巧,其赋乎!古者登高能赋,始可以为大夫,而《诗》之六义,赋居一焉。子虚、乌有、亡是公之类,始虽诞谩不根,晚乃归之讽谏。则君子之于相如,固尝有取也。"[17]他不仅论述了汉赋控引天地、文思萧散的特征,还肯定了相如赋的讽谏作用。晁补之说得更明白:"司马相如虽多虚辞滥说,然其要归,引之于节俭,此亦《诗》之风谏何异?……固善推本知之,赋与诗同出,与迁意类也。"[18]他完全引用司马迁之评论,肯定相如赋的讽谏价值。

宋诗话家们对相如的批评集中在文辞上,其中以苏轼为代表,他对司马相如的评价较为客观公正。其在《书拉杂变》一文中说:"司马长卿作《大人赋》,武帝览之,飘飘然有凌云之气。近时学者作拉杂变,便自谓长卿,长卿固不汝嗔,但恐览者渴睡落床难以凌云耳。"[19]苏轼对相如的称评之情溢于言表,他所贬的乃是相如赋靡丽多夸的文辞特点,这与苏轼的文论是相吻合的,苏轼向来主张为文当情采二者兼具,反对那种矫诞浮夸的不实之文。苏轼重视并肯定赋的讽谏价值,在《复改科赋》一文中引司马相如作《谏猎赋》讽谏汉武帝应戒淫猎,作《大人赋》劝阻汉武帝的好仙求道,嘉许"司马之知微",以为时文"文辞泛滥,无所统纪"惟有"声律切当,有所指归"者,方见作品之巧拙高下,故在《答舒尧文二首》中,批评司马相如"高谈驰骛,不顾其实",语气甚为严厉。

三

宋诗话家们还对司马相如在文学史上争议较大的一些问题作了辨析。

如关于《长门赋》的真伪问题。在司马相如的作品中,《长门赋》是受到历代文学家称赞的成功之作,可惜由于《长门赋》本传失传,故后世对该文是否出于相如之手存有争议。该文最早见于《文选》卷十六,赋前有序云:"孝武皇帝陈皇后,时得幸,颇妒,别在长门宫,愁闷悲思。闻蜀郡成都司马相如天下工为文,奉黄金百斤,为相如文君取酒,因于解悲愁之辞。而相如为文以悟主上,陈皇后复得亲幸。"[20]《史记》卷四十九《外戚世家》司马贞索隐引此序,唯文字略有不同,且曰"作颂信有之也,复亲幸之,恐非实也",明确肯定《长门赋》为相如所作,但序言中所言陈皇后因此"复得亲幸"一事不合史实。苏轼在《相如长门赋》一文中也对该问题作了辨析:"陈皇后废处长门宫,闻司马相如工为文,奉百金为相如文君取酒。相如为作《长门赋》以悟主上。皇后复得幸。予观汉武雄猜忍暴,而相如乃敢以微词亵慢及宫闱间。太史公一说李陵事,以为意沮贰师,遂下蚕室。陈皇后得罪,止坐卫子夫,子夫之爱,不减李夫人,岂区区贰师所能比乎?而于相如之赋,独不疑其有间于子夫者,岂非幸与不幸,固自有命欤?世以祸福论工拙,而以太史公不能保身于明哲者,皆非通论也。"[21]苏轼与《文选》所记的观点是相同的,以不容置疑的语气言《长门赋》当出自司马相如之手,理由是尽管汉武帝"雄猜忍暴",但桀骜的相如宁愿终身寂寥,也不肯迎雄主之意,当然也就敢以"微词亵慢及宫闱间"。

对于常被评论家们视为谄谀之作的《封禅书》,宋诗话家们也有自己的见解。黄彻在《䂬溪诗话》卷三中言:"司马相如窃妻涤器,开巴蜀以困苦乡邦,其过已多。至为《封禅书》,则谄谀盖天性,不复自新矣。"[22]他将司马相如"琴挑"文君与文君"夜奔"之事评为"窃妻涤器",并将相如作《谕巴蜀檄》和《难蜀父老》再三申说开辟西南通道的意义说成是"困苦乡邦",接下来,评《封禅书》是相如谄谀天性的流露,且这种谄谀之态死而未已,黄彻所言当是代表了宋人的普遍认识。林逋在《自作寿堂因书一绝以志之》一诗中也表达过类似的观点:"茂陵他日求遗稿,犹喜曾无《封禅书》。"[23]宋诗话家们对《封禅书》的评价有失偏颇,相如文才倾动朝野,可是正如《史记·司马相如列传》所言:"其进仕宦,未尝肯与公卿国家之事。称病闲居,不慕官爵。"何况《封禅书》还是相如临死前才托付家人交给汉武帝的,谄谀之态不知从何说起?

关于《子虚赋》和《上林赋》之关系,宋诗话家们也有论述。《史记》本传以两篇合而为一,《文选》又以《史记》所录析为两篇,究竟合而为一妥当还是拆成两篇更恰当?王观国说:"司马相如《子虚赋》中,虽言上林之事,然首尾贯通一意,皆《子虚赋》也,未尝有《上林赋》。而昭明太子编《文选》,乃析其半,自亡是公听然而笑为始,以为《上林赋》,误矣。盖相如以'子虚'虚言也,'乌有先生'乌有此事也,'亡是公'者亡是人也,故空借此三人为因以讽谏奏之。其赋曰:'楚使子虚使于齐,齐王悉发车骑与使者出畋,畋罢,子虚过诧乌有先生,而亡是公存焉。'其末曰:'二子愀然改容,趋若自失,逡巡避席曰:乃今日见教,谨闻命矣。'此《子虚赋》始终一意,不可析其半以为《上林赋》,则意遂中绝,不可读矣。"[24]王观国首先否定《文选》将《子虚赋》析为两篇的观点,然后在具体分析《子虚赋》与《上林赋》内容的基础上,从文意的完整性出发,认定两赋乃一篇耳,该分析合情合理。

综上所述,可见宋诗话家们对司马相如的评价与前代相比,有相似也有相异之处,相异之处在于他们的评价视角更全面而具体,通过他们的评价,完全可以勾勒出宋人眼中的司马相如其人其作的大致轮廓,从而了解司马相如在宋代的传播和接受的大体情况。

参考文献:

[1] 葛洪《西京杂记》,《四部丛刊初编》,上海书店,1989年版。

[2] 萧统《文选》,李善注,中华书局,1979年版。

[3] 阮阅《诗话总龟前集》,《文渊阁四库全书》,上海古籍出版社,1987年版。

[4] 吕祖谦《诗律武库》,《丛书集成初编》,中华书局,1985年版。

[5] 葛立方《韵语阳秋》,何文焕(辑)《历代诗话》,中华书局,1981年版。

[6] 祝穆《古今事文类聚》,《文渊阁四库全书》,上海古籍出版社,1987年版。

[7] 冯舒《诗纪匡谬》,《丛书集成初编》,中华书局,1985年版。

[8] 刘弇《龙云集》,《文渊阁四库全书》,上海古籍出版社,1987年版。

[9] 王正德《余师录》,《丛书集成初编》,中华书局,1985

年版。

[10] 司马迁《史记》，中华书局，1959年版。

[11] 刘勰《文心雕龙》，周振甫《文心雕龙注释》，人民文学出版社，1981年版。

[12] 孔凡礼点校《苏轼文集》卷十九，中华书局，1986年版。

[13] 洪迈《容斋诗话》，《丛书集成初编》，中华书局，1985年版。

[14] 魏庆之《诗人玉屑》，上海古籍出版社，1982年版。

[15] 王禹偁《小畜集》，《四部丛刊》，上海古籍出版社，1987年版。

[16] 赵湘《南阳集》，《文渊阁四库全书》，上海古籍出版社，1987年版。

[17] 刘弇《龙云集》，《文渊阁四库全书》，上海古籍出版社，1987年版。

[18] 晁补之《鸡肋集》，《四部丛刊》，上海书店，1989年版。

[19] 孔凡礼点校《苏轼文集》卷十九。

[20] 萧统《文选》，李善注，中华书局，1979年版。

[21] 孔凡礼点校《苏轼文集》卷六十五。

[22] 黄彻《碧溪诗话》，人民出版社，1986年版。

[23] 傅璇琮等编《全宋诗》，北京大学出版社，1991年版。

[24] 王观国《学林》，中华书局，1988年版。

（王红霞　张骏翚：四川师范大学文学院副教授、文学博士）

论《白头吟》及其文学现象的演变

李 薇

提 要：文君、相如故事传衍至今，历代文人多有附会。文君相如现象已经成为一种不可忽略的文学现象。而与他们有关的《白头吟》一诗更是成为历代文人争论和效仿的对象。他们或附会以传，或作诗以释，或作文以论。《西京杂记》《宋书·乐志》《晋书·乐志》《玉台新咏》《乐府诗集》等均有专门的记载和评论。本文就试从他们的评论与模拟之中寻找《白头吟》产生及其文学现象演变的轨迹。

关键词：《白头吟》 《宋书·乐志》 《晋书·乐志》 《乐府诗集》 白头吟现象

文君、相如的故事流传至今，影响甚大，以他们的故事为题材的文学作品不计其数，形成了中国文学史上独特的文君、相如现象。而其中文君《白头吟》一诗更是众说纷纭，对于它的篇目和作者争论不断，且尚无定论。从现有的文献记载来看，《白头吟》之诗最早载于晋葛洪《西京杂记》："相如将聘茂陵人女为妾，卓文君作《白头吟》

以自绝,相如乃止。"[1]而至唐代李善在其《文选注》卷二十八中曰"《西京杂记》曰司马相如将聘茂陵一女为妾,文君作《白头吟》以自绝"[2],进一步对司马相如聘妾一事加以说明和肯定。至宋人唐庚《白头吟》一诗序言云"昔百里奚去虞,悦秦女而竦其妻。司马相如宦游不遂,文君奔之,因其资得,极意于文词,及贵悦茂陵女子,文君见弃,作《白头吟》以伤之"[3],将文君见弃作《白头吟》的经过和原因加以说明。而至明,严文选在注《在狱咏蝉》一诗时说"司马相如过茂陵,见女子绿鬓白齿,欲聘之为妾。卓文君作《白头吟》以自绝"[4],更是将文君《白头吟》的故事加以附会。到了冯梦龙的《情史》一书中,还出现了与《白头吟》相关的另一篇诗《与司马相如书》其文:"'春华竞芳,五色凌素。琴尚在御,而新声代故。锦水有鸳,汉宫有水,彼物而亲,嗟世之人兮,瞀于淫而不悟。朱弦断、明镜缺。朝露晞,芳颜歇。白头吟,伤离别。努力加餐毋念妾。锦水汤汤,与君长决。'相如乃止。"[5]与此相应证的材料是明张溥的《汉魏六朝百三名家集》中收录了司马相如《报卓文君书》一篇:"五味虽甘,宁先稻黍。五色有灿,而不掩韦布。惟此绿衣,将执子之釜。锦水有鸳,汉宫有水。诵子嘉吟,而回予故步。当不令负丹青,感白头也。"[6]其中"诵子嘉吟"一句之吟可能指的就是卓文君的《白头吟》。尽管这些材料多为附会,如司马相如的《报卓文君书》只见录于《汉魏六朝百三名家集》中,后严辑全文有收录。但是他们都肯定了文君作《白头吟》一事,说明文君、相如的故事在文人之中广为流传,从而形成了独特的《白头吟》现象。

  事实上葛洪的《西京杂记》一书也只是著录了卓文君作《白头吟》一事,而未著录其辞。这里只有两种可能。其一就是葛洪亲见了卓氏写过的《白头吟》但没著录。因为在晋人崔豹的《古今注·钓竿》的注释下有:"伯常子避仇河滨为渔父,其妻思之,每至河侧作钓竿之歌。后司马相如作钓竿之诗,今传为古曲也。"[7]《历代诗话》卷二十四在引用这则材料后说:"卓文君作《白头吟》云:'竹竿何嬝嬝,鱼尾何簁簁。'文君言竹竿、鱼尾,正引伯常子事以讽长卿耳。"[8]假如司马相如真作《钓竿诗》那么文君一定看得到,她反用其诗以讽相如也是可能的。尽管司马相如所作的《钓竿诗》已经亡佚,但是魏文帝曹丕所作的乐府《钓竿行》却给我们提供了新的线索。其诗云:"东越河济水,遥望大海涯。钓竿何珊珊,鱼尾何簁簁。行路之好者,芳饵欲何为?"[9]其中"钓竿何珊珊,鱼尾何簁簁"两句与我们今天看到,传为文君《白头吟》其中两句"竹竿何袅袅,鱼尾何簁簁"二句十分相同。我们知道魏晋乐府是在汉乐府的古辞与古曲的基础上加工而成的。那么曹丕所见并模仿的很有可能就是传为文君作的《白头吟》后流传成为古曲。第二种可能就是葛洪见到的其实是汉世古辞歌谣(即后来《玉台新咏》所著录的《皑如山上雪》一诗)。由于文君、相如的故事广为流传且富有传奇色彩,小说家身份的葛洪极有可能根据诗中的文字加以附会,形成卓文君见弃作《白头吟》以自绝的故事。要想解决这个问题我们必须从最早以《白头吟》为题,并著录其辞的沈约开始。

沈约在其《宋书·乐志·乐三》相和曲著录了古辞:晴如山上云,皎若云间月。闻君有两意,故来相决绝。平生共城中,何尝斗酒会。今日斗酒会,明旦沟水头。蹀躞御沟上,沟水东西流。郭东亦有樵,郭西亦有樵。两樵相推与,无亲为谁骄?凄凄重凄凄,嫁娶亦不啼。愿得一心人,白头不相离。竹竿何嬝嬝,鱼尾何离簁。男儿欲相知,何用钱刀为?龁如马啖萁,川上高士嬉。今日相对乐,延年万岁期[10]。他所录的这首古辞并没有著录其作者,而是以古词替代了作者的姓名。但是我们根据《大曲》著录的体例可以发现,沈约在著录这些古辞时从上到下按照古辞名、古曲、作者名的著录方式。何为古曲呢？郭茂倩《乐府诗集》卷二六引《古今乐录》曰："张永《元嘉技录》：相和有十五曲其三曰江南，六曰十五，十二曰乌生。"[11]其卷四十一引《古今乐录》曰："王僧虔《技录》：楚调曲有《白头吟行》《泰山吟行》《梁甫吟行》《东武琵琶吟行》《怨诗行》。"[12]同时《乐府诗集》卷二十六序中说："《晋书·乐志》曰：凡乐章古辞存者，并汉世街陌讴谣，《江南可采莲》《乌生十五子》《白头吟》之属。其后渐被之弦管，即相和诸曲是也。"那么从这段文字可以看出《白头吟》很有可能就是汉世讴谣古辞，后披之管弦，而成为了相和诸曲之一楚调曲的《白头吟行》。其实，相同的文字在沈约《宋书·乐志·乐一》中也有，其言："凡乐章古词，今之存者，并汉世街陌谣讴，《江南可采莲》《乌生》《十五》《白头吟》之属是也。"两段话仅有文字的差别。那么与《白头吟》并称的《江南可采莲》《乌生》《十五》是什么呢。在其《乐志·大曲》中我们看到这样的著录：

1.《江南可采莲》　　　江南　　　古词
2.《乌生八九子》　　　乌生　　　古词
3.《登山有远望》　　　十五　　　古词
4.《白头吟》　　　　　与棹歌同调　古词

从上面的著录我们可以看出按《乐志》著录的体例，其中《白头吟》与《江南可采莲》《乌生八九子》应该是古辞名，也就是古辞的篇题。而且除了《白头吟》一篇外，其他都是按照古诗惯例，以首句入题。其中《江南》《乌生》《十五》等是曲名。那么沈约在《宋书·乐志·乐一》所说的"凡乐章古词，今之存者，并汉世街陌谣讴，《江南可采莲》《乌生》《十五》《白头吟》之属是也"，其中既有乐章名即《乌生》《十五》，也有古词即《白头吟》和《江南可采莲》。但是比沈约稍晚的徐陵在其《玉台新咏》中也录入了与《白头吟》相同的文字。不过徐陵所辑既没有以《白头吟》为篇名，也不以卓文君为

作者,而是以《皑如山上雪》为篇名,也不著作者名。其诗为:

> 皑如山上雪,皎若云间月。闻君有两意,故来相决绝。今日斗酒会,明旦沟水头。躞蹀御沟上,沟水东西流。凄凄复凄凄,嫁娶不须啼。愿得一心人,白头不相离。竹竿何嫋嫋,鱼尾何簁簁。男儿重意气,何用钱刀为[13]。

徐陵与沈约相距稍晚,他为什么没有采用沈约的观点而是题此古辞为《皑如山上雪》呢?我们在《乐府诗集·棹歌同调 相和歌辞》"白头吟"题解里找到了这样一句话。《古今乐录》曰:"王僧虔《技录》曰:《白头吟行》歌,古《皑如山上雪》篇。"王僧虔是南朝齐人,与沈约同时代,他认为《白头吟行》歌就是古代的"皑如山上雪"篇。那么我们就可以推测,沈约《白头吟》一篇其实就是古诗《皑如山上雪》。这篇汉代街陌谣歌流传至南朝,已经无法考证作者。沈约从入乐的角度考虑将其放入相和棹歌中配乐演唱,本应以古诗首句文字入手,但由于此诗作者已无从考证但其内容又很符合葛洪《西京杂记》中文君见弃作《白头吟》以自绝的内容。所以沈约定其古辞名为《白头吟》但是却不著录其辞作者。后来王僧虔将此辞的曲调归为相和楚调曲《白头吟行》,并称此辞为《白头吟行歌》。而王氏、沈氏所看到的都是古辞《皑如山上雪》篇而非卓氏所作的《白头吟》。后来的徐陵意识到了这一点,并且从收录诗歌的角度入手,以其首句入篇题的角度定其名为"皑如山上雪"。

其实真正将古辞《白头吟》与卓文君联系在一起的是宋人郭茂倩《乐府诗集》,他先引用《古今乐录》中王僧虔的话,"《白头吟行》歌,古《皑如山上雪》篇",后又引用《西京杂记》中"司马相如将聘茂陵女为妾,文君作《白头吟》以自绝"。那么我们可以看出郭茂倩认为古《皑如山上雪》篇就是宋书所著录的古辞《白头吟》,而它们的作者就是汉代的卓文君。其后阮阅、葛立方、王铚、黄鹤均有此论断,即文君作《白头吟》即《宋书·乐志》的《白头吟》。其中南宋人黄鹤在《补注杜诗》卷十一《杜鹃》诗题下曰:"先君尝谓文君《白头吟》词云:'郭东亦有樵,郭西亦有樵。'杜公此诗,前四句或本此。"针对此,清人陈沆提出了质疑,在其《诗比兴笺》中讨论《白头吟》题目和作者时云:"《白头吟》之说自《西京杂记》伪书始传附会文君,然亦不注其辞。及宋黄鹤注杜诗,混合为一。"[14] 其实"郭东亦有樵,郭西亦有樵"二句也非古诗《皑如山上雪》的原文,而是晋人为了和乐而增入的。这在清人纪容舒的《玉台新咏考异》中亦有论述。其文曰:"《宋书·乐志》载此篇亦曰古词。后人因《西京杂记》之说举文君以是之,然《西京杂记》但曰文君作《白头吟》,不云即此词也……历代之乐,音节递殊,故其增减入乐之词,亦辗转更改不止一本。此篇晋乐所歌,'相决绝'下增入'平生共城中'二句,'东西流'下增入'郭东亦有樵,郭西亦有樵'。"[15] 从这段文字我们又可以肯定沈约看到的定是古辞《皑如山上雪》,并从入乐的角度加以增减,形成了我们现在所看到的《宋书·乐志》的《白头吟》篇,宋人从附会的角度将其与文君联系在一起。尽管我们可以肯定现在所看到的《宋书·乐志》所录《白头吟》就是古诗《皑如山上雪》而非文君所作,但是我们也不能排斥文君自有《白头吟》别篇,只是在传诵和整理的过程中亡佚了,这有待于新的文献来证明。

尽管对《白头吟》的作者争论不断,且多有附会,但是这却让我们看到一个独特的文学现象。为什么从宋代开始就有大量的文人要将古诗《皑如山上雪》与《白头吟》联系起来,个中的原因值得我们深思。从现有的文献记载来看,专以《白头吟》为题的文学创作就有200余篇,其中大量的是宋明以后的文人。这就形成了一种"白头吟"现象,并且这种现象不断演变成两种文学主题,而且每一种主题的演变都与当时的文化观念和时代背景有着密切的联系。

第一种主题就是对《西京杂记》卓文君作《白头吟》的故事加以附会、推演从而表达自己的评价。继葛洪之后历代的文人多有评价,不同的文化背景使得其评价带有了鲜明的时代特点。由于唐代文人多有前往边塞建功立业的豪情壮志,故唐代的闺怨诗十分多,拟《白头吟》之作也成为其中一种闺怨诗的代表。最有代表的是唐李白的《白头吟》。其诗以文君、相如的故事为内容,将文君作为唐代闺中怨妇的形象进行了鲜明的刻画:"但愿君恩顾妾深,岂惜黄金买词赋。相如作赋得黄金,丈夫好新多异心。一朝将聘茂陵女,文君因赠白头吟,东流不作西归水,落花辞条羞故林。覆水再收岂满杯?弃妾已去难重回。"[16]唐以后的闺怨诗从未断绝。"男儿多负心,女子良宜知。"[17]清《香屑集》"窗横绿绮琴,翻作白头吟。剜却心头肉,教郎见赤心"[18],表达闺中怨妇对于二心人的怨恨与不舍。《中州名贤文表》卷十六《拟白头吟》一诗:"君家四壁立,妾家万黄金。忆初未相知,良媒赖鸣琴。遂以身许君,偕老毕所愿。如何忍相忘,恩情忽中断。昨朝双鸳鸯,今夕守空床。茂陵展嫌婉,还弹凤求凰。"[19]《少谷集》卷八《漫吟三首》:"浣纱伤妾貌,折花伤妾心。郎君不相弃,请听白头吟。白头人所贱,绿发人须恋。君若恋绿发,莫到白头变……妾意无虚假,请看塘上篇。"[20]以上诗句均表达了闺中怨女的愤恨与不满。可以说从唐代开始,《白头吟》就作为了闺怨诗的代表而被文人模拟。

从宋代开始对于卓文君的评价就有了一定的理学成分融入。宋人潘自牧《记纂渊海》卷八十一将文君归入了失节一类,不过对于其创作白头吟还是很肯定的。《白头吟序》有:"司马相如游宦不遂,文君奔之。因其资得极意于文词,及贵,悦茂陵女子,文君见弃作《白头吟》以伤之。相如素贫贱,羽翼依文君,一朝富贵擅名价,文君见弃如束薪。"[21]这里对于司马相如富贵则弃糟糠之妻的行为表示了不满,在某种程度上对于卓文君与相如给予了公正的评价。宋末元初无名氏的《风月瑞仙亭记》中的卓文君已经变成了及笄未聘的大家闺秀,而不是守寡在家的少妇。同时著者也有意隐去了卓文君见弃,作《白头吟》以自绝的故事。仅是相如进京,文君所说:"非妾多心,只怕你得志忘了我。此时已遂题桥志,莫负当垆涤器人。"而相如也信誓旦旦地说:"长卿绝不为此。"[22]这使得司马相如和卓文君的爱情故事完美幸福。白头吟一事也只是卓文君的担忧而已。

明代的理学思想十分盛行,对于妇女贞操的要求近乎苛刻,对于卓文君的评价更是带有了鲜明的理学色彩。明代李贤:"古礼重亲迎,必从父母命……妇虽出正道,夫犹未可保。谁谓私相从,一心可偕老。嗟哉卓文君,相如岂负心。妇道既有亏,何用白头吟[23]。《武工集》卷一:"文君自为失节妇,相如还是负心人。临邛卖酒同贫贱,富贵翻求茂陵女。身事二夫亦自知,勿云白头不相离。"[24]对于卓文君私从相如的越礼行为表示了不满,对于其身事二夫而失节的行为表示了厌弃,在他们看来卓文君是没有资格作《白头吟》来表达对爱情的忠贞的。不过也有宋人对于卓文君表示了极大的同情。

针对明代理学大盛的现实,明代冯梦龙《情史》曰:"文君之为人,放诞风流也。女不侠,不豪;侠不放诞风流……文君以身殉相如,相如亦以身殉文君,一琴一诔,已足千古。《美人赋》《白头吟》,蛇足矣。"对于卓文君与司马相如的爱情给予了热烈的赞扬,尽管相如中间有二心但最终与文君相伴到老,他们都是情痴代表。他对于卓文君敢爱敢恨的性格给予了肯定。在情与理的较量中文君已经从怨妇变成了一个充满传奇色彩的至情至性的奇女子形象。

从历代对于文君《白头吟》的传衍、评论中我们能够看出由于不同的时代背景,文人对于相如与文君故事的评价也有了时代文化的渗入。

第二种主题就是借助《白头吟》之题加以引申表达直道被谗,渐疏于君。历史上忠臣被疏、奸臣当权,使得贬谪文人不得不借助文章来表达自己内心的痛苦和对朝政的忧虑之感。而借助《白头吟》而表对爱情忠心的卓文君也成了他们追慕的对象。于是许多的文人便借助《白头吟》之题来表达自己政治失意,内心痛苦迷惘之感。这也正如《通志》卷四十九所说:"后人作《白头吟》皆是以直道被谗而见疏于君。"[25] 这种主题首见于鲍照的《代白头吟》,其中"直如朱丝绳,清如玉壶冰……申黜褒女进,班去赵姬升。周王日沦惑,汉帝益嗟称"表达作者对于小人当道,迷惑君王的愤恨[26],同时也用冰清玉洁表达自己如同作《白头吟》而表对爱坚贞的卓文君一样,永远忠于朝廷。其后骆宾王的《在狱咏蝉》"西陆蝉声唱,南冠客思侵。那堪玄鬓影,来对白头吟。露重飞难进,风多响易沉。无人信高洁,谁为表予心"[27],更是借《白头吟》表达自己忠而见弃的忠臣对于朝廷的忧虑,虽怨而不改其节。元代陈高其《白头吟》诗也云"试听白头吟,慢饮尊中酒。古来悲白头,人情苦难久。结发为夫妻,百年期白首。容颜衰落相弃捐,何况君臣并朋友"[28],更是对于自己政治生涯的坎坷和忠而见弃的政治境遇的无声的指责。

从上述的评论我们能够看出,《白头吟》不仅承载了文君、相如千古流传的爱情故事,这个故事在传衍过程中不断地演变并形成了一种独特的文学现象。这是值得我们深思和进一步探讨的。

参考文献:

[1] 葛洪《西京杂记》卷三,《汉魏六朝笔记小说大观》,上海古

籍出版社，1999年版。

[2] 萧统编，李善注《文选》，中华书局，1977年版，第404页。

[3] 唐庚《松隐集》，《文渊阁四库全书》，台湾商务印书馆，1983年版，第332页。

[4] 骆宾王《骆丞集》，《严文选注》，《文渊阁四库全书》，台湾商务印书馆，1983年版，第116页。

[5] 冯梦龙《情史》，时代文艺出版社，2003年版，第118页。

[6] 张溥《汉魏六朝百三名家集》，《文渊阁四库全书》，台湾商务印书馆，1983年版，第34页。

[7] 崔豹《古今注》，《丛书集成初编》，中华书局，1985年版。

[8] 吴景旭《历代诗话》，《文渊阁四库全书》，台湾商务印书馆，1983年版，第171页。

[9] 逯立钦《先秦汉魏南北朝诗》，中华书局，1983年版，第393页。

[10] 沈约《宋书》，中华书局，1974年版，第622页。

[11] 郭茂倩《乐府诗集》，中华书局，1979年版，第382页。

[12] 同上，第599页。

[13] 徐陵《玉台新咏》，吴兆宜注，中华书局，1985年版。

[14] 陈沆《诗比兴笺》，上海古籍出版社，1981年版，第33页。

[15] 纪容舒《玉台新咏考异》，《文渊阁四库全书》，台湾商务印书馆，1983年版，第731页。

[16] 瞿蜕园《李太白集校注》，上海古籍出版社，1980年版，第234页。

[17] 薛季宣《浪语集》，《文渊阁四库全书》，台湾商务印书馆，

1983年版,第234页。

[18] 黄之隽《香屑集》,《文渊阁四库全书》,台湾商务印书馆,1983年版,第540页。

[19] 刘昌《中州名贤文表》,《文渊阁四库全书》,台湾商务印书馆,1983年版,第253页。

[20] 郑善夫《少谷集》,《文渊阁四库全书》,台湾商务印书馆,1983年版,第126页。

[21] 曹勋《松隐集》,《文渊阁四库全书》,台湾商务印书馆,1983年版,第332页。

[22] 程毅中《宋元小说家话本集》,齐鲁书社,2002年版,第357页。

[23] 李贤《古穰集》,《文渊阁四库全书》,台湾商务印书馆,1983年版,第5936页。

[24] 徐有贞《武工集》,《文渊阁四库全书》,台湾商务印书馆,1983年版,第27页。

[25] 郑樵《通志》,《文渊阁四库全书》,台湾商务印书馆,1983年版。

[26] 鲍照《鲍氏集》,《四部丛刊》,上海书店印行,1989年版,第103页。

[27] 杨爵《杨忠介集》,《文渊阁四库全书》,台湾商务印书馆,1983年版。

[28] 陈高《不系舟渔集》,《文渊阁四库全书》,台湾商务印书馆,1983年版,第162页。

(李薇:四川师范大学文学院硕士研究生)

初唐"四杰"新文体赋与司马长卿散体赋的差异

李 丹 何易展

提 要：历来对文赋的肇始是有争议的，无论是汉代的散体赋，还是唐始的新文赋，实际都可称为文体赋。但从句式、音韵、叙事方式、抒情色调之浓淡看，二代所表现的赋风又是有差异的。仅以司马相如《子虚》《上林》、"四杰"中卢照邻《对蜀父老问》、骆宾王《钓矶应诘文》等篇来看，即可窥见两代盛世之不同世俗人情和作家个性之特点。

关键词：初唐 四杰 散体赋 新文赋 差异

马积高先生称汉散体赋为"汉赋之近文"者，根据韵语、句式等，又"不如称汉文赋为较安"，在马先生所著的《赋史》和《历代辞赋研究史料概述》中皆称唐文赋为"新文赋体"[①]，很明显，所谓"新"者，自然表现唐文赋与汉散体赋之间存在差异。初唐"四杰"文赋创作，为唐文赋发展阶段重要的一环，其所显示的章法构思等文体特征都表现出与汉散体赋[②]之不同。这在唐文赋的发展过程中是极其重要的，它促成和影响了"自具特色"的唐宋文赋最终诞生和成熟。

一、初唐四杰文赋归类缘由及文赋文体特点

关于唐代文赋的起源，大多数学者都认为始自中唐，对于唐初这一阶段文赋的发展情况皆默然不提。马积高先生论及唐代"自具特色"的"新文赋体"，只涉及中盛唐间的李华、萧颖士，他说："新文赋体。此体祝氏谓始于宋，殊不然。此类赋的兴起，实与唐代古文运动相联。唐李华、萧颖士等的文体赋实为之先导，韩愈、柳宗元、杨敬之、杜牧等继之，宋欧、苏等之赋则是其发展。"[1]事实上，经过研究，我认为唐代新文赋一些"自具特色"的因素并非始于古文运动之后，在初唐赋，特别是在"四杰"赋中就已存在新文赋体的诸多因子。只不过，到中唐古文运动后，受古文运动的推波助澜，新体文赋的这些"特色"更为显明罢了。

这里有必要对"因子"一词作一些浅近的说明：因子，即因素、成分之意。某种文体因子，决定着这种文体的主要特征。文体因子同基因一样，既具有不变的因子，也具有可变的基因。这种主要文体因子决定这种文体的分类界定，在文体判定因素中起主要作用，正如生命体中的基因，是染色体中占据一定位置的一种遗传个体，具有主要的遗传功用。它以大量的不同形式存在，有时可能发生变异（mutation）。赋体文学本身也会以各种不同形式出现"基因变异"，这便是文体的"破"体现象，即各种文体表现手法相互借鉴。尽管在这种基因变异中，某种基因特征仍是生命体的主要特征，决定这个生命的个体特性，但在这种进化与遗传过程中，母体与个体又往往是难以找到

完全雷同的影像的，因而我们在界定文体时，只能据某种主要文体因子（基因）来判定它的文体（生命体）归类。从这种变与不变的文体因子特性来考察，会发现四杰赋中各体因子兼融，几可谓汉至魏晋以后赋之集大成者，虽艺术上未臻极境，但其所处的继往开来之地位，为后世赋家所绝无仅有，论唐赋不得不提。

初唐四杰赋许多篇目既具有文赋的因子，也具有骚赋、骈赋、律赋、诗体赋或俗赋的因子，如卢照邻《五悲》《释疾文》，既具有明显的骚体赋因子，同时亦含有骈赋、诗体赋和文赋的因子。若杨炯《庭菊赋》《幽兰赋》《浑天赋》亦含骚赋、骈赋和文体赋因子，其中《庭菊赋》有多处句式散行，《浑天赋》有主客问答之体，《幽兰赋》有骈辞俪句，也有仿骚的重言、歌曰等。这些皆不赘论，因为，从主要的文体赋因子而论，四杰中卢照邻《对蜀父老问》、骆宾王《钓矶应诘文》二篇文体赋因子最为明显，故与司马相如为代表的汉散体赋略作比对探讨。卢照邻《对蜀父老问》、骆宾王《钓矶应诘文》，有学者归为"七"或对问设论之体[③]，而"七"及对问设论，向来被认为是赋之体，故卢、骆此二篇应看作是非"赋"名篇的赋作。何以将"七"或对问设论视为赋体呢？其理由有三：

其一，唐有许多类于"七"或对问设论之体的创作，都不见唐有专书收录，唯李昉《文苑英华·杂文·问答》类收有卢照邻《对蜀父老问》及骆宾王《钓矶应诘文》[④]。这些大量的类"七"、对问之作，在唐代不专列对问或七体收录，或许说明在唐代人们便多将其视为"赋"或"文"。因为唐代科举所谓"试文"或"试杂文"，事实上就包括试赋、诗等，可见，在唐代"赋"是可以包括在"文"一大类的[⑤]，故卢照邻仿《九歌》《九辩》《九章》《七发》《七启》等，作赋体的《五悲文》，又仿屈骚作《释疾文》，这些作品大多数学者都是将其视为赋体。卢照邻《对蜀父老问》、骆宾王《钓矶应诘文》尽管不以赋名篇,但却属赋体无疑。

其二,"七"体自《昭明文选》录《七发》始,人们一直将《七发》视为散体赋的开山之作。"七"体亦是被作为赋体文学的。

其三,审卢照邻《对蜀父老问》、骆宾王《钓矶应诘文》二篇文本的音韵和句式,亦应该将其归为赋体无疑。学者张崇琛主编的《名赋百篇评注》中便收录卢照邻《对蜀父老问》,将此文视为赋[6]。此书评卢照邻《对蜀父老问》:"表面是歌功颂德,冠冕堂皇,实际上讽刺当朝贤才不用,枉称盛世,表现了强烈的批判精神。这种答难解嘲的构思,亦庄亦谐的手法,对后代赋作产生了很大的影响。"[2]卢照邻《对蜀父老问》仿汉大赋体制,形式上借"述客主以首引,极声貌以穷文","既履端于倡序,亦归余于总乱"[3](《文心雕龙·诠赋》),其首段完全可以视为赋序(首段不押韵亦合赋之体制,也成为后来"文赋"用韵模式)。而且,卢照邻《对蜀父老问》体现了散体文赋的主要特征:句式散行,押韵疏散,似乎无规可寻,然又有迹可依。马积高评论李华《言医》时便说:"基本上仿效汉时问答体形式。但不罗列名物,而刻意形容,期于尽相,则又不同于汉大赋,而与东方朔《答客难》之类相近。这正是唐代新体文赋的特色。"[4]从音韵和句式特点来看,马积高先生论汉赋与汉文的区别时说:"赋的韵语又多用骚体,甚至全为骚体,体现骚体与文体的互相融合;然其章法仍类文,叙事及提掣用语更类文,倘作区别,仍应属于文赋。"依马积高对唐代新体文赋的见解和赋、文的区别来看,卢、骆二篇是完全可以算作文赋的,其所言评卢、骆二篇亦为的当。卢、骆的这两篇赋作,可以视为承汉代散体赋,启中晚唐文赋的中继之体,故可归入唐代新文赋体的范畴。

尽管有些学者认为汉赋和唐文赋"凡用散体,总为一格",皆被称为"文赋"(马积高引清陆葇《历朝赋格》语),但汉文赋与唐文赋的确又是有所区别的。不过，这种混同却蕴含了唐代新文体赋与先唐文体赋的渊源承继关系。总体来说，汉唐文赋的体裁特征皆具有以下一些共同特点：一，首先必须是韵文；二，文体中有散体化倾向，时杂散句，句式不一；三，议论、说理亦有情致；四，体式多袭主客问答，但非绝一。尽管学者们对汉代散体赋与唐文赋的特点总结都有各自不同的创见，但总体趋于上述标准。不过，汉唐文赋之间的差异又是不可否认的，仅凭某种概述性的描述标准并不能俨然地将"汉文赋"与唐文赋绝对地分开来，我们细检汉之近文之赋和唐文赋作品，不难发现两个时期的赋，的确存在着文体概述性描述所不能规尽的差异。

二、四杰文赋与长卿赋句式、音韵及文体结构特征比较

为什么要将卢、骆二篇与司马相如《子虚》《上林》作比较呢？一是因为卢、骆与司马相如所处的时代有比较相似之处，都处于渐趋繁盛的盛世；二是作家本身来说，他们都是在身处盛世的时代大背景下，力求一展雄才，积极干谒。他们都曾有上书或献赋，都力求为朝廷重用，但其结果却表现出极大的差异。《子虚》《上林》作为献赋，司马相如因之而受俊赏，而卢、骆《对蜀父老问》《钓矶应诘文》二篇则完全为考功求仕后的失意之作。可以说他们都具有儒家的正统思想，又具有诗人的放诞气质。三是从文体上看，《子虚》《上林》可谓汉散体赋的代表之作，其全篇的散文句式和散文气势，也成为汉代文赋最典型的文体代表，故霍松林说："以《子虚》《上林》为代表的汉大赋，韵散结合，或称散体赋，或称文赋。"[5]而卢、骆《对蜀父老问》《钓矶应诘文》二篇又可视为唐初四杰文体赋的杰作。对文体的

界定，主要表现在结构、句式、音韵等方面。马积高说"东汉尤时杂偶句，亦难以散体目之"，这便是从句式上以别"文"与"赋"。句式的骈散和韵是决定文赋的主要文体特征，正似上述遗传基因的共性（不变的决定文体的因子），其修辞手法、叙事方式等则可视为其变性，故对卢、骆与相如赋的比较，也主要从这些共性和变性因子而论。

　　第一，从句式上看，文赋与散文句式是相区别的，文赋并不全属散句，也时用骈对俪辞。不仅汉代散体赋中时时存在骈辞俪句，"四杰"文赋《对蜀父老问》《钓矶应诘文》，也是散骈结合。在句式上，《子虚赋》的"主体"部分多为三、四言，或者于四言的基础上加上"其北""其南""则有"或其他一些虚字、漫语，构成六言，或偶尔杂用以陈述句式的散句。但由于虚字、漫语等的使用，又往往使其写得"有声有色，淋漓尽致，句式长短，亦有变化，少则三言，多则七言，而主要的则为四、六言句，且对仗较为工丽。"[6]

　　第二，在结构章法上，司马相如《子虚赋》设子虚、乌有先生、亡是公三人为客主，"空借此三人为辞，以推天子诸侯之苑囿。其卒章归之于节俭，因以风谏。"[7]这种以主客问答的体制在四杰文赋中得到了继承，《对蜀父老问》和《钓矶应诘文》皆是采用以主客问答的形式，然而卢、骆二篇与司马相如的《子虚》《上林》的主客问答形式又表现出明显的不同，在四杰赋中，客的成分得以弱化，而且问语也明显减少。《钓矶应诘文》中只同行者诘"余"数句，《对蜀父老问》只"皤然庞眉华发"的蜀父老的一段问难。不难看出，"客"体形象是较为模糊和弱化的，只有语言的描写，而无动作的刻画；从对问体制上看，四杰文赋的对问形式简单明了得多，多只一问一对，即问一段，然后答一段，而《子虚》《上林》则稍为繁杂，其中多为一段之中，数问数答。如《子虚赋》："坐定，乌有先生问曰：'今日畋乐乎？'子虚曰：'乐。''获多乎？'曰：'少。''然则何乐？'对曰：'仆乐齐王之欲夸仆以车骑之众，而仆对以云梦之事也。'曰：'可得闻乎？'子虚曰：'可。'"另外，相如赋中主、客的问对也多以对客观事物的铺排为主，而四杰赋中的主、客问则更多地表现为作者心性的主体设问和对答，其主体性色彩更为浓郁。而且，以司马长卿为代表的汉文赋多体制巨大，与唐文赋从体制上也呈现出巨大的差异。姜书阁先生说《子虚赋》，"就结构而言，首有序，末有风，中间数大段以韵语敷陈。可谓'极声貌以穷文'"。而司马相如《上林赋》可称为汉代散体文赋的代表，结构基本与《子虚》相同，大段采用韵语，在赋的主体部分用韵也非常绵密。姜书阁说："作为《子虚》的下篇，《上林》较前篇远为巨丽：篇幅长达一倍以上，文章更多骈对，而铸词造语，藻采纷披；岂独繁类成艳，抑且声和韵谐。方之前篇，后来居上；求诸古人，绝无仅有。"所谓"巨丽"者，不仅是就骈对俪偶、音谐辞美而言，更是就体制之宏阔而论。而四杰文赋体制由于对铺排体物成分的减少，其体制则短小得多。

第三，在音韵方面，万光治先生称汉代散体赋"句型丰富，韵散结合，富于韵律美。"而且说："散体赋是汉代赋体文学最具代表性的文体。"[8]从司马相如散体赋《子虚》《上林》诸篇来看，就其整篇文章言，连同"序""引"等，押韵的"主体"部分只占全文的少量篇幅。但就其赋的"主体"部分而言，其用韵则是十分绵密的。大致来说，自汉以后，文体赋用韵总体由疏而密，至初唐四杰则为其转折，之后的新体文赋由于体式散漫，用韵则不像其他赋用韵，而由密至疏，散而无规则。"四杰"文赋处于新、旧文体赋转型这一独特时期，其文赋用韵也便表现出打破常例的新态，呈现出疏密并呈的多样化用韵特点，这是文赋受音韵格律时风影响的必然。这在与先唐、初唐之后的文赋用韵实例的比较中，便可豁然见出四杰文赋用韵的承前启后的中继之功。

以《子虚赋》为例来看,《子虚赋》⑦首段赋序,尽管为序,却依旧协韵。如其中:"齐"(脂部)、"罢"(歌部)、"乐"(沃部)、"多"(歌部)、"骑"(歌部)、"地"(歌部)、"泽"(泽部)、"生"(耕部)、"存"(文部)、"定"(耕部)、"麟"(真部)、"轮"(文部)、"年"(真部)、"园"(元部,真元合韵)、"鹿"(屋部)、"浦"(鱼部)、"无"(鱼部)、"睹"(鱼部),皆各自谐韵。其中"真""文"和"真""耕"合韵;"脂"和"歌"合韵。又《子虚赋》正文"臣闻楚有七泽……众色炫耀,照烂龙鳞"一段,姜书阁称:"全用四言句,而且押韵,但韵法不同:前四句是二、四的隔句韵,后四句是一、二句为韵,三、四句为韵。其语或对或不对,一任自然,不强求工。"实际上,前四句完全可视为一、二押韵,三、四押韵。当然,若"崒"(zú)读为cuì,元音相近或韵尾相同合韵,则也可视"郁""崒""亏"又是押韵的。姜书阁称"其土则丹青赭垩"一段"用了五个四言句,一、二句韵,三、五句韵。再叙这山的石,用四个四言句,而二、四为韵。继之,分别描述云梦之山的东、南、西、北各方的景物,仍皆用四言句而且押韵"。

又如:"其东则有蕙圃,衡兰芷若,芎藭菖蒲,茳蓠蘪芜,诸柘巴苴。其南则有平原广泽,登降陁靡,案衍坛曼,缘以大江,限以巫山。其高燥则生葴菥苞荔,薛莎青薠。其埤湿则生藏莨蒹葭,东蔷雕胡,莲藕觚卢,菴闾轩于。众物居之,不可胜图。其西则有涌泉清池,激水推移,外发芙蓉菱华,内隐钜石白沙。其中则有神龟蛟鼍(tuó),玳瑁鳖鼋(yuán)。其北则有阴林巨树,楩柟豫章,桂椒木兰,檗离朱杨。栌梨梬栗,橘柚芬芳。其上则有鹓雏孔鸾,腾远射干。其下则有白虎玄豹,蟃蜒貙犴。"

从此段来看,韵较密且似乎有一定规律。其中描写东向五句,

一、三、四、五押韵；然而，根据"在元音相同的情况下，阴、阳、入三声可以互相对转"，从而"鱼铎通韵"[9]，则又可视为一、二、三、四、五句皆押韵，韵脚绵密。接下来，"其南"十三句，用韵则略显复杂：三、五、七句尾字"曼""山""蓣"属元部，尾韵相同押韵。"葭""胡""卢""于""图"属鱼部，尾韵相同押韵。然"靡""荔""之"相隔较远，分别属歌部、锡部和之部，但"靡""荔""之"元音相同，支、脂、锡等部在具有相同元音的情况下，可以通韵或合韵，故此小段中"靡""荔""之"又可视为疏韵。十三句中则多达八句至十句押韵，用韵绵密可见一斑。"其西"后六句和"其北"十句，"都无不用韵，韵法又颇为自由。""其北"段一、二句押韵，三、四句押韵；"其中"二句，"鼍"（tuó）、"鼋"（yuán）通韵。鼍属歌部，鼋属元部，"歌元通韵"。"其北"一段，则二、三、四、六、七、八、十句的"章、兰、杨、芳、鸾、千、豻"等元音相近或相同，分属元部和阳部，可合韵，韵脚亦比较密。接下来的一段写楚王田猎并及郑女曼姬陪猎。此段用韵较为频繁，甚至也有交韵、包韵等，一定程度上借鉴了《诗经》用韵的方法。可见，《上林》《子虚》诸篇在音韵上，皆表现出复杂而绵密的特点。

先唐文赋和初唐以后的新体文赋用韵都是与四杰文赋用韵不同的，初唐以后的新体文赋用韵趋势主要皆呈由密至疏，故元代祝尧论唐宋（文）赋说："若以文体为之，则是一片之文，押几个韵尔……"[10]可见，初唐以后的唐宋文赋，体近于文，用韵疏淡。祝氏之语虽非的当，但却道出了唐代新体文赋与汉文赋的一个共同的重要特征：都为有韵之文。而"四杰"文赋，正如上文所说，由于处在整个赋史发展中"百体争开，曷其盈矣"（王芑孙《读赋卮言》）的交替过渡的时代背景下，其文赋用韵也自然呈现出非比寻常的特征，其用韵疏密相兼，适意达情。细看卢、骆二篇用韵，在骆宾王《钓矶应诘文》中，有些韵脚字相隔较远，尤难察觉。然而全文韵谐流畅，主要便是一些句中韵、双声叠韵词等的运用。如"猛兽搏也，拘于槛阱；鸷鸟攫也，縶于樊笼；素龟灵也，被发河津；白龙神也，挂鳞且网。何不泥潜而穴处？何故贪饵而吞钩乎"[11]一段，"阱""灵""津""神"和句中的"鳞"押韵；"处""乎""钩""流"分别押韵，而"流"又与"理"有相同的元音，也是谐韵的。又如"而吾子沈缗于川，登鱼于陆，烹之可以习政术，羞之可以助庖厨，曩求之将何图？今舍之将何欲"（《钓矶应诘文》）一段，"陆""术""厨""图""欲"押韵。不过，《钓矶应诘文》全文押韵较为疏散，体近于文，不似卢照邻《对蜀父老问》用韵复杂，且呈现出一定规律。《对蜀父老问》全文语谐韵畅，极易识别。《对蜀父老问》中最明显的则是偶数句用韵的特点。如"大唐之有天下也"以下：除第二句的"代"和第三句"载"、第五句的"塞"谐韵外，不计漫语，如"无所用也""将焉设也"等，其余则如第四句"庭"始，以下偶数句的"平""兵""行""封""雍""儒""图""修""铸""流""薰""闻""歌""和""兴""升""凝""词""时""之""成""衡""亨""声""倾""楹""轻"皆为位于偶数句末的韵脚字。又如最后一段"焉、篇、年、弦、迁、烟、然、篇、天""惑、国、塞、北、棘"亦皆为偶数句末的韵脚字。当然，在卢照邻此文中，也有用韵较为复杂变化者，如："咸英并作，韶武毕用，奏之方泽而地祇登，升之圆丘而天神降。虽有伶伦伯夔，延陵子期，操雅曲则风云动，激凄音则草木悲，又何施也？"九句，"用，动"押韵，"期、施"等押韵，韵脚字位置全无规律。也有单数句入韵的，如："行、苏、张之辩于娲，燧之年则迂矣，用彭、韩之术于尧舜之朝则舛矣。守夷齐之节于汤、武之时则孤矣，抱申、商之法于成康之日则愚矣。彼一时也，此一时也，易时而处，失其所矣"几句，一、三、四、七、八句押韵，五、六句则为迭韵，偶句用韵最为明显。

第四在叙事方式上，卢、骆二篇赋更多地采用第一人称，进行主观性的抒情、议论和描写，多抒发作者的身世和不遇之思。即使作为客体的问难方，也只是作者虚设的"蜀父老"和"同行者"，采用设问对答，极似一种心性宣扬和消解似的自问自答。而《子虚》《上林》等篇，则采用假拟的第三人称人物，如"子虚""乌有先生""亡是公"，作者的主体色彩则不明显，或根本无从看到。这种叙事方式，也使对客观事物的客观性的铺排描写更占主要成分，"客"体的主观体验也并不明显和丰富。另外，相如散体赋更多移步换景的时空描写方式，而四杰文赋则多用情感逻辑的勾联。

第五，由于叙事方式的不同，从而也决定了他们的作品之间抒情色彩的浓淡呈现出明显的不同，加之时代和身世的影响，卢、骆二赋，由于作者主观或假设主体的主观心性的描写展示，其抒情色彩远比长卿《子虚》《上林》浓郁。

事实上，无论四杰文赋的用韵特点，还是其抒情、议论、描写、铺排、说理并用等特征，还是体兼诗、骚、骈、律、文等各体因子，都是四杰赋所具有的独特艺术魅力，为前者所无，也为后来者所倾羡和大多数赋家所无可企及。

三、初唐四杰新体文赋与长卿赋差异形成的原因

从卢、骆与相如主要文体赋篇目的比较中，不难看出，初唐"四杰"文赋恰恰与长卿散体文赋形成一个鲜明的对照：在"四杰"文赋中，"四杰"力图摆脱骈对俪偶对句式的约束，而使文谐意畅。尽管依旧还不断有骈对俪句的出现，但它们已经过翻新出奇，使句式变长，从而达到一种散体韵味，或者即便为骈对，又使出句和对句增长增多，达到意象扩充，从而在形式上形成长隔对或散隔对（不规整的

隔对），在意象上潜隐着散体的无限韵味。这些骈对俪句的运用，显然是"四杰"受六朝余习和时代的影响使然，故而在他们的文赋中，更多地表现为挣脱这种束缚。而于汉魏散体文赋中，特别是两汉散体大赋中，作者们更多地则呈现出对骈对俪句的追摹，他们似乎将古代散文尽量改造成俪对的韵文：即他们将散文更多地写成韵散结合的文字。由于这种由散至韵的倾向，必然使他们注重于韵文的创造，因而许多句子则表现出句句韵的特点。而至初唐"四杰"，由六朝以来对诗、赋格律的探索，诗人们对诗、赋用韵一方面更多地追求表现上的规则，另一方面又因为至唐初，文人们更多地看到了骈文表现的局限，和六朝以来靡丽的诗、赋文风的负面影响，于是他们更多地追求由韵至散的倾向，这在律赋中也有所反映，而更多地则体现在他们的文赋中。中唐古文运动便是这种文艺思潮的真实反映。古文运动以后，文赋无论是在句式，还是音韵方面，散化的倾向都更为明显。"四杰"与汉魏诸人所受的时风影响的差异，也必然影响到二者的创作观、文艺观等。初唐的这种由韵、骈至散的文赋观，表现在"四杰"的文赋中，必然又使它们表现出与汉魏文赋不同的特征。

正如霍松林先生说："以《子虚》《上林》为代表的汉大赋，韵散结合，或称散体赋，或称文赋。唐人取其散文句式和散文气势，而去其罗列名物、堆垛双声叠韵形容词及喜用生僻字词的缺点，用明畅生动的语言写景叙事，抒情达意，遂形成一种有时代特色的文赋，可称为新文赋。"这显然也道出了汉、唐的两种文赋创作倾向，也自然决定了他们各自的创作题材的选向：汉散体赋更多地注重于宏大的场面和声势的描写，铺排体物，无漏巨细，因而更多大赋之作；初唐文赋更注重于抒情和议论，更多个人情感和意志的宣泄。特别是初唐至盛唐、中唐，赋家更多受时代激发的热情和科举功名的驱骋，他们的文赋中，则更多抒情和议论，不仅表达对个人命运的愤议，也表达出对时代、世事和人生的更广泛的议论,这种议论也体现了他们对时代、社会、人生、理想等更广泛和深入的关注,从而反映出人性自由的趋向逐渐走向解放,因而说"文学发展过程实在是与人性发展的过程同步的"[12]。而且,在汉魏文赋和初唐"四杰"文赋中,讽谏之义的表达,也就表现出一些明显的不同:"四杰"之赋多显于文中,而汉代文赋则往往流于句末。比如《子虚赋》最后,就借"乌有先生之口,以反驳子虚之言,作为风谏之辞,用示劝诫之意,盖所谓'乱以理篇,写送文势'者也。"其《上林》之篇,亦从"天子芒然而思,似若有亡。曰……"下一段,即为"归余于总乱",兼表讽谕之意。汉文赋的这种体制,正如扬雄所认为的"靡丽之赋,劝百而讽一,犹骋郑卫之声,曲终而奏雅。"[13]至魏晋,由于受动荡不宁的时代影响,作者在诗、赋中都很少能有谏议或"奏雅"之类的"乱词",即便在文中略有讽谏之义,也只是隐而不显或一些不关痛痒的文字,他们更多抒情和描写,此种时代影响也造成了更多抒情和山水诗、赋的诞生。

另一方面,汉代是继短暂的秦王朝之后新兴的封建王朝,自然使赋家更多地关注那些新鲜的、令人振奋的东西,无不希望穷形尽相地将其描写出来。"秦汉大一统帝国的出现,使再现因素的发展获得了强大的势头。'从天上到地下,从历史到现实,各种事物、各种场景、各种生活都被汉代艺术所注意,所描绘,所欣赏'……这种向再现倾斜的历史要求无法借助四言诗来实现,也无法借助于抒情性的骚体赋来实现。而半韵半文、介于诗歌与散文之间的散体赋却应运而起,得心应手地承担起描绘大千世界的历史任务……散体赋在'再现'方面取得长足进展的同时,却在'表现'方面频频失分。在大力追求形式美的同时,却付出了'繁采寡情'、脱离抒情传统的沉重代价。"唐代则经历了漫长的秦汉、三国、两晋和南北朝时期,"四杰"所处的初唐社会，又是一个相对开明、自由和逐渐走向繁荣的盛世，再加之魏晋时代的"清谈"之风，皆是涉及个人修身，而实质上则是在受时代影响下"自我克制"的受压抑的人性表白。换句话说，即这个时代历史地"发生了变化的人的本性"[14]的显露。而"四杰"却身处初唐这样一个开明、繁盛的社会，自然就不断地对人性予以更多的关注和议论，抒情的成分也就更为强烈。而单就物象描写的广度，往往又使人觉得他们的题材狭小和局限。事实上，"四杰"赋中的这种大胆的探索和渲泄，却应是历史的一种进步，正如《中国文学史》说："人类为了获得'最无愧于和最适合于他的人类本性'的社会，也即为了人类本性不受压抑，却不得不在无数个世纪里'自我克制'，压制并在某种程度上失去人类本性，在这样的条件下悲壮地、一步一个血印地向前行进。"

初唐是唐赋发展的第一阶段，文学改革尚处于酝酿之中，赋仍以骈体为宗，内容以抒情、咏物为主，大赋很少，但这一时期出现了一些清新质朴的优秀之作，而且文赋散化的趋向也逐渐明显，于议论中更有抒情。汉文赋，特别是大赋的写法，多采用空间转换而移步换景。如："其东则……""其南则……"或"其北则……""其西则……"这几乎成为汉魏大赋的固定体制。但由于唐初文赋体制篇幅的减小，则更多地采用对问、设论体式，而去其空间刻画的铺排，辅之更多的描写、议论和抒情。而且对问等色彩在全文中也逐渐位居其次，甚至对问的双方都不太明了，只以"同行者"问、诘等出现，其余则大量的是作者或作者借赋中主人公的感发。当然，初唐文赋中，也有对自然世界的描写，虽不如汉赋对大千世界的描写那般刻画尽相，或者说那般博大宏阔，但却往往能于"小"和"细微"的描写中见出真情。在骆宾王《钓矶应诘文》首段，有对行迹和所见的描写，其描摹之逼真，情性之真挚，直抵柳之小品文。如写潭底游鱼："澄潭至清，洞澈见底,往往有群鱼戏,历历如水上行。舟人有钓者,试取饵投之,或有游而不顾者,或有贪而辄吞之者,引竿而举,因以获焉。其始出也,掉尾扬鬐,有若恃力而自免;其少退也。则鼓鳃濡沫,有似屈体而求哀。"与柳宗元《至小丘西小石潭记》"日光下澈,影布石上,怡然不动;俶尔远逝,往来翕忽,似与游者相乐"决不相异,完全可以见出《钓矶应诘文》对唐代小品文的影响。而这种情真意切的描写,在汉文赋中是绝对少有的,在唐文赋中也是不可多得的。

当然,初唐"四杰"赋有对汉、魏赋的创新,也有继承,他们的各体赋皆吸收和借鉴了汉赋和楚骚的气势、精神,又吸收了魏晋抒情赋的抒情特色,并兼容并蓄各体赋因子的优点,实难以某体赋为四杰具体赋篇目定名,而以某某赋因子而论似更为恰当。从这种角度而言,"四杰"的赋作确实在时代背景和天才的才能中熔铸成了具有自己时代特色和个人精神气质的佳作,赋体文学也众体兼备,不仅在诗歌领域标新于坛,作为一代创作群体,在赋体文学领域,亦应独领风骚。

注释:

①参马积高《赋史》第 256 页、364 页等;《历代辞赋研究史料概述》第 16 页、19 页、98 页、99-200 页、106 页等。

②马积高先生著《历代辞赋研究史料概述》第 98 页说:"但唐代的各体均有变化,其中最重要的是在汉文赋体的基础上形成了新文赋体(即前人所谓'文赋'体)……"郭预衡在《中国古代文学史》(上海古籍出版社 1998 年第二册,第 168 页)中也说:"唐代的文赋……已不同于汉代的文赋而自具特色。"霍松林在《论唐人小赋》中便直接说:"以《子虚》《上林》为代表的汉大赋,韵散结合,或称

散体赋，或称文赋。"(《文学遗产》1997第1期第45页)

③任国绪《卢照邻集编年笺注》卷六第410页"对问"体下独收《对蜀父老问》一篇。

④参叶幼明《辞赋通论》第144页。

⑤参拙作《以试赋取士并非始于唐代》，《文史杂志》2007年第4期。

⑥张崇琛主编《名赋百篇评注》，三秦出版社，2003年版，第238—244页。

⑦见上海古籍出版社1986年版《文选》卷七"赋丁"。

参考文献：

[1] 马积高《历代辞赋研究史料概述》，中华书局，2001年版。

[2] 张崇琛《名赋百篇评注》，三秦出版社，2003年版。

[3] 范文澜《文心雕龙注》，人民文学出版社，1958年版。

[4] 马积高《赋史》，上海古籍出版社，1987年版。

[5] 霍松林《论唐人小赋》，《文学遗产》1997年第1期。

[6] 姜书阁《骈文史论》，人民文学出版社，1986年版。

[7] 司马迁《史记》，中华书局，1959年版。

[8] 万光治《汉赋通论（增订本）》，中国社会科学出版社、华龄出版社，2004年版。

[9] 殷焕先，董绍克《实用音韵学》，齐鲁书社，1990年版。

[10] 祝尧《古赋辩体》，《文潮阁四库全书》，商务印书馆，1986年版。

[11] 董浩等《全唐文》，中华书局，1982年版。

[12] 章培恒，骆玉明《中国文学史》，复旦大学出版社，1997

年版。

[13] 班固《前汉书》，《二十五史》，上海古籍出版社，1986年版。

[14] 马克思，恩格斯《马克思恩格斯全集》，人民文学出版社，1995年版。

（李丹：四川师范大学文学院副教授；
何易展：四川师范大学文学院硕士研究生）

刘勰称司马相如为"辞宗"探源

陈 勇

提 要：刘勰在《文心雕龙》里称司马相如为"辞宗"，对其文学成就作了极高的评价。笔者通过梳理汉魏两晋的赋论，认为刘勰称相如为"辞宗"，实际上是对汉魏以来关于司马相如赋论传统的继承和总结，它包含两方面的内容：一是总结和肯定了司马相如崇高的文学地位，二是总结和继承了司马相如赋的艺术特点。

关键词：刘勰 司马相如 辞宗

刘勰在《文心雕龙》里对司马相如的文学成就作了极高的评价，《风骨》云："相如赋仙，气号凌云，蔚为辞宗，乃其风力遒也。"《才略》则云："相如好书，师范屈宋，洞入夸艳，致名辞宗。"刘勰为什么会称司马相如为"辞宗"？我们对此应该怎样评价？笔者通过梳理汉魏两晋的赋论，认为刘勰称相如为"辞宗"，实际上是对汉魏以来关于司马相如赋论传统的继承和总结，它包含两方面的内容：一是总结和肯定了司马相如崇高的文学地位，二是总结和继承了司马相如赋的艺术特点。以下试从这两个方面论述之。

一

　　称赞司马相如为"辞宗",其说法源于汉代班固。《汉书》卷一百下《叙传》云:"文艳用寡,子虚乌有,寓言淫丽,托风终始,多识博物,有可观采,蔚为辞宗,赋颂之首。述《司马相如传》第二十七。"作为汉赋名家的班固称司马相如为"辞宗",表明司马相如是汉代辞赋文章之领袖。早在班固之前,司马迁已重视司马相如的辞赋。《史记·司马相如列传》全文载录了相如《天子游猎赋》《喻告巴蜀民书》《难巴蜀父老书》《谏猎疏》《哀秦二世文》《大人赋》《封禅书》凡七篇,就数量看,司马迁所作相如本传近似于其作品选集,而史迁云:"相如他所著,若《遗平陵侯书》《与五公子相难》《草木书篇》不采,采其尤著公卿者云。"这说明如此立传,正是看重相如的文章。《史记·司马相如列传》是第一篇以辞赋作品为主体的史传,可见司马相如的文章在当时产生了多么巨大的影响。《汉书·地理志》对此也有所论述:"及司马相如游宦京师诸侯,以文辞显于世,乡党慕循其迹,后有王褒、严遵、扬雄之徒,文章冠天下。由文翁倡其教,相如为之师。"

　　《汉书》卷八十七上《扬雄列传》云:"先是时,蜀有司马相如,作赋甚弘丽温雅,雄心壮之,每作赋,常拟之以为式。"扬雄《甘泉赋序》云:"孝成帝时,客有荐雄文似相如者。上方郊祀甘泉泰畤,汾阴后土,以求继嗣,召雄待诏承明之庭。正月,从上甘泉,还,奏《甘泉赋》以风。"(《文选》卷七)可见至扬雄之时,司马相如已成为辞赋作者的偶像,他的作品也成为汉赋的典范之作。

　　随着汉赋成为一代之文学,辞赋名家辈出。司马相如崇高的文学地位不但没有动摇，反而得到了巩固。

从东汉到魏晋，论者常将司马相如与贾谊相提并论。

东汉永元中，和帝博求名儒，公卿荐恂，称赞其："恂，行侔曾、闵，学拟仲舒，文参长卿，才同贾谊，诚瑚琏器也。宜在宗庙，为国桢辅。"（《全上古三代秦汉三国六朝文·全后汉文》卷九十七）左思《咏史》八首之一云："弱冠弄柔翰，卓荦观群书。著论准《过秦》，作赋拟《子虚》。"（《文选》卷二一）前者是将司马相如与贾谊的才华作为选拔人才的标准，后者是以相如与贾谊的作品作为文学创作的典范。

这一时期的文人又常将司马相如、扬雄视为辞赋模范。

《后汉书》卷八十上《文苑列传》载杜笃《论都赋》云："窃见司马相如、扬子云作辞赋以讽主上，臣诚慕之，伏作书一篇，名曰《论都》，谨并封奏如左。"《金楼子》卷四《说蕃》云："刘苍好经史，博学多识，恭肃畏敬。明帝重其器能，特爱异之。入为相……帝以所自作《光武本纪》示苍，苍因上《世祖受命中兴颂》，咸言类相如、扬雄，前世史岑也。"

还有人因崇拜司马相如、王褒、扬雄等人而作诗、赋赞之。

《魏书》卷八十二《常景传》记载常景"以蜀司马相如、王褒、严君平、扬子云等四贤，皆有高才而无重位，乃托意以赞之。其赞司马相如曰：'长卿有艳才，直致不群性。郁若春烟举，皎如秋月映。游梁虽好仁，仕汉常称病。清贞非我事，穷达委天命。'"左思在《蜀都赋》中亦有类似称赞之词："近则江汉炳灵，世载其英。蔚若相如，皭若君平。王褒韡晔而秀发，扬雄含章而挺生。幽思绚道德，摛藻掞天庭。考四海而为俊，当中叶而擅名。"（《文选》卷四）

也有人作赋托名相如而见重于世，《西京杂记》卷三云："长安有庆虬之，亦善为赋。尝为《清思赋》，时人不之贵也，乃讬以相如所作,遂大见重于世。"由此可见汉魏以来司马相如文学地位之高。

到南北朝时期,司马相如崇高的文学地位依然如故。《南史》卷五十九《江淹传》载江淹:"少孤贫,常慕司马长卿、梁伯鸾之为人,不事章句之学,留情于文章。"梁萧统编集《文选》三十卷,取材极严,惟独于司马相如"取其三赋、四文,其生平壮篇略具,殆心笃好之,沉湎终日而不能舍也"(张溥《汉魏六朝三百家集》卷二《司马相如集题词》)。简文帝萧纲也喜爱司马相如,其《琴台诗》云:"芜阶践昔径,复想鸣琴游。音容万春罢,高名千载留。弱枝生古树,旧石抗新流。由来递相叹,逝川终不收。"(徐坚《初学记》卷二四《居处部》)

刘勰与二萧为同时代人,又与萧统过从甚密,《梁书·刘勰传》记载他在天监年间,"除仁威南康王记室,兼东宫通事舍人……迁步兵校尉,兼舍人如故。昭明太子好文学,深爱接之"。由此可见,他必然会感受到司马相如在当时的巨大影响。

刘勰除了赞相如为"辞宗",还将他与陆贾、贾谊、王褒、扬雄等人并列,称之为"辞赋之英杰"(《文心雕龙·诠赋》),并在不同篇章中常常将其作为代表人物举例,如《辨骚》:"是以枚贾追风以入丽,马扬沿波而得奇。"《明诗》:"严马之徒,属辞无方。"《神思》:"相如含笔而腐毫,扬雄辍翰而惊梦。"《体性》:"是以贾生俊发,故文洁而体清;长卿傲诞,故理侈而辞溢;子云沉寂,故志隐而味深;子政简易,故趣昭而事博。"

刘勰在《文心雕龙》里多次提到司马相如,并将他作为文学问题的研究对象,这也正是汉魏以来司马相如崇高文学地位在《文心雕龙》里的反映。

以上梳理了汉魏两晋对于司马相如文学地位的评论,从中可以看出,司马相如在汉魏两晋一直具有崇高的文学地位,刘勰称赞相如为

"辞宗"，这既是对班固赞相如为"辞宗"一词的袭用，同时也是他对汉魏以来司马相如崇高文学地位的总结和肯定。

二

刘勰在称相如为"辞宗"时，论述了相如赋的艺术特点，一是"风力遒也"，即艺术感染力；二是"洞入夸艳"，即艺术表现方式：夸饰，华丽。对于赋的艺术感染力以及夸饰、华丽的表现方式，刘勰在《文心雕龙》里有详尽的论述，兹略举数语如下：

《风骨》论文章的艺术感染力云："《诗》总六义，风冠其首，斯乃化感之本源，志气之符契也。是以怊怅述情，必始乎风，沉吟铺辞，莫先于骨……故练于骨者，析辞必精；深乎风者，述情必显……此风骨之力也。"

《夸饰》论汉赋的夸张虚构云："自宋玉景差，夸饰始盛。相如凭风，诡滥愈甚。故上林之馆，奔星与宛虹入轩；从禽之盛，飞廉与鹪鹩俱获。及扬雄《甘泉》，酌其余波，语瑰奇则假珍于玉树，言峻极则颠坠于鬼神。至东都之比目，西京之海若，验理则理无不验，穷饰则饰犹未穷矣。"

《原道》论天地万物之文采云："傍及万品，动植皆文。龙凤以藻绘呈瑞，虎豹以炳蔚凝姿。云霞雕色，有逾画工之妙；草木贲华，无待锦匠之奇。夫岂外饰，盖自然耳。"

《情采》论质与文关系云："圣贤书辞，总称文章，非采而何？夫水性虚而沦漪结，木体实而华萼振，文附质也。虎豹无文，则鞟同犬羊；犀兕有皮，而色资丹漆；质待文也。若乃综述性灵，敷写器象，镂心鸟迹之中，织辞鱼网之上，其为彪炳，缛彩名矣。"

刘勰对辞赋艺术特点的认识，并非独创，而是其来有自。《风骨》

所谓"相如赋仙,气号凌云"论辞赋的感染力,汉人对此已有论述。

《史记·司马相如列传》云:"相如既奏《大人》之颂,天子大说,飘飘有凌云之气,似游天地之间意。"司马迁如此着墨写汉武帝读赋之反应,说明他是肯定辞赋的艺术感染力的。扬雄对此也有认识,只不过评价的态度有所不同:"雄以为赋者,将以风也,必推类而言,极丽靡之辞,闳侈钜衍,竞于使人不能加也,既乃归之于正,然览者已过矣。往时武帝好神仙,相如上《大人赋》,欲以风,帝反缥缥有陵云之志。由是言之,赋劝而不止,明矣。"(《汉书》卷八十七《扬雄传》)晚年的扬雄立足儒家传统的"讽谕"观念,认为辞赋的强大感染力,不仅达不到讽谏君上的目的,反而是"劝百讽一"(《汉书》卷五十七《司马相如传》),致使君上受到了迷惑。因为辞赋的感染力来自于"虚辞滥说"(《史记》卷一百一十七《司马相如列传》)和"极丽靡之辞"——夸张虚构知华丽的文采,所以扬雄在《法言·吾子》斥汉赋为"童子雕虫篆刻""女工之蠹",并发誓"壮夫不为"。

继扬雄之后,东汉王充也大力反对"虚辞滥说"和"极丽靡之辞"。有趣的是,扬雄赋也成了王充批判的对象。

《论衡·谴告》谴责汉赋的虚构夸张云:"孝武皇帝好仙,司马长卿献《大人赋》,上乃仙仙有凌云之气。孝成皇帝好广宫室,扬子云上《甘泉颂》,妙称神怪,若曰非人力所能为,鬼神力乃可成。皇帝不觉,为之不止。长卿之赋如言仙无实效,子云之颂言奢有害,孝武岂有仙仙之气者,孝成岂有不觉之惑哉?然即天之不为他气以谴告人君,反顺人心以非应之,犹二子为赋颂,令两帝惑而不悟也。"

《论衡·定贤》篇责难汉赋华丽的文采云:"以敏于赋颂,为弘丽之文为贤乎?则夫司马长卿、扬子云是也。文丽而务巨,言眇而趋深,然而不能处定是非,辩然否之实。虽文如锦锈,深如河、汉,民不觉知是非之分，无益于弥为崇实之化。"

扬、王二人从儒家"讽谕"观念出发，反对汉赋的"虚辞滥说"和"极丽靡之辞"，这正从反面说明他们已经认识到了汉赋的艺术特点，只是因为极端地崇尚讽谕，所以就拒绝汉赋的艺术美感。

汉人是以讽谏作为评价汉赋的主要标准，但汉赋又确实具有巨大的艺术美感，在现实生活中能娱人耳目。汉武帝读《大人赋》飘飘有凌云之气，即是一例。又如《汉书·王褒传》载："太子体不安，苦忽忽善忘，不乐。诏使褒等皆之太子宫虞侍太子，朝夕诵读奇文及所自造作。疾平复，乃归。太子喜褒所为《甘泉》及《洞箫赋》，令后宫贵人左右皆诵读之。"侍臣通过诵读辞赋来虞侍病中的太子，太子痊愈后，又令左右皆诵读自己喜爱的辞赋。汉赋竟起到治病调养的功效，简直令人不可思议。

正鉴于此，在扬雄、王充等人"崇尚讽谕、拒绝艺术美感"的辞赋观之外，汉代还存在另一种辞赋观：强调讽谕、肯定艺术美感。

《史记》卷一百一十七《司马相如列传》云："相如虽多虚辞滥说，然其要归引之节俭，此与诗之风谏何异？"又《史记》卷一百三十《太史公自序》云："《子虚》之事，《大人》赋说，靡丽多夸，然其指风谏，归于无为。作司马相如列传第五十七。"此说司马相如赋虽写得夸张华丽，但其主旨在于讽谏，并最终使国君趋于清静无为。可以看出，司马迁认为靡丽多夸与讽谏可以并行不悖，而非势如水火。

汉宣帝对汉赋的评价尤其令人注意："不有博弈者乎？为之，犹贤乎已！辞赋大者与古诗同义，小者辩丽可喜。辟如女工有绮縠，音乐有郑卫，今世俗犹皆以此虞说耳目，辞赋比之，尚有仁义风谕，鸟兽草木多闻之观，贤于倡优博弈远矣。"（《汉书》卷六十四《王褒传》）汉宣帝以君主身份明确指出汉赋具有娱人耳目的艺术美感和讽谕教化的功能，两者不但不相冲突，反而相得益彰。这是从一个新的角度突出汉赋具有审美、娱乐、认知的作用。

在这种认识的基础上，我们再看班固对司马相如赋的评论，就会有新的感受。《汉书》卷一百下《叙传》云："文艳用寡，子虚乌有，寓言淫丽，托风终始，多识博物，有可观采，蔚为辞宗，赋颂之首。述《司马相如传》第二十七。"班固沿用扬雄"文丽用寡"（《法言·君子》）之语，说相如赋"文艳用寡"，一面又认为相如赋"托风终始，多识博物，有可观采"，并最终称赞相如"蔚为辞宗，赋颂之首"，在这看似矛盾的评论中，恰好体现了"强调讽谕、肯定艺术美感"的辞赋观，这与班固作为经学家和文学家的双重身份也是一致的。

随着文学艺术的发展，文学理论进一步得到深化，魏晋文人已能冲破儒家思想的束缚，将文学脱离于经学，探索文学自身的价值，大力追求文学的艺术美感。曹丕《典论·论文》云："盖文章，经国之大业，不朽之盛事。年寿有时而尽，荣乐止乎其身，二者必至之常期，未若文章之无穷。是以古之作者，寄身于翰墨，见意于篇籍，不假良史之辞，不托飞驰之势，而声名自传于后。"曹丕认为只有文章才是真正不朽的事业，可使作者声名传于后世。这种文章价值观突破了传统的儒家文学观念，不再把文学看作政治教化的工具，强调写作文章对个人的意义并鼓励文人学习"古之作者"致力于文学创作。在这样的背景下，魏晋时代形成了新的辞赋观：淡化讽谕、追求艺术美感。

如《典论·论文》云"诗赋欲丽"，明确指出赋应追求文采华丽。陆机《文赋》云"赋体物而浏亮"，则是对赋在描绘事物方面提出了具体要求。皇甫谧在《三都赋序》里对这两者作了综合阐述。他说："赋也者，所以因物造端，敷宏体理，欲人不能加也。引而申之，故文必极美；触类而长之，故辞必尽丽。然则美丽之文，赋之作也。"（《文选》卷四）而《西京杂记》里托名为司马相如的赋论，更是将赋的华丽特点作了极致的表述："合綦组以成文，列锦绣而成质，一经一纬，一宫一商，比作赋之迹也。"（《西京杂记》卷二）这里以"綦组""锦绣"比喻赋，是进一步发挥了汉宣帝"（辞赋）小者辩丽可喜，辟如女工有绮縠……以人此虞说耳目"的说法，同时淡化了赋的讽谕功能，从而与扬雄视赋为"女工之蠹"形成了鲜明的对照。

在"淡化讽谕、追求艺术美感"的辞赋观念盛行的时代里，魏晋南北朝文人对司马相如赋的艺术特点有了更为准确的评价。

曹丕论司马相如赋："穷侈极妙，相如之长也。"（《北堂书钞》卷一百《艺文部》）"穷侈极妙"即含有夸张、华丽之意，曹丕在这里将夸张、华丽作为相如赋的优点而加以肯定。

皇甫谧《三都赋序》对以司马相如为首的汉赋名家的作品及其特点作了高度的评价："其中高者，至如相如《上林》，扬雄《甘泉》，班固《两都》，张衡《二京》，马融《广成》，王生《灵光》，初极宏侈之辞，终以约简之制，焕乎有文，蔚尔鳞集，皆近代辞赋之伟也。"（《文选》卷四）

葛洪将《诗经》与汉赋进行对比，从华丽宏大的角度着眼，认为汉赋对《诗经》来说是一种进步。《抱朴子·钧世》云："《毛诗》者，华彩之辞也，然不及《上林》《羽猎》《二京》《三都》之汪博富也。""若夫俱论宫室，而奚斯路寝之颂，何如王生之赋《灵光》乎？同说游猎，而《叔畋》《卢铃》之诗，何如相如之言上林乎？"这一评论将以司马相如赋为典范之作的汉大赋推向了极高的地位，是魏晋时期重视艺术形式、提倡华艳辞藻的文学潮流进一步向前发展的结果。

刘勰继承了汉魏以来的赋论传统，对以司马相如赋为典范之作的汉赋作了较为全面的评论。他的论集中在《诠赋》里，如云："情以物兴,故义必明雅;物以情观,故词必巧丽。丽词雅义,符采相胜,如组织之品朱紫,画绘之着玄黄。"这里强调赋的华图文采极似《西京杂记》"綦组""锦绣"之说。又云"相如上林,繁类以成艳",可谓是对皇甫谧"引而申之,故文必极美;触类而长之,故辞必尽丽"的总结。又云"极声貌以穷文""写物图貌,蔚以题画",如同是对陆机"赋体物而浏亮"的注解。又云"然逐末之俦,蔑弃其本,虽读千赋,愈惑体要,逐使繁华损枝,膏腴害骨,无贵风轨,莫益劝戒",此论则源于汉儒的"讽谕"之说。

  从以上分析我们知道,在汉魏两晋人们对司马相如赋的认识,随着文学理论的发展而深化,在汉代存在两种辞赋观:一是"崇尚讽谕、拒绝艺术美感",一是"强调讽谕、肯定艺术美感"。随着文学艺术的发展,文学理论也得到进一步的提高,魏晋以来形成了"淡化讽谕、追求艺术美感"的辞赋观。通检《文心雕龙》全书,刘对司马相如赋的认识,实际上就是源于第二种和第三种辞赋观,他并没有在此基础上作出更多的独创,他的贡献主要在于对汉魏以来传统的司马相如赋论作了较为全面的继承和总结。

(陈勇:四川师范大学文学院硕士研究生)

试论司马相如对扬雄辞赋创作的影响

唐 妤 邓岳利

《汉书·地理志》:"巴、蜀、广汉,本南夷,秦并以为郡。土地肥美,有江水沃野、山林竹木、蔬食果实之饶……民食稻鱼,亡凶年忧,俗不愁苦,而轻易淫佚,柔弱褊陿。景、武之间,文翁为蜀守,教民读书法令,未能笃信道德,反以好文刺讥,贵慕权势。及司马相如游宦京师诸侯,以文辞显于世,乡党慕循其迹。后有王褒、严遵、扬雄之徒,文章冠天下。"[1]从这段话中,我们可以看出司马相如对巴蜀文人的辞赋创作造成的影响之大,其中,对扬雄的影响可谓最大,这可以从以下三方面得以体现:第一,《汉书·扬雄传》说扬雄"其意欲求文章成名于后世",而"司马相如游宦京师诸侯,以文辞显于世"的经历对扬雄的触动肯定不小。第二,扬雄对司马相如辞赋特征能予以准确概括,并且在自己的创作过程中当作范文进行模拟,《汉书·扬雄传》记载"雄少而好学……顾尝好辞赋。先是时,蜀有司马相如,作赋甚弘丽温雅,雄心壮之,每作赋,常拟之以为式","意欲求文章成名于后世……以为……辞莫于相如,作四赋"。第三,扬雄对司马相如辞赋才华加以盛赞,《西京杂记》中记载他曾以惊叹的口吻说:"长卿赋不似从人间来,其神化所至耶!"[2]用"神化"足见其对司马相如作品的喜爱之情。

一

"司马相如者,蜀郡成都人也,字长卿。"《史记·司马相如列传》记载了司马相如因文学才能获得官职的过程:"居久之,蜀人杨得意为狗监,侍上。上读《子虚赋》而善之,曰:'朕独不得与此人同时哉!'得意曰:'臣邑人司马相如自言为此赋。'上惊,乃召问相如。相如曰:'有是。然此乃诸侯之事,未足观,请为天子游猎赋,赋成奏之。'上许,令尚书给笔札,相如以'子虚',虚言也,为楚称;'乌有先生'者,乌有此事也,为齐难;'无是公'者,无是人也,明天子之义。故空借此三人为辞,以推天子诸侯之苑囿。其卒章归之于节俭,因以风谏。奏之天子,天子大说……赋奏,天子以为郎。"[3]因为一纸文章就得到天子赏识,使得文辞显于当世,这对一心想以文章成名于后世的扬雄触动不可谓不大,而扬雄也正是通过辞赋的创作,受到当权者的赏识。《汉书·扬雄传》:"初,雄年四十余,自蜀来至游京师,大司马车骑将军王音奇其文雅,召以为门下史,荐雄待诏,岁余,奏《羽猎赋》,除为郎,给事黄门。"

另外,司马相如对辞赋的热爱程度与扬雄甚为相同,《汉书·扬雄传》:"顾尝好辞赋。"《史记·司马相如列传》载:"以赀为郎,事孝景帝,为武骑常侍,非其好也。会景帝不好辞赋,是时梁孝王来朝,从游说之士齐人邹阳、淮阴枚乘、吴庄忌夫子之徒,相如见而说之,因病免,客游梁。梁孝王令与诸生同舍,相如得与诸生游士居数岁,乃著《子虚》之赋。"相如因为喜好辞赋,与齐人邹阳、淮阴枚乘、吴庄忌夫子之徒一见如故,称病辞去官职,这说明他真好辞赋,因为景帝不好辞赋,甚至放弃官职。司马相如对待辞赋的态度让同样热爱辞赋创作的扬雄找到了兴趣爱好上的知音。司马相如尚距扬雄不远,在蜀地亦为名人,其生平事迹亦当为流传,同是生长于蜀地的扬雄对此理应较为熟知。时至今日,我们可认为相如热爱辞赋的事迹传至蜀地,首先让扬雄注意到了司马相如,然后才开始关注并查阅他的作品。

还应该注意到,《汉赋通论》认为:"汉赋作为半书面、半口头文学,乃是口头语言与书面语言的结合……以口语描状事物……口语自然空前丰富……许多口语不见于先秦典籍的文字记载,也无现成的文字可供记录,文学既然面对口语,暴露出它的无能为力,汉代赋家便不能不在进行文学创造的同时,也从事着文字的创造。"[4]而司马相如本身就是一个出色的文字学家,他曾经作《凡将篇》,应该说对文字有着大量的接触,所以汉赋中所需求的大量生僻字词,对于司马相如来说轻松自如。而这种对语言的关注,扬雄也是其中一个,他也曾作《训纂篇》字书,收录字5340个,对文字的关注作为两者在文学创作素养方面的相似性,使得扬雄能更好地揣摩司马相如赋作的特征。

二

前文提及扬雄对司马相如赋作的评价,稍加总结我们可以归纳为两点。第一,"弘丽温雅"。"弘丽"即铺张扬厉,气势磅礴,富有文采,音律和谐;"温雅"即温和含蓄,借物托意,典雅,盛陈典故。其实这和司马相如提倡的赋创作理论很相似,《西京杂记》卷二:"合纂组以成文,列锦绣而为质,一经一纬,一宫一商,此作赋之迹也。"这里提到了"一经一纬,一宫一商"的赋迹之说,从赋迹看,要求赋的形式是美的,不但具有华美的色彩美,还应该具有和谐的音乐美。第二,"神化"。这是扬雄对司马相如文中高度的浪漫主义精神、丰富的想象能力的赞美。其实这也和相如提倡的赋心之说相近,《西京杂记》卷二:"赋家之心,苞括宇宙,总览人物,斯乃得之于内,不可得而传。"踪凡认为,"神化"直乘司马相如"赋心"说而来,所谓"苞括宇宙,总揽人物"揭示的是创作过程中的思维活动。[5]

扬雄归纳出来的司马相如的赋作特征和司马相如赋理论相同,如果说司马相如的赋很好实践了其赋作理论的话,这无疑说明扬雄对其赋认识的深刻度,这种深刻认识以及对其作品的盛情赞美也无疑说明了司马相如对扬雄辞赋创作的影响,以下,我们就看看扬雄的文章是否突出的具备了"弘丽""温雅"两个方面的特征。

"弘丽"即铺张扬厉,气势磅礴,富有文彩,音律和谐。

在论及"弘丽"之前,我们先谈一下"苞括宇宙,总览人物",即是指作家要使自己的心胸扩大到能够容纳整个宇宙万物和人类历史,有一种能够驰骋于上下古今的想象力。其实不难发现,有了这种思维前提,文章铺张扬厉、气势磅礴的风格变得容易实现。

司马相如"苞括宇宙,总览人物"的这一创作原理在扬雄的文章中得到了最大程度的体现,其中《甘泉赋》全文充斥着天、地、人仿佛共处一时空的文字,天上的各种神仙、星辰为天子服务,天子可以自由进出高空领域;地虽无限广阔,但终被天子之队列踏平,人具有了许多超自然的能力,此文最能体现其丰富的想象能力,真正体现了创作构思时,胸纳宇宙的气概:"于是乃命群僚,历吉日,协灵辰,星陈而天行,诏招摇与太阴兮,伏钩陈使当兵。属堪舆以壁垒兮,梢夔魖而抶獝狂。八神奔而警跸兮,振殷辚而军装。蚩尤之伦带干将而秉玉戚兮,飞蒙茸而走陆梁。"[6]这里提到命令北斗招摇、太阴,让钩陈星服从命令掌管军事,让天地之神去消灭夔、魖、獝狂这些鬼怪。

八方之神奔驰而来，浩浩荡荡为之清道警卫，像传说中蚩尤般勇猛的武士带着干将一样的剑。

人除了可以指使天地之神为其服务，听其指令，还具有了超自然的能力，如"登椽栾而羾天门兮，驰閶阖而入凌兢"，认为登上椽栾山就可以到达天门，驰过天门就进入了高空，进入高空是如此轻松而自然；形容其车乘速度的有"声骈隐以陆离兮，轻先疾雷而驱遗风"，其速度超过迅疾的雷声，胜过急速的风声；形容出猎队伍气势的有"齐总总以撙撙，其相胶轕兮，猋骇云迅，奋以方攘；骈罗列布，鳞以杂沓兮，儳傪参差，鱼颉而鸟眄；禽赫召霍，雾集而蒙合兮，半散照烂，粲以成章。"连续运用5个比喻，形容其队伍具有风云一样的聚合速度，其气势实为磅礴逼人；描写人间所造就的宫殿有"配帝居之悬圃兮，象泰壹之威神。洪台崛其独出兮，掇北极之嶟嶟。列宿乃施于上荣兮，日月才经于栱枨。雷郁律于岩窔兮，电倏忽于墙藩。鬼魅不能自逮兮，半长途而下颠。历倒景而绝飞梁兮，浮蠛蠓而撇天。""配帝居之悬圃兮，象泰壹之威神"，帝所居之悬圃竟可与天帝相比，显然天帝之所居何样，只存在于想象中，但天帝所居可谓天上人间最盛处，与之比，实则夸饰；后面4句说楼台之高直至北极星，众星抵达它的上端，日月也恰能经过它的屋宇，雷声在殿内轰鸣，闪电在墙垣上闪动，鬼都只能上到宫墙的一半。

其次，扬雄创作的四赋中，涉及古今历史人物、神话传说中的神仙鬼怪之多，堪称一绝。《河东赋》"羲和司日，颜伦奉舆"，这里提到羲和、颜伦；"嗟文公而愍推兮，勤大禹于龙门""丽钩芒与骖蓐收兮，服玄冥及祝融"，这里提到东西北南四方神仙名。在《羽猎赋》中提到的有三皇、五帝、齐桓公、楚庄王、周文王以及孟贲、夏育、逢蒙、弈等远古时人。《长杨赋》中提及传说中的离娄。扬雄笔下那些曾经在历史上建立过功勋的人物还不如当今之帝王，夸饰其功业，奴役神仙、鬼怪为其帝王服务，反衬其身份高贵，烘托得帝王气势甚是嚣张、扬厉。其行文铺张扬厉、气势磅礴的特征显而易见。

二人皆崇盛丽辞，刘勰说他们的辞赋是："如宋画吴冶，刻形镂法。丽句与深采并流，偶意共逸韵俱发。"[7]扬雄对"丽"的看法，《法言·吾子》："淫，则奈何？曰：诗人之赋丽以则，辞人之赋丽以淫。"[8]扬雄悔其少年，并云"壮夫不为""辍不复为"，之后的论者每持之，以为扬雄否定辞赋之丽靡特色。其实扬雄持论的重点在于区分"丽则"与"丽淫"，反而从客观上指出了诗人之赋与辞人之赋的共同点：丽。

提到"丽"，司马相如的"赋迹"说认为文学语言应该做到"一宫一商"，使宫商协调，这即是指文学语言的声律美。他又说"合綦组以成文，列锦绣而为质"，把质比作锦绣，文比作锦绣上的花纹，这是指要使之具有灿烂华丽的色彩美，我们认为这是对文学语言色彩的要求。《子虚赋》中"蹴蛩蛩，辚距虚。轶野马，穗騊駼，乘遗风，射游骐"，连用6个动词，极具动感之态；"于是郑女曼姬，被阿锡，揄纻缟，杂纤罗，垂雾縠，襞积褰绉，郁桡溪谷。粉粉褂褂，扬袘戌削，蜚纤垂髾。扶舆猗靡，翕呷萃蔡；下摩兰蕙，上拂羽盖。错翡翠之葳蕤，缪绕玉绥。"[9]形容其穿着用的动词"被""揄""杂""垂"朗读起来富有连贯性，紧接着9句四字句，又使得句子有了跳动感。同样是描写如何禽斗动物，扬雄《羽猎赋》写道"乃使文身之技，水格鳞虫。凌坚冰，犯严渊。探岩排碕，薄索蛟螭。蹈猭獭，据鼋鼍，拄灵蠵。入洞穴，出苍梧，乘巨鳞，骑京鱼。浮彭蠡，目有虞。方椎夜光之流离，剖明月之珠胎。鞭洛水之宓妃，饷屈原与彭胥"，动词显得更加丰富。

《上林赋》："蜀石黄碝，水玉磊砢，磷磷烂烂，采色澔汗，藂积乎其中。"看罢，其玉石仿佛在人眼前，耀人眼目。"于是乎卢橘夏熟,黄甘橙楱,枇杷橪柿,亭柰厚朴,樗枣杨梅,樱桃蒲陶,隐夫薁棣……扬翠叶,扤紫茎,发红华,垂朱荣。煌煌扈扈,照曜钜野。"各种水果的颜色经过这样一罗列,色彩感顿显,加上后文"翠、紫、红、朱"的描写,越显"煌煌扈扈,照曜钜野"了。扬雄文章当中对词语色彩的运用也是到处可寻,从文略。

三

"温雅"即温和含蓄,借物托意,典雅,盛陈典故。

扬雄早年推崇相如,但是晚年之时,他说:"往时武帝好神仙,相如上《大人赋》欲以风,帝反缥缥有陵云之志。由是言之,赋劝而不止,明矣。"但是实际上,司马相如写赋是存在以讽谕为目的的,如《大人赋》针对武帝好仙而作,《上林赋》的讽谏尤为明确,在其文章末尾,他写道:"于是酒中乐酣。天子芒然而思,似若有亡,曰:'嗟乎,此太奢侈!朕以览听余闲,无事弃日,顺天道以杀伐,时休息于此;恐后世靡丽,遂往而不返,非所以为继嗣创业垂统也。'于是乎乃解酒罢猎,而命有司曰:'地可垦辟,悉为农郊,以赡萌隶;隤墙填堑,使山泽之人得至焉。实陂池而勿禁,虚宫馆而勿仞。发仓廪以救贫穷,补不足,恤鳏寡,存孤独,出德号,省刑罚,改制度,易服色,革正朔,与天下为更始。'于是历吉日以斋戒,袭朝服,乘法驾,建华旗,鸣玉鸾,游于六艺之囿,驰骛乎仁义之涂,览观《春秋》之林,射《狸首》,兼《驺虞》,弋玄鹤,舞干戚,载云罕,掩群雅,悲《伐檀》,乐《乐胥》,修容乎《礼》园,翱翔乎《书》圃。述《易》道,放怪兽,登明堂,坐清庙,次群臣,奏得失,四海之内,靡不受获。于斯之时,天下大说,乡风而听,随流而化,芔然兴道而迁义,刑错而不用,德隆于三皇,而功羡于五帝。若此,故猎乃可喜也。若夫终日驰骋，劳神苦形，罢车马之用，抗士卒之精，费府库之财，而无德厚之恩，务在独乐，不顾众庶，忘国家之政，贪雉兔之获，则仁者不由也。从此观之，齐楚之事，岂不哀哉！地方不过千里，而囿居九百，是草木不得垦辟而民无所食也。夫以诸侯之细，而乐万乘之所侈，仆恐百姓被其尤也。"

　　两人的不同实则源于其时代的不同，司马相如身处汉武帝时代，随着政治的统一，经济的繁荣，汉帝国实行兼容并包的文化政策，司马相如生活在这样的政治环境和文化环境中，感受不能不深，其文必然透出一种时代自豪感。汉帝国的兴盛以及它雄视一切的气魄，使得其讽谏意义的存在必要性大打折扣，它需要文学家竭尽全力讴歌。而扬雄身处汉代末期，政治上正是飘摇动荡之时，扬雄其文体现出来的一种历史忧患感是真实时代的反映，此时大赋润色鸿业的功能就必然退之其后。

　　和扬雄的讽谏之力度比，司马相如确实不能相比之。扬雄的大赋创作篇篇都饱含讽谏之意，如《甘泉赋序》云："孝成帝时，客有荐雄文似相如者，上方郊祀甘泉泰畤、汾阴后土，以求继嗣，召雄待诏承明之庭，正月，从上甘泉。还，奏《甘泉赋》以风。"《河东赋》则云："其三月，将祭后土，上（成帝）乃帅群臣横大河，凑汾阴。既祭，行游介山，回安邑，顾龙门，览盐池，登历观，陟西岳以望八荒，迹殷周之虚，眇然以思唐虞之风。雄以为临川羡鱼不如归而结网，还，上《河东赋》以劝。"创作《羽猎赋》，汉成帝元延二年于长杨宫游猎，其赋序云："纵禽兽其中，令胡人手搏之，自取其获，上亲临观焉，是时，农民不得收敛。"扬雄因以作赋以讽。为了避免相如大赋"劝百讽一"的负面效果，扬雄还改变了将讽谏之旨放在赋末的形式，往往将讽谏夹杂于文章中，如《甘泉赋》中"袭琁室与倾宫兮，若登高妙远，肃乎临渊"出现在第六段末；"想西王母欣然而上寿兮,屏玉女而却宓妃,玉女无所眺其清卢兮,宓妃曾不得施其蛾眉"出现在第八段末尾。

但是两人的讽谏主旨都显得温和含蓄,常常通过借物托意,盛陈典故的方式出现。比如扬雄在《甘泉赋》中写道:"洪台崛其独出兮,撠北极之嶟嶟。列宿乃施于上荣兮,日月才经于栱栭。雷郁律于岩突兮,电倏忽于墙藩。鬼魅不能自逮兮,半长途而下颠。历倒景而绝飞梁兮,浮蠛蠓而撇天。左欃枪而右玄冥兮,前熛阙而后应门。阴西海与幽都兮,涌醴汨以生川。蛟龙连蜷于东厓兮,白虎敦圉乎昆仑。览璆流于高光兮,溶方皇于西清。前殿崔巍兮,和氏珑玲。炕浮柱之飞榱兮,神莫莫而扶倾。闶阆阆其寥廓兮,似紫宫之峥嵘。骈交错而曼衍兮,峥嵘隗乎其相婴。乘云阁而上下兮,纷蒙笼以棍成。曳红采之流离兮,飏翠气之宛延。袭琔室与倾宫兮,若登高妙远,亡国肃乎临渊。"此段写甘泉宫的面貌,说其高连日月都才经过它的屋宇,竟然遮蔽了西方和北方的绝远之地,正殿巍然恰似和氏璧光彩闪烁,高高的飞椽要众神奋力才能勉强支撑,在阳光的反射下宫殿红彩翠气。扬雄说面对这样的宫殿:"般、倕弃其剞劂兮,王尔投其钩绳。"这里面用了巧匠鲁班,以及禹臣倕、王尔等人的典故,说面对甘泉宫楼台宫殿的工巧奇绝,羞得这些人放弃了雕刻用的刀子和凿子。在这样极近的夸耀之后,仅仅一句用以点明主旨:"袭琔室与倾宫兮,若登高妙远,亡国肃乎临渊。"用桀修琔室亡国,纣王筑倾宫而殷衰的典故,因而感到亡国的危机如临深渊。

通过以上分析,不难看出,司马相如以文章显于世的经历、爱好辞赋的心性、卓越的文学才能,不仅激励了扬雄以文章传于后世的理想,而且直接影响了其为文之风格特征。

参考文献：

[1] 班固《汉书》，中华书局，1964年版。

[2] 葛洪撰，周天游校注《西京杂记》，三秦出版社，2006年版。

[3] 司马迁《史记》，中华书局，1982年版。

[4] 万光治《汉赋通论》，巴蜀书社，1989年版。

[5] 踪凡《扬雄汉赋观刍议》，《陕西师范大学学报》2004年第5期。

[6] 扬雄撰，郑文注《扬雄文集笺注》，巴蜀书社，2000年版。

[7] 刘勰著，范文澜注《文心雕龙注》，人民文学出版社，1958年版。

[8] 扬雄撰，汪荣宝注疏《法言义疏》，中华书局，1987年版。

[9] 朱一清校注《司马相如集校注》，人民文学出版社，1996年版。

（唐妤、邓岳利：四川师范大学文学院硕士研究生）

宋元以来小说戏文之相如、文君故事叙略

汤 君

提　要：宋元以来，有关司马相如和卓文君故事的演绎，代有作品。本文试录叙宋代五种：杂剧一、小说三、戏文一；元代九种：杂剧五、南戏一、传奇二、散曲一；明代二十种：杂剧九、传奇九、小说二；清代十种：杂剧二、传奇七、小说一；近代四种：传奇一、话剧一、弹词一、章回小说一；凡共四十八种，以观大概。

司马相如和卓文君的故事，首见于《史记·司马相如列传》，此后历代学者屡予关注、评价或解析，其中最为精彩者，当属吾师万光治先生的《文君、相如故事的文化解读》一文[1]，故自不赘言。然师文所解，乃自汉代至唐宋间学者诗文小说之佳论，而于宋元以后小说戏文中相关题材的演绎，未及叙述。故为此稿，以为学补。时间仓促，草率之迹，显而易见，不过聊助方家谈资之意。

宋元以来，有关司马相如和卓文君故事的演绎，实则很是精彩，

也很盛行，几乎代有人作，代有佳作，兹年代先后顺序大体叙之。

一、宋代杂剧一种、小说三种、戏文一种

宋官本杂剧《相如文君》 宋末周密《武林旧事》卷十著录有宋官本杂剧《相如文君》。庄一拂编著《古典戏曲存目汇考》云："司马相如本出正史，亦见葛洪《西京杂记》，戏剧取此题材者甚多，宋官本杂剧早有《相如文君》一本。"[2]佚。

宋小说《文君窥长卿抚琴》 宋皇都风月主人编撰《绿窗新语》卷下、宋末罗烨编撰《醉翁谈录》卷一，在《太平广记》卷一九八和卷二七六中各收一则，均出自《西京杂记》。

宋小说《卓文君》《醉翁谈录》录。庄一拂编著《古典戏曲存目汇考》云："卓文君故事，宋人小说有《卓文君》。"[3]佚。

宋小说《风月瑞仙亭》 明晁瑮撰《宝文堂书目》著录，抄本清钱曾藏并编《钱遵王述古堂藏书目录》列于宋人词话[4]。程毅中《宋元小说家话本集》称："《醉翁谈录》所举小说有《卓文君》一目，或即此本。"并据清平山堂刻本辑录入自己的集子[5]。其叙汉武帝元狩二年，四川成都秀士司马相如自幼父母双亡，齑盐自守。然贯穿百家，精通经史，志在功名。出门七里许升仙桥处，题志桥柱，北抵京洛，东至齐楚，遂于梁孝王之门，与邹阳、枚皋辈为友。不期梁王薨，相如谢病归成都。临邛县令王吉招会，言及本地巨富卓王孙，王孙接待相如于家中瑞仙亭。王孙丧偶不娶，慕道修真，只有一女文君，及笄未聘，秀外慧中，料理家事。王孙留相如居在瑞仙亭，文君窥慕，收拾金珠首饰，暗作打算。会相如有意弹琴以挑，二人遂成夫妇，进而走奔成都。王孙耻而隐晦，相如为穷愁闷，欲开酒肆谋生，文君欣然当垆。未及半载，天使诏征，文君嘱："此时已遂题桥志，莫负当垆涤

器人。"卓王孙闻此,先来探望。相如京师献《上林赋》,天子拜为著作郎。待诏金马门。巴蜀开通西南夷,军兴扰民,命相如谕晓,拜为中郎将使蜀。相如劝谕巴蜀,平服西南,衣锦还乡。以下缺。

宋元戏文《司马相如题桥记》阙名作品,明徐渭《南词叙录》"宋元旧篇"著录,存残曲十一支。

二、元代杂剧五种、南戏一种、传奇二种、散曲一种

元杂剧《升仙桥相如题柱》庄一拂编著《古典戏曲存目汇考》云:关汉卿著,钟嗣成《录鬼簿》二卷(清曹楝亭刊本)著录[6]。明晁瑮撰《宝文堂书目》著录《升仙桥》一本[7],不题撰人名氏,不知是否此剧[8]。

元杂剧《卓文君白头吟》庄一拂编著《古典戏曲存目汇考》云:孙仲章著,钟嗣成《录鬼簿》著录。简名《白头吟》。明朱权撰《太和正音谱》[9]、明臧懋循编《元曲选·元曲选目》[10]俱题简名[11]。孙仲章,大都人。或云姓李。历德安府判、耀州知府。约元世祖至元中前后在世。善作曲,所作杂剧三种,现存一种。《太和正音谱》称其词如"秋风铁笛"。

元杂剧《升仙桥相如题柱》庄一拂编著《古典戏曲存目汇考》云:屈恭之著,钟嗣成《录鬼簿》著录。简名《相如题柱》。《太和正音谱》失载此目[12]。屈恭之,字子敬,籍里不详。以学官除路教而卒,年六十。钟嗣成曾与之同窗。约元英宗至治末前后犹在世。工散曲,华丽自然,不亚于张可久。所作杂剧五种俱佚。

元杂剧《鹔鹴裘》庄一拂编著《古典戏曲存目汇考》云:各本钟嗣成《录鬼簿》未见记载,朱权撰《太和正音谱》著录此剧简名,正名无考。并注曰:四人共作。第二折施均美,第三折黄德润,第四折

沈珙之。臧懋循《元曲选目》亦作简名《鹡鸰裘》[13]。范居中,字子正,号冰壶,浙江杭州人。其父玉壶卜术为业,父子居三元楼前。每岁元夕,必以时事题纸灯上,杭人聚观,远近皆知名。居中善操琴,能书法。工乐府,擅制南北合腔。学问赅博,人知其有才,不敢难也。其妹亦有文名,大德间(1297—1307)被召入都,居中亦北行。终以才高不见遇,而卒于家。施惠,字君美,一作均美,元时浙江杭州人。居吴山城隍庙前,以坐买为业。好谈笑,诗酒之暇,惟以填词和曲为事。著有《古今砌话》。一说君美姓沈,见钟嗣成《录鬼簿》曹栋亭本。所作曲今见《拜月亭》传奇,为元、明间四大传奇之一,生卒年均不详,约元元贞初前后在世。自来多传为《幽闺记》作者。钟嗣成、赵良弼、陈彦实常至其家,每承接款,多有高论。朱权撰《太和正音谱》评其词曲,列入杰作。黄天泽,字德润,浙江杭州人。沈和甫同母弟。幼年屈就簿书,先在漕司,后居省府,郁郁不得志;崑山补州吏,又不获用,竟不归而终。工曲,为当时人所称,有乐府曾播于世。朱权撰《太和正音谱》评其词曲,列于杰作中。沈珙,字珙之,浙江杭州人。天资颖悟,文质彬彬,然性不能俯仰,故不愿仕进。以老而无后,病无所归,陈以仁馆之于家,不旬日而亡,以仁殡之。所编乐府甚多,惜皆散佚。朱权撰《太和正音谱》尝评其词曲,列于杰作中。

元杂剧《卓文君驾车》 庄一拂著《古典戏曲存目汇考》云:清姚燮《今乐考证》[14]著录。朱权撰《太和正音谱》、臧懋循《元曲选目》、《曲录》[15]并著录此剧略名,正名无考。按文君驾香车,乃奔相如故事中一重要节目,惟见于元人曲辞中"驾香车不惮于程路杳"句。佚[16]。

元南戏《卓氏女鸳鸯会》 此戏未见著录。《永乐大典戏文三种·宦门子弟错立身》咏传奇名《排歌》中有"鸳鸯会,卓氏女"[17]。佚。

元传奇《司马相如题桥记》庄一拂编著《古典戏曲存目汇考》云：明徐渭《南词叙录·宋元旧篇》著录[18]。明代钮少雅《九宫正始》题《司马相如》，注云："元传奇。"钱南扬《宋元戏文辑佚》本[19]，存残曲一支。明代晁瑮《宝文堂书目》有《汉相如题桥记》一本，清阙名《传奇汇考标目》[20]别本无名氏中亦见同目一本，疑即此戏[21]。

元传奇《风月亭》庄一拂编著《古典戏曲存目汇考》云：此戏未见著录。钮少雅《九宫正始》引注："元传奇。"《宋元戏文辑佚》本，存残曲一支。叙卓文君会司马相如于瑞仙亭故事，亦即《风月瑞仙亭》简称[22]。

元散曲《题卓文君花月瑞仙亭传奇》汤式撰，明陈所闻辑散曲集《北宫词纪》（全名为《新镌古今大雅北宫词纪》）卷五收，为套曲《南吕·一枝花》[23]。

三、明代杂剧九种、传奇九种、小说二种

明杂剧《风月瑞仙亭》庄一拂编著《古典戏曲存目汇考》云：汤式著，姚燮《今乐考证》著录。明贾仲明《录鬼簿续编》仅作简名《瑞仙亭》[24]。朱权《太和正音谱》、臧懋循《元曲选目》并著录此剧略名，题目正名无考。佚[25]。汤式，字舜民，号菊庄，浙江象山人。尝补本县吏。臧懋循《元曲选目》诸书，俱误"汤"为"杨"。好滑稽，落魄江湖。生卒年均未详。明成祖在燕邸时，宠遇甚厚。所制戏曲，套数小令极多。散曲有《笔花集》传世。惟所作杂剧两种，不传。朱权《太和正音谱》称其词如"锦屏春风"。

明杂剧《卓文君私奔相如》朱权著，姚燮《今乐考证》著录，有

明赵琦美辑脉望馆钞校于小谷本,《孤本元明杂剧》本、《古本戏曲丛刊》本[26]。题明丹邱先生,不分折。题目"蜀太守扬戈后从,成都令负弩前驱"。正名"陈皇后千金买赋,卓文君私奔相如"。其叙司马相如居成都贫,因汉武帝即位招贤,遂辞父老赴京寻出身,行至升仙桥题桥云:"男儿当以功名为重,大丈夫不乘驷马车,不复过此桥。"卓王孙久闻相如文名,又听说题桥之志,遂依门侯王,欲以馆款数日,赍助盘费。相如经王孙宅,思文君才貌新寡,欲以琴挑之。相如投宿,王孙喜迎。文君久闻相如天下奇士,画屏窃窥。相如鼓琴,文君心动,欲当即荐枕,相如云不若私奔归家,永为夫妇。文君出香车为御。王孙发觉,令人急追,因文君御车,仓促仍不失男尊女卑、夫唱妇随之大义,遂脱。相如家徒四壁,不得已夫妇于临邛卖酒赡生。两成都恶少年买酒调戏,被抢白而去。李孝先担柴沽酒,知是相如。汉武帝读《子虚赋》,令人召见相如,使因替陈皇后千金买赋。相如拜中郎将,奉命通蜀道,荣归故里。茂陵富妇有女美貌,相如心动,文君作《白头吟》,遂罢。成都太守、本地县令出迎,至升仙桥。王孙来贺,惶愧,相如宽慰,王孙厚赠。朱权《太和正音谱》、臧懋循《元曲选目》均略作《私奔相如》。晁瑮《宝文堂书目》、钱曾《也是园书目》著录正名[27]。《选目》《考证》均误标为元柯丹邱之作。近人王季烈评此剧云:"有元人之古朴,而无元人粗野之弊;有明人之丽,而无明人堆砌之病。"[28]朱权(1378—1448),明太祖第十七子。就封大宁(今辽宁宁城一带),卒谥献王,世称宁献王。少负气好奇,自称大明奇士。晚慕冲举,号臞仙。涵虚子、丹邱先生,均其别署。博学好古,旁通释老,尤深于史。凡群书有秘本,莫不刊布。尤工戏曲,著有《太和正音谱》一编,盛传至今,为研究元、明杂剧要籍。其他四部著述,亦甚丰富。所作杂剧十二种,自列其目于《正音谱》,题"丹邱先生"。自脉望馆曲藏发现后,始见存二种。

明杂剧《**汉相如献赋题桥**》朱有燉著，此戏未见著录。赵琦美脉望馆钞校本。钞校本未题作者，实即钱曾《也是园书目》古今无名氏《西汉故事》总题为《司马相如题桥记》译本。其他戏曲书簿未见记载。题目作"王令尹敬贤有礼，蜀富家择婿无骄"；正名作"卓文君当垆卖酒，汉相如献赋题桥"[29]。后题记："万历四十三年七月廿三日漏下二鼓校于小谷本。于相公云不似元人居度，县隔一层，信然。相公东阿人，拜相见朝后便殂。观其所作，（谈）笔尘胸泾渭了了，惜也！不究厥施云。清常道人琦美。"又补题："《录鬼符》（当作录鬼簿）有关汉卿《升仙桥相如题桥》，当不是此册，四十五年丁巳十二月十六日清常又题。"其叙临邛县令王吉迎司马相如养病，思撮合文君。王孙、程郑邀酒，王孙令文君劝酒。相如弹琴，文君窥，相如觉。相如佯醉留宿，王孙因梦欲许相如亲事，婆婆则嫌寒儒，欲许程家大郎。王孙云：相如乃天下美丈夫，他日岂愁显贵？相如托媒求亲，王孙一口许定。相如择日娶回文君。渲染新婚蜜意。相如发病。王孙为激发相如进取功名，收回供帐童仆。相如文君二人赌气买客房居住临邛卖酒，王孙送还妆奁，相如云："大丈夫不能自立，岂可仰望他人？"文君劝收。王吉来赠金、马，劝相如当日进京博取功名。相如立即启程，文君送至升仙桥，相如题誓，夫妻作别。相如进京，恰同乡杨得意向武帝进呈其《子虚赋》，皇帝嘉问，遂使人召。相如进《上林赋》《大人赋》等赋，加赐中郎之职，持节往成都安抚唐蒙所扰成都百姓。相如驷马高车过升仙桥，文君冠帔相迎。王吉升成都太守，负弩矢而迎，王孙跪接。相如宣谕，西南夷纳降，相如报功，犒劳三军。朱有燉（1379—1439），号诚斋，又号锦窠老人。明太祖第五子之长子，洪熙元年袭封，所作杂剧三十余种。明高儒《百川书志》谓：总名《诚斋传奇》，异乐府行也。至今尚传于世。多取材于神仙歌舞，内容不足取，旧作翻新，因循蹈袭，更未足称。清钱谦益

《列朝诗集》称其"勤学好古，留心翰墨"。所著诗文，有《诚斋新录》《诚斋集》《诚斋遗稿》及《诚斋词》等集。年六十一，卒于开封。沈德符《顾曲杂言》称其所作杂剧，"虽警拔稍逊古人，而调入弦索，稳协流丽，犹有金元风范"[30]。庄一拂编著《古典戏曲存目汇考》误为《汉相如献赋题桥》[31]。

明杂剧《**琴心雅调**》庄一拂编著《古典戏曲存目汇考》云：叶宪祖著，明祁彪佳《剧品》著录[32]。清祁理孙撰《奕庆读书楼目录》亦载此总名。其他戏曲书簿未见记载。存本未题作者，亦不载题目正名。祁彪佳《剧品》注谓：南曲八折。按此剧演司马相如、卓文君故事，上下两卷，各四折，计《挑琴》《奔凤》《涤器》《题桥》《献赋》《还乡》《交欢》《重聚》。按其局段，似非剧体[33]。叶德均著《戏曲小说丛考》云："（傅芸子）《白川集》说：'《琴心雅调》二卷。万历刊本，每半页九行，行十八字，宾白双行。首无序文，不题撰者姓名，演司马相如卓文君故事……此亦传奇体裁（曲文南北合套），上下二卷各四折，不似《琴心记》（四卷共四十四折）之繁缛，盖以简明胜也。此本亦罕见，兹志其出目：上卷计《挑琴》《奔凤》《涤器》《题桥》。下卷计《献赋》《还乡》《交欢》《重聚》共八折。'（九六页）原书未题作者，这里也当作无名氏作品看待。其实，《琴心雅调》这一剧名，明清的曲目虽没有著录，也并非无可考。吕天成《曲品》卷下陆济之《题桥》项说：'相如事，此记最典实，文君有姨，似蛇足。吾友叶美度有《琴心雅词》八出，甚佳。'按《曲品》上下二卷所录剧目计一百九十一种，全是传奇，例不收杂剧。偶有涉及，也只是附记于传奇目下，如《连环》项下的《夺戟》剧、《鸳衾》项下的《凤钗》二剧、《量江》项的《锁骨菩萨》、《符节》项的《灌夫骂座》剧等，都没有例外。我以前撰《曲品考》时，从书中钩出释曲部分剧目十七则，便疑心这是杂剧，至原书出现，就得到证实了。现在所见五本《曲品》都从传钞本出，错字颇多，《琴心雅调》也误为'雅词'，难怪有疑为散曲集的，有了原书，就可更正了。""就剧名看来，这本似不满孙柚《琴心记》而作，特别标出'雅调'，以示不同，惜无序跋可征。"[34]"日本内阁文库藏明刊本二卷，未题撰人。""日本藏本即宪祖之作[35]。"叶宪祖（1566—1641），字美度，一字相攸，号桐柏，又号槲园居士、紫金道人等，浙江余姚人。万历进士。魏阉建祠，适在同巷，宪祖徙寓而去，魏闻之，大怒，削宪祖籍，遂归。崇祯元年，起为南刑部郎，后改任广西按察使，不赴辞归，家居五年卒，年七十六。生平好度曲，每一曲脱稿，即付伶人习之，刻日上演。信佛，与僧湛然甚亲密。其所作曲，有杂剧《灌将军使舅妈作记》《尽瘁寒衣记》《北邙说法》《易水旱》《团花凤》《夭桃纨扇》《碧莲绣符》《丹桂钿盒》《素梅玉蟾》（上四种合称《四艳记》）及《琴心雅调》十种，均存。据《曲品》载，所作传奇有：《四艳集》（即上列四种合刊）、《鸾鎞记》、《金锁记》（言言斋藏精钞本、北京图书馆藏残钞本）、《双修记》（《曲品》误作《双卿》）、《玉麟记》五种。前三种今存，后二种未见传本。

明杂剧《相如记》明韩上柱撰。上柱，字孟郁，南海人。万历二十二年举人，南国子博士。知兵，而不为时用，抑郁死（见《列朝诗集》丁集十三下）。清黄宗羲《思旧录》（不分卷）云："韩上柱，字孟郁，广东番禺人，以国子监丞左迁照磨……在旧院演所作《相如记》，女优傅灵修为《文君取酒》一折，便赍百金。"叶德均著《戏曲小说丛考》云："按傅优即万历间南教坊工北曲之傅寿，灵修乃其字也（见《万历野获编》卷二十五《北词传授》条）。"又云："按此剧衍司马相如卓文君事。"[36]

明杂剧《司马相如归西蜀》明阙名作品。庄一拂编著《古典戏曲存目汇考》云：此戏未见著录。清黄文旸《重订曲海日》著录此剧于明阙名杂剧目内,题目不详[37]。列于许潮《泰和记》中《陶靖节隐栗里》《桓元帅会龙山》两剧之次,殆亦《泰和记》中之一种。佚[38]。

明杂剧《汉相如四喜俱全记》明阙名作品。庄一拂编著《古典戏曲存目汇考》云：此戏未见著录。晁瑮《宝文堂书目·乐府》著录此剧总题,题目正名未详[39]。

明杂剧《鸳鸯会》明阙名作品。庄一拂编著《古典戏曲存目汇考》云：元杨朝英编《朝野新声太平乐府》载孙季昌集杂剧名《端正好》套曲内有简名,题目正名无考[40]。佚[41]。

明传奇《琴心记》孙柚著,姚燮《今乐考证》著录。明万历间富春堂刊本,明末汲古阁毛晋《六十种曲》原刊本,《古本戏曲丛刊二集》据以影印。《六十种曲》题为"绣刻琴心记定本",明孙梅锡著,共四十四出,首出自"家门始终",题目为"汉武帝前席求贤,卓王孙杜门辱婿;倦相如终遂题桥,另文君不孤缄句",尾出至"鱼水重谐"。其叙司马相如以资求郎,官授武骑常侍。因失意西游梁孝王,文思大进。不意梁孝王卒,遂践故人王吉之约往临邛休养。富室卓王孙、程郑敦请,相如托病却辞。后闻卓女文君美而知音,遂往。文君未嫁而寡,留意相如。相如托醉借宿,夜奏琴曲以挑文君。文君次日私奔相如,夜遁成都。相如家徒四壁,文君劝返临邛,贷诸昆弟,皆无应者。幸乳母助资,开酒肆当垆。王吉、程郑劝王孙收恤赠资,不意归途被劫,文君复染病。相如卜卦严君平,题柱升仙桥誓志。适逢里人杨得意举荐,诏宣相如入朝。相如作《上林赋》称旨,授著作郎。唐蒙激变西蜀,相如被授中郎将,建节往谕巴蜀。王吉郊迎,王孙具牛酒通好,接回文君。唐蒙忌恨相如,假传相如被下蚕室。王孙逼文君改嫁,文君逃,出家为尼。唐蒙复于京师诬陷相如,相如入狱三年。逢王吉升任大廷尉,相如平反,并杀唐蒙。相如养病茂陵,坚拒东邻美女。陈皇后请赋，相如作《长门赋》。文君误闻相如别娶，书《白头吟》送至，相如迎文君，夫妇团圆。卷末收场诗云："才子文章冠今古，佳人倾国更知音。花间每忆相思调，月下常追隔壁琴。分散莫嫌清夜怨，团圆须记《白头吟》。谁人为写云和曲，落魄孙生万古心。"郭英德以为此剧当在万历二十一年（1593）以前[42]。《曲考》、黄文旸《曲海目》、王国维《曲录》并见著录，列入无名氏。全记四卷四十四出。庄一拂编著《古典戏曲存目汇考》云：明徐复祚《花当阁丛谈》谓：孙柚与其善，性粗豪，不修曲谨。尝取长卿以琴心挑文君事作传奇，亦俊逸可喜。第头脑太乱，脚色太多，大伤体裁，不便于登场，以故反不若梁辰鱼《浣纱》之传[43]。此剧今亦无演者。孙柚，字梅锡，一字禹锡，江苏常熟人。居藤溪，萧然一室，无儋石储，而好客不衰，约明万历十一年前后在世。有《藤溪集》。

明传奇《题桥记》庄一拂编著《古典戏曲存目汇考》云：徐复祚著，此戏未见著录。《梅花草堂笔谈》有此记。《传奇汇考标目》别本亦著录之。当叙司马相如事。佚[44]。徐复祚（1560—?），原名笃儒，字阳初，号暮竹，江苏常熟人。博学能文，尤工词曲。卒于崇祯三年（1630）以后。自云张凤翼为其妻之世父，往往就之受曲学指导。著有《三家村老委谈》三十卷，一名《花当阁丛谈》，内论曲甚精。又《家儿私语》一卷，见《丙子丛编》。戏曲作品有杂剧三种，传奇六种，泰半盛传于世。

明传奇《题桥记》或云陈济之撰，或云陆济之撰。叶德均著《戏曲小说丛考》云："高《品》题马瑞兰作，似误。"又云："按：吕氏《曲品》而终《曲苑》本、祁氏《曲品》、《古人传奇总目》、《传奇汇考》、改定本《曲录》卷四俱作陈济之；《曲海目》、《今乐考证·著录》暖红室、吴梅两校本《曲品》、《曲录》初稿本作陆济之，疑《曲海目》始以'陈'作'陆'。"[45]庄一拂编著《古典戏曲存目汇考》

云：陆济之著，姚燮《今乐考证》著录。吕天成《曲品》、远山堂祁彪佳《曲品》、明末清初高奕《传奇品》[46]、清焦循《曲考》[47]、黄文旸《曲海目》、王国维《曲录》并见著录。远山堂祁彪佳《曲品》、高奕《传奇品》作陈济之，非是。别题《绿绮记》。吕天成云："相如事，此记最典实。文君有姨，似蛇足。吾友叶美度有《琴心雅调》八出，甚佳。"佚[48]。按，日本东京大学东洋文化研究所藏万历四十四年序刊本冯梦祯《快雪堂日记》（《快雪堂集》），记有《题桥记》（卓文君月下听琴），全本逸失。日本学者田仲一成简述其所采录的一段云："汉代成都人司马相如流浪到临邛寄居于旅馆。每晚从邻家听到女性的叹息，问人才知是卓文君。相如一夕弹琴，把前来听琴而伫立窗外的卓文君请进房间。两人一起弹奏，颇为投合。相如向文君求欢，文君有所踌躇，而相如对月发誓永不变心，于是，当场结为夫妇。"[49]根据这些提供的剧情，显然属于明代较为滥俗的作品，疑与上两种《题桥记》有关。

明传奇《绿绮记》 庄一拂编著《古典戏曲存目汇考》云：杨柔胜著，姚燮《今乐考证》著录。《明清传奇钩沉》辑有佚曲四支。吕天成《曲品》、高奕《传奇品》、焦循《曲考》、黄文旸《曲海目》、王国维《曲录》并见著录。演相如、文君故事。《曲品》云："茂陵女作妓，点缀亦好，无妨。以文君为处子，正不必。至于投庵，则套矣。"杨柔胜，字新吾，江苏武进人，约明万历十年前后在世[50]。

明传奇《相如记》 庄一拂编著《古典戏曲存目汇考》云：韩上桂著，此戏未见著录。黄宗羲《思旧录》云：韩上桂以国子监丞左迁照磨，在旧院演所作《相如记》，女优傅灵修为《文君取酒》一折，便赏百金[51]。佚[52]。

明传奇《当垆记》 庄一拂编著《古典戏曲存目汇考》云：陈贞贻著，远山堂吕天成《曲品》著录。其他戏曲书簿未见著录。吕天成

《曲品》云："传长卿者多矣,惟《鹔鹴裘》能集众长,此亦足分半席。"又云："旧本入买臣妻生离,为文君对症,近以宾胜去之。"佚[53]。陈贞贻,字号未详,江苏宜兴人。世居吴中,与汪廷讷善。

明传奇《凤求凰》 庄一拂编著《古典戏曲存目汇考》云：陈玉蟾著,姚燮《今乐考证》著录。明崇祯间刊本,清初玉夏斋重印本,《古本戏曲丛刊二集》本据崇祯刊本影印。刻本题澹慧居士编。焦循《曲考》、黄文旸《曲海目》并见著录,列入无名氏。全剧三十出,演相如、文君事。题目作"贤武帝征书下西蜀,蠢王孙钱势逐东床；病司马雄文惊海内,俏文君慧眼识才郎"。本事出《西京杂记》[54]。陈玉蟾,号澹慧居士,未详其字,江苏宜兴人。生平事迹未详。

明传奇《凌云记》 韩上桂撰。明祁彪佳《曲品》手稿内"能品"有韩上桂《凌云记》，"为司马长卿作北曲"。叶德均著《戏曲小说丛考》云即此剧,盖谓相如有凌云之志,故以为名也。列为杂剧[55]。郭英德《明清传奇综录》列为传奇,并云现存民国二十一年（1932）重抄本,香港大学中文系教授罗忼烈藏,《古本戏曲丛刊五集》影印之。题"罗浮天游子漫笔"。首载署"壬申（1932）夏日后学东官邓锷敬撰并书"之《叙》及《凌云记凡例》,凡二卷二十出。《凡例》云："此记全谱司马相如出处,不专求凤一事,故特举凌云以见概。"其叙相如居家赋《上林》，临邛富室卓王孙女文君未嫁而寡,父兄屡欲其改聘康三官之子康冢,文君不从。相如客居临邛,偶游王孙后园,邂逅文君,一见钟情。县令王吉为媒,王孙有意,而文君兄坚阻,文君方谋私奔。武帝召相如,相如作《大人赋》，授著作郎,供职翰林。康冢以军功为边将,围困临邛,誓得文君。王孙逼文君从,文君以死自誓。其后相如使蜀,衣锦还乡,解救文君,得成夫妇。郭英德考证,此剧作于万历二十六年（1598）至三十三年（1605）之间。远山堂《曲品》评云："天游子力返于古,为司马长卿作北曲,词不易宫，宫不易调，入明以来，仅见于此。但其为词，有芜杂处，而流利觉少。且一折中用两人唱，亦非旧式。"郭英德亦云："此剧用北曲联套，故各出多为多场戏，人物上下频繁，关目反见紊乱。"[56]韩上桂（1572—1644），字芬男，一字孟郁，号月峰，别署浮天游子，广东番禺人。万历二十二年举人，两赴春官不售，遂放怀诗酒，游咏胜地。万历四十四年，以亲老家贫，任定州学正。天启末年，历官建宁府同知，饷边宁远，卒于任所。著有《朵云山房遗稿》。另有传奇《青莲记》，佚。

明传奇《风月亭》 庄一拂编著《古典戏曲存目汇考》云：明阙名作品，王国维《曲录》著录。《曲录》据阙名《传奇汇考》著录。其他戏曲书簿未见著录。佚[57]。

明小说《卓文君慧眼识相如》 明冯梦龙著《警世通言》卷二十四，三桂堂覆刊本。兼善堂本卷六《俞仲举题诗遇上皇》以其事录头回故事，略有改动。

明小说《卓文君》 冯梦龙撰。冯梦龙《情史》，又名《情史类略》，二十四卷，分二十四类，每类一卷，即情贞、情缘、情私、情侠、情豪、情爱、情痴、情感、情幻、情灵、情化、情媒、情憾、情仇、情芽、情极、情秽、情累、情疑、情鬼、清妖、情外、情通、情迹，多以主人公名字、姓氏、职业为题，简要介绍人物籍贯、性格，叙述爱情生活、纠葛、遭遇，也写鬼神情爱或人鬼恋情，多同见于前人著作，冯氏改写或补充、虚构之。每则故事多有按语，清政府列为艳词淫书禁之。《卓文君》列入"情侠类"，作者解释："皆侠女子能自择夫者。"小说简括《史记》司马相如本传而成，并录文君所作相如诔文。其后按语颇有特色，云："妻者，齐也。或德、或才、或貌，必相配而后为齐。相如不遇文君，则绿绮之弦可废。文君不遇相如，两颊芙蓉后世亦谁复有传者？是妇是夫千秋佳偶，风流放诞，岂足病乎？今之蓬州，唐谓之相如县，迄今有相如祠。相如之取重后代若此，彼风流放诞者得乎哉！长卿氏曰：'文君之为人，放诞风流也。'女不侠不豪，侠不放诞风流不豪，放诞风流不眉色姣好不豪，姣好放诞所奔非相如亦不豪，奔相如不家徒四壁亦不豪，家徒四壁不亲当垆、相如与佣保杂作、涤器于市亦不豪，亲当垆相如涤器、不得僮百人钱百万、太守郊迎、县令负弩、卓王孙临邛富人皆伛偻门下亦不豪，此所以为放诞风流也。文君以身殉相如，相如亦以身殉文君，一琴一诔，已足千古。《美人赋》《白头吟》蛇足矣。"[58]又其《情史》卷六"情爱"类专列"男爱女"者，亦有《卓文君》一文，取卓文君美貌放诞，遂使相如消渴病疾作，相如为《美人赋》自刺，终不改而卒，以及王吉夜梦蟛蜞人语，故天下皆呼长卿蟛蜞等事；又卷八"情感"类专录"感人"故事，亦有《长门赋》一文，取陈皇后得罪汉武帝，遣人千金求相如赋事。

四、清代杂剧二种、传奇七种、小说一种

清杂剧《长门赋》庄一拂编著《古典戏曲存目汇考》云：叶奕苞著，姚燮《今乐考证》著录。清叶弈苞《锄经堂乐府》刊本。黄文旸《曲海目》、王国维《曲录》并见著录，署群玉山樵撰。按戏剧相如、文君事甚多，专取材《长门赋》事，仅见此本[59]。叶奕苞，字九来，江苏昆山人，约清康熙初前后在世。少负异才，博雅擅诗歌，工书画，好金石。与姜宸英、施闰章、陈维崧、归庄辈游，为时所推。筑半茧园，集秦、汉以来金石碑刻，参互证辨，细加隶释。生平著述甚富，有《花间续草》等集。

清杂剧《鹡鸰袠》吴孝绪撰。张云骧《芙蓉碣》传奇吴孝绪光绪四年《跋》自谓："留心于音律，几三十年，向有《双燕楼》《鹡鸰

裘》杂剧二种。"吴孝绪，字云在，上元人[60]。庄一拂编著《古典戏曲存目汇考》同[61]。

清传奇《鹔鹴裘》袁于令著。叶德均著《戏曲小说丛考》云：凌蒙初纂辑的《南音三籁》，曾著录于钱氏《也是园书目》和丁氏《八千卷楼书目》。"像《仙侣人双调》《忒忒令》《珍珠衫》《诘襟》后说：'《西楼梦》《窦娥冤》《珍珠衫》《鹔鹴裘》四种，皆箨菴家伯少年之作，风流蕴藉，尚有元人款段；音律既调，俊句时露。不肖以瓜李之嫌，不敢多收，然佳处不至〔止〕于此也。'这明是袁园客口吻，和原辑者凌蒙初无涉。这套也当袁氏增入。"[62]庄一拂编著《古典戏曲存目汇考》云：姚燮《今乐考证》著录。明末刊本，《古本戏曲丛刊二集》本。高奕《新传奇品》、王国维《曲录》并见著录。据《汉书》本传，旁采诸书，凡关相如之事，大概填入[63]。剧题《剑啸阁鹔鹴裘记》，署"幔亭歌者著"，凡二卷四十四出，中有缺页。其叙故事，凡《史记》以及诸书所有文君相如资料，悉皆填入。剧中人物，除易相如书童青囊为研奴，文君婢女孤红为翩云外，皆与孙柚《琴心记》同。惟删除《琴心记》后半唐蒙害相如事。远山堂《曲品》云："传常卿者多矣，惟《鹔鹴裘》能集众长。"郭英德以为此剧刻于明末，为袁于令少年之作[64]。袁于令（1592—1674），原名韫玉，又名晋，字令昭，号箨庵、凫公，别署幔亭、幔亭峰歌者、幔亭仙史、白宾、吉衣道人等。吴县（今属江苏）人。万历间府庠膳生，膺岁贡，因狎妓争讼，开除学籍。崇祯间为京官。清兵南下，乡里挽其作降表进呈，以功叙荆州知府，然十年不陞进，终日以围棋度曲自娱。长官讽之曰："闻君署中，终日只闻棋声、笛声、曲声是否？"袁曰："然。闻明公署中，终日亦有三声。"袁曰："是算盘声、天秤声、板子声耳。"长官大恚。遂劾之落职。晚年寓居会稽，忽然异疾卒。著有诗文集《音室稿》《砚斋稿》，小说《隋史遗文》，评点《两汉演义》。工作曲，师叶宪祖，与吕天成、王冀德、祁彪佳、冯梦龙、沈自晋交往。所撰杂剧二种，《双莺传》今存，《战荆柯》佚。传奇九种，《西楼记》《金锁记》《鹔鹴裘》《长生乐》今存；《珍珠衫》残存；《玉符记》《瑞雨记》《合浦珠》《汨罗记》佚。清毛先舒《袁箨庵七时序》评："歌词一落笔，晨而脱稿，夕遍里巷，过数十日而海内管弦而歌。凡北里善和诸坊曲，氍毹灯烛高堂所奏，无非袁生辞也。"

清传奇《封禅书》朱瑞图撰，未见著录。现存清康熙间秘奇楼刻本，北京图书馆藏，《古本戏曲丛刊五集》据之影印。题"新编乐府""杏花使者外书""封禅书""秘奇楼"。首题"康熙五十七年戊戌（1718）阳月下浣之吉故虞朱瑞图书于庐阳公署"之《序》，题"世弟东山下人朱勋题"之《序》。题目为《秘奇楼封禅书乐府新编》，署"金庭杏花使者手编""古虞东山下人批点""兰岫居士参校"。附《秘奇楼外书前卷》，卷上录《封禅书》《史记·司马相如列传》《子虚赋》《大人赋》等；卷下录《司马相如外传》《论文》《明旨》《演法》等。卷三至卷六为正式戏文，凡四十二出。首有《题名》，云《封禅书》，一名《琴台》《人生乐》《富贵神仙》。其叙大率据《史记》本传及所附外传。惟文君私奔后，于都亭先谒王吉，吉为主婚，以归清白。而言相如卖酒，乃为佯狂避世。西南白马国王杨氏许意相如，率众降服，相如以鹔鹴裘为聘。文君作《白头吟》，然武帝赐婚相如与白马王。卫青嫉妒相如，遂谗相如好色。上元夫人下凡，献仙丹与武帝，相如先食，帝怒缚之，相如吐丹飞仙。文君守寡十年，养遗腹子伯乐成人后，亦升仙。武帝封禅，命张骞往相如府寻出其欲先拟好之《封禅书》，叹服。作者自序云："如是而曰文君真贞妇，真顺女，孰从而知之哉！孰从而称之哉！故不惜破格翻藩，自出只眼，自用大才，而以旅从一着，自定百年，留香千载也，岂匹夫匹妇之谅所得而弃之也哉！故曰：若文君者，天下之极贞而极顺者也，何谓无赖哉？"作者另有《秋兰佩》《纯孝鞭》《千金锥》传奇，均散铁[65]。

清传奇《才人福》朱凤森撰，未见著录。今存清嘉庆二十五年（1820）刻《韫山六种曲》本。题《才人福》，署"桂林朱凤森韫山填词"。首载署"桂林朱凤森为之需"之《韫山六种曲序》及署"任人云峤许鸿磬撰"之《才人福传奇序》、署"桂林朱凤森韫山记，时庚辰三月二十四日辰刻"之《自跋》。凡二卷十六出。作者《自跋》云："嘉庆庚辰春，寓梁园，与许子云峤友善。余读《史记·司马相如列传》，以为长卿与文君之事，儿女私情耳，后世史笔不肯书，不暇书，亦不能书。而史公文，乃淋漓曲尽如此。因玩赏不忍去手。适云峤至曰：'韫山，曷加之粉黛，叶以宫商，使古人复开生面乎？'余唯唯谢不敏，然窃韪之。偶坐小窗，演《才人福》十六折。喜云峤谙于宫调，句之拗口者，相与酌定。书成，聊以自娱，不敢示他人也。"清恽珠《正始集》云："姚氏，朱凤森室。与朱同工填词，曾合谱《才人福》《十二钗》等曲。"[66]

清传奇《鹣鹣裘》庄一拂编著《古典戏曲存目汇考》云：许树棠著，此戏未见著录。钞本。凡二卷二十四出，见1934年《北平图书馆戏曲音乐展览会目录》[67]。许树棠，字号、里居、生平皆未详。

清传奇《凤凰琴》《曲考》《曲海目》《今乐考证》并见著录，均误入清无名氏传奇目。现存长乐郑氏藏明崇祯间刻本，《古本戏曲丛刊二集》影印。题《评点凤求凰》，署澹慧居士编。凡二卷共三十出，分"评点凤求凰卷上""评点凤求凰卷下"两部分。上卷：标引、草赋、游梁、闺怨、访友、召客、慰病、怜才、琴挑、遣探、传幽、侠媾、掷女、解裘、买赋；下卷：征贤、当垆、赠遗、题桥、献赋、大猎、谏书、蜀变、驰檄、谋欤、寄吟、建节、昼绣、臣夷、归隐。据此略知其叙情节：相如作《子虚赋》，梁孝王召为客。梁孝王死，相如访临邛令好友王吉，赴宴卓王孙家，琴挑文君，佯醉留宿，偕女私奔。家徒四壁，解裘买醉。陈皇后买赋，杨得意引荐，文君当垆，王孙赠金，相如题桥，献赋《上林》。唐蒙扰民，相如谕蜀，诸夷纳款，相如心动茂陵女，文君遥寄《白头吟》。相如建节，使蜀通夷，王吉负弩、王孙惭迎，西南平服，相如赐关内侯，王吉升散骑郎。相如倦宦，养病归隐。[尾]云"才人侠女风流韵，千古谁知遇赏音，彩笔惊飞五色云。"作者自述作意耳。据剧末收场诗"问谁拈出当垆案？罨画溪头陈玉蟾"，则澹慧居士名陈玉蟾，其余生平不详。庄一拂编著《古典戏曲存目汇考》云：椿轩居士著，此戏未见著录。清椿轩居士撰《椿轩六种曲》道光刻本，凡十六出[68]。郭英德《明清传奇综录》则以《古本戏曲丛刊》本考证，较为准确[69]。

清传奇《远山眉》清钱文伟撰。清李文瀚《风笛楼四种曲》《胭脂舄》传奇首《题词》注云："仆旧有《远山眉》，传卓文君事。"钱文伟，字兰台，道光咸丰时人，事迹不详[70]。庄一拂编著《古典戏曲存目汇考》同[71]。

清传奇《茂陵弦》（一名《当垆艳》）黄燮清撰，二卷二十四出，道光间刻《倚晴楼七种曲》所收本，郑振铎旧藏，今存北京图书馆[72]。

清小说《卓文君》古吴靓芬女史贾茗辑《女聊斋志异》（又名《女聊斋》）著录，编于清末。书前有匪遑民国二年久秋之月的《叙》，言："靓芬贾女史者，素崇拜蒲留仙之著作者也，而尤倾倒于《聊斋志异》一书。故其居恒读书之处，尝自颜其斋曰'女聊斋'，盖所以志慕也。"书编于光绪壬辰（1892）至民国二年（1913）之间，曾有中华图书馆石印本、上海春明书店铅印本等行世，然均流传不广，罕有提及。今有廖东点校，齐鲁书社 1983 年版本存世。小说简括《史记·司马相如列传》相关情节而成，并无新鲜补充。

五、近代传奇一种、话剧一种、弹词一种、章回小说一种

近代传奇《**当垆艳**》庄一拂编著《古戏曲存目汇考》云:李季伟著,民国戊寅昆明排印本。凡一卷。与云查民合撰[73]。李季伟、云查民,字号、里居皆未详,所作传奇二种(另一为《桴鼓记》),皆合撰。

近代话剧《**卓文君**》郭沫若著,脱稿于1923年2月18日。全剧三景,最早发表于《创造季刊》第二卷第一期。由安娜自日本福冈寄给在上海的成仿吾时,附笔云:"请仿吾大力改削"。3月7日成仿吾发表时,末尾说明:"只有这全剧的收场完全被我改换了。"3月10日又加《后记》云:"沫若又写信来,喊把题目改为《司马相如》,留下将来续作的余地。我觉得无需更改,将来续作时再用别的名称,亦无碍,所以我违背他自己的意思,把原名留下了。"此剧本后多次翻印、演出,并收入郭沫若集子,结尾皆用成仿吾改定稿,至于如何改定,已难查考[74]。剧本写汉代西蜀豪门卓文君始嫁目不识丁的"程家子",不久新寡。视财如命、富而且朽的公公程郑满口"经典圣言""礼教""风化",却暗藏图谋淫媳的用心。然而当她对文采风流、琴声悠扬的司马相如产生了强烈爱情后,遂和父亲卓王孙进行了一番激烈的唇枪舌剑,光明正大地投奔相如、改嫁相如。相如、文君、王孙、王吉以外,剧本增加了环红萧、卓弟、卓妹,恶奴周大,负奴秦二,文君公公程郑等形象[75]。此剧是郭沫若第一部反映妇女激烈反抗封建压迫的小话剧,和《王昭君》《聂嫈》一起,于1926年合集为《三个叛逆的女性》出版。

弹词《**凤求凰**》董秋蝉撰,二十回,二言目,民国十五年(1926)自序,同年天津益世印字馆排印。此前曾按日发表于天津《益世报》(一本)。今据谭正璧、谭寻编《弹词叙录》略介其意:司马相如少好

书剑，轻财仗义。父为商人，不乐子所为，欲为娶妇，相如不愿。适朝廷开捐官之风，父为捐武骑常侍。未就之际，父母病疫亡故，相如丁忧，不克上任。不久，相如家财耗尽，婢仆星散，乃从老仆王禄劝，向好友王吉借资进京就职。梁王来朝，遂携之归国。三年后相如怀念王吉，备礼遣王禄回蜀探望。王禄遇盗流落临邛卓王孙家为仆。时梁王得罪朝廷，赠金遣散文士，相如归蜀。相如经临邛病，赖名医张仲文治愈。县令王吉使迁居都亭，礼之甚恭。富绅卓王孙与程郑为姻亲，王孙二子一女，女文君嫁程次子，三月而寡，仍回母家。某日见相如过市，爱慕窃探。王孙邀相如，相如弹《凤求凰》，冀感动文君。文君遣仆王禄夜见相如，嘱请王吉媒。王孙嫌贫拒婚，文君夜奔，至成都成亲。不久因贫回临邛卖酒，王孙耻而闭门。亲友劝之，遂与文君相如约法三章：闭肆、离邛、高官乃回。相如允，王孙厚赠，夫妇回成都，富。武帝立，好辞赋。蜀人杨得意荐，相如入京，升郎官。六七年后，奉诏通好西南夷。道经临邛，王孙因之邀王吉为媒，招赘相如，许家产三分之一为妆奁，重为成婚。相如平服西南夷，升左中大夫。在京二年，苦念文君，请假归。王孙分三分财产与相如，相如辞官，与文君偕老，不复出仕[76]。作者董秋蝉事迹暂缺。

近代章回小说《凤求凰》张恨水著，早年可能发表于香港、上海等地的报刊上，具体待考，今有北岳文艺出版社1993年《张恨水全集》本。小说共十四回，起于"名拟古人善读夸蜀郡，事在今日策马上长安"，终于"豹尾兼虎头神仙何似，树荫驾窗影人月团圆"。叙相如少居成都，爱好书剑，成都无人相抵。遂请了父母之命，向长安寻出路，在长安得遇乡人狗监杨得意相携，做了武骑常侍。但因无聊和消渴之疾，自请解职。恰逢友人壶充国推荐，从游梁孝王府邸。一年余，梁孝王死，相如归成都，父母已经谢世，家业散尽。好友临邛县令王吉相邀，遂得与临邛富家卓王孙长女文君一见钟情。相如以琴曲

《凤求凰》挑文君,文君夜奔。王孙羞怒,拒资文君。相如以鹔鹴裘换酒,文君遂于临邛当垆卖酒。王孙耻不出户,因子女亲或王吉之劝,遂分家财与文君,文君、相如遂富,回成都。两年后,新天子汉武帝闻相如赋名相召,相如携文君至长安,得侍从郎官。过了几年,唐蒙通路西南夷引发民怨,武帝封相如为中郎将专使成都,安抚西南夷。相如、文君风光回成都,卓王孙重分家产,更厚文君。相如抚定西南,反遭谗贪污落职,于是清闲度日。武帝察知其财是岳父所分,故复其职,再拜孝文园令。相如多病无事,申请到茂陵静养,与文君琴瑟和谐,优游永远。小说文笔平淡,唯以细腻人情、史实款识为情致。新增酒保、杨得意、刘行俭、李多仁、赵作云等蜀郡人,壶充国、枚乘、邹阳、庄忌、如愿、王小厮、车夫、杨昌、文采、文星、唐蒙、王然于、吕越人、余宗汉、冉从等五国首长、袁广汉等形象,均皆温文尔雅,通情达理。即使王孙其人,亦情理可谅,一团和气,故必当抗战之前作者的早期作品。说解文君新寡乃未嫁丧夫之称,未免俗气。作者张恨水(1895—1967),原名张心远,祖籍安徽潜山,岭头乡黄岭村人。他在近半个世纪的写作生涯中,创作了一百多部通俗小说,其中绝大多数是中、长篇章回小说,总字数近2000万言,以《春明外史》《金粉世家》《啼笑因缘》《八十一梦》四部长篇小说为代表作。在小说之外,他还写有大量文艺性散文和新闻性散文,再加上3000首左右的诗词和一些剧本,全部作品在3000万言以上,人称"章回小说大家"、"通俗文学大师"、新闻战线上"徽骆驼"。张恨水的小说取材广阔,新闻性强,追求情节的曲折起伏,故事的生动有味,注重语言的平易晓畅,注意读者的审美心理和欣赏习惯,运用章回体这艺术形式表现现代生活。"九一八"事变后所写的以抗战为题材的"国难小说"闻名,艺术视野趋于开阔,格调趋于豪放。写于抗战时期和抗战胜利后的长篇小说揭露国民党腐败统治,巧于构思,富于想象，讽喻辛辣。中华人民共和国成立后任文化部顾问、中央文史馆馆员、中国作家协会理事，1967年正月因脑出血发作在北京去世。

以上所述宋元以来小说、戏文演变之文君、相如故事共四十八种。虽能反映大概，然遗珠者必在所难免，特草草具出，以就教方家。

参考文献：

[1] 万光治《文君、相如故事的文化解读》，《四川师范大学学报》2007年第2期。

[2] 庄一拂《古典戏曲存目汇考》卷二"上编戏文二宋元阙名作品"，上海古籍出版社，1982年版，第28—29页。

[3] 同上，第41页。

[4] 钱曾《钱遵王述古堂藏书目录》十卷，民国间七略盦灰丝栏抄本，附《古今杂剧》一卷、《续编杂剧》一卷。

[5] 程毅中《宋元小说家话本集》，齐鲁书社，2000年版，第351—362页。

[6] 钟嗣成撰《录鬼簿》二卷（清曹楝亭刊本），康熙间诵芬室读曲丛刊本。

[7] 晁瑮《宝文堂书目》，上海古籍出版社，2005年版。

[8] 庄一拂《古典戏曲存目汇考》卷四"中编杂剧一元代作品（上）"第149页。

[9] 朱权《太和正音谱》，中国戏曲研究院编《中国古典戏曲论著集成》。

[10] 臧懋循编《元曲选》，民国七年上海商务印书馆影印原刻本。

[11] 庄一拂《古典戏曲存目汇考》卷五"中编杂剧二元代作品（下）"第288页。

[12] 庄一拂《古典戏曲存目汇考》卷五"中编杂剧二元代作品（下）"第 345—346 页。

[13] 同上，第 369 页。

[14] 姚燮《今乐考证》，中国戏曲研究院编《中国古典戏曲论著集成》。

[15] 王国维《曲录》，晨风阁丛书本。

[16] 庄一拂《古典戏曲存目汇考》卷七"中编杂剧四元明阙名作品"第 582—583 页。

[17] 钱南扬《永乐大典戏文三种校注》，中华书局，1979 年版。

[18] 徐渭《南词叙录》，诵芬室读曲丛刊本。

[19] 钱南扬编《宋元戏文辑佚》，古典文学出版社，1956 年版。

[20] 阙名《传奇汇考标目》，宝敦楼旧藏（别本）钞校本排印。

[21] 庄一拂《古典戏曲存目汇考》卷二"上编戏文二宋元阙名作品"第 29 页。

[22] 同上，第 48—49 页。

[23] 陈所闻辑，赵景深点校《北宫词纪》，中华书局，1959 年版。

[24] 贾仲明《录鬼簿续编》，北京大学影印明钞本。

[25] 庄一拂《古典戏曲存目汇考》卷六"中编杂剧三明代作品"第 377 页。

[26] 古本戏剧编辑委员会编《古本戏曲丛刊·脉望馆抄校本古今杂剧（四集）》于小谷本。

[27] 钱曾《也是园书目》，玉简斋丛书本。

[28] 庄一拂《古典戏曲存目汇考》卷六"中编杂剧三明代作品"第 398 页。

[29] 古本戏剧编辑委员会编《古本戏曲丛刊·脉望馆抄校本古

今杂剧（四五）》。

[30] 沈德符《顾曲杂言》，四库全书本。

[31] 庄一拂《古典戏曲存目汇考》卷六"中编杂剧三明代作品"第414页。

[32] 祁彪佳撰，黄裳校录《远山堂明曲品剧品》，古典文学出版社，1956年排印本。

[33] 庄一拂《古典戏曲存目汇考》卷六"中编杂剧三明代作品"第451页。

[34] 叶德均《戏曲小说丛考（上册）》，中华书局，1979年版，第423—425页。

[35] 同上，第279页。

[36] 同上，第77—78页。

[37] 黄文旸《重订曲海目》，天津古籍出版社，1992年版。

[38] 庄一拂《古典戏曲存目汇考》卷七"中编杂剧四元明阙名作品"第554页。

[39] 同上，第642页。

[40] 杨朝英编《朝野新声太平乐府》，四部丛刊本，商务印书馆，1926年版。

[41] 庄一拂《古典戏曲存目汇考》卷七"中编杂剧四元明阙名作品"第665页。

[42] 郭英德《明清传奇综录（上）》，河北教育出版社，1997年版，第149页。

[43] 庄一拂《古典戏曲存目汇考》卷九"下编传奇一明代作品（上）"第878页。郭英德《明清传奇综录》第147页徐复祚《三家村老委谈》卷三著录此语。

[44] 庄一拂《古典戏曲存目汇考》卷九"下编传奇一明代作品

(上)"第 905 页。

[45] 叶德均《戏曲小说丛考（上册）》第 224 页。

[46] 高奕《传奇品》，中国戏剧出版社集印《中国古典戏曲论著集成》1959 年本。

[47] 焦循《曲考》，中国戏剧出版社集印《中国古戏曲论著集成》1960 年本。

[48] 庄一拂《古典戏曲存目汇考》卷九"下编传奇一明代作品（上）"第 909 页。

[49] 田仲一成《明清的戏曲——江南宗族社会的表象》第八章（下）《宗族演剧的戏曲世界》，第 289—290 页，北京广播学院出版社，2004 年版。

[50] 庄一拂《古典戏曲存目汇考》卷九"下编传奇一明代作品（上）"第 932 页。

[51] 黄宗羲《黄宗羲全集》，浙江古籍出版社，2005 年版。

[52] 庄一拂《古典戏曲存目汇考》卷十"下编传奇二明代作品"第 982 页。

[53] 同上，第 994 页。

[54] 同上，第 1065 页。

[55] 叶德均《戏曲小说丛考（上册）》第 78 页。

[56] 郭英德《明清传奇综录（上）》第 228 页。

[57] 庄一拂《古典戏曲存目汇考》卷十三"下编传奇五明清阙名作品"第 1614 页。

[58] 冯梦龙《情史（上）》，《冯梦龙全集》第 37 册卷四，上海古籍出版社，1993 年影印版，第 282－284 页。

[59] 庄一拂《古典戏曲存目汇考》卷八"中编杂剧五清代作品"第 718 页。

[60] 叶德均《戏曲小说丛考（上册）》第 103 页。

[61] 庄一拂《古典戏曲存目汇考》卷八"中编杂剧五清代作品"第 783 页。

[62] 叶德均《戏曲小说丛考（上册）》第 391 页。

[63] 庄一拂《古典戏曲存目汇考》卷十一"下编传奇三清代作品（上）"第 1141 页。

[64] 郭英德《明清传奇综录（上）》第 404 页。

[65] 按，此条君疏查，故而以上从郭英德《明清传奇综录（下）》第 838—840 页转录，以备核查。

[66] 按，此条君疏查，故而以上从郭英德《明清传奇综录（下）》第 1142—1143 页转录，以备核查。

[67] 庄一拂《古典戏曲存目汇考》卷十二"下编传奇四清代作品（下）"第 1351 页。

[68] 同上，第 1504 页。

[69] 郭英德《明清传奇综录（上）》第 458 页。

[70] 叶德均《戏曲小说丛考（上册）》第 134 页。

[71] 庄一拂《古典戏曲存目汇考》卷十二"下编传奇四清代作品（下）"第 1410 页。

[72] 郭英德《明清传奇综录（下）》第 1196 页。

[73] 庄一拂《古典戏曲存目汇考》附录一"近代作品"第 1736—1737 页。

[74] 王大敏《郭若史剧论》，武汉出版社，1992 年版，第 28 页。

[75]《郭沫若选集》第三卷(上册)，四川人民出版社，1979 年版。

[76] 谭正璧，谭寻《弹词叙录》，上海古籍出版社，1981 年版，第 75—77 页。

（汤君：四川师范大学文学院副教授、文学博士）

《全汉赋·司马相如赋》字误举例

李 英

费正刚、胡双宝、宗明华诸先生辑校的《全汉赋》,因其对两汉赋收集较全,自1993年出版以来,成为学者们的必备书。但我在拜读、使用该书(1997年第二次印刷)时,发现此书录文、校记中错误颇多,仅就此书中所选司马相如赋中的错误摘抄出来以向诸前辈请教。

一、《子虚赋》

(1)"又乌足以言其外泽乎?"校记云以《汉书·司马相如传》所录为底本,以《史记·司马相如列传》、《文选》李善注本、五臣本、六臣本及《艺文类聚》卷六十六所录为校本。校记云:"'鸟',《史记》作'恶'。《文选》作'焉'。"按:录文和校记不一致,依校本,"鸟"当作"乌"。《全汉赋》校记有误。

(2)"毒冒鳖鼋"。校记曰:"'毒昌',《史记》《文选》作'瑇珺'。"按:"昌"本当作"冒","珺"本当作"瑉"。《全汉赋》校误。

(3)"檗离朱杨"。校记曰:"'檗',《史记》《类聚》作'蘗'。"按:《史记》作"蘗",《类聚》作"檗"。《全汉赋》校误。

(4)"其上则有宛雏孔鸾"。校记曰:"'宛雏',《史记》《文选》作'鹓鸰',《类聚》作'鸳雏'。"按:"宛雏",《史记》《类聚》作"鹓雏"。

(5)"轔距虚"。校记曰:"'虚',《类聚》作'驴'。"按:"虚",《类聚》作"马虚";"距",《类聚》作"驵"。《全汉赋》校误并且失校。

(6)"扬袘戌削"。校记曰:"'袘',《史记》《文选》作'袣'。"按:《史记》《文选》作"袘"。《全汉赋》校误。

(7)"蜚襳垂髾"。按:《文选》李善注本引司马彪曰:"髾,燕尾也。"善曰:"襳与燕尾,皆妇人袿衣之饰也。"按:"襳"当作"襳",《全汉赋》录文有误。

(8)"于是乃群相与獠于蕙圃"。校记曰:"《史记》《文选》《类聚》无'郁'字。"按:原文没有"郁"字,此校记误,依校本,校记中的"郁"字本当作"群"字。

(9)"于是王无以应仆也"。校记曰:"'王'下《史记》有'默默'二字。"按:检《史记》,"王"下二字作"默然"。《全汉赋》校误。

(10)"浮渤澥"。校记曰:"'勃',《文选》《类聚》作'渤'。"按:录文和校记不一致,《汉书》作"勃",依《汉书》,《全汉赋》录文有误。

二、《上林赋》

(1)"佖侧泌㵎"。校云此篇参校所用各本同《子虚赋》。校记曰:

"'偪侧'，《史记》作'湢测'。"校记和录文不一致，《文选》李善注引司马彪曰："偪侧，相迫也"。《汉书》作"偪侧"。按：《全汉赋》录文有误，把"偪"，误作"佖"。

（2）"鰅鳙鰬魠"。按：依校本，"鰬"当作"鲢"。

（3）"采色澔汗"。校记曰："'汗'，《史记》作持'旰'。"按："汗"，《史记》作"旰"。《全汉赋》校误。

（4）"箴疵䴈庐"。校记曰："'箴疵䴈卢'，《史记》作'鵁鸕䴈鸬'，'鵁'，《集解》作'箴'。"按：依校本，"庐"本当作"卢"，《全汉赋》录文有误。又，此校记把"疵"字误作"疵"字。又，《集解》本当作《索隐》。《全汉赋》校误。

（5）"九嵕巀嶭"。校记曰："'嶭'，《类聚》作'巀'。"按：《汉书》作"九嵕巀嶭"。《史记》《文选》作"九嵕巀嶭"，《类聚》作"九嵕巀嶭"。《全汉赋》脱"嵕"字，衍"嶭"字，并且失校。

（6）"岩阤甗锜"。校记曰："'阤'，《史记》《文选》作'陁'。"按：《史记》《文选》作"陁"。《全汉赋》校误。

（7）"隐辚郁㠑"。校记曰："'㠨'，《史记》作'㠑'。"按：录文和校记不一致，《文选》《汉书》皆作"㠨"。依《汉书》，《全汉赋》录文有误。

（8）"箴持若荪"。校记曰："'持'，《史记》、《文选》五臣乙本、六臣本作'撜'，五臣甲本、《类聚》作'橙'。"按："持"，《史记》作"橙"。"箴"，《类聚》作"箴"。《全汉赋》失校。

（9）"駃騠驴骡"。按：依校本"駃"当作"駃"。《全汉赋》录文有误。

（10）"青龙蚴蟉于东箱"。按："蚴"，《史记》作"虬"。《全汉赋》失校。

（11）"乇采琬琰"。校记曰："'乇采'，《史记》作'垂绥'，《文选》李善本作'晁采',五臣本作'朝采'。"按:《全汉赋》校记误,把"黾"字作"晁"字,古"晁""黾"二字形体相近,此二字概形近而误。

(12)"亭柰厚朴"。校记曰:"'柰',《史记》作'榇'。"按:"柰",《史记》作"柰"。《全汉赋》校记误。

(13)"猗柅从风"。校记曰:"'猗柅',《史记》作'旖旎',《文选》李善本、六臣本作'猗狔'。"按:《史记》"猗柅"作"旖旎"。《全汉赋》校误。

(14)"𪊨白鹿"。校记曰:"'惠',《史记》作'𪊨',《集解》引徐广曰:一作'惠';《文选》作'𪊨'。"按:校记空格字当作"𪊨",检《文选》作"𪊨"。《全汉赋》校误。

(15)"捷鹓雏"。校记曰:"'雏',《史记》、《文选》李善本、六臣本、《类聚》作'鶵'。"按:"雏",《史记》作"雏",《全汉赋》校误。

(16)"下堂犁"。按:《文选》李善注引张揖曰:"棠梨,宫名,在云阳东南三十里。"按:依校本,"犁"当作"棃"。《全汉赋》录文有误。

(17)"张乐乎膠葛之寓"。校记曰:"'膠葛',《史记》作'樛𩊚'。"按:"膠葛",《史记》作"樛𩊚"。《全汉赋》校误。

(18)"铿铃闛鞈"。校记曰:"'闛蓋',《史记》作'铛䶀'。'鞈',《类聚》作'鞳'。"按:校记和录文不一致,依校本,此校误把"鞈"当作"鞳"。

(19)"曳独茧之褕袘"。校记曰:"'曳',《史记》作'拖'。'袘',《史记》作'袘'。"按:"袘",《史记》作"㢸"。《全汉赋》校误。

(20)"谨授命矣"。按:"授",《史记》作"闻"。《全汉赋》失校。

三、《哀秦二世赋》

（1）"通谷豁兮谽閜"。校记曰："'兮'，《汉书》作'乎'，'谽閜'，作'岒岈'。'閜'《类聚》作'礧'。"按："兮"，《类聚》亦作"乎"，《全汉赋》失校"谽"《类聚》作"岒"。《全汉赋》校误。

（2）"呜呼哀哉！"校记曰："'哀哉'各本无。"《汉书》《类聚》无，《史记》有。《全汉赋》校误。

四、《大人赋》

（1）"乘绛幡之素蜺兮"。校云以《汉书·司马相如列传》所录为底本，以《史记·司马相如列传》《艺文类聚》卷七十八所录为校本。按："蜺"，《类聚》作"霓"，《全汉赋》失校。

（2）"曳彗星而为髾"。校记曰："'曳'，《史记》作'拖'。"按："曳"，《史记》作"拖"，《全汉赋》校误。

（3）"又猗抳以招摇"。校记曰："'猗抳'，《史记》作'旖旎'。"按：《史记》作"旖旋"。《全汉赋》校误。

（4）"红杳眇以玄湣兮"。按："玄"，《史记》作"眩"。《全汉赋》失校。

（5）"跮踱輵辖容以骹丽兮"。按："輵辖"，《史记》《汉书》作"辖輵"。《全汉赋》录文有误。

（6）"纠蓼叫奡踏以艐路兮"。校记曰："'艐'，《史记》作'艘'。"按：《史记》作"艘"。《全汉赋》校误。

（7）"悉征灵圉而选之兮"。按："圉"，《史记》《汉书》皆作"圉"字，依校本，《全汉赋》录文有误，把"圉"字误作"圄"字。

(8)"清气氛而后行"。校记:"'气氛',《史记》作'雾气'。"按:《史记》"雾气"作"氛气"。《全汉赋》校误。

(9)"过虞舜于九疑"。按:"过",《类聚》作"遇"。《全汉赋》失校。

(10)"滂濞泱轧丽以林离"。按:"丽",《史记》作"洒"。《全汉赋》失校。

五、《美人赋》

(1)"邹赞赞之于王曰"。校记云以《古文苑》四部丛刊韩元吉本第三卷所录为底本,以守山阁本、《艺文类聚》卷一八、《初学记》卷一九、《太平御览》三八一卷、《北堂书钞》一〇六卷所录为校本。按:"赞",《古文苑》四部丛刊韩元吉本作"谱",守山阁本、《类聚》作"譖"。"譖",《说文》:"譖,愬也。"《公羊传》庄公元年:"夫人语公于齐侯。"何休注:"如启事曰诉,加诬曰譖"。按:"赞"是"赞"的异体字,不合文意,"譖"字对。"赞""谱"和"譖"字形近而误。《全汉赋》录文有误并且失校。

(2)"譬于防火水中"。按:"于",《类聚》作"犹"。《全汉赋》失校。

(3)"寂寞云虚"。校记曰:"'云',《类聚》作'重'。"按:"云",《初学记》亦作"重"。《全汉赋》失校。

(4)"门阁昼掩,暧若神居"。按:"昼",《类聚》作"尽"。"神",《初学记》《御览》作"仙"。"暧",《古文苑》四部丛刊韩元吉本、守山阁本作"曖"。《全汉赋》失校。

(5)"芳香芬烈"。按:"芬",《初学记》作"郁"。《全汉赋》失校。

(6)"婉然在床"。按:"然",《类聚》作"若"。《全汉赋》失校。

(7)"微笑而言曰"。按:"微",《初学记》作"欲"。《全汉赋》失校。

(8)"为幽兰白雪之曲"。按:《书钞》作"为幽闲之曲"。《全汉赋》失校。

(9)"敢托身兮长自私"。校记曰:"'长自私',《书钞》作'以自私'。"按:《书钞》作"愿托君兮以自知"。《全汉赋》校误。

(10)"玄阴晦冥"。按:"玄",守山阁本作"元"。《全汉赋》失校。

(11)"女乃驰其上服"。按:"驰",《古文苑》四部丛刊韩元吉本、守山阁本作"弛",《类聚》作"弛"。"弛"同"弛"。《全汉赋》录文有误。

六、《长门赋》

(1)"心慊移而不省故兮"。校云以《文选》李善本所录为底本,以五臣本、六臣本、《艺文类聚》卷三十所录为校本。校记曰:"'慊移',五臣本、六臣本作'燥望'。"按:六臣本作"燥移"。《全汉赋》校误。

(2)"数昔日之誉殃"。《文选》李善注本作"誉"。李善注引《尔雅》曰:"誉,过也。殃,咎也。"按:《尔雅》曰:"誉,过也。"《全汉赋》失校。

七、《难蜀父老》

(1)"乌谓此乎?"按:"乎",《史记》作"邪"。《全汉赋》失校。

(2)"决江疏河,洒沈澹灾"。校记曰:"'洒',《文选》五臣本作'斯'。"按:《文选》六臣本谓五臣本作"澌"。"疏",六臣本作"疎"。"洒",《史记》作"灑"。《全汉赋》失校。

(3)"岂惟民哉"。校记曰:"'惟',《文选》五臣本作'唯'。"按:《文选》六臣本、《史记》亦作"唯"。《全汉赋》失校。

(4)"岂特委琐握龊"。校记曰:"'握',《文选》李善本作'喔',五臣本作'齷'。"按:"握",六臣本亦作"喔"。

(5)"徼𦌵㧖"。校记曰:"'㧖',《史记》《类聚》作'柯',《文选》作' '。"按:据《文选》,空格字当作"牁"。

(6)"使疏逖不闭,吻爽闇昧得耀乎光明?"按:"疏",《文选》六臣本作"疎"。"闇",《文选》《史记》作"暗"。"耀",六臣本作"辉"。《全汉赋》失校。

(7)"而息讨伐于彼"。按:"讨",《史记》作"诛"。《全汉赋》失校。

(8)"此鄙人之所愿闻也"。按:《类聚》"此"下有"固"字。《全汉赋》失校。

(9)"迁延而辞避"。按:"避",《文选》六臣本作"退"。六臣谓五臣本作"避"。《全汉赋》失校。

注:《全汉赋》书前《例略》曰:其辑录校勘用书,是《史记》标点排印本;《汉书》标点排印本(含校勘记);《文选》胡克家考异、六臣本;《艺文类聚》影印宋绍兴间刻本、汪绍楹校订排印本;《北堂书钞》,孔广陶校本;《太平御览》;《古文苑》岱南阁本九卷本、韩元吉本、守山阁本。

参考文献：

[1] 司马迁《史记》，中华书局，1959 年版。

[2] 班固《汉书》，中华书局，1962 年版。

[3] 李善注《文选》，上海古籍出版社，1986 年版。

[4]《六臣注文选》，中华书局，1987 年版。

[5] 欧阳询撰，汪绍楹校《艺文类聚》，上海古籍出版社，1965 年版。

[6] 章樵注《古文苑》，《四部丛刊初编》，守山阁本，中华书局，1985 年版。

[7] 章樵注《古文苑》，《四部丛刊初编》，韩元吉本，上海书店，1989 年版。

[8]《初学记》，中华书局，1985 年版。

[9]《太平御览》，中华书局，1985 年版。

[10]《北堂书钞》，中国书店，1987 年版。

（李英：四川师范大学文学院硕士研究生）

繁类以成艳,抑是繁而不艳?
从《管锥编》与《文心雕龙》关于司马相如赋评的矛盾说起

陈 勇

提 要:本文从《管锥编》与《文心雕龙》关于司马相如赋评的矛盾入手,论述了四个问题:"繁类以成艳"与"繁而不艳"的矛盾焦点是怎样认识司马相如赋中的繁类铺排;钱锺书提出的"繁而不艳",是从追求文学语言的艺术美感出发,讲究语言美丽生动,句式灵活多姿,摹声绘色,穷形尽相;刘勰总结的"繁类以成艳"是指繁类铺排是构成司马相如赋"华丽宏大"特点的一个重要因素,这既是对前人的司马相如赋评的总结,又是对汉魏以来的赋论传统的继承;"繁类成艳"的历史内涵与汉赋兴起的时代审美特征、学术需求以及汉赋的传播方式紧密相关。因为繁类铺排符合汉代以侈为美、惟奢是尚的时代审美特征,它能满足汉代的学术需求,它的美感的体现与汉赋吟诵的传播方式紧密相关,所以它成为司马相如赋"华丽宏大"的特点的一个重要构成因素。

关键词:司马相如赋 《管锥编》 《文心雕龙》 繁类以成艳

司马相如是汉大赋的代表作家,他的《子虚》《上林》二赋,是汉大赋的典范之作。刘勰在《文心雕龙·诠赋》里列举十家辞赋英杰时评价司马相如赋的特点:"相如《上林》,繁类以成艳。"[1]此语几成定论,后世学者常常称引。但钱锺书先生却对此提出了异议,《管锥编》云:"《游猎赋》:'其石则赤玉、玫瑰、琳珉、琨珸、瑊玏、玄厉、瑎石、武夫。'按他如禽兽、卉植,亦莫不连类繁举,《文心雕龙·诠赋》所谓'相如《上林》繁类以成艳'也。……然相如所为,'繁'则有之,'艳'实未也,虽品题出自刘勰,谈艺者不必效应声虫。"[2]

一、"繁类以成艳"与"繁而不艳"的矛盾焦点

《管锥编》所引《游猎赋》,全名应是《天子游猎赋》,萧统《文选》亦收入,但分为《子虚赋》《上林赋》两篇。就本文将要讨论的问题来说,从文本看来,《游猎赋》等同于《子虚》《上林》二赋,因此它们是司马相如赋的同篇异名,《管锥编》所引《游猎赋》的文字,在《子虚赋》里为"其石则赤玉、玫瑰、琳珉、昆吾、瑊玏、玄厉,瑎石、碔砆"。类似的句式在《上林赋》中也较为常见,如"其兽则㺎旄獏犛,沈牛麈麋,赤首圜题,穷奇象犀",又如"于是乎卢橘夏熟,黄甘橙楱,枇杷橪柿,亭奈厚朴,樗枣杨梅,樱桃蒲陶,隐夫薁棣,答遝离支"[3],这正是钱锺书所谓的"按他如禽兽、卉植,亦莫不连类繁举"。由此我们可以看出,钱先生品题《游猎赋》"'繁'则有之,'艳'实未也"其实就是对《子虚》《上林》二赋的评议。而刘勰所谓"相如《上林》,繁类以成艳"一语,是以《上林赋》为代表总括司马相如赋的特点,因此这一评语同样适用于《子虚赋》。

从上述内容我们可以看出,"繁类以成艳"与"繁而不艳"反映

了《文心雕龙》《管锥编》关于司马相如赋评的矛盾。

这一对矛盾的焦点是什么呢？为了回答这个问题，我们应该弄清"繁类以成艳"中"繁类"的含义以及"繁而不艳"中"繁"的含义，首先我们必提到《管锥编》中的"连类繁举"。"连类"，即连缀同类事物，语出《韩非子·难言》："多言繁称，连类比物。"[4]《史记·鲁仲连邹阳列传》云："邹阳辞虽不逊，然其比物连类，有足悲者。"[5]司马迁所谓的"比物连类"，是对邹阳《狱中上梁王书》的写作手法的概括——即把同类的事物排比起来。如邹《书》云：

昔卞和献宝，楚王刖之；李斯竭忠，胡亥极刑。是以箕子详狂，接舆辟世，恐遭此患也。愿大王孰察卞和、李斯之意，而后楚王、胡亥之听，无使臣为箕子、接舆所笑。

邹阳把同类的典故组织在一起表达自己的意思。卞和、李斯都是忠心而遭祸，为一类；箕子、接舆都是远祸避世，为一类。当然《子虚》《上林》二赋中的类举排比远非邹《书》所能比拟。《管锥编》中的"连类繁举"，就是指司马相如赋连缀同类事物、敷陈排比的写作手法的。其次，我们再分析《文心雕龙》"繁类以成艳"中的"繁类"的含义。对于"繁类"，当代学者是这样理解的："众多物类"[6]、"材料丰富"[7]、"用事丰赡"[8]、"内容繁多"[9]。归纳起来说，"繁类"，即物类众多，铺陈排比，这是汉赋的一种写作手法，可以概括为繁类铺排。它包括了两层意思：一是不同种类事物的繁多，可以概括为多类繁举；二是同类事物的繁多，可以概括为连类繁举。司马相如赋里连类繁举的例子如前文所引，不再赘述，兹从《子虚》《上林》赋中征引多类繁举二例如下：

"其东则有蕙圃衡兰……其南则有平原广泽……其西则有涌泉清池……其北则有阴林巨树……"

"于是乎离宫别馆……于是乎卢橘夏熟……于是乎玄猨素雌……"

钱锺书认为司马相如赋的连类繁举是繁而不艳,那么他又是怎样看待司马相如赋的多类繁举呢?《管锥编·全汉文》卷二〇云:"司马相如《子虚赋》:'其东则有蕙圃衡兰云云,其南则有平原广泽云云,其西则有涌泉清池云云,其北则有阴林巨树云云。'……后汉以还,张衡《西京赋》、冯衍《显志赋》、刘劭《赵都赋》、左思《蜀都赋》之属,相沿成习。他体亦复踵事,如张衡《四愁诗》、鲍照《登大雷岸与妹书》……而鲍照《书》尤振绝,一扫平铺板列之陋。"[10]很明显,钱先生认为《子虚赋》的多类繁举有"平铺板列之陋",这个观点与《管锥编》对连类繁举的议论是一致的,他说:"然相如所为,'繁'则有之,'艳'实未也,虽品题出自刘勰,谈艺者不必效应声虫。能化堆垛为烟云,枚乘《七发》其庶几乎。他人板重闷塞,堪作睡媒。"我们可以看出,对于司马相如赋的连类繁举和多类繁举,钱锺书认为都有平铺板重之陋,都是繁而不艳。

现在我们可以说,"繁而不艳"中的"繁"其实等同于"繁类成艳"中的"繁类",即繁类铺排。因此,"繁而不艳"与"繁类成艳"这一对矛盾的焦点,就是怎样认识司马相如赋的繁类铺排。

二、"繁而不艳"与"繁类以成艳"的含义

钱锺书认为司马相如赋的繁类铺排有平铺板重之陋,是繁而不艳,那么他所谓的"艳"的标准是什么呢?《管锥编》在批评相如赋

的连类繁举和多类繁举时分别列举了枚乘《七发》与鲍照《登大雷岸与妹书》，并说前者"能化堆垛为烟云"，后者"一扫平铺板列之陋"。我们从枚、鲍二文入手就可探其"艳"之底蕴。

《七发》里有一段连类繁举，如："朝则鹂黄、鸸鹋鸣焉，暮则羁雌、迷鸟宿焉。独鹄晨号乎其上，鹍鸡哀鸣翔乎其下。"[11]这里繁举鸟类，在铺陈排比中分别饰以"鸣""宿""号""哀鸣""翔"等词，描写声音和动作；在句式结构方面，"朝"与"暮"对、"上"与"下"偶，整齐之中含有变化，避免了平铺直叙，显得灵活生动。

《登大雷岸与妹书》有一段多类繁举，如："南则积山万状，争气负高，含霞饮景，参差代雄，凌跨长陇，前后相属，带天有帀，横地无穷。东则砥原远隰，亡端靡际，寒蓬夕卷，古树云平，旋风四起，思鸟群归，静听无闻，极视不见。北则陂池潜演，湖脉通连。苎蒿攸积，菰芦所繁，栖波之鸟，水化之虫，以智吞愚，以强捕小，号噪惊聒，纷牣其中。西则回江水指，长波天合，滔滔何穷，漫漫安竭！创古迄今，舳舻相接，思尽波涛，悲满潭壑，烟归八表，终为野尘，而是注集，长写不测，修灵浩荡，知其何故哉。"[12]文章按南、东、北、西的空间顺序铺叙各种景物，用拟人手法写山，山会"争气负高"，会"含霞饮景"，会"代雄"；用渲染手法写寒蓬、古树、旋风、归鸟，衬托游子悲凉的心境；由江水滔滔无穷，引发万千思绪。这段文字不仅细腻地刻画物象，同时还流露了个人情思，可谓南北朝时期情景交融的典范之作。

由枚、鲍二文繁类铺排的例子，再联系到《管锥编·全晋文》卷四六"至陆机《演连珠》，遽足当'喻美文丽'之目"[13]一语，我们可以知道，钱锺书先生所谓的"艳"，是从追求文学语言的艺术美感的角度出发，讲究语言美丽生动，句式灵活多姿，摹声绘色，穷形尽相。

钱锺书对文学"艳"的特点的认识来源于何处呢？钱锺书说"至陆机《演连珠》，遮足当'喻美文丽之目'"，"能化堆垛为烟云，枚乘《七发》其庶几乎"，这与魏晋南北朝文学理论家的认识是一致的，刘勰在《文心雕龙·定势》说："《连珠》《七辞》，则从事于巧艳。"[14]《文心雕龙·杂文》云："及枚乘摘艳，首制《七发》。腴辞云构，夸丽风骇。"[15]曹植《七启序》云："昔枚乘作《七发》，傅毅作《七激》，张衡作《七辩》，崔骃作《七依》，辞各美丽，余有慕之焉。"[16]由此可知《管锥编》中"艳"的内涵源于魏晋南北朝文学理论家对文学美感的特点的认识。

与汉代作家相比，魏晋南北朝文学理论家开始自觉追求文学语言的艺术美感：

《典论·论文》："诗赋欲丽。"[17]

《文赋》："诗缘情而绮靡，赋体物而浏亮。"[18]

《文心雕龙·诠赋》："情以物兴，故义必明雅；物以情观，故词必巧丽。丽词雅义，符采相胜，如组织之品朱紫，面绘之著玄黄。"[19]

在以刘勰为代表的魏晋南北朝文学理论家认识到文学语言的美感的同时，刘勰又认为《上林赋》"繁类以成艳"，那么我们应该怎么理解"繁类以成艳"的含义呢？是如钱锺书所说"虽品题出自刘勰，谈艺者不必效应声虫"那样吗？答案是否定的，应该说，刘勰的认识是对前人的司马相如赋评的继承和总结。

司马迁《史记·太史公自序》云："《子虚》之事，《大人》赋说，靡丽多夸。"

曹丕论司马相如赋云："穷侈极妙，相如之长也。"[20]

晋皇甫谧《三都赋序》云："至如相如《上林》……初极宏侈之辞，终以约简之制，焕乎有文，蔚尔鳞集，皆近代辞赋之伟也。"[21]

《子虚》《上林》是司马相如的代表作,皇甫谧、司马迁对《子虚》《上林》二赋的评语与曹丕对司马相如赋的认识是一致的。其中的"靡""穷侈""极宏侈之辞",当然包括了繁类铺排;而"丽""极妙""焕乎有文",也就含有对繁类铺排的称赞,汉、魏、晋三代文人对司马相如赋的评价相同——都认识到了"侈"和"丽"两点,因此我们可以把司马相如赋的特点概括为"华丽宏大"。当《子虚》《上林》成为汉大赋的典范之作而被模仿时,"华丽宏大"也就相应地成为汉大赋的特点。所以这一时期的文人常常用"侈丽闳衍之词"[22]、"弘丽之文"[23]、"侈而艳"等词形容汉大赋。

繁类铺排与"华丽宏大"之间有什么联系呢?扬雄云:"必推类而言,极丽靡之辞,闳侈钜衍,竞于使人不能加也。"皇甫谧也说:"引而申之,故文必极美;触类而长之,故辞必尽丽。然则美丽之文,赋之作也。""引而申之""触类而长之"出自《易·系辞上》:"引而伸之,触类而长之,天下之能事毕矣。"孔颖达疏:"引而伸之者,谓引长八卦而伸尽之,谓引之为六十四卦也。""触类而长之者,谓触逢事类而增长之。若触刚之事类,以次增长于刚;若触柔之事类,以次增长于柔。"[24]皇甫谧用"引申""触类"指大赋中的繁类铺排,与扬雄所说的"推类而言"含义相同。这表明他们已经认识到了繁类铺排是构成汉大赋"华丽宏大"的一个重要因素;而刘勰继承了这一认识,并将其概括为"繁类以成艳",用来评论司马相如赋的特点。

综上所述,我们也就明白,《文心雕龙》"繁类以成艳"的含义是指繁类铺排是构成司马相如赋"华丽宏大"的一个重要因素。又因为司马相如赋是汉大赋的典范作品,所以刘勰的这句评语,不仅是对前人的司马相如赋评的总结,同时还是对汉魏以来的赋论传统的继承。

三、"繁类以成艳"的历史内涵

当人们从文学语言的艺术美感出发,批评汉赋的繁类铺排如同排比类书,读之味同嚼蜡之时,我们不得不思考为什么繁类铺排会成为以司马相如赋为典范之作的汉大赋的一种重要写作手法,而且还是构成"华丽宏大"的一个重要因素?本节将以司马相如赋为例,结合汉代的历史环境,从汉大赋兴起的时代审美特征、学术需求和汉赋的传播方式三个方面入手,尝试解读"繁类以成艳"的历史内涵。

(一) 繁类铺排与以侈为美、惟奢是尚的时代审美特征

大家知道,汉大赋兴起于西汉景帝到武帝时期,这正是汉帝国走向空前统一和强盛的时代。《汉书·食货志上》云:

> 至武帝之初,七十年间,国家亡事,非遇水旱,则民人给家足,都鄙廪庾尽满而府库余财。京师之钱,累百巨万,贯朽而不可校。太仓之粟,陈陈相因,充溢露积于外,腐败不可食。众庶街巷有马,阡陌之间成群,乘牸牝者摈而不得会聚。

在政治稳定、经济繁荣的大背景下,武帝时代出现了以侈为美、惟奢是尚的时代特征。东方朔曾将汉文帝与汉武帝的生活状况进行对比,突出后者的奢华:"(文帝)贵为天[子],富有四海,身衣弋绨,足履革舄,以韦带剑,莞蒲为席,兵木无刃,衣缊无文,集上书囊以为殿帷。"然而武帝却是"以城中为小,图起建章,左凤阙,右神明,号称千门万户。木土衣绮绣,狗马被缋罽。宫人簪瑊瑁,垂珠玑。设戏车,教驰逐,饰文采,丛珍怪。撞万石之钟,击雷霆之鼓,作俳优,舞郑女"。[25]不仅武帝如此,奢华之风遍及朝廷上下,公卿、大

夫、地主、豪族亦复如是,《汉书·食货志》云:"罔疏而民富,役财骄溢……公卿大夫以下争于奢侈,室庐车服僭上亡限。"

司马相如赋的繁类铺排,正符合以侈为美,惟奢是尚的时代特征,与《诗经》的质朴、《楚辞》的艳丽相比,司马相如赋呈现出"侈丽"的特点。如:

《诗·周南·关雎》:"参差荇菜,左右流之……参差荇菜,左右采之……参差荇菜,左右芼之……"[26]

《诗·秦风·蒹葭》:"蒹葭苍苍……蒹葭萋萋……蒹葭采采……"[27]

《诗·卫风·木瓜》:"投我以木瓜,报之以琼琚……投我以木桃,报之以琼瑶……投我以木李,报之以琼玖……"[28]

《湘夫人》:"荪壁兮紫坛,播芳椒兮成堂。桂栋兮兰橑,辛夷楣兮药房。罔薜荔兮为帷,擗蕙櫋兮既张。白玉兮为镇,疏石兰兮为芳。芷葺兮荷屋,缭之兮杜衡。"[29]

上引《诗经》三篇共 66 字,罗列 8 种事物;《楚辞》一段共 55 字,罗列 13 种植物。由此可见,与《诗经》相比,《楚辞》呈现出艳丽的特点,其中一个重要的原因就是《楚辞》在写山水花草时,种类繁多,"倘若删除其花草,则文章质朴,亦相似于《诗经》"。[30]司马相如赋在模仿《楚辞》的基础上,罗列山川名物,更非《楚辞》所能比拟。如《上林赋》写天子苑囿物类繁多:

于是乎蛟龙、赤螭、𩶣䲉、渐离、鰅、鳙、鳍、魠,禺禺、鱋、魶,捷鳍掉尾,振鳞奋翼,潜处乎深岩……鸿、鹔、鹄、鸨、驾鹅、属玉、交精、旋目、烦鹜、庸渠、箴疵、䴔卢,群浮乎其上……其兽则猕、旄、貘、犛、沈牛、麈、麋、赤首、圜题、穷奇、象、犀……其兽则麒麟、角端、䭹䮷、橐驼、蛩蛩、骈骖,駼騱,驴、骡……于是乎卢橘夏熟,黄甘、橙楱,枇杷、橪柿,亭、奈、厚朴,梬枣、杨梅,樱桃、蒲陶,隐夫、薁棣,答遝、离支,罗乎后宫。

以上所引共计133字,罗列水族11种,水禽12种,兽类21种,果木15种。司马相如运用繁类铺排的手法,敷陈众多名物,夸饰天子苑囿物产之富,简直到了无以复加的地步。对于这种以"侈"为"丽"的特点,晋代葛洪已有评论:"毛诗者,华彩之辞也,然不及《上林》《羽猎》《二京》《三都》之汪秽博富也。"[31]我们由此可以看出,繁类铺排使司马相如赋体现了"侈丽"的特点,这也正是那个时代的审美特征在文学创作中的反映。

与汉赋的繁类铺排一样,汉代绘画也运用类似的手法反映以侈为美、惟奢是尚的时代特征。由于汉代皇帝、贵族、地主生前竞相豪奢,死后也贪恋现实,欲将现实生活图景带到地下以模拟现实生活,彰显气派,于墓室内描摹刻画,内容表现为饮宴、战争、乐舞、车骑、杂技、风俗、生产等。在技巧方面,汉代绘画除要求对物象作如实的勾画外,还力求抓大貌大势,作大块大面的体现。刘安《淮南子·说林训》提出了绘画应"谨毛而失貌",高诱注:"谨细微毛,留意于小,则失其大貌。"[32]汉代绘画的画面结构还没有离开习惯的平列和填充性结构。与汉赋的繁类铺排、罗列堆砌一样,汉代绘画铺天盖地,满幅而来,整个画面饱满、热烈,形成一种深沉雄大的气势[①]。

对于汉赋、汉画的繁类铺排,李泽厚有这样的评论:"它们所力图展示的,不仍然是这样一个繁荣富强、充满活力、自信和对现实具有浓厚兴趣、关注和爱好的世界图景么?尽管呆板堆砌,但它在描述领域、范围、对象的广度上,却确乎为后代文艺所再未达到。它表明中华民族进入发达的文明社会后，对世界的直接征服和胜利，这种胜利使文学和艺术也不断要求全面地肯定、歌颂和玩味自己存在的自然环境、山岳江川、宫殿房屋、百土百物以至各种动物对象。"[33]

（二）繁类铺排与学术需求

后人常常以类书、字窟形容大赋，其实这些词语恰好从反面揭示出汉大赋除了有润色鸿业的政治功能和娱人耳目的娱乐功能之外，还具有广见博识的学术功能。对于大赋的政治功能和娱乐功能，学界较为关注，论述颇多，在此不用赘述，大赋的学术功能，汉人早有认识，汉宣帝曾评论辞赋："鸟兽草木多闻之观"[34]班固也持相同的观点，他评司马相如赋："多识博物，有可观采。"

汉大赋的学术功能与汉代的学术需求以及司马相如的逞才炫学密切相关。经秦代焚书后，汉代典籍零落，只有极少数人才能拥有书籍、掌握知识，与魏以后的朝代相比，汉代也没有方志、类书可资人广见博识，为了满足社会的学术需求，汉初较为重视典籍和崇尚博学。《汉书·艺文志》曾记载中央朝廷广开献书之路："汉兴，改秦之败，大收篇籍，广开献书之路。迄孝武世，书缺简脱，礼坏乐崩，圣上喟然而称曰：'朕甚闵焉！'于是建藏书之策，置写书之官，下及诸子传说，皆充秘府。"与此同时，朝廷还征召博学之士，譬如与司马相如同为汉代文学家的贾谊以"颇通诸子百家之书"被文帝召博士。与司马相如同为武帝言语侍臣的东方朔，因为"好古传书，爱经术，多所博观，观外家之语""公车上书，凡用三千奏牍"而待诏金马门。虽然司马相如是以辞赋见赏，但他同时还精通小学。汉初萧何制定律法："太史试学童，能讽书九千字以上，乃得为史。又以六体试之，课最者以为尚书、御史、史书令史。"读书识字便能为吏，当时读书识字的教材是《史籀》《仓颉》《爱历》《博学》等小学之书。司马相如作《凡将篇》，无复字，可见其学识之广博②。章太炎曾说"小学亡而赋不作",从反面指出了作家的学识与大赋创作的密切关系。在汉初典籍零落、崇尚博学的时代背景中以辞赋见长的司马相如势必要逞才炫学将其广见博识融入在大赋创作之中,通过赋中的博物显现出他的博学。

从武帝时期的创作情况来看,司马相如得以独步文坛,一个重要原因就是他的大赋具有广见博识的学术功能,而这样的作品又是其他作家所不能企及的。据《史记》《汉书》的记载和今人《全汉赋》的辑录,在武帝时代,大赋作家惟有司马相如一人,大赋作品只有《天子游猎赋》《大人赋》两篇。而大量的作品是各类小赋和骚体赋[③]。可见铺张扬厉、鸿篇巨制的大赋在当时是极为少见的珍品。班固曾将枚皋与司马相如作对比,云:"(皋)为文疾,受诏辄成,故所赋者多。司马相如善为文而迟,故所作少而善于皋。皋赋辞中自言为赋不如相如。"[35]《西京杂记》卷二载相如作赋"几百日而后成"[36],这说明创作大赋是极为艰难的。袁枚曾评价大赋的创作过程:"欲叙风土物产之美,山则某某,水则某某,草木鸟兽虫鱼则某某,必加穷搜博访,精心致思之功,是以三年乃成,十年乃成。"[37]像这样创作出来的作品,必然具有丰富的知识,能够满足读者的学术需求。如上文所引《上林赋》言天子苑囿物产之富一节,繁类铺排,罗列名物,读者可以从这短短的百余字中获得大量的名物知识,所以在汉魏两晋时代,人们常常将具有学术功能的大赋"藏之巾笥,作志书、类书读故也"。

司马相如赋的学术功能主要是依靠繁类铺排、罗列名物来实现的。如:

其石则赤玉、玫瑰,琳珉、琨珸,瑊玏、玄厉,瑌石、碱砆。

其兽则㺎、旄、貘、犛、沈牛、麈、麋、赤首、圜题、穷奇、象、犀。

于是乎卢橘夏熟，黄甘、橙楱、枇杷、橪柿、亭、柰、厚朴、梬枣、杨梅、樱桃、蒲陶、隐夫、薁棣、荅遝、离支。

由此我们可以看出，司马相如赋大量运用繁类铺排与当时的学术需求有密切的关系，他主观上的逞才炫学在客观上满足了读者的求知欲。当司马相如的大赋成为典范之作而被后人模仿时，汉大赋的学术功能也就随之而确立。

（三）繁类铺排与汉赋的吟诵传播方式

赋在汉代因为拥有大批的作者和读者而成为一代之文学，然而后人读汉赋常有味同嚼蜡之感，尤其是赋中连类繁举之处，更让人不忍卒读。造成这种状况的主要原因是赋的传播方式发生了变化。赋在汉代是一种半口头、半书面化的文学，到了魏晋它基本走向了纯书面化，因此赋的传播方式也由口头吟诵变成了书面认读。离开了生动的口诵形式以后，后人读到的赋只是满篇累牍、僵化堆砌的文字。我们可以通过解读"赋"的含义来认识赋在汉代的传播方式。司马迁《报任安书》云："屈原放逐，乃赋《离骚》。"他在《史记·司马相如列传》云："请为《天子游猎赋》，赋成奏之。"这说明"赋"既可以作名词指赋体，又可以作动词指一种创作或传播方式。《楚辞·招魂》："人有所极，同心赋些。"王逸注云："赋，诵也。"《汉书·艺文志》亦云："不歌而诵谓之赋。"这说明在汉代人看来，赋与诵是极为类似的传播方式。《周礼·春官·大司乐》云："以乐语教国子：兴、道、讽、诵、言、语。"郑玄注云："倍文曰讽，以声节之曰诵。"[38]可见"赋"与"诵"都是"以声节之"的吟咏方式，它们负载的内容是一种比歌更接近日常口语的韵文语言，其语言特征是缓慢而富于节律④。

从赋诵作为一种独特的诵读方式来说，赋体文学应该与当时的说唱文学有密切的关系。《国语·周语》："瞽献曲，史献书，师箴、瞍赋、矇诵、百工谏。"[39] 瞽曲、瞍赋、矇诵并称，乃是《国语》析而言之，指盲艺人吟诵歌诗。范文澜认为："赋自有一种声调""荀屈所创之赋，系取瞍赋之声调而作。"[40] 说明赋是在"自有一种声调"的说唱文学的基础上发展起来的。启功先生在谈到敦煌文献的故事赋时，曾以今存的民间说唱文学追溯赋在汉代的传播方式，指出其口诵文学的特点。他说：

> 为什么民间文学有赋体？这正说明在汉代冠冕堂皇的赋体，原本就是民间的说唱文学。无伴奏，可朗诵，大概是其流传的一种方式。汉武帝看了司马相如的《大人赋》，飘飘有凌云之意。司马相如是其同乡狗监杨得意推荐的，可见汉武帝是先有听赋的欲望，得意才推荐于后，正如今天说想听大鼓书一样……其实当时的赋也是一种说唱文学……司马相如的赋即是汉代的可供说唱、朗诵的文学。[41]

因为赋体的韵文特点及其吟诵的传播方式，在后人看来诘屈聱牙的文字，汉人却会从吟诵之中获得语言美感。朱买臣、九江被公等曾先后被征入汉廷，诵读《楚辞》⑤。这说明在汉代有人以吟诵为职业，同时也有人以欣赏吟诵为乐。《汉书·王褒传》载："太子体不安，苦忽忽善忘，不乐。诏使褒等皆之太子宫虞侍太子，朝夕诵读奇文及所自造作。疾平复，乃归。太子喜褒所为《甘泉》及《洞箫颂》，令后宫贵人左右皆诵读之。"侍臣通过诵读辞赋来虞侍病中的太子，太子痊愈后，又令左右皆诵读自己喜爱的辞赋，由此可见，汉人吟诵辞赋有非常强的音乐性，能娱人耳目，产生美感。《甘泉颂》属于宫殿之赋，现已是残篇断简；《洞箫颂》描绘音乐，如"故吻吮值夫宫商兮，和纷离其匹溢。形旖旎以顺吹兮，瞑晗唧以纤郁。气旁迕以飞射兮，驰散涣以遝律。趣从容其勿述兮，骛合遝以诡谲。或浑沌而潺湲兮，猎若枚折。或漫衍而骆驿兮，沛焉竞溢。愀慄密率，掩以绝灭。嗜霓晔踺，跳然复出，若乃徐听其曲度兮，廉察其赋歌。啾呬咇而将吟兮，行鎉鎉以和罗。"[42]无论口诵或默读，这些摹状物象的语言已经很难让今人获得美感，但在汉代，太子却以欣赏宫人吟诵汉赋为乐事。这说明汉赋语言的美感与吟诵的传播方式密切相关。

口诵汉赋，凭借声音的形象绘景状物、表情达意，听觉很难及时把握，所以不得不运用触类而长的方式加强话语的表现力，我们若从这个角度去看司马相如赋的连类繁举也就会另有一番理解：它们不是只诉诸视觉的书面文字的平铺直叙，而是诉诸声音、富于节律、注重视听效果的形象语言。繁类铺排的音韵美感存在于汉赋吟诵的传播方式之中⑥。

综上所述，我们可以说，司马相如之所以能胜出侪辈，就在于他能作大赋；大赋之所以能独擅胜场，就在于其铺张扬厉、繁类博物。这样的作品既体现了以侈为丽、惟奢是尚的时代审美特征，又以其广见博识的功能满足了时代的学术需求。从创作角度来看，司马相如大赋的这两个优点又都依靠繁类铺排的运用才得以实现。所以繁类铺排是司马相如大赋的一种重要写作手法，并且还是构成其"华丽宏大"的一个重要因素，同时它的音韵美感存在于汉赋吟诵的传播方式之中。

四、小结

本文从《管锥编》与《文心雕龙》关于司马相如的赋评的矛盾入手，主要论述了四个问题："繁类以成艳"与"繁而不艳"的矛盾焦点是怎样认识司马相如赋中的繁类铺排；钱锺书提出的"繁而不艳"，是从追求文学语言的艺术美感出发，讲究语言美丽生动，句式灵活多姿，摹声绘色，穷形尽相，他是从纯书面文学的角度对繁类铺排进行评价，脱离了汉赋兴起的时代背景；刘勰总结的"繁类以成艳"是指繁类铺排是构成司马相如赋"华丽宏大"特点的一个重要因素，这既是对前人的司马相如赋评的总结，又是对汉魏以来的赋论传统的继承；以司马相如赋为例，结合汉赋兴起的时代审美特征、学术需求以及汉赋的传播方式，讨论了"繁类成艳"的历史内涵，说明了繁类铺排是怎样成为司马相如赋"华丽宏大"特点的一个重要构成因素；它符合汉代以侈为美、惟奢是尚的时代特征，它能满足汉代的学术需求，它的美感的体现与汉赋吟诵的传播方式紧密相关。

"繁类以成艳"的历史内涵与汉赋兴起的时代审美特征、学术需求以及吟诵的传播方式密切相关。随着时代发展，当这些因素发生变化时，"繁类以成艳"的历史内涵也会逐渐遗失。譬如，当方志、类书的出现满足了社会的学术需求，那么人们就会视繁类铺排如同字窟；当吟诵的传播方式完全改变为纯书面的认读之后，繁类铺排就给人以味同嚼蜡之感。当"繁类以成艳"的历史内涵全部消失，繁类铺排留给人的就是一长串僵化堆砌的文字，这时"繁而不艳"的观点也就应运而生。"繁类以成艳"与"繁而不艳"之间的差异，没有认识水平的高低之分，只是认识的角度不同而已，由此，我们得到一个启示：要想真正了解古代文学研究的某个术语，就必须从其时代环境中探寻它的历史内涵。

注释

①本段论汉代绘画的观点采自岳庆平、尚峥著《中国秦汉艺术史》第6页—第26页。

②《汉书·艺文志》云:"《史籀篇》者,周时史官教学童书也,与孔氏壁中古文异体。《仓颉》七章者,秦丞相李斯所作也。《爰历》六章者,车府令赵高所作也。《博学》七章者,太史令胡母敬所作也。文字多取《史籀篇》,而篆体复颇异,所谓秦篆者也。是时始造隶书矣,起于官狱多事,苟趋省易,施之于徒隶也。汉兴,闾里书师合《仓颉》《爰历》《博学》三篇,断六十字以为一章,凡五十五章,并为《仓颉篇》。武帝时司马相如作《凡将篇》,无复字。"(班固《汉书》1721页,中华书局1962年版。)

③详参张峰屹著《西汉文学思想史》第114页—119页,南开大学出版社,2001年版。

④关于赋与诵的关系,详参王昆吾《中国韵文的传播方式及其体制变迁》《诗六义原始》二文,载《中国早期艺术与宗教》第144页—178页,第213页,东方出版中心,1998年。

⑤《汉书·朱买臣传》云:"会邑子严助贵幸,荐买臣,召见,说《春秋》,言《楚词》,帝甚说之。"(《汉书》2791页)

《汉书·王褒传》云:"宣帝时修武帝故事,讲论六艺群书,博尽奇异之好,征能为《楚辞》九江被公,召见诵读。"(《汉书》2821页)

⑥万光治先生曾对汉赋口诵的语言美感作过分析,兹以司马相如赋为例,摘录如下:《上林赋》:"振溪通谷,蹇产沟渎,谽呀豁闾。

阜陵别岛，崴魂崼庱，丘虚堀礨，隐辚郁嶏，登降施靡。陂池貏豸，沇溶淫鬻，涣散夷陆。""嶜（音含）呀豁閜（音合呀）"，言溪谷之大；"崴魂崼庱（四字均读作伟）"言山峦之高："丘虚（音祛）堀礨（音窟垒）"，言丘垅之起伏；"隐辚郁嶏（音垒）"言山势之变化。四句话的共同特点，乃是从主观感受切入，以声音写人对外物的强烈印象和感受，故语气近乎感叹，是口语的文字记录。引文最后三句，以水出溪谷，漫于平野，写山势渐缓渐平。其中，"沇溶淫鬻"四字的读音，与水的雍容悠余之态，亦颇相吻合。（万光治《汉赋通论》，中国社会科学出版社，2004年版，第414—415页。）

参考文献：

[1] 杨明照《增订文心雕龙校注拾遗》，中华书局，2000年版，第96页。

[2] 钱锺书《管锥编》，中华书局，1979年版，第361页。

[3] 萧统编，李善注《文选》，中华书局，1977年版，第119—126页。

[4]《韩非子》，王先谦集解《诸子集成》，中华书局，1954年版，第14页。

[5] 司马迁《史记》，中华书局，1959年版，第2479页。

[6] 周振甫《文心雕龙今译》，中华书局，1986年版，第80页。

[7] 赵仲邑《文心雕龙译注》，漓江出版社，1982年版，第75页。

[8] 郭晋稀《文心雕龙译注》，甘肃人民出版社，1982年版，第95页。

[9] 陆侃如，牟世金《文心雕龙译注》，齐鲁书社，1981年版，

第 96 页。

[10] 钱锺书《管锥编》，第 906 页。

[11] 萧统编，李善注《文选》，第 479 页。

[12] 严可均《全上古三代秦汉三国六朝文》，中华书局，1958 年版，第 2693 页。

[13] 钱锺书《管锥编》，第 1135 页。

[14] 杨明照《增订文心雕龙校注拾遗》，第 407 页。

[15] 同上，第 180 页。

[16] 萧统编，李善注《文选》，第 484 页。

[17] 同上，第 72 页

[18] 同上，第 241 页。

[19] 杨明照《增订文心雕龙校注拾遗》，第 97 页。

[20]《北堂书钞》第 889 册，《文渊阁四库全书》，上海古籍出版社，1987 年版，第 485 页。

[21] 萧统编，李善注《文选》，第 641 页。

[22] 班固《汉书》，中华书局，1962 年版，第 1756 页。

[23] 王充《论衡》，《诸子集成》，中华书局，1954 年版，第 267 页。

[24]《周易正义》，《十三经注疏》，中华书局，影印阮元校刻本，1980 年版，第 80 页。

[25] 班固《汉书》，第 2858 页。

[26]《毛诗正义》，《十三经注疏》，中华书局，影印阮元校刻本，1980 年版，第 273—274 页。

[27] 同上，第 372 页。

[28] 同上，第 327—328 页。

[29] 洪兴祖《楚辞补注》，中华书局，2002 年版，第 67 页。

[30] 万光治《汉赋通论》，中国社会科学出版社，2004年版，第393页。

[31] 葛洪《抱朴子》，《诸子集成本》，中华书局，1954年版。

[32] 高诱注《淮南子》，《诸子集成本》，中华书局，1954年版，第293页。

[33] 李泽厚《美的历程》，《美学三书》，天津社会科学院出版社，2007年版，第73-74页。

[34] 章太炎《国故论衡》，上海古籍出版社，2003年版，第2829页。

[35] 班固《汉书》，第2367页。

[36] 葛洪《西京杂记》，《四部丛刊》第79册，商务印书馆，1989年版。

[37] 袁枚《随园诗话》，人民文学出版社，1982年版，第7页。

[38]《周礼注疏》，《十三经注疏》，中华书局，影印阮元校刻本，1980年版，第787页。

[39]《国语》，《四部丛刊》第45册，商务印书馆，1989年版。

[40] 刘勰著，范文澜注《文心雕龙》，人民文学出版社，1958年版，第137页。

[41] 启功著，赵仁珪、万光治、张廷银编《启功讲学录》，北京师范大学出版社，2005年版，第35页。

[42] 萧统编，李善注《文选》，第245页。

（陈勇：四川师范大学文学院硕士研究生）

试论《大人赋》的主题

周桃红

摘　要：本文从《大人赋》文本、司马相如的人生遭遇、当时的社会环境三个角度入手，探讨《大人赋》的主题。《大人赋》虽是伤时自伤之作，但仍然未脱离传统的"悲士不遇"主题。司马相如借游仙、思玄，诉说悲士不遇之感，抒发坎坷失意之叹。表面上逍遥洒脱的求仙活动中，其实深含着司马相如的悲凉而无奈的心态。

关键词：司马相如　《大人赋》主题　悲士不遇

一

《大人赋》是司马相如的名作之一，大约写于元朔四年（公元前125年）。关于《大人赋》的主题，长期以来一直有"为讽反劝"之说。此说似应追溯到司马迁。《史记·司马相如列传》说："天子既美《子虚》之事，相如见上好仙道，因曰：'上林之事未美也，尚有靡者。臣尝为《大人赋》，未就，请具而奏之。'相如以为列仙之传居山泽间,形容甚臞,此非帝王之仙意也,乃遂就《大人赋》……相如既奏大人之颂,天子大说,飘飘有凌云之气,似游天地之间意。"[1]

后扬雄因循其说。《汉书·扬雄传》云:"往时武帝好神仙,相如上《大人赋》欲以风,帝反缥缥有陵云之志。由是言之,赋劝而不止,明矣。又颇似淳于髡、优孟之徒,非法度所存、贤人君子诗赋之正也,于是辍不复为。"[2]

现代有些学者,亦有类似看法。郭预衡主编的《中国古代文学史》说:"后者(按指《大人赋》)则讽谏汉武帝好神仙方术,只因过于铺陈其辞,武帝读后,反倒'飘飘有凌云气,游天地间意'。"[3]袁行霈主编的《中国文学史》认为:"作者本意要对武帝崇尚神仙之事予以针砭,所以在作品中写出仙人'轻举而远游'的经历,而更属意于'必长生若此而不死兮,虽济万世不足以喜','乘虚亡而上遐兮,超无友而独存',将长生与孤独连在一起,委婉地表明自己的否定态度。赋奏,天子大悦,飘飘有凌云气,游天地间意。其实,这不过是对《大人赋》中部分内容的误解而已。"[4]

万光治先生一反传统看法,认为:"《大人赋》不像为讽谏帝王而作的神仙赋,倒像是后来文人文学中常见的游仙而兼思玄作品。其所咏叹的由求仙而至得道,属典型的文人之思,而非帝王之思。"[5]

笔者以为,《大人赋》是伤时自伤之作,仍然未脱离传统的"悲士不遇"主题。司马相如借游仙、思玄,诉说悲士不遇之感,抒发坎坷失意之叹。它十分委婉而真实地表现了封建时代失意文人"悲世俗之迫隘",而想高蹈远引,隐居避世的心路历程。表面上逍遥洒脱的求仙活动中,其实深含着司马相如悲凉而无奈的心态。

二

《大人赋》开篇直抒胸臆:"世有大人兮,在于中州。宅弥万里兮,曾不足以少留。悲世俗之迫隘兮,揭轻举而远游。"有不少学者认为"大人"指帝王。如司马贞《史记索隐》:"张揖云:'喻天子。'向秀云:'圣人在位,谓之大人。'"这是受"为讽反劝"之说的影响,稍嫌依据不足。其实,这里的"大人"未尝可理解为作者自己的象征。司马相如想说,他居住在中州,虽然生活富足,他依然不肯少留,因为他感受到的是"世俗之迫隘",怀才不遇,功业难成。和司马相如同时代的东方朔《答客难》曰:"是固非子所能备也,彼一时也,此一时也,岂可同哉?……圣帝流德,天下震慑,诸侯宾服,连四海之外以为带,安于覆盂,动犹运之掌,贤不肖何以异哉?遵天之道,顺地之理,物无不得其所。故绥之则安,动之则苦;尊之则为将,卑之则为虏;抗之则在青云之上,抑之则在深泉之下;用之则为虎,不用则为鼠。虽欲尽节效情,安知前后?"[6]怀才不遇,无所施才的愤激情绪甚明。司马相如亦有此情结,只是他表现得十分委婉。这也许和他的性格及文章风格相关。观其《子虚》《上林》,劝百讽一,就是明证。有人认为,司马相如的主导思想是清静无为的道家思想,对政治、对功业并不热心。这种说法恐怕不够妥当。《史记·司马相如列传》云:"少时好读书,学击剑,故其亲名之曰犬子。相如既学,慕蔺相如之为人,更名相如。"蔺相如完璧归赵,逼秦王为赵王击缶,为国立有大功,以具有爱国主义精神而闻名于世,是出将入相之人。司马相如"慕蔺相如之为人,更名相如",显然是想像蔺相如一样为国建功立业。至于"以赀为郎,事孝景帝,为武骑常侍,非其好也",大概是因为官职卑微,和他的出将入相之志相距甚远,难以有所作为之故。所以，笔者以为，司马相如的主导思想仍是儒家的积极入世思想。他的赋作，劝百讽一，曲终奏雅，重视讽谏，就是对儒家传统的政治教化学说的吸收与运用。只是当他认识到自己生不逢时，壮志难酬时，才皈依道家，以获得心灵的宁静。这是儒家所说的"穷则独善其身，达则兼济天下"。东汉时，佛教传入中国，给封建士大夫又添了一块心灵的净土。当他们意识到英雄无用武之地时，往往皈依佛教。王维、白居易等人就是这样。准确地说，这不是他们真正的信仰，而是无奈之举。当他们焚香独坐时，心灵或许是悲凉与无奈的。这里"悲世俗之迫隘兮，朅轻举而远游"，显然是司马相如的自我感叹，是他悲士不遇的痛苦呼喊，是他将高蹈避世的宣言。

大人在远游时，有众多仙人相伴。"悉征灵圉而选之兮，部乘众神于瑶光。使五帝先导兮，反太一而从陵阳。左玄冥而右含雷兮，前陆离向后潏湟。厮征伯侨而役羡门兮，属岐伯使尚方。祝融惊而跸御兮，清雾气而后行。"在阴山，大人看到了西王母，"吾乃今目睹西王母曤然白首。载胜而穴处兮，亦幸有三足乌为之使，必长生若此而不死兮，虽济万世不足以喜"。在司马相如看来，仙人其形劳苦，避世穴处，即使长生，亦不足喜。这里，我们似乎能窥见司马相如的矛盾心情。他感受到世俗之迫隘，想高蹈避世，却又难忘现实，而对西王母持否定的态度。可见，司马相如并非真有意于远游，有意于求仙，而实悲世俗之迫隘，欲去之而不能，便假托游仙，舒其愤懑。在司马相如心中，仙是不可求的。从这个意义上说，《大人赋》的主题不是游仙，不是讽谏，而是悲士不遇。

既然仙不可求，求仙不足以消其愤懑，大人游仙后继续寻求绝对自由、物我两忘之境界。"下峥嵘而无地兮，上寥廓而无天。视眩眠而无见兮，听惝恍而无闻。乘虚无而上假兮，超无友而独存。"大人摒弃一切，独存于天地之间，在道家的清静无为中，获得心灵的宁静,悲士不遇感获得了解脱。

综上所述,《大人赋》乃是借游仙、思玄,抒发愤懑之情及悲士不遇之感。屈原《远游》、董仲舒《士不遇赋》、东方朔《答客难》、司马迁《悲士不遇赋》的感情外露,情感浓烈,而《大人赋》的情感内敛,表述得十分委婉含蓄。也许正是这个原因,才导致人们的误读吧。

三

《大人赋》作于武帝元朔四年(公元前125年)。在此之前,他三度为郎,两次使蜀,做了"非常之事","有非常之功",但结果却是武帝以"受金"的罪名将他免官。正是在政治失意、极度失望的情况下,他作《大人赋》抒愤懑之情,以求精神出路。

司马相如少有壮志,有报国立功之心,希望能像蔺相如一样为国建功立业。于是他"以赀为郎,事孝景帝,为武骑常侍"。也许司马相如觉得难以有所作为,所以"非其好也"。因病免官,从梁王游。梁王死后,相如回到成都,过了一段闲居的生活。后来,司马相如和卓文君在临邛置酒舍卖酒。《史记·司马相如列传》云:"相如与俱之临邛,尽卖其车骑,买一酒舍酤酒,而令文君当垆。相如身自著犊鼻裈,与保庸杂作,涤器于市中。卓王孙闻而耻之,为杜门不出。"卓王孙耻之,而侍奉过景帝的司马相如却不以为耻,这不是很奇怪吗?有人认为,当时司马相如家徒四壁,穷愁潦倒,此乃无奈之举;也有人认为,此乃司马相如劫财之谋。此言差矣。当时,文君不亲自当垆,相如不亲自涤器,还是可以的。真正的原因是什么,可从前贤的行为中找到线索。

《史记·淮阴侯列传》云:"信钓于城下,诸母漂,有一母见信饥,饭信,竟漂数十日。信喜,谓漂母曰:'吾必有以重报母。'母怒曰:'大丈夫不能自食,吾哀王孙而进食,岂望报乎!'"司马相如和韩信的所作所为何其相似。司马相如在《难蜀父老》中说:"盖世必有非常之人,然后有非常之事;有非常之事,然后有非常之功。非常者,固常人之所异也。"也许司马相如认为自己和韩信一样,是非常之人,必有非常之功,大行不顾细谨,所以所做之事"固常人之所异也"。但遗憾的是,韩信最终建有非常之功,而司马相如却有志难伸,其怀才不遇的郁闷之情可想而知。

元光五年(公元前 130 年),武帝设夜郎郡。"会唐蒙使略通夜郎西僰中,发巴蜀吏卒千人,郡又多为发转漕万余人,用兴法诛其渠帅,巴蜀民大惊恐。上闻之,乃使相如责唐蒙,因谕告巴蜀民以非上意"。司马相如入蜀后,作《谕巴蜀檄》批评唐蒙,安抚百姓,指出朝廷本意乃欲通西南夷,"发巴蜀士民各五百人,以奉币帛,卫使者不然,靡有兵革之事,战斗之患",至于"发军兴制,惊惧子弟,忧患长老,郡又擅为转粟运输,皆非陛下之意也"。同时也指出巴蜀父老不能"急国家之难",不"乐尽人臣之道"。司马相如圆满地解决了这一棘手的问题,显示了出色的政治才能,使得通夜郎的南夷道顺利修成。司马相如回长安复命。《史记》载"相如还报",未言武帝赞扬或赏赐情况。唐蒙则继续修西夷道。他征发数万人,费钱以亿计,修了两年,而道路不通。朝中大臣反对。汉武帝不能决断,问相如。相如曰:"邛、筰、厓、駹者近蜀,道亦易通,秦时尝通为郡县,至汉兴而罢。今诚复通,为置郡县,愈于南夷。"天子以为然,乃拜相如为中郎将,建节往使。副使王然于、壶充国、吕越人驰四乘之传,因巴蜀吏币物以赂西夷。""司马长卿便略定西夷,邛、筰、冉、駹、斯榆之君皆请为内臣。除边关,关益斥,西至沫、若水,南至牂牁为徼,通零关道,桥孙水,以通邛都。还报天子,天子大说。"

从司马相如的人生遭遇来看，他始终是怀着儒家的积极入世精神，想做"非常之事"，建"非常之功"的，也富于政治家的才干。特别是他两次入蜀，对建设西南通道，发展民族经济，促进民族融合，做出了重要贡献。但有功无赏，反遭免官。一年后，司马相如复为郎。元朔四年，拜孝文园令，官职卑微，不能再参与政事。这对自负才略的司马相如来说，是何等的悲凉与无奈。在这种情况下，司马相如绝没有闲情逸致游仙、思玄，也没有心情讽谏武帝好神仙，而只能是悲士不遇，恨自己生不逢时，有志难酬。《史记·司马相如列传》载："相如见上好仙道，因曰：'上林之事未足美也，尚有靡者。臣尝为《大人赋》，未就，请具而奏之。'"其"未就"的《大人赋》恐有较多的愤激不平、悲士不遇之语，是司马相如真实心境的反映。因上给武帝，司马相如不能不有所顾忌，可能将这些删除了。"未就"的《大人赋》今已不存，无从得见。上述看法虽属推测，但结合司马相如的人生遭遇，以及赋《子虚》《上林》的谨慎小心，劝百讽一，再结合同时代的严忌、邹阳、董仲舒、东方朔、司马迁的心态来看，这种推测恐怕不无道理。郭沫若先生在《屈原研究》中认为《远游》"是司马相如《大人赋》的初稿"[7]。郭先生此论，自有他的理由。笔者以为，《远游》所述符合司马相如的心态，就是理由之一吧。而《远游》表现出的情感比《大人赋》浓烈得多。如"悲世俗之迫厄兮""质菲薄而无因兮""遭沉浊而污秽兮，独郁结其谁语""意慌惚而流荡兮，心愁凄而增悲""超氛埃而淑尤兮""免众患而不惧兮"[8]等。

四

悲士不遇，难施其才，是汉代文士的普遍感受；力求摆脱这种境遇，也是汉代文士的普遍愿望。

贾谊在《吊屈原赋》中说:"呜呼哀哉!逢时不祥。鸾凤伏窜兮,鸱鸮翱翔。阘茸尊显兮,谗谀得志。贤圣逆曳兮,方正倒植。"正是这种遭遇,他为屈原设计的出路是:"历九州而相其君兮,何必怀此都也?凤凰翔于千仞兮,贤德辉而下之;见细德之险征兮,遥曾击而去之。"这在战国纷争,列国并列的情况下,是可能实现的。而贾谊自己则别无选择,只能是"释智遗形兮,超然自丧。寥廓忽荒兮,与道翱翔",在道家的清静无为中逃避现实的压力。

严忌《哀时命》云:"哀时命之不及古人兮,夫何予生之不遘时。往者不可扳援兮,来者不可与期。志憾恨而不逞兮,抒中情而属诗……居处愁以隐约兮,志沈抑而不扬。道壅塞而不通兮,江河广而无梁……身既不容于浊世兮,不知进退之宜当。"[9]

邹阳《狱中上梁王书》云:"今欲使天下寥廓之士,笼于威重之权,胁于位势之贵,回面污行,以事谄谀之人,而求亲近于左右,则士有伏死堀穴岩薮之中耳,安有尽忠信而趋阙下者哉!"[10]他对"天下寥廓之士","笼于威重之权,胁于位势之贵",因而"回面污行"的遭遇深抱不平,甚至有"伏死堀穴岩薮之中"的想法。

董仲舒《士不遇赋》云:"生不丁三代之盛隆兮,而丁三季之末俗。以辩诈而期通兮,贞士耿介而自束。虽曰三省于吾身兮,繇怀进退之惟谷。"[11]可以窥见他"士不遇"的痛苦心情,以及进退维谷的尴尬处境。他"亦不能同彼数子兮,将远游而终慕",他的出路也只能是"不出户庭","孰若返身于素业兮,莫随世而轮转"。

司马迁《悲士不遇》云:"悲夫!士生之不辰,愧顾影而独存。恒克己而复礼,惧志行而无闻。谅才韪而世戾,将逮死而长勤。虽有形而不彰,徒有能而不陈。何穷达之易惑,信美恶之难分。时悠悠而荡荡,将遂屈而不伸。"[12]他的归宿也只能是"无造福先,无触祸始,委之自然,终归一矣"。

司马相如生活在这样的社会环境中，必然有相同的遭遇和感受，也有摆脱这种遭遇的愿望。从述可知，司马相如的遭遇和其他文士并无二致。他一生虽有短暂的辉煌，但仍以坎坷失意的时间为多。在文士普遍感受生不逢时，有志难酬，纷纷以赋抒其愤懑时，惟独司马相如不受时风影响，游离其外，宠辱不惊，恐无可能。他的失意之叹不可避免地要从他的作品中流露出来，实际上，《大人赋》就是这种情绪的流露。但《大人赋》是呈给汉武帝的，司马相如不能不有所顾忌。所以与其他"悲士不遇"系列文章相比，《大人赋》的牢骚最少，但字里行间仍然蕴含着"悲世俗之迫隘"的痛苦与无奈。李天道先生说："司马相如以其斑斓多彩的才华成功地掩饰他的悲叹而迎合了帝王之心。然而，只要顺着传统辞赋的情感抒发脉络细细品读，我们便不难臆测司马相如幽深的情怀。如此解读，司马相如的怨愤和失意也就不可抑制地从他的潜意识中、从他的笔下无声地淌了出来。"[13]司马相如寻找到的出路是"乘虚无而上假兮，超无友而独存。"这实际上就是贾谊的"释智遗形兮，超然自丧。寥廓忽荒兮，与道翱翔"；就是司马迁的"委之自然，终归一矣"。在庄子思想中逃避现实社会给予他的痛苦与压力，是汉代大多数知识分子所选择的道路。《大人赋》乃拟则《远游》之作，当然也不乏创新。

《大人赋》沿袭了《远游》的结构。对此，李大明先生有十分准确的阐述："《远游》始述'悲世俗之迫厄兮，愿轻举而远游'，然后述远游求仙，从故乡'南州'出发，历东、西、南、北，又'周流六漠'，加上'上''下'，即'上至列缺兮，降望大壑。下峥嵘而无地兮，上寥廓而无天'一段，最后归结到'超无为以至清兮，与泰初而为邻'。《大人赋》袭用这一结构，谓'世有大人兮，在于中州……悲世俗之迫隘兮，朅轻举而远游。'然后写'大人'从中州出发的东、西、南、北四方之游；文末袭《远游》'下峥嵘'四句（文字有异），归结到'乘虚无而上假兮,超无友而独存'。"[14]。

《大人赋》沿袭了《远游》的语句。从下面的对比中可以看出:

> 远游
> 悲时俗之迫厄兮,愿轻举而远游。
> 质菲薄而无因兮,焉托乘而上浮?
> ……
> 餐六气而饮沆瀣兮,漱正阳而含朝霞。
> ……
> 使湘灵鼓瑟兮,令海若舞冯夷。
> ……
> 舒并节以驰骛兮,逴绝垠乎寒门。
> ……
> 历玄冥以邪径兮,乘间维以反顾。
> ……
> 下峥嵘而无地兮,上寥廓而无天。
> ……
> 超无为以至清兮,与泰初而为邻。

> 　　　大人赋
> 悲世俗之迫隘兮,揭轻举而远游。
> 垂绛幡之素蜺兮,载云气而上浮。
> ……
> 左玄冥而右含雷兮。
> ……
> 奄息总极泛滥水嬉兮,使灵娲鼓瑟而舞冯夷。
> ……

> 舒节出乎北垠……轶先驱于寒门。
> ……
> 下峥嵘而无地兮,上寥廓而无天。
> ……
> 乘虚无而上假兮,超无友而独存。

对其主旨,人们一般认为:《远游》表现了屈原的自我排遣以及对国土的无限眷恋之情;《大人赋》之旨是讽刺武帝求仙之谬,主旨迥然不同。究其原因,不外乎两个方面:一是受《史记》"欲讽反劝"说法的影响;二是《大人赋》本身比《远游》较少牢骚语,而求仙、思玄内容为多。但实际上,《大人赋》和《远游》的主题是有相通之处的,也就是说,《大人赋》不仅沿袭了《远游》的结构、语句、内容,同时也沿袭了《远游》的主题——悲士不遇,而欲自我排遣。屈原、司马相如虽然生活在不同时代,但他们的处境却有相似之处。屈原"信而见疑,忠而被谤,能无怨乎"?司马相如怀才不遇,两次入蜀,建有大功,反遭免官,"能无怨乎"?司马相如同情屈原的不幸遭遇,读《远游》产生情感共鸣,于是拟则《远游》,创作了《大人赋》,伤屈自伤,抒发生不逢时,悲士不遇之感。这完全是有可能的。

在新的历史时期,重新审视《大人赋》的主题,有助于更深刻地理解《大人赋》,理解司马相如的思想、心路历程,还能推动相关作家研究。从这个意义上说,探讨《大人赋》的主题,无疑是有价值的。基于此,笔者不辞浅陋,草成此文,就正于方家。

参考文献:

[1] 司马迁《史记》,中华书局,1959年版。

[2] 班固《汉书》，中华书局，1962年版。

[3] 郭预衡《中国古代文学史》，上海古籍出版社，1998年版。

[4] 袁行霈《中国文学史》，高等教育出版社，1999年版。

[5] 万光治《司马相如〈大人赋〉献疑》，《四川师范大学学报》（社会科学版）2005第5期。

[6] 费振刚，胡双宝，宗明华辑校《全汉赋》，北京大学出版社，1993年版。

[7] 郭沫若《屈原研究》，《沫若文集》，人民文学出版社，1959年版。

[8] 汪瑗撰，董洪利点校《楚辞集解》，北京古籍出版社，1994年版。

[9] 严可均辑校《全上古三代秦汉三国六朝文》，中华书局，1958年版。

[10] 同上，第235页。

[11] 费振刚，胡双宝，宗明华辑校《全汉赋》，第112页。

[12] 同上，第142页。

[13] 李天道《司马相如赋的美学思想与地域文化心态》，中国社会科学出版社，2004年版。

[14] 李大明《汉楚辞学史》，中国社会科学出版社，2004年版。

（周桃红：四川师范大学文学院硕士研究生）

对司马相如《大人赋》评价的解读

周 进

提 要:《史记·司马相如列传》载司马相如向汉武帝献《大人赋》,引起汉武帝"飘飘有凌云之气,似游天地之间意"。对《大人赋》及献赋一事,长久以来形成了许多评论。本文拟从《大人赋》文本出发,结合评论者思想、社会状况对所产生的评论进行解读,以向方家请教。

关键词:司马相如 《大人赋》 评论 解读

《史记·司马相如列传》云:"相如既奏大人之颂,天子大说(悦),飘飘有凌云之气,似游天地之间意。"《史记·太史公自序》云:"子虚之事,大人赋说,靡丽多夸,然其指风谏,归于无为。"[1]扬雄《自序》云:"相如上《大人赋》,欲以风,帝反缥缥有陵云之志。由是言之,赋劝而不止,明矣。"[2]王充认为司马相如献《大人赋》欲讽:"皇帝不觉,为之不止。"[3]嵇康《高士传赞》云:"(长卿)乃赋大人,超然莫尚。"[4]晁补之《变离骚序》论:"《大人》……高妙，犹终归之于正，义过高唐。"[5]《文心雕龙·风骨》："相如赋仙，气号凌云，蔚为辞宗，乃其风力遒也。"[6]本文拟对这些不同的评价进行解读，以求教于方家。

一

《史记·司马相如列传》云："天子既美《子虚》之事，相如见上好仙道，因曰：'上林之事未足美也，尚有靡者。臣尝为《大人赋》，未就，请具而奏之。'相如以为列仙之传居山泽间，形容甚臞，此非帝王之仙意也，乃遂就《大人赋》。其辞曰……相如既奏大人之颂，天子大说（悦），飘飘有凌云之气，似游天地之间意。"《汉书·司马相如传》有记，小异。司马相如所奏《大人赋》，引起武帝"飘飘有凌云之气，似游天地之间意"一事，司马迁其时身在江南，不能亲见，所录当来自司马相如的自叙。刘知几《史通·序传》云："司马相如始以自叙为传，然其所叙者，但记自少及长立身行事而已。"《史通·杂说》云："马卿为自叙传，具在其集中。子长因录斯篇，即位列传。班氏仍旧，曾无改作。"[7]至于武帝为何会在相如奏《大人赋》后"飘飘有凌云之气，似游天地之间意"，本节结合接受美学相关理论予以分析。

武帝"好仙道"（《史记·武帝本纪》《史记·封禅书》《史记·郊祀志》），"汉武爱《骚》"（《文心雕龙·辨骚》），并且自己喜创作，鲁迅先生曾对武帝的文学水平给予高度评价："武帝词华，实为独绝。"[8]这两方面的原因是他在司马相如奏《大人赋》后产生"飘飘有凌云之气，似游天地之间意"的主观条件。司马相如献赋的时机，也正好迎合了武帝对精神寄托的需要。《大人赋》创作时间在汉武帝元光三年（公元前132年）[9]，其间恰逢武帝欲举兵攻匈奴。《汉书·武帝纪》载:"(元光)二年……春,诏问公卿曰:'朕饰子女以配单于,金币文绣赂之甚厚,单于待命加嫚,侵盗亡已。边境被害,朕甚闵之。今欲举兵攻之,何如?'大行王恢建议宜击。夏六月,御史大夫韩安国为护军将军,卫尉李广为骁骑将军,太仆公孙贺为轻车将军,大行王恢为将屯将军,太中大夫李息为材官将军,将三十万众屯马邑谷中,诱致单于,欲袭击之。"而据《史记·孝武本纪》记载,同在元光三年春,武帝为求通仙,"拜(栾)大为五利将军。居月余,得四金印,佩天士将军、地士将军、大通将军、天道将军印……以二千户封地士将军大为乐通侯。赐列侯甲第,僮千人。乘舆斥车马,帷帐器物以充其家。"武帝一面忙于维护国家稳定,另一面寻仙求道,意以延年,或以此缓解其政治经济军事压力[10]。

  《史记·武帝本纪》《史记·封禅书》等载武帝费尽心机,花费大量人力物力以求能见"海中蓬莱仙者",却总不能如愿,"神物不至","求蓬莱安期生莫能得",不能实现的理想使强烈的愿望更给他带来了内心的渴求。而正好在《大人赋》里,司马相如描绘了一个能够真切感受到的"海中蓬莱"。接受美学认为,期待视野是读者阅读活动的重要组成部分,期待视野"说明读者阅读作品的主动性……当读者阅读的作品……超出了、校正了期待视野的时候,读者往往会兴高采烈,认为它提高了自己的审美水平,丰富了自己的审美经验,拓展了自己的期待视野,为自己建立了新的审美标准"。[11]在《大人赋》中,"远游"阵容豪华而铺张,"建格泽之长竿兮,总光耀之采旄。垂旬始以为幓兮,曳彗星而为髾。掉指桥以偃蹇兮,又旖旎以招摇。揽欃枪以为旌兮,靡屈虹而为绸。红杳渺以眩湣兮,猋风涌而云浮。驾应龙象舆之蠖略逶丽兮,骖赤螭青虬之蚴蟉蜿蜒"。如果呈现在面前的"长竿""采旄""幓"等武帝都还能在当时生活中见到的话,那么"驾应龙象舆""骖赤螭青虬"绝对应该是一段梦幻的经历。《大人赋》

先给武帝呈现出一派气象万千、恢宏无垠的仙境,然后更引来众神与其左右,任其驱遣。他"悉征灵圉""部署众神""使五帝""反太一""左玄冥而右含雷""前陆离而后潏湟""征北侨""属岐伯",武帝原来千方百计"求蓬莱安期生莫能得",现在已身前鞍后与之共舞,这可能是武帝连想也不会想到的。这样的场景正是"超出了、校正了期待视野",进而使他产生"飘飘有凌云之气,似游天地之间意"的愉悦。

《大人赋》能令武帝"飘飘有凌云之气,似游天地之间意"的另一个原因,得益于《大人赋》作品本身的召唤结构使武帝在阅读过程中进行了再创作。召唤结构是接受美学的重要理论,指文学作品的意义不确定性与意义空白,它是"文本的基础结构或审美对象的基础结构"。空白就像中国山水画的留白一样,这些留白"使读者能发挥想象,用自己的知识、经验、情感'填补'空白。"[12] 司马相如《大人赋》呈现仙境吸引住武帝之后,又领他神游。"应龙象舆""赤螭青虬"刚刚还在翻腾跳跃,"纠蓼叫奡踏以艐路兮,蔑蒙踊跃腾而狂趡",又突然"莅飒卉翕熛至电过兮,焕然雾除,霍然云消",须臾之间,神秘变幻的雾气消除,云气散尽,寰宇清新明亮。文学语言是描述性语言,其他科学文本是解释性语言,描述性语言比解释性语言具有更多意义的不确定性与空白,造成人们理解上的不一致。这种"焕然雾除,霍然云消"过后的景象,《大人赋》没有再描绘,转而"绝少阳而登太阴兮,与真人乎相求"。眼前迷幻绚烂的场景瞬间如"电过"一般消逝,刚刚还在的"应龙象舆""赤螭青虬"到了哪里?明明眼前的旌旗摇荡,天空"红杳渺以眩湣兮,焱风涌而云浮"又遁向何方?语言和表现场景的不确定,留下一个个令武帝神魂颠倒,百思无解的空白。接受美学理论家伊瑟尔认为:"审美对象的形成与读者对本文观点的反映重合,并随着主体与视野的结构而变化。"[13] 武帝在用自己的知识、经验、情感"填补"《大人赋》作品本身意义的不确定和空白，在不断"填补"的同时，这些在观念中形成的"神仙""仙境"已经融入了本体的审美经验，这种审美感受构成了武帝本人所具有的特殊的审美体验。这种审美体验满足了审美需求，"超出了、校正了期待视野"，引起"飘飘有凌云之气"的强烈感受。

《汉书·扬雄传》云"相如上《大人赋》欲以风"，认为司马相如创作目的明确，就在于讽谏，但作为一名宫廷文人，"为赋乃俳，见视如倡"（《汉书·枚皋传》），"又颇似俳优淳于髡、优孟之徒"（《汉书·扬雄传》），人微而言轻，相如只能采取委婉而曲折的方式，充分运用文学手段来迎合武帝的情趣与审美以"美刺"，以达到"讽谏"而非"直谏"。《西京杂记》卷二记载司马相如答盛览问赋，认为作赋应"合纂组以成文，列锦绣而为质。一经一纬，一宫一商，此赋家之迹也。赋家之心，苞括宇宙，总览人物，斯乃得知于内，不可得而传"[14]。司马相如作赋更多是从"赋家之心"出发，更注重艺术感染力与美学价值，相比而言较少讽喻劝诫的政治功利。相如赋本就"极丽靡之辞，宏侈钜衍，竞于使人不能加"，迎合了武帝好大喜功、穷奢极欲的性格特点，更重要的是《大人赋》给武帝呈现了一幅幅神仙仙境，与其"好仙道"产生强烈的共鸣。这是一种审美愉悦，是一种高峰体验，这种接受的审美经验使他进入"飘飘有凌云之气，似游天地之间"的迷狂的幻想境界。

二

司马迁对《大人赋》有专门评价，《史记·太史公自序》云："子虚之事，大人赋说，靡丽多夸，然其指风谏，归于无为。"这样的评价与在《史记·司马相如列传》末对司马相如赋作总体评价并无大异。《史记》本传:"太史公曰:'《春秋》推见至隐,《易》本隐之以显,《大雅》言王公大人而德逮黎庶,《小雅》讥小己之得失,其流及上。所以言虽外殊,其合德一也。相如虽多虚词滥说,然其要归引之节俭,此与《诗》之风谏何异。"司马迁认为相如赋虽然语言华丽铺陈,敷衍夸艳,但仍不失"风谏"这个赋的本义。之所以会产生这样的评价,李大明先生在《汉楚辞学史》指出:"司马迁论相如赋之风谏,是直接以儒家经书为依据。所谓'《春秋》推见至隐'云云,或说是《春秋》'推见事至于隐讳',亦'言其义彰而文微';而《春秋》以人事通天道,《易》则以天道接人事,所以说'本隐以之明显也'。至于《诗》,无论《大雅》先言王公大人之德,乃后又及众庶,还是'《小雅》之人志狭小,先道己之忧苦,其流乃及上政之得失',均能由此及彼,引向讽喻。所以,以经书为旨要为准来看相如赋,'虽多虚词滥说,然其要归引之节俭',这就与《诗》之讽谏没有什么不同了。"[15]又,《史记》本传云:"无是公言天子上林广大,山谷水泉万物,及子虚言楚云梦所有甚众,侈靡过其实,且非义理所尚,故删取其要,归正道而论之。"《索引》大颜云:"不取其夸奢靡丽之论,唯取终篇归于正道耳。"这里的"正道"当亦指"归引之节俭"与"《诗》之风谏"。

颇值得关注的一点是,司马迁论司马相如赋虽"虚词滥说"但仍不失"讽谏",讽谏的根本目的或者说指向,司马相如没有也不可能说明,司马迁在评论时予以道破——"归于无为""归引之节俭"。《老子》第三十七章云:"道常无为,而无不为。"《道德经》第六十七章:"我有三宝,持而保之:一曰慈,二曰俭,三曰不敢为天下先。"[16]这里"无为"和"俭"都是道家思想的重要体现。司马迁对道家极为推崇,《汉书·扬雄传》云:"昔老聃著虚无之言两篇,薄仁义,非礼学,然后世好之者尚以为过于《五经》,自汉文、景之君及司马迁皆有是言。"

司马迁对道家思想十分推崇。《史记·平准书》:"汉兴,接秦之弊,丈夫从军旅,老弱转粮饷,作业剧而财匮,自天子不能具钧驷……至今上即位数岁,汉兴七十余年之间,国家无事,非遇水旱之灾,民则人给家足,都鄙廪庾皆满,而府库余货财。京师之钱累巨万,贯朽而不可校。太仓之粟陈陈相因,充溢露积于外,至腐败不可食。众庶街巷有马,阡陌之间成群,而乘字牝者傧而不得聚会。"从汉兴到武帝"即位数岁",从民食不果腹到"太仓之粟陈陈相因,充溢露积于外,至腐败不可食",从"天子不能具钧驷"到"众庶街巷有马,阡陌之间成群,而乘字牝者傧而不得聚会",仅仅七十余年时间,国家经济社会状况得到了极大的提高,取得这些成就的原因,我们可以在《史记·曹相国世家》中找到司马迁的解释:"闻胶西有盖公,善治黄老言,使人厚币请之。既见盖公,盖公为言治道贵清静而民自定,推此类具言之。参于是避正堂,舍盖公焉。其治要用黄老术,故相齐九年,齐国安集,大称贤相……太史公曰:……参为汉相国,清静极言合道。然百姓离秦之酷后,参与休息无为,故天下俱称其美矣。"司马迁在政治上倾向于"黄老之术","清静"而合道,认为这样才能使社会经济发展,国家稳定,人民幸福。但这些都是"至武帝之初七十年间"所发生的一切,至武帝践祚以来,"好仙道",穷兵黩武、开疆拓土、穷奢极侈,司马迁感"清静无为"的黄老思想在武帝政治思想上已经几乎荡然无存,因此他在评论赋"讽谏"功能时,渗透了自己的观点,认为政治应如文、景之时,"归于无为""归引之节俭"。

关于司马迁政治倾向于"黄老之术"还散见于《史记》《汉书》多处。《史记·吕太后本纪》云:"太史公曰:孝惠皇帝、高后之时,黎民得离战国之苦,君臣俱欲休息乎无为,故惠帝垂拱,高后女主称制,政不出房户,天下晏然。刑罚罕用,罪人是希。民务稼穑,衣食滋殖。"《汉书·司马迁传》云:"又其是非颇谬于圣人,论大道则先黄老而后六经……"司马迁的思想融合了道家思想和儒家思想,他认为"讽谏"指归于"无为""节俭",正是表明他"尊重孔子的个人人格,而更重视道家的政治思想"[17],因此,他强调赋"讽谏"功能,目的却在于实现道家"无为而无不为"的理想。司马迁对《大人赋》的评价包含了司马迁本人的价值判断,对其思想内容是站在道家立场,涉及其用则出自儒家思想。正如宋代文人晁补之在肯定司马相如赋"夸奢靡丽""闳侈钜衍"的同时,认为其作赋的根本目的和倾向当归之于道家思想价值体系,其《变离骚序(上)》云:"《子虚》《上林》《甘泉》《羽猎》之作,赋之闳衍于是乎极,然皆不若《大人》《离骚》之高妙,犹终归之于正,义过《高唐》。"

扬雄对《大人赋》也有评价,《自序》云:"武帝好神仙,相如上《大人赋》,欲以风,帝反缥缥有凌云之志。由是言之,赋劝而不止,明矣。又颇似俳优淳于髡、优孟之徒,非法度所存、贤人君子诗赋之正也,于是辍不复为。"扬雄以《大人赋》为证明"赋劝而不止""(赋)不免于劝",如他在《自序》所言:"雄以为赋者,将以风之,必推类而言,极丽靡之辞,闳侈钜衍,竞于使人不能加也。既乃归之于正,然览者已过矣。"扬雄认为"讽"是赋的基本也是最重要的功能,只有做到了"讽",赋才具有了社会价值,才符合儒家教义。在《法言·君子》中,扬雄云"文丽用寡,长卿也"[18],他认为司马相如赋"丽靡"的语言,"闳侈钜衍"的行文特色影响了赋的"风谏"的功能,甚至会违背创作初衷,《法言·吾子》又云:"或曰:赋可以讽乎?曰:讽乎!讽则已,不已,无恐不免于劝也。"亦如颜师古曰:"观览之者但得浮华,而无益于讽谏也。"

扬雄对赋的观点正如其人生经历一样,都是一个不断变化的过程,但最终决定他对《大人赋》"为讽反劝"评价的,应当还是根植于他思想深处对文学功能、对辞赋政治教化功能的高度认同。扬雄的思想与司马迁一样,融合了道家与儒家的双重理想。扬雄在蜀年少时曾求学于隐士严尊,《汉书·王贡两龚鲍传》云:"蜀有严君平……扬雄少时从游学,以而仕京师显名,数为朝廷在位贤者称君平德。"严尊崇尚黄老,清静于无为,在成都"闭肆下帘而授《老子》。博览无不通,依老子、严周之指,著书十余万言",此"著书十余万言"当指《道德真经指归》。《道德真经指归》[19](卷四)认为"名王圣主,无欲无求,不创不作,无为无事,无载无章,反初归朴,海内自宁""上好名则民伪;民伪而以光,光则耀;以耀为光则大德隐而小惠章,忠臣蒙其死而万民受其殃。"(卷一)倡导"身与道变,上下无穷;进退推移,常与化俱。故恬淡无为而德盈于玄域,玄默寂寥而化流于无极。"这些思想都当对扬雄的哲学思想和文学思想产生影响。《法言·先知》云"君子为国,张其纲纪,议其教化",认为但凡为国家利益着想的"君子",必谨其言行,宣扬国家纲纪,教化百姓,维护天尊。《法言·问神》云:"或曰:玄何为?曰:为仁义。""仁""义"是儒家传统治国理论,孟子认为治理国家当"亦有仁义而已矣"[20]。《问神》云:"书不经,非书也;言不经,非言也;言书不经,多多赘矣。""经"就是"法度",作文为赋要讲"仁义"、讲"教化",《法言·吾子》云"女恶华丹之乱窈窕也,书恶淫辞之溷法度也",如果仅是"丽靡之辞,闳侈钜衍",即使指归于讽谏,如果"观览之者但得浮华",赋就"劝而不止"。武帝在读《大人赋》之后不但没有因花费大量人力物力以求"海中蓬莱仙者"但"莫能得"而清醒,反而"飘飘有凌云之气,似游天地之间意",陶醉于司马相如所描绘的神仙仙境之中而不能自已,即是"为讽反劝"的明证。

王充对司马相如《大人赋》亦有专门评价。《论衡·谴告》云:

"孝武皇帝好仙，司马长卿献《大人赋》，上乃仙仙有凌云之气。孝成皇帝好广宫室，扬子云上《甘泉颂》妙称神怪，若曰非人力所能为，鬼神力乃可成。皇帝不觉，为之不止。长卿之赋，如言仙无实效，子云之颂，言奢有害，孝武岂有仙仙之气者，孝成岂有不觉之惑哉？然则天之不为他气以谴告人君，反顺人心以非应之，犹二子为赋颂，令两帝惑而不悟也。"王充在这里虽然主要目的在于批判谶纬，论证根本就不存在超自然的上帝的存在，但他以司马相如献《大人赋》一事为例，反映了他对司马相如的看法，认为司马相如"为讽反劝""劝而不止"。《论衡·定贤篇》云："以敏于赋颂，为弘丽之文为贤乎？则夫司马长卿、扬子云是也。文丽而务巨，言眇而趋深，然而不能处定是非辩然否之实。虽文如锦绣，深如河、汉，民不觉知是非之分，无益于弥为崇实之化。"[21]

王充是东汉时代杰出的唯物主义思想家，《论衡》集中代表了王充的思想。王充曾师从今文学家、史学家班彪，接受儒家思想的教育，班氏一直是儒门世家，不仅政治上烜赫一时，学术上也誉满朝野，王充虽然后来在政治上、思想上与班彪分道扬镳另创学派，但是儒家思想在他思想上的影响是不容忽视的。东汉时期农业发展，经济繁荣，自然科学尤其是天文进一步发展起来，但是政治腐败，农民起义不断，思想界"南面称师，赋奸伪之说；典城佩紫，读虚妄之书"，读书入世之士大都"学通五经，兼晓谶录"，世间所传所作之书也大都"浮妄虚伪，没夺正是"，竟成一时风气。王充作《论衡》就是针对谶纬流行成病的社会现实，以"疾虚妄"，《论衡·对作》云："是故《论衡》之造也，起众书并失实，虚妄之言胜真美也。故虚妄之语不黜，则华文不见息；华文放流，则实事不见用。故《论衡》者，所以铨轻重之言，立真伪之平，非苟调文饰辞，为奇伟之观也。其本皆起人间有非，故尽思极心，以讥世俗。"在《论衡》的其他篇章中，也散见王充对司马相如地位的评价。《论衡·佚文》云:"孝武善《子虚》之赋,征司马长卿……使长卿……作吏,书所不能盈牍,文所不能成句,则武帝何贪?"《论衡·书解》云:"司马长卿不预公卿之事,故能作子虚之赋。"

在王充的价值体系中,司马相如仅仅是一个"敏于赋颂"的"似俳优淳于髡、优孟之徒"的宫廷文人、滑稽之徒,他的赋作纯粹是博帝王一时之欢的"虚妄"之言,而这种"虚妄"正是王充所痛恨和予以严厉抨击的。

宋代理学家朱熹在《楚辞后语·哀二世赋》中这样评价司马相如及其文:"盖相如之文能侈而不能约,能谄而不能谅。其《上林》《子虚》之作,既以夸丽而不得入于楚词;《大人》之于《远游》,其渔猎又泰甚,然亦终归与于谀也。特此二篇,为有讽谏之意,而此篇所为作者,正当时之商监,尤当倾意极言以寤主听。顾乃低徊局促,而不敢尽其词焉,亦足以知其阿意取容之可贱也。不然岂其将死而犹以《封禅》为言哉!"朱熹认为司马相如献《大人赋》纯粹出于对武帝意愿的迎合,是谄媚和奉承,他对司马相如的评价已不仅限于司马迁、王充所认为的"谏""劝",而是受人极端鄙视的"谄""谀"。朱熹是积极倡导社会思想新体系的理学家,在南宋内忧外患、奸人得意、忠臣受陷的社会背景下,极力推崇忠君爱国,特别憎恶小人得志,向帝王献谀以堵塞忠谏之路。在朱熹眼里司马相如、扬雄之流就是整天曲意取悦的"俳倡",是淳于髡、优孟之类的滑稽之徒,正是他们这群人混淆了视听,是导致国家政治晦暗的罪魁,因此指责之言几乎于詈骂,直言"其阿意取容之可贱也"。朱熹不仅仅对司马相如给予了言辞激烈的评论,在《楚辞后语·反离骚序》中对扬雄措词严厉的批评亦近乎詈骂:"雄固为屈原之罪人,而此文乃《离骚》之谗贼矣。"

三

嵇康《高士传·司马长卿》赞曰:"长卿慢世,越礼自放。犊鼻居市,不耻其状。讬疾避官,蔑此卿相。乃赋《大人》,超然莫尚。"在嵇康的眼中,司马相如已非"淳于髡、优孟之徒",作《大人赋》乃其藐视世俗礼教,超然物外的明证。

嵇康是"竹林七贤"的领袖人物,公开打出"越名教而任自然""非汤武而薄周孔"的大旗抗争虚伪的封建伦理道德。《三国志·魏书·王粲传》云:"时又有谯郡嵇康,文辞壮丽,好言老庄,而尚奇任侠。"《嵇氏谱》载:"康父昭,字子远,督军粮治书侍御史。兄喜,字公穆,晋扬州刺史、宗正。喜为康传曰:'家世儒学,少有俊才,旷迈不群,高亮任性,不修名誉,宽简有大量……长而好老、庄之业,恬静无欲……善属文论,弹琴咏诗,自足于怀抱之中。以为神仙者,禀之自然,非积学所致。至于导养得理,以尽性命,若安期、彭祖之伦,可以善求而得也……超然独达,遂放世事,纵意于尘埃之表。'"[22]嵇康与司马相如何其相似:嵇康"文辞壮丽",司马相如"极丽靡之辞,闳侈钜衍,竞于使人不能加也";嵇康"好老庄之业",司马相如"归于无为";嵇康"尚奇任侠",司马相如尝"学击剑"(《史记索隐》引《吕氏春秋·剑伎》云:"持短入长,倏忽纵横之术也");嵇康"弹琴咏诗",司马相如"琴挑文君"传为千古美谈;嵇康"超然独达,遂放世事",司马相如"涤器于市中""称病闲居,不慕官爵"。嵇康十分尊崇司马相如的个性气质,在《与山巨源绝交书》中云"长卿慕相如之节,志气所讬,亦不可夺也",在班固《典引·序》云"司马相如污行无节,但有浮华之辞,不周于用",而司马相如的"污行无节"在嵇康眼里却是慢世傲物,超然独行。嵇康在司马相如身上找到了自己精神追求的原型，"竹林七贤"的风骨在司马相如那里找到了理想的归宿，谓"乃赋《大人》，超然莫尚"当也是有感而发，情理之中。正如北魏常景《司马相如赞》云："长卿有艳才，直致不群性。郁若春烟举，皎如秋月映。游梁虽好仁，仕汉常称病。清贞非我事，穷达委天命。"

刘勰从文学的审美价值和艺术感染力的角度，对司马相如也有评价，《文心雕龙·风骨》云："相如赋仙，气号凌云，蔚为辞宗，乃其风力遒也。""相如赋仙"当指司马相如所作《大人赋》。刘勰认为"辞人赋颂，为文而造情"，何谓"为文而造情"，《文心雕龙·情采》云："诸子之徒，心非郁陶，苟驰夸饰，鬻声钓世，此为文而造情也……为文者淫丽而泛滥。"但是刘勰为什么会对《大人赋》给予这么高的评价，笔者认为刘勰评论的出发点发生了变化，不再是用文学的社会功能来进行评判，而是从文学本身，从文学作品的审美价值和艺术感染力出发进行评价（关于审美价值与艺术感染力的分析，详见本文第一节），认为司马相如的赋"气号凌云"，关于"气"在文学创作中的作用，曹丕《典论·论文》云"文以气为主"；"风力"指"风骨之力"——"捶字坚而难移，结响凝而不滞，此风骨之力也"。《大人赋》所以使武帝在阅读之后"飘飘有凌云之气，似游天地之间意"，就在于作品本身所拥有的"气""风力"和作品表现出来的无以复加的精巧结构与壮阔意境，故扬雄赞誉司马相如赋："长卿赋不似从人间来，其神化所至邪！"

参考文献：

[1] 司马迁《史记》，中华书局，1959年版。

[2] 班固《汉书》，中华书局，1962年版。

[3] 王充《论衡》,《诸子集成》,中华书局,1954年版。

[4] 严可均《全上古三代秦汉三国六朝文》,《全三国文》,中华书局,1958年版。

[5] 晁补之《济北晁先生鸡肋集》,《四部丛刊》,上海涵芬楼影印明诗瘦仿宋刊本。

[6] 范文澜《文心雕龙注》,人民文学出版社,1958年版。

[7] 刘知几《史通》,中华书局影印(明)张之象刻本,1961年版。

[8] 鲁迅《鲁迅全集·汉文学史纲要》,人民文学出版社,1982年版。

[9] 龚克昌《中国辞赋研究》,山东大学出版社,2003年版。

[10] 万光治《司马相如〈大人赋〉献疑》,《四川师范大学学报》(社会科学版)2005年第3期。

[11] 张首映《西方二十世纪文论史》,北京大学出版社,1999年版。

[12] 同上。

[13] 伊瑟尔著,金元浦译《阅读活动——审美反映理论》,中国社会科学出版社,1991年版。

[14] 葛洪《西京杂记》,中华书局,1985年版。

[15] 李大明《汉楚辞学史》,中国社会科学出版社,2004年版。

[16]《老子》,《诸子集成》,中华书局,1954年版。

[17] 张松辉《先秦两汉道家与文学》,东方出版社,2004年版。

[18] 扬雄《扬子法言》,《诸子集成》,中华书局,1954年版。

[19] 严遵著,王德友译注《老子指归译注》,商务印书馆,2004年版。

[20]《孟子注疏》,阮元校刻《十三经注疏》,中华书局,1980

年版。

［21］朱熹《楚辞后语》，《楚辞集注》，上海古籍出版社，1979年版。

［22］陈寿《三国志·魏书》，中华书局，1959年版。

（周进：四川师范大学文学院硕士研究生）

编后记

编辑《司马相如研究论丛》的计划由来已久。自 2003 年司马相如研究会在相如故里蓬安成立，至 2007 年，先后在蓬安召开了三次大型的司马相如研讨会。其中，2003 年和 2004 年研讨会的论文已由四川人民出版社于 2007 年 10 月出版——《司马相如与巴蜀文化研究论集》。2007 年，古相如县，即今之蓬安县庆祝建县 1500 周年，届时举办了国际相如文化研讨会，收到了一批质量上乘的论文佳作。2014 年，经四川省社会科学院和省民政厅批准，在蓬安成立了"四川省司马相如研究会"，同时，举办了第四届相如文化研讨会，即"司马相如与文化中国研讨会"；2017 年，在蓬安举办了"四川名人论坛·第五次司马相如文化研讨会'司马相如与民族精神家园'"，这两次研讨会都收到了数量不菲的论文佳作。这些优秀作品的作者，不仅有研究司马相如的老专家、老学者，还涌现出来一大批研究司马相如的中青年新秀，反映了近年来司马相如研究的最新成果和欣欣向荣的喜人景象。这些丰硕成果，无疑应当推向社会，成为与人共享的精神食粮！

2017 年，中共中央办公厅和国务院办公厅联合印发的《关于实施中华优秀传统文化传承发展工程的意见》指出："文化是民族的血脉，是人民的精神家园。""实施中华优秀传统文化传承发展工程是建设社会主义文化强国的重大战略任务。"按照这一精神，相如文化作为中华优秀传统文化的一支奇葩，作为巴蜀文化的文明传承，理应得到更好的传承发展；作为相如故里，更应积极宣传推广。

多年来，省、市、县各级领导都很重视传承、弘扬和推广相如文化，宣传司马相如、相如故城、相如故里。近年来，省、市领导，特别是南充市市委书记宋朝华同志曾多次莅临正在恢复建设的相如故城调研，为如何擦亮相如故里"金字招牌"提出指导意见。近两届蓬安县县委书记蒲国同志和崔竹君同志，为弘扬相如文化、建设相如故城和相如故里更是尽心竭力，并大力支持编辑这套《司马相如研究论丛》，使之得以顺利出版。

这套论文集丛书，按照三次研讨会召开的时间顺序，分别编为《纪念古相如县建县1500周年暨国际相如文化研讨会论文集》《四川省司马相如研究会成立大会暨司马相如与文化中国研讨会论文集》《四川省名人论坛·第五次司马相如文化研讨会司马相如与民族精神家园论文集》共三本，其间，也参照论文内容和每一集页码容量，作了适当调整。

由于编辑时间仓促，来不及再次征求论文作者修订意见，也囿于编者水平，错误遗漏在所难免，恳请各位专家学者赐教。

魏赤中

2019年12月

图书在版编目（CIP）数据

纪念古相如县建县 1500 周年暨国际相如文化研讨会论文集 / 四川省司马相如研究会编. —成都：巴蜀书社，2020.8

ISBN 978-7-5531-1273-2

Ⅰ.①纪⋯ Ⅱ.①四⋯ Ⅲ.①司马相如（前179－前117）—人物研究—文集 Ⅳ.①K825.6－53

中国版本图书馆 CIP 数据核字（2020）第 032137 号

纪念古相如县建县 1500 周年暨国际相如文化研讨会论文集
JINIAN GUXIANGRUXIAN JIANXIAN 1500 ZHOUNIAN JI GUOJI XIANGRUWENHUA YANTAO HUI LUNWENJI

四川省司马相如研究会　编

责任编辑	周昱岐
封面设计	张　科
出　　版	巴蜀书社
	成都市槐树街2号　邮编：610031
	总编室电话：（028）86259397
网　　址	www.bsbook.com.cn
发　　行	巴蜀书社
	发行科电话（028）86259422　　86259423
经　　销	新华书店
印　　刷	成都蜀通印务有限责任公司
版　　次	2020 年 8 月第 1 版
印　　次	2020 年 8 月第 1 次印刷
成品尺寸	210mm×148mm
印　　张	15.375
字　　数	400 千
书　　号	ISBN 978-7-5531-1273-2
定　　价	60.00 元

本书如有印装质量问题，请与工厂调换